实业报国的拓荒者

张謇的实践研究

黄志良　宋建军　冯卫兵　高正荣　编著

河海大學出版社
HOHAI UNIVERSITY PRESS
·南京·

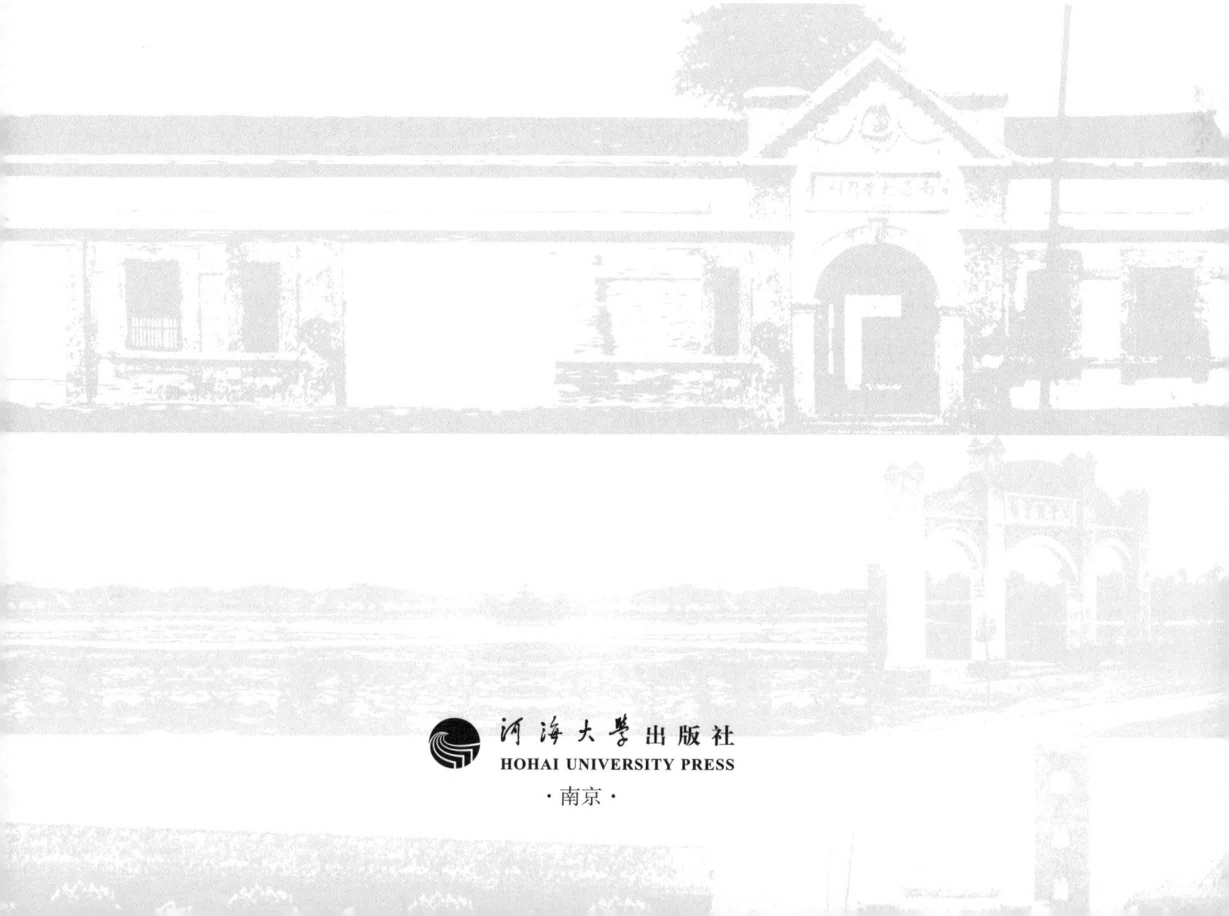

图书在版编目(CIP)数据

实业报国的拓荒者：张謇的实践研究 / 黄志良等编著. -- 南京：河海大学出版社，2022.12
ISBN 978-7-5630-7888-2

Ⅰ.①实… Ⅱ.①黄… Ⅲ.①张謇(1853—1926)—传记 Ⅳ.①K825.38

中国版本图书馆 CIP 数据核字(2022)第 254046 号

书　　名	实业报国的拓荒者——张謇的实践研究
	SHIYE BAOGUO DE TUOHUANGZHE——ZHANGJIAN DE SHIJIAN YANJIU
书　　号	ISBN 978-7-5630-7888-2
责任编辑	杜文渊
特约校对	李　浪　杜彩平
装帧设计	刘　俊
出版发行	河海大学出版社
地　　址	南京市西康路 1 号(邮编:210098)
电　　话	(025)83737852(总编室)　(025)83722833(营销部)
经　　销	江苏省新华发行集团有限公司
排　　版	南京布克文化发展有限公司
印　　刷	南京迅驰彩色印刷有限公司
开　　本	787 毫米×1092 毫米　1/16
印　　张	24.25
字　　数	435 千字
版　　次	2022 年 12 月第 1 版
印　　次	2022 年 12 月第 1 次印刷
定　　价	168.00 元

《实业报国的拓荒者——张謇的实践研究》

编纂委员会

编著：黄志良　宋建军　冯卫兵　高正荣

编纂委员会成员：（以姓氏笔画为序）

丁　盛　马麟卿　王煜松　冯卫兵

宋建军　张裕伟　陈建标　胡凤彬

高正荣　黄志良　章卫胜

序

张謇(1853—1926),江苏省南通市海门区常乐镇人,字季直,号啬庵。1869年中秀才,1874—1884年,先后担任江宁发审局孙云锦和淮系庆军统领吴长庆的幕僚,丰富的阅历使张謇对国内的政治、军事和社会状况有了相当的了解。1894年考中状元,授翰林院修撰。1895年12月开始筹建大生纱厂,1901年创办通海垦牧公司,进而实施苏北沿海第一次大开发。张謇先生掀起了实业救国、教育救国的时代浪潮,创办领导的大生集团,涉及三大产业、几十个行业、上百个产品,总资本2 480万两,创造了32项全国第一,他也成为中国近代著名实业家、教育家、社会活动家。张謇先生是一位伟大的爱国主义者,是中国近代史上一位特殊的人物,受到毛泽东、江泽民、习近平等党和国家领导人的称赞,在全国实属罕见,影响全国。习近平总书记在2020年7月21日企业家座谈会上指出:"爱国是近代以来我国优秀企业家的光荣传统。从清末民初的张謇,到抗战时期的卢作孚、陈嘉庚,再到新中国成立后的荣毅仁、王光英,等等,都是爱国企业家的典范。"

河海大学的前身是河海工程专门学校,为张謇先生出任北洋政府实业总长兼全国水利局总裁期间,亲自筹划在南京创办的。我于2006—2013年至南通市任副市长,目睹了张謇先生将南通建成"中国近代第一城"的辉煌业绩。

在全国掀起学习张謇精神的热潮中,河海大学进一步加强对张謇爱国思想和报国实践的研究,在我校2010年6月出版的黄志良编著的《中国近代垦牧第一滩——张謇的实践研究》基础上,由江苏省水文水资源勘测局南通分局宋建军先生、我校港口海岸与近海工程学院冯卫兵教授、南京水利科学研究院高正荣先生与黄志良先生合作,编著《实业报国的拓荒者——张謇的实践研究》,全书设三章二十节。第一章主要介绍了张謇在中国政治舞台上坚持维新变革、政治变革、追求民主政治制度方面作出的重要贡献,彰显了张謇爱国创新、坚持变革、追求民主的伟大气节;第二章主要介绍了张謇在中国水利事业上兴修水利工程、规划治理黄河、扬子江、珠江、松花江、辽河等大江大河,创办河海工程专门学校,实施苏北沿海大开发等方面的成就,彰显了张謇爱国爱水、崇尚科学的求实精神;第三章主要介绍了张謇在社会活动上兴办民族工业、打破外企垄断、办学办医、慈善公益等方面的业绩,彰显了张謇的社会责任与担当。

张謇先生爱国创新、追求民主、崇尚科学的求实精神永远值得我们学习。

河海大学校长:

2022 年 11 月 8 日

目 录

序　徐　辉

第一章　张謇与中国近代创新

第一节　初登政治舞台 …………………………………… 2
第二节　创立中国近代社会最早的改革纲要 …………… 8
第三节　张謇与革命派共建中华民国 …………………… 17
第四节　创制中国近代社会经济法律法规体系 ………… 25
第五节　创新精神的实践 ………………………………… 33
第六节　创新精神的启示 ………………………………… 42

第二章　张謇与中国近代水利

第一节　中国头名水利状元 ……………………………… 65
第二节　南通水利 ………………………………………… 75
第三节　实施苏北沿海近代第一次大开发 ……………… 79
第四节　引进新技术 ……………………………………… 136
第五节　张謇在全国水利局总裁任内的主要业绩 ……… 174
第六节　长江治理 ………………………………………… 179
第七节　淮河治理 ………………………………………… 185

第八节　运盐河和串场河治理 …………………………………… 197

第三章　张謇的社会责任与担当

第一节　创办新型工业 …………………………………………… 220
第二节　近代农垦第一人 ………………………………………… 250
第三节　开拓城乡交通 …………………………………………… 275
第四节　改革教育体系 …………………………………………… 307
第五节　乡村建设运动 …………………………………………… 337
第六节　大爱无疆 ………………………………………………… 355

第一章 张謇与中国近代创新

张謇创立了中国近代社会最早的改革纲要。张謇等领导的立宪运动,对建立中华民国作出了重大贡献。在1913年10月—1915年4月担任农商总长期间,张謇组织专家编制颁布涉及国民经济各领域的法律法规40余种,创制了较为完整系统的资本主义经济法律法规体系,迎来了中国近代社会发展的黄金时代。

20世纪50年代,毛泽东主席对黄炎培说,提起民族工业,在中国近代史上有四个人不能忘记,重工业不能忘记张之洞,轻工业不能忘记张謇,化学工业不能忘记范旭东,交通运输业不能忘记卢作孚。

改革开放的20世纪90年代,江泽民同志谈道:"张謇是前清状元,后转向共和,任孙中山临时政府实业部长,了不起,他办了许多工厂、学校,为后人留下很多有益事业。"张謇嫡孙张绪武也曾在中央邀请民主党派领导和民主人士共贺春节的宴会上,多次听到江泽民同志向与会者谈起祖父的有关情况[1-240]。2008年,南通市海门区常乐镇开始扩建张謇纪念馆,2011年由江泽民题名的张謇纪念馆揭牌落成仪式在常乐镇举行。

2020年7月21日,习近平总书记在企业家座谈会上褒奖张謇是"爱国企业家的典范"。2020年11月12日,习近平总书记来到南通博物苑考察调研,了解张謇兴办实业、教育和社会公益事业的情况,再次盛赞张謇是"我国民族企业家的楷模"。张謇受到三代党和国家最高领导人的充分肯定和号召学习,实属罕见,影响全国。

张謇精神的核心是"三爱二创"——爱国、爱家、爱民、创新、创业。他创造32个全国第一,建立大生资本集团,成为中华民族工业四大实业家之一,办农垦以兴农,引进良种、改良棉种、发展棉花生产,创建农业近代化;引进外国先进人才和先进技术,建设中国最早的钢筋混凝土水闸;进行教育体制改革,创新了教育体系;将南通建成全国模范县,推进城镇化和社会文明近代化。张謇在同时代的历史人物中独树一帜,为国家作出了全方位的贡献。

第一节　初登政治舞台

张謇(1853—1926),字季直,50岁以后以啬庵为号,晚年则自称啬翁。江苏省南通市海门区常乐镇人。1868年应科试,中秀才。1874年开始了游幕生涯,1879年,撰写《代夏学政沥陈时事疏》,从此登上政治舞台。1885年高中"南元"(南方举人第一名)。1894年殿试中状元,授翰林院修撰。

一、初入社会

1871年11月,张謇因冒籍风波事宜向学院江夏彭侍郎久余"自检举被罔之误",彭将此事"付提调知州桐城孙先生云锦察究本末"。正是此渊源,使孙云锦初识了张謇,这也成为张謇人生中的重要转折点。1872年孙云锦调任江宁发审局主管,1874年聘请张謇担任发审局书记(实际上是幕僚性质的私人秘书)[2-55~56]。4月18日,张謇随孙云锦赴江阴鹅鼻嘴炮台查勘工程进展时,遇到淮军儒将吴长庆(号小轩),张謇在日记中记载:"饭时遇吴小轩(长庆)军门,吐属尚风雅[3-18]。"张謇因帮孙云锦草拟公函至吴长庆,其撰写文书的才识被吴长庆赏识。1876年2月,吴长庆邀请张謇"客其军幕,治机要文书"。张謇因家境清贫,不可能闲居读书,答应了吴长庆的邀请。吴长庆乃特筑茅屋五间于其后堂,为读书兼治文书之所,使张謇有一个比较理想的工作和读书环境[4-25~26]。由于有名师指授,有好友切磋,他读《三国志》《史记》《沟洫志》《前汉书》《后汉书》《天文志》《老子》《庄子》《管子》[3-105~161],还连续阅读了若干当时颇为忌讳的另类书籍,如1875年4月25日看《宋名臣言行录》[3-46],11月25日看《宋名臣言行录》别集,11月26日看《言行录》别集上竣[3-62];1877年10月3日看《青磷屑》《扬州十日记》竣,10月4日看《烈皇小识》,10月13日看《嘉定屠城纪略》《幸存录》,10月19日看《东明闻见录》,10月20日看《明季稗史》[3-90~91],寻求治国平天下方略,藏器以待来时。

二、初显才华

1879年6月23日—7月5日,张謇在科试、优行生试和9月14日—10月1日总督、江苏巡抚、学政三院举行的优行生试中,均名列第一。主考是翁同龢在毓庆宫书房的同僚夏同善[5-14],夏先生曾任兵部、刑部、礼部右侍郎,江苏学政等职。张謇因考试成绩优异而于1879年9月20日受到夏学政的召见[3-157],从此相识。

　　1862—1873年，陕西和甘肃一带回民反清起事，这片黄土高原有河谷和商队通路，是通往新疆的门户。随后新疆伊犁地区又被沙俄侵占，清政府派军机大臣左宗棠(1812—1885)于1867年7月到陕西。为筹措军费和安排交通运输事项、平息陕甘回民起事、安定当地局势，花了左宗棠差不多七年时间(1867—1873)，而他的部队参加新疆的实际战斗只不过用了两年时间(1876—1877)[6-207~221]。到1879年，沙俄仍阻挠清政府对伊犁行使主权。朝野上下，数月以来，议战议和，始终没有定论。夏学政于1879年11月30日至12月2日三次召见张謇，分别"谈极久""谈竟日""谈三时许"[3-160]，讨论时局。张謇撰写《代夏学政沥陈时事疏》，尖锐地指出："中国大患不在外侮之纷乘，而在自强之无实。即如今日诸夷逼处，环伺眈眈，恫喝要求，累岁相望。其宜战而不宜和，无智愚皆知之。"洋务运动十余年来，"立总局，购兵械，沿江海设防，岁糜百千万金钱，日日议自强；而有事曾不能一战，且捐数百万于仇敌，缓词而乞和，耗于无用！过此以往，虽更十余年，其又奚从而自强也？立国之势，不外强与弱。强则宜并力申国威，而不当参和戎之饰说；弱则宜无事安民命，而不当为洋务之空谈"。"安民命"就是要注重发展实业，而不能片面地发展军备和军事工业。没有工业基础，军事不足以救国。"左宗棠、曾国荃(曾国藩的胞弟，1824—1890)辈，或已就衰，或未衰而将老……边疆重任，谁能继者？"为此建议朝廷"臣所最为汲汲者，尤在储材"[7-3~4]，要求各地保荐人才，为国效力。

　　朝鲜高宗于1873年开始亲政以后，他的"闵妃"(出生于有影响的闵氏家族)取得了越来越大的权力，她借此实行改革，而且还雇用了一些日本军官来训练朝鲜军队。高宗的父亲大院君李昰应决心削弱她的影响，利用一些被遣散士兵的不满情绪，于1882年煽动他们攻打王宫和袭击日本使馆。闵妃幸免一死，日本使馆则被焚，七名日本军官被杀，日本公使逃回本国，大院君重新掌权[6-100~103]，史称"壬午兵变"。北洋水师提督丁汝昌(1836—1895)于1882年8月8日奉署理直隶总督张树声(1824—1884)之命，急召吴长庆赴天津，共商应对朝鲜兵变之事。为保守秘密，在天津直隶总督署内相商者，仅吴长庆、张謇、张树声及其幕僚何嗣焜，相议计策。8月11日吴长庆、张謇等从天津乘军舰前往朝鲜，张謇于8月30—31日为吴长庆作《陈援护朝鲜事宜》和《谕朝鲜檄》，谋划前敌军事，赴朝后智擒大院君李昰应，讨伐乱党，迎获王妃，使日本欲以朝鲜兵变而行干涉之举，未能得逞[4-29~31]。张謇对朝战情分析及其英鉴政论，有8月12日—9月7日《代吴长庆拟致张树声函》七件，汇报军情[8-13~19]。张謇一行于9月22日启程回国，9月27日抵天津，9月28日写《朝鲜善后六策》，9月30

日作《壬午东征事略》[3-181]。张謇的《朝鲜善后六策》(以下简称《六策》)完稿后除因张謇特意呈送少数中、朝两国官员览阅,使他们得以目睹其内容外,后世学者谁也没有见过它的真容。南通大学文学院教授庄安正认为,当年部分身在中国的朝鲜官员黄道园、李浣西、金昌熙、赵惠人等给予《六策》"纯正切近,必可行"的肯定评价,甚至将《六策》带回朝鲜,呈送朝鲜国王李熙阅读,据悉"王甚服膺"。庄安正经过20多年寻找,终于在2014年托人从韩国首尔延世大学找到该文[9-3~4]。《六策》中四策为改革内政:"通人心以固国脉""破资格以用人才""严澄叙以课吏治""谋生聚以足财用";卫国方略有两策:"改行阵以练兵卒""谨防围以固边陲",共2 500余字。《朝鲜善后六策》抄写本复印件[10-83~84]如下图。

1911年,张謇在《致韩国钧函》中,愤然咏叹《六策》的遭遇,"时张靖达公(张树声)回粤,李复督直,嗤为多事,搁置不议,乃自宛转致于京朝大官……孝钦询政府,政府奉教于李,亦斥之"。函中继述《六策》不行所带来的恶果,"使当时李非昏耄骄盈者,即不规复流虬,而于中朝创业之大计,稍稍措意,于朝鲜行我之第三、四策,而因以经营东三省,安有日俄之争?安有立韩、覆韩之事?安有东三省今日之危?屈指是说,近三十年矣。今之后生,固无知者,即当时士大夫知之者曾有几人?天下后世,谁复知亡东三省者罪在李鸿章乎?今言之亦无益,然下走固不能不痛心切齿于亡国之庸奴也"[8-271]。

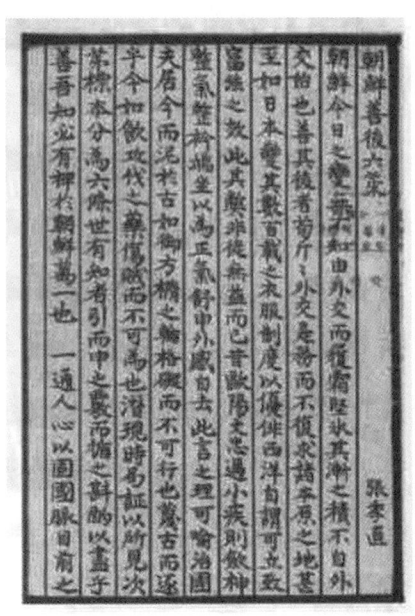

第一章　张謇与中国近代创新

《朝鲜善后六策》抄写本复印件

第一章 | 张謇与中国近代创新

1894年7月至1895年4月,中日甲午战争中,张謇给主战派的恩师翁同龢发了20封紧急函件,充分反映了他的拳拳报国之心和卓越的军事才能。其实,张謇也是一个军事家,他的军事才能因他的实业、教育成就过于伟大而被埋没。

战争起因为1894年春,朝鲜爆发农民起义,朝鲜国王请求清政府出兵帮助镇压。6月初清政府派兵到朝鲜,日本也趁机在朝鲜登陆,并且迅速占领汉城。不久,朝鲜农民起义平息,清政府建议中日两国军队同时撤离朝鲜,日本反而增兵。7月25日,日本海军在朝鲜牙山口外丰岛附近海面上突然袭击清军运输船只。同一天,日军又在牙山附近袭击清军。8月初,清政府被迫对日宣战,派兵渡鸭绿江进驻平壤。

这年5月28日张謇刚中状元,赐六品朝冠,授翰林院修撰。张謇顿觉与12年前情景何其相似,日本企图通过颠覆朝鲜,进而侵犯中国。可惜自己仅是个刚进朝廷的文职小官,有建议也只能向主战的恩师翁同龢说,7月8日至8月下旬共发信函20封,7月15日,即书三大策呈翁大人。(一)防御:"今为可进可退,亦战亦守之活着计,中国可战铁船二十余艘,约四分队,每队五六船,各以经事提镇统之,密授方略,时时游弋于中国、朝鲜、日本之间……或毁其船厂,或沉其战船,此则声势相援、虚实迭用之道,而亦海军练胆、海防固围之要施。"(二)进攻:"至援朝鲜之兵,应由水陆两路……其陆路应调旅顺防军十营,由大同江口进发,以四营驻平壤为后路,六营径壁汉城。"(三)用将:"选将驭将,正兵奇兵,应付得宜,尤为至要。"7月28日,张謇上书翁师提出八条意见,其中冒死提出拨用(为太后祝寿)庆典款筹饷劳军,提出"若一误再误,再来劫局益幻,下子益难,直有割肉喂虎之势"的严重后果[8-52~68]。

1894年9月,日军猛攻平壤,清军将领左宝贵力战后英勇牺牲。清军主将叶志超贪生怕死,弃城而逃,使日军占领平壤。接着日军占领朝鲜全境,战火烧到中国境内。9月17日,中日两国舰队主力在黄海海面遭遇,进行了殊死搏斗。清北洋水师提督丁汝昌在战斗中受伤,由定远舰管带刘步蟾代为指挥。致远舰、经远舰管带邓世昌、林永升英勇牺牲。在战斗中,北洋舰队损失很大,但主力尚存,并保存着相当大的战斗实力,日本方面也遭受相当大的损失,并率先退出战斗,但海战以后,李鸿章为保存实力,要求北洋水师保舰避战,躲藏在威海卫军港。1895年1月底,日军在海上封锁威海卫的同时,绕道到山东半岛荣成湾登陆,陆路包抄袭击威海卫后路,清朝陆军抵抗不力,日军占领陆上炮台,水路夹击泊在威海卫军港内的北洋舰队。北洋水师在提督丁汝昌指挥下与日军战斗,但一部分海军将领和海员已不服调遣,丁汝昌在突围无望的绝望中自杀殉国。日军很快占领威海卫,北洋舰队全军覆没。清政府急忙派李鸿章到日本求和。1895年

4月17日,李鸿章与日本首相伊藤博文在日本马关签订《马关条约》。

1895年4月30日,张謇在家"得莘公讯"、知"和约十款"[3-389],痛心疾首,决计弃官。中日甲午战争期间,42岁的张謇阅历、知识更加丰富,军事谋略更加老道周全……张謇一系列的战略战术付之东流,英雄无用武之地。若能采纳张謇的战策,也许历史将会重写。张之洞深知张謇富有杰出的军事才能,请他兴办通海团练武装防倭,张謇欣然接受,立即奔赴黄海边实地视察,想亡羊补牢,使一方平安[11-15]。

综上所述,当时张謇已初显出他是一位具有战略眼光、军事才华和胆识过人、不畏权势的杰出人物。

第二节　创立中国近代社会最早的改革纲要

1895年张謇为张之洞撰拟的《代鄂督条陈立国自强疏》和1901年的杰作《变法平议》是中国近代社会最早的一个变封建制为资本主义的改革纲要[12-2]。

一、改革的基本框架

张謇认为,自古以来,朝代更替,兴亡相继,都是不断变化的结果。他在《变法平议》中写道:"日月星辰,曜明而无常度;布帛菽粟,饱暖而无常品。法久必弊,弊则变亦变,不变亦变,不变而变者亡其精,变而变者去其腐,其理固然[13-62]。"

中日甲午战争后签订的丧权辱国的《马关条约》,使朝野议论纷纷,两江总督(即将回任湖广总督)张之洞邀请张謇撰写《代鄂督条陈立国自强疏》,提出练陆军、亟治海军、各省宜分设枪炮厂、广开学堂、速讲商务、讲求工政、多派游历人员、预备巡幸之所等八条建议[7-15~25]。"不久,张之洞呈报朝廷,并发文委派张謇、苏州陆润庠、镇江丁立瀛分别在通州、苏州、镇江设立商务局,同时在通州、苏州各办一纱厂[1-30]。"

1900年,庚子国变后,清廷在内忧外患的情况下,为了取悦列强并欺骗人民,年底发出准备变法实行新政的诏谕。1901年2月11日,"得新宁来电,约明正偕梅生往商要政","并约子培、蛰先同往。中间书问三五返,而期始定。"[3-496~497](注:新宁为两江总督刘坤一,梅生为张树声原幕僚、时为南洋公学总理何嗣焜,子培为张之洞的幕僚沈曾植,蛰先为浙江名流、清政府内阁中书汤寿潜)1901年3月23日,始作《变法平议》,以六部为次。4月4日,以上拟吏、户、礼、兵四科脱稿,三十四条。4月6日,竟刑、工二科八条。4月8日,《变法平议》分手抄写竟,送新宁[3-498~499]。11日,"见新宁,第论州县以下官改职及学堂事,理财则赞改盐法,意绪为之顿索。乃告之曰:变法须财与人,财不胜用也,行预算、订税目而已;人不胜用也,设学堂、行课吏而已。毋复天下言无财无人,天下挠我新法者,率云法当改,但无财无人久矣[3-499]"。

《变法平议》究竟要变些什么,提出的改革步骤如何?请见表1-1[13-34~62]:

表1-1 《变法平议》条目及实施步骤

部别	第一步	第二步	第三步	第三步以后
吏部 (10条)	置议政院 设课吏馆	停捐纳 分职以专职 省官以益官 优官吏俸禄		改(总理衙门)外部 长官任辟僚属 胥吏必用士人 设府县议会
户部 (12条)	行预计 (实行财政预算)	征地丁(户口)图籍 订税目 行印税而裁厘金 行金镑改钱法 (实行财政决算)	集公司而兴农业	颁权度法式 立银行用钞币 改盐法 定折漕 清屯卫田 收僧道税
礼部 (8条)	普兴学校 学堂先学画图 译书分省设局	酌变科举 权设文部总裁	省官府仪卫 (分设各乡小学堂)	明定学生出身 派亲贵游历
兵部 (4条)	抽制兵、衙役, 练警察部队	划一制造枪炮	别立毕业生练营	为武科将领设 武备外院
刑部 (4条)		增现行章程		增轻罪条目 清监狱 行讼税
工部 (4条)		讲求河防新法	开工艺院兼博览所 行补助法 广助力机(机器) 劝集矿、路公司	

二、政治体制改革

张謇在《变法平议》中提出的政治改革有置议政院和设府县议会两条。他所设计的议政院:"宜合京外四五大臣领之。此四五大臣者,予以自辟议员之权,慎选通才,集思广益,分别轻重缓急,采辑古今中外政治法之切于济变者,厘定章程,分别付行法、司法之官次第举行。"[13-35]府县议会"以地方大小,定议员多寡,多不过五人","选举之人、被选举之人,均以有家资或有品望者充之"。"议事草案,由知事令交付其所议之事会决之。""以地方税支办者,预算之额数,征收之方法,会定之。"[13-39]张謇眼中的议会功能,不过是协助政府释民疑,平民怨,而非伸民权。《变法平议》中所拟定的府县议会议员,至多不过5人,而且选举人与被选举人限于"有家资或有品望"的绅士。张謇认为,绅士通过地方府县议会,可以"释民教之争","通上下之情",并且筹设学堂、警察以及农工商各类公司,实现地方自治的目的。张謇寄希望于乡绅肩负地方自治的主要责任。清政府迫于各方要求改革的压力,开始进行行政制度的改革。首先是改组总理衙门后建立起外务部。1903年设立商部。1905年设立巡警部和学部。1906年设立陆军部,户部和财政处被改组为度支部,旧有六部中仅保留吏部和礼部,在各部之外单独成立了大理院、审计院和资政院[6-383~385]。1906年10月18日,发布了"仿行宪政"的上谕,1908年发布《城镇乡地方自治章程》,天津、通州、海门等县相继建立了地方自治会。例如,通州地方自治会于1908年10月成立,综计议事会议员30人,董事会会员9人,并推书定户籍、财务、工务、警务各课员7人。选举张謇为议事会会长,知州琦珊为董事会会长[14-163]。张謇在通州(南通)发展实业,推动交通运输事业,提高生产力,发展社会事业,促进文化教育科技发展,推动社会进步。此外,张謇还主张"胥吏必用士人"。在地方衙门中,胥吏作为知县手足和辅佐,执行实际的行政事务。乡绅与地方衙门交涉,常常以胥吏为中介。但由于吏道太坏,胥吏势必会妨碍乡绅在地方社会中的活动和基层权力的行使。张謇的建议无疑也是为了扩张乡绅在地方自治活动中的权力。"胥吏必用士人"中的"士",自然是指下层乡绅。他所设想的地方政治蓝图,即是由上层乡绅组成府县议会参与议事,再由下层乡绅执行实际行政事务[15-490]。

三、军事改革

张謇在《代鄂督条陈立国自强疏》中分析了中外陆军训练情况,指出"今外洋各国,无一国不汲汲兵事,日夜讲求淬厉以相角相伺,我若狃于和局,从此罢兵节饷,而不复为振作之计,是中国永无战胜之一日矣"。

首先要训练陆军,"宜趁此一年之内,于海疆各省急练得力陆军三万人",其教练之法大率有三:"募洋将管带操练"、"员弁遣出外洋学习"、"各直省各设陆军学堂"[7-16~17]。1901年,清廷命令各省巡抚改建各省兵制,开始建立一支拥有西式装备和实行西式训练方法的新军[6-377]。

其次要重振海军,1867年12月31日,丁汝昌奉请创设轮船水师条款,建立三洋海军,开始了海军的筹建工作。1888年建成北洋舰队,有兵舰20余艘。张謇指出:"今日御敌大端,惟以海军为第一要务,沿海七八千里,防不胜防,守不胜守。""论今日大势,自以南洋、北洋、闽洋、粤洋各设海军一支为正办,若限于物力太巨,则南北两支断不可少。此攻彼战,此出彼归,或分或合,变动不居,方不致困守一隅也。""福州船政局,亦宜速筹整顿展拓,令其每年可成两三船。"为便捷交通,"若地势阻隔,不能相通,故必铁路成","中国应开铁路之地甚多,当以卢(卢沟桥)汉(汉口)一路为先务"[7-17~19]。

最后要自造枪炮。中国使用的近代枪炮都是从外国购进的。1889年,张之洞认真总结中法战争的教训,从国外订购机器设备,1894年在汉阳建成湖北枪炮厂。张謇指出:"中国不为远计,临时购买,式旧品杂,价值亦贵,而且不可必得。若与外洋开战,相持日久,实属可危,虽有良将精兵,亦同徒手。""凡要冲之地,根本之区,均宜设局,尤宜设于内地;有事时方能接济沿海沿边。"[7-20]张謇发现上海、江宁、武昌"三厂所制之枪炮,均不一例"[13-55],为便利使用,提出统一标准制造枪炮。

四、经济体制改革

张謇提出了以农业为基础,工业为主导,农工商协调发展的方针,引导中国走向新的时代。他在《代鄂督条陈立国自强疏》中提出了农工贸三者的辩证关系:"世人皆言外洋以商务立国,此皮毛之论也,不知外洋富民强国之本实在于工。讲格致,通化学,用机器,精制造,化粗为精,化少为多,化贱为贵,而后商贾有懋迁之资,有倍蓰之利。"日本的强势在于"仿西洋之例",重视技术,发展工业。而"中国生齿繁而遗利,若仅恃农业一端,断难养赡",必须对工业"尤宜专意为主,非此不能养九州数百万之游民,非此不能收每年数千万之漏卮。今宜于各省设工政局,加意讲求"。"查海关贸易册中每年出口易销之土货,加工精造之,扩充之,以广其销;进口多销之洋货,则加工创仿之,以敌其入。"[7-22~23]

张謇从1895年开始筹办大生纱厂、1901年创办通海垦牧公司起,躬身实施其发展规划。张謇是中国近代史上唯一的工业资本家和农业资本家,他所创立领导的大生企业集团,所辖企事业103家,涉及三大产业,几十个行业,上百种产品,是国内最大的企业集团,所控的资金总额达2 480余万两[16-288]。

五、主张引进外资,借债兴业

近代中国新兴企业先天不足之处就是面临资金短缺的问题。正如马克思指出：货币资本是"每一个新开办的企业的第一推动力和持续的动力"[17-393]。适时引入外资，可为新兴企业发展提供契机。但债契本身有附带条件。因此，朝野上下众说纷纭[15-72~74]。张謇对借外债却极力支持，在《代鄂督条陈立国自强疏》中即指出编练陆军、治海军、设枪炮厂、开学堂、速讲商务等事宜，以上各条"非特远虑，实属近忧。惟需款项浩大，猝不易筹"。"若必待筹有巨款，必致一切废沮自亡而后已。今日赔款，所借洋债已多，不若再多借十分之一二，及此创深痛巨之际，一举行之。负累虽深，而国势仍有蒸蒸日上之象。""果从此立自强之机，自不患无还债之法。""如畏难惜费，隐忍图存，将益为外国所轻侮。"为了更有说服力，他还做了一个形象的比喻："譬如病，为求医药，虽赤贫告贷，犹不能已。何则？身命能保，何忧于贫？当今之势，何以异此？"[7-25]张謇利用外资，借债兴业，促进改革，实行开放，振兴中华的思想由此始[18-237]。

1913年12月14日，张謇在给袁世凯的《筹画利用外资振兴实业办法呈》中，开门见山地宣称："我大总统就职宣言，以振兴实业为挽救贫弱之方，又以开放门户、利用外资，为振兴实业之计。睿谟远识，中外同钦，謇诚无似，窃谓救国方策，无逾于此[7-272]。"外债虽然可以举借，但必须有相应的限定条件，保证尽得其利，而尽避其害。为此，张謇参照各国成例，对利用外债的条件提出了更为成熟的设想，拟以此严格限制债权方的权利："凡事业之确有把握者用之。在外人方面，仅处于债权地位，与所营事业之盈亏无涉。除普通利息外，各项利益为华人独享，苟有折阅，亦归华人独任。自宜注重其借款之担保品及契约条件。故非确定把握，不可轻准商民借用外款[7-272~273]。"

1910年9月，美国商团会40余人来江苏晤谈借款之事，张謇在《致赵凤昌函》中说："与美联络，输入其财，兴办农工之业，分年归还本息，商借商还，不涉国际[8-262~263]。"1911年6月张謇在《谘议局联合会请饬阁臣宣布借债政策呈都察院代奏稿》中指出："现时中国外债已达十万万两以上，罄全国十年之岁入，毫不用于他途，犹不足为偿还凤逋之用。""近日中国之贫窭达于极点，借款以谋救济，诚属万不得已之举。然借债之公例，必政府与国民均有用债之能力，而后可利用之，以为救时之药。否则饮鸩自毙，势必不救。"明定借债"专备改定币制、振兴实业以及推广铁路之用。该管衙门自应竭力慎节，不得移作别用"[7-220~222]。

1913年，张謇认为："东三省之林业，内地各省之木棉铁矿，一经整顿，皆为吾国最大之利源，但苦于无资本，故为兴办实业，非吸收外资不为功也。"[13-263]1914年，张謇目睹"东北、西北边陲荒地迤逦绵亘四五千里，格于前清苛禁，废而不殖，为左右强邻涎视久矣"，提出《条陈开放蒙地破除旧例另布新规呈》和《黑龙江代垦合同祈批密呈大总统文》，对浙江省实业家蒋汝藻与广东人郑润昌在黑龙江省汤原县购置土地，雇佣美国东益公司并用其资金开垦的"大农法"表示赞成，"中国人能为地主而资力不足，外国人有资力，又有技术，而不能为地主，非合并而利用之，无以收化荒成熟之效"。要求政府"破除旧例，别布新规，为蒙民之保障，使受开放之益，而无攘夺之患[7-414~417]"，让汉人前往开发。

北平（今北京）政府弥补财政收入空缺的基本办法就是外借，其中影响较大的几种外借为"善后借款""铁路借款""西原借款"等。1912—1926年共举借外债近10亿元，其中袁世凯时期（1912.2—1916.6）借款达4.79亿元，北平（今北京）政府究竟共偿还多少借款，尚无精确统计。但从关、盐两税抵偿来看，1918年偿付0.45亿元，到1924年上升到0.85亿元，1918—1926年共偿还5.73亿元[19-85~87]。1914—1925年兴建23条（段）铁路，向法国、英国、日本、比利时、俄国、美国、荷兰等国借款8 036.7万元[20-表5~6]。

六、民办官助

"民"指资产阶级化的官僚、士绅、工商业者和其他民众。"官"则指各级政府和官吏。"民办官助"是张謇等一批新兴资产阶级所期望的中国社会发展的一种理想模式，也是现代化历史进程的客观要求。张謇的"民办官助"的思想较为独特和全面，它具体包括以下几个方面：其一，张謇一贯反对"官"对"民"的漠视、压迫和盘剥。在《代鄂督条陈立国自强疏》中指出"中国上下之势太隔，士大夫于商务尤不素究"，政府"但有征商之政，而少护商之法"[7-22]。其二，张謇主张"官""民"各司其职。其三，建立以"绅"为纽带的新型"官""民"关系。其四，以"官业"辅"民业"。其五，设立商会、农会。其六，把国家土地的所有权和经营权分离。其七，"官"决定着"民办官助"的实施。他常对日本与西洋的情形艳羡不已："商本亏累，则官助之，不以赔折而阻。"而张謇在自身创业中，许多困难都是在官相助下迎刃而解。"实业之命脉，无不系于政治"[13-257]，是张謇在直接、间接经验基础上所作出的精辟结论[15-39~44]。

七、教育体制改革

我国封建社会通过科举考试选拔官吏，文章限用八股文，其题材、内容限于四书五经，不许考生自由发挥，束缚人们的思想，阻碍科学文化的发展。张謇自己在封建科举道路上奔走了26年，认识到科举制度的各种弊端后首创民立师范学校，打破了两千多年师出私塾的陈旧之习，成为普及国民教育、实现中国教育现代化的突破口。

张謇在《代鄂督条陈立国自强疏》中指出"人皆知外洋各国之强由于兵,而不知外洋之强由于学。夫立国由于人才,人才出于立学",提出"宜广开学堂"[7-21]"普兴学校""酌变科举"[13-47~50](科举制在1905年废除)。1901年,清政府开始废除八股文,在1902年各省考试中落实,并从改革科举、创办新学堂和鼓励出国留学开始进行教育改革[6-370~371]。1902年4月6日—12日,张謇应刘坤一的邀请,到南京与著名学者、教育家罗振玉一起为刘坤一规划"新政方略",起草《学制奏略》和"兴学次第",但刘坤一心有疑虑,不敢执行[3-517]。张謇感到失望,只好回到南通,利用自己企业的所得利润,创办了"通州师范学校",开始普及中小学教育,支持高等教育,重视职业教育,注重特种教育。张謇自办或参与策划的各类学校达400多所,逐步形成了发展农工商文全方位多学科初等、中等、高等多层次的学校教育与社会教育体系,加速了中国教育现代化进程。

八、派员出国考察学习

张謇认为"百闻不如一见……真知自能力行"。他指出应吸取洋务运动失败的教训:"夫洋务之兴已数十年,而中外文武臣工,罕有洞悉中外形势、刻意讲求者,不知与不见之故也。不知外洋各国之所长,遂不知外洋各国之所短,拘执者狃于成见,昏庸者乐于因循,至国事阽危,几难补救,延误至此,实可痛心。""今欲破此沉迷,挽此积习,惟有多派文武员弁出洋游历一策。""今宜多选才俊之士,分派游历各国,丰其经资,宽其岁月,随带翻译,纵令深加考究。"[7-23]知己知彼者,才能百战不殆。

为提高军队大员的技术水平,张謇建议"遴选年富力强、精明有志者百余人,令赴外洋附入学堂营内,将武备、营垒、炮台等事,分途肄业。观摩既备,领悟必速,较之在中国学堂所练,必更切实"[7-17]。

为提高我国的科学技术水平,张謇建议"应请各省广设学堂,自各国语言文字以及种植、制造、商务、水师、陆军、开矿、修路、律例各项专门名家之学,博延外洋各师教习,三年小成"。"选募粗通洋语、洋文者,即令分赴各国学之。此时洋文不必甚深,到彼以后,朝夕相习,自然能通,庶免旷时失机。"[7-21]

九、设立专门警察机构

设军警学校。张謇调查到当时州县衙门军警水平参差不齐,提出"设警察官立警察学堂,采日本警察章程为课本,调各汛营制兵及各衙门差役,选其壮者入学堂学习",提高其执法能力。并提出为"武科将领设武备外院",通过学习,"屡试高等者,次第派充各留防营营哨官"[13-53~54]。

中国人对近代警察的印象来自上海的"租界巡捕房"。张謇为维护社会治安,在《变法平议》中说警政建设"为变法政要"[13-54],并在大生纱厂、通海垦牧公司设立实业警察。

海门原为长江口的沙洲,故向来为盗匪渊薮、匪患严重之地。张謇于1896年在唐家闸建大生纱厂,1901年建通海垦牧公司。通海垦牧公司在开工建设围堤之前的10月3日,即遭到了陆凤岐等人的抢劫。为此垦牧公司求助海门厅同知、通州知州,但他们"敷衍"了事,张謇自己说:"以上六日,终日手披口答,内筹开工,外筹御侮[3-509]。"张謇在1904年写的《记吴枭》一文中,大致描写了南通一带的匪患情况,当时南通一带有名的大土匪曾国璋,其手下杨瞎子、邓拐子、张四、张七、罗少成皆有封号。先是占通州之刘海沙为窟穴,后其党羽又占通州老山港、崇明之小黑沙等处,"贩运私盐,以兵法部勒,扬旗樯杪,前后列枪炮船各数艘";"曾遣其党百余,白昼列队吹角实枪,十余日内连劫崇明城乡典肆富家";"其党副元帅罗少成等,以与城守守备何德辉有故,其党散往通州城厢,置宅取妻,结识州镇兵役"。1899—1900年,"罗、邓诸人及其党,白昼持手枪短刀,横行街市。其党有事争讼,就茶坊、酒肆、烟馆、伎寮诉之罗、邓,笞挞断决"[21-314]。当时清朝旧的统治工具——驻军,不仅不能清匪,而且与匪互相勾结;而团防、保甲制度早已"懈散,人皆易视之具文",当地俨然成为黑社会的天下。

1901年张謇撰写的《变法平议》明确、系统地阐述了他的警政建设思想。他说:"变法奚行乎?犹造器也。国为之材,学堂为之工,而工不能徒手而成器也,刀锯筑削,搏磨枻雕,则必在警察。西法警察有二:有行政警察,有司法警察。日本维新,以行政兼司法,隶内务省,而别立总监之厅。府、县有警部,凡十等,其职保护人民。其事四:曰去害,曰卫生,曰检非违,曰索罪犯。凡地方有犯杀人、放火、斗殴、窃盗、反狱、越槛、伪造货币、谎骗、博弈、奸淫者,见则捕之;民人告发,则白于官,持票捕之;路醉、病、老、稚、妇女及外国人,维护之;异言异服、游戏伤败风俗,聚徒党横议非为者,诘禁之;识道路、街市、村落、庐舍之所,居民之身家品行;清理道路、沟渠,检留遗物、救灾暴。警察之略如此。故警察者,上通政府而下达穷壤。弭教案,诘戎菶,稽印税,缉私铸,佐学教,清田赋,莫不赖之。"并建议"分职以专职。……巡道改为警察道,专掌警察"[13-36~53]。要求成立专门的警察管理机构,与军人系统分开。

十、提出讲求河防新法

中国在7 000多年前就有治水活动。张謇在《变法平议》中说:"禹鉴其父之失计,变而用疏。""蒙言变法,始测量矣,而变河之法,尤宜以测量为本。""宜特设河工学堂,招学生六七十人,学测量工程之事。""延西洋工师,熟察水土之性。购相宜挖泥之机船,每十里一船,令各每日往复于十里之间。驳泥之舟,调天津、通州及清河、山东之粮驳为之(南漕改折,此等船无用,以此销之)。驳运之泥,卸于旧堤之外,以厚其附。"[13-60~61]

张謇在1902年创办通州师范学校,1906年增设了测绘等科,培养毕业生43人。毕业生在完成南通地籍测量后,1911年全部进入江淮水利测量局,引进西方先进的测量仪器和方法进行测绘。到1926年,完成苏境干支流40条河道、皖境干支流46条河道、鲁境干支流29条河道的测量,总长度9 715.0公里,为提出淮河治理规划提供了科学依据。

1922年,扬子江水道讨论委员会成立后,也在上海设置测量处,对长江干流及滩涂进行江床断面式地形测量和水文泥沙测验,为整治长江积累了基础资料。

1882年,清政府向英国购买一艘"安定号"挖泥船,次年开始疏浚"吴淞外沙",因船小沙多,断续挖了六年,并未见效[22-206]。

1914年,江苏巡按使韩国钧设立江南水利局。1915年9月,用挖泥船挖浚浏河拦门沙[23-2]。

1914年7月,江苏巡按使韩国钧筹兴淮扬运河水利,召集八县士绅召开会议,先筹治运工费100万圆。11月,修置挖泥机船四艘,为"运平""运济""运通""运安"。1915年6月开始挖泥。1916年又添置"运顺""运利"两艘,浚运河各处浅段,运济曾一度开赴盐城挖疏浅滩[24-1~4]。

张謇的讲求河防新法在新中国得到全面实行。江河中的水下地形图测量一般采用2~3架经纬仪交会法或2架六分仪交会法测定船在测点中的位置,抛测深锤测量水深。20世纪70年代中国仿制荷兰的回声测深仪,提高了测量精度。20世纪末,美国制造出GPS接收机,使用6~8颗卫星进行测量。中国于1999年成立中海达公司,开始研制这种仪器,2001年供全国各地使用。而后又生产全站仪,与电子计算机联用,具有角度测量、距离(斜距、平距、高差)测量、三维坐标测量、导线测量、交会定点测量和放样测量等多种用途,大大提高了工作效率。近年使用了国产的北斗卫星定位仪系统。

随着改革开放的逐步深入和农村商品经济的发展,大批农村劳动力向非农业转移,河道疏浚、培修江海堤防、滩涂围垦筑新堤等工程不可能采用传统的人工挑抬施工方式,探索机械化施工的新路子势在必行。20世纪80年代我国开始使用水力冲挖机组疏浚河道。1987年11月,水利电力部在海门召开全国经济发达的 9 省市和有关科研单位参加的"水电部农田水利施工机械化座谈会",推动全国的土方施工向机械化发展。

经济的全球化促进了贸易和运输的一体化,促使港口运输与现代国际运输接轨。中国急需在沿海建设新的港口,围垦边滩,围堤起围地面高程也从人工施工的当地平均高潮位以上的高滩,转为用机械施工的中滩或低滩。进入 21 世纪,这些围堤工程全部采用大型编织袋、绞吸船、运砂船、吹砂船及水力冲挖机组组合的机械化施工方式,长江的深水航道也是采用挖泥船挖泥的方法逐步加深的,农村各级河网也采用绞吸船、水力冲挖机组或挖掘机进行机械化施工。

第三节　张謇与革命派共建中华民国

自 1894 年中日甲午战争以后,中国社会的政治改革潮流逐渐兴起,各种政治改革派别相继出现。他们的主张各有不同:或主张通过自上而下的改良建立君主立宪制度,即以康有为、梁启超为代表的改良派;以张謇为领袖的立宪派;或主张通过革命手段建立民主制度,即以孙中山、黄兴为首的革命派。但是他们有一个最基本的共同目标,即力图革除传统的封建专制制度,建立资本主义民主制度,把中国的政治制度推向现代化。

1911 年的辛亥革命,使统治了中国两千多年的封建大厦终于倾倒,在中国大地上第一次建立了共和政权。清朝的覆亡是被三种力量合力促成的:第一种力量是以孙中山、黄兴为首的革命力量,这是主力;第二种力量是以张謇为代表的立宪派;第三种力量是各省汉族督抚[25-2]。

一、改良派的同情者

维新运动是以康有为为首的维新派依靠以翁同龢为首的帝党支持而鼓动起来的。翁同龢是光绪皇帝的师傅、亲信重臣,他鼓励光绪皇帝借助维新派变法图强。1895 年 10 月,康有为赴南京拜访张之洞,并获得他的赞助,于 11 月在上海设立强学会。"讲中国自强之学","以雪国耻"。张之洞幕僚、张謇友人梁鼎芬电邀张謇同襄盛举。张謇赞同组织学会,因而欣然同意列名发起[15-300],并声称"中国之士大夫之昌言集会自此始"[3-1010]。

张謇与张之洞、刘坤一、翁同龢,既有着近似的阶级特性、密切的政治联系、深厚的个人交谊,又对维新运动有着基本相同或相似的看法,因而他们在维新运动中配合默契,但张謇与康有为为首的维新派的关系,却有着明显的不同。

张謇曾说:"余与康梁是群非党。"正因为如此,张謇同维新派在变法问题上,既有相同或相似之处,又存在原则性分歧。他们之间相同或相似之处主要表现在:其一,他们都认为变法是时势的必然,中国非变法无以图存;其二,他们都认为变法旨在"富民强国",因而必须改变"农本思想","以工立国",发展资本主义工农商业;其三,他们都认为变法之本在于培养人才,因而必须变通科举,废除八股,改试策论,兴办新式学堂,派遣留学生;其四,他们都认为变法事体重大,必须依靠皇权自上而下进行。他们之间的原则性分歧主要表现在:其一,张謇、翁同龢等认为"法刓必变,有可变者,有竭天下贤智之力而不能变者矣"。康有为听到光绪皇帝"今日诚非变法不可"的说法后,立即表示"近岁非不言变法,然少变而不全变,举其一而不改其二,连类并败,必至无功"。其二,张謇钟情于"中体西用"的理论模式,而康梁等则倾向于冲破"中体西用"防线,构筑起一种"不中不西即中即西"的理论模式,"采西人之意,行中国之法,采西人之法,行中国之意"。其三,张謇反对"伸民权",主张"去官毒"而"保君权"。康梁起初主张"伸民权",而反对"保君权"。但当他们一接近清朝中枢政权,就立即改换调门,但其最终目标,依然是改变君权"乾纲独断"的局面,"立宪政,设议院",实行"君民合治"的君主立宪制度。其四,张謇主张变法应该是"平和、中正、渐变的改进",而康梁等则"用激烈雷霆式的手段来变法",主张"扫荡桎梏,冲决网罗"。正由于上述种种因素,张謇对维新运动采取"若即若离"的同情态度[15-305~311]。

二、张謇领导的立宪运动

1903年下半年,张謇东游日本考察,归国以后注意研究立宪问题,不断与友人交换意见,正式开始了对民主政治的追求。1904年5月,他与两江总督魏光焘、湖广总督张之洞,不断讨论立宪问题,游说他们奏请立宪,并为他们代拟了奏稿。张之洞嘱张謇探询直隶总督袁世凯的态度,以决进止。张謇自1884年与袁世凯断交后,二十年不通音信,极不情愿主动联系,经友人周家禄的劝说,于1904年6月致函袁世凯,函中说:"公今揽天下重兵,肩天下重任,宜与国家有死生休戚之谊,顾亦知国家之危,非夫甲午、庚子所得比方乎?不变政体,枝枝节节之补救,无益也。不及此日俄全局未定之先,求变政体而为揖让救焚之迂图,无及也。……日俄之胜负,立宪专制之胜负也。今全球完全专制之国谁乎?一专制当众立宪,尚可幸乎?日本伊藤、板垣诸人共成宪法,巍然成尊主庇民之大绩,特命好耳。论公之才,岂必在彼诸人之下。即下走,自问志气,亦必不在诸人下也。"[26-41]请其赞助立宪,袁世凯答以"尚须等等看"。

张謇与浙江名流汤寿潜等人连日进行了会谈,并让张美翊给其师军机大臣瞿鸿禨写了一份说帖,请其认清形势,果决地倡导立宪。1905年,张謇又致书袁世凯,从个人的安危荣辱出发来打动袁世凯,请其赞助立宪。此时立宪已成为大势所趋,袁世凯为了避免被孤立,于是联合张之洞和调任两江总督的周馥电奏,请实行立宪政体。两广总督岑春煊和其他大臣也相继奏请立宪,瞿鸿禨和庆亲王奕劻等军机大臣也表示赞成,朝廷终于做出了遣使出洋考察政治的决定。针对少数顽固守旧分子坚决抵制立宪和一些开明之士认为此时不是实行立宪的时候这种情况,张謇出版了《日本议会史》,以供我国士大夫观览,并为之作序,批驳了立宪"非其时"的错误论调[21-319~320]。1906年9月,朝廷发布了"预备仿行宪政"的上谕,拉开了中国政治制度近代化的序幕[15-313~316]。

预备立宪上谕刚刚发布,两广总督岑春煊即致函张謇,请其发起组织团体,并派郑孝胥、陆尔奎到上海与其会见,商议多次,确定会名为预备立宪公会。张謇认为:"余谓立宪大本在政府,人民则宜各任实业教育为自治基础,与其多言,不如人人实行,得尺则尺,得寸则寸。"[3-1022]1906年12月16日,预备立宪公会在上海愚园召开了成立大会,会员民主投票选举出15名董事,董事又选举郑孝胥为会长,张謇、汤寿潜为副会长。1907年和1908年召开第二届、第三届年会,郑孝胥、张謇、汤寿潜连任正副会长。1909年第四届年会选举朱福诜为会长,张謇、孟昭常为副会长。1911年2月6日,召开新年大会,并补行上年年会,张謇当选为会长,郑孝胥、张元济当选为副会长。张謇始终是预备立宪公会的主要领导人和决策者。该会会员分布很广,遍及全国各地,有各省谘议局议长、副议长等著名人物。

该会工作以筹备立宪事宜、推动朝廷立宪、提高人民的宪政认知为中心,进行了下列工作:一是出版书刊,宣传普及宪政知识。1908年2月创办了半月刊《预备立宪公会报》,1910年2月改出《宪志旬刊》,后又改为《宪志日刊》,次年2月又改为《宪报》,其内容为宪法、国会、官制、自治、政党等。该会出版的书籍有邵羲译的《日本宪法解》,汤一鹗译的《选举法要论》;会员编著的有孟昭常的《公民必读》《城镇乡地方自治宣讲书》,钱润的《地方自治纲要》,张家镇的《地方行政制度》,孟森的《谘议局章程讲义》,均畅销一时,风行海内。《公民必读》发行1年,出版27次,仅直接在该会订购的即近13万册,影响之大,可想而知。二是开办法政讲习所。1909年2月,该会接办了原有江苏学会创办的法政讲习所,半年一期,招收各省学员,专门培养地方自治议员、董事,并研究谘议局、资政院议员应有的学识。开设的课程以宪法、行政法、财政学、地方自治为主。1910年又增设了一年毕业班次,为各省培养了许多立宪运动的骨干。三是推动地方自治的进行和各省谘议局的成立。1907年张謇曾敦劝各地士绅学习法政,准备实行地方自治。该会还致函各省府厅州县教育会,请他们赶快普遍设立宣讲所,以提高公民的政治素质。1909年又催促宪政编查馆迅速制定地方自治章程,并认为立宪期限能否缩短,最终要看人民的能力。1907年10月,朝廷谕令各省设立谘议局,由于无法可依,各省虽然挂上了谘议局的牌子,却毫无进展。1908年9月,张謇见官方筹备的态度相当消极,知道单纯依靠官方不行,便联络士绅自行建立组织,主动参与筹备工作。19日,张謇特邀江宁、苏州两地的士绅200多人开会,商议谘议局事宜,上书督抚。次日投票选举了谘议局筹办处绅界负责人8名,张謇当选为江宁地区负责人,积极开展筹备工作。1909年9月14—16日,江苏省谘议局召开全体议员会议,选举张謇为议长,蒋炳章、仇继恒为副议长,选出常驻议员,确定了书记长和书记等职员,并推动了各省成立谘议局。四是发起组织国会请愿运动。1909年,张謇得悉中国与日本签订新约丧失了种种权利、列强在海牙和平会议上密议对中国的政策以及统监中国财政的消息,大为震惊,即上书《请速开国会建设责任内阁以图补救意见书》[7-187~190]。10月13日,张謇同江苏巡抚瑞澂及雷奋、孟昭常、杨廷栋、许鼎霖进行了仔细磋商,确定由瑞澂联合各省督抚要求迅速组织责任内阁,由张謇出面联络各省谘议局要求速开国会;并派员到各省联络,约请各省派代表到上海商议开国会的切实办法,12月17日,已有7省的代表到达上海。通过座谈和情况交流,张謇更加清楚地看到国家所面临的危机,认为政府无统治全国的能力,为国家和人民计,只有实现立宪,要求速开国会的愿望愈益迫切。12月18日起,每天午后在预备立宪公会事务所集议一次,名曰"请愿国会代表团谈话会",推福建谘议局副议长刘崇佑为主席,研究了很多事项。27日,代表大会通过了谈话议决的事情,讨论了《国会代表上都察院请愿书》,大都采纳了张謇的建议,并由张謇作了最后修正,要求一年内召开国会。该请愿书在《申报》上发表[7-193~196]。

会议期间,张謇热情招待代表,临行又以预备立宪公会和江苏教育总会领导的身份设宴为他们饯行,并写了一篇《送十六省议员诣阙上书序》。序中写道:"闻诸立宪国之得有国会也,人民或以身命相搏。事虽过激,而其意则诚。我中国神明之胄,而士大夫习于礼教之风,但深明乎匹夫有责之言,而鉴于亡国无形之祸,秩然秉礼,输诚而请。得请则国家之福,设不得请,而至于三,至于四,至于无尽。诚不已,则请亦不已,未见朝廷之必忍负我人民也。即使诚终不达,不得请而至于不忍言之一日,亦足使天下后世知此时代人民固无负于国家,而传此意于将来,或尚有绝而复苏之一日。"该文刊登于12月29日的《申报》上[21-347~348]。他相信"精诚所至,金石为开",请代表们不必气馁,坚定请愿的信心。他认为,只有这样,才尽到了国民的责任,对得起国家。即使不能达到目的,请愿也有极大的意义,可以激励后世人民继续奋斗,使国家终有"绝而复苏之一日"。

代表团于1910年1月16日在北京都察院呈递了请愿书,其后拟定了请愿速开国会同志会规约,通知各省谘议局,发动人民,或致电政府,或呈请当地代奏舆情。同月30日,朝廷嘉奖了代表们的爱国热忱,但以幅员辽阔、筹备未全、国民智识程度不一、即将开资政院的理由,而加以拒绝。

请愿失败后,代表们议决各省成立国会请愿同志会,发表意见书,进一步发动人民为实现立宪而奋斗。

张謇立即召开预备立宪公会以研究办法,致电代表团,请他们分电各省谘议局,马上召开临时会,以谘议局的名义继续上书。代表团接受了意见,同时考虑到该会会员遍及各省,如果该会能通告会员在本地鼓吹请愿速开国会,则风声所树,尤易响应。复将此意电告该会,请其办理。张謇接到电报,3月15日在《申报》上通告本会会员:"本会以预备立宪为名,本以合群进化,期成完全立宪政体为宗旨。然欲预备至完全立宪政体,亦必速开国会,然后可言合群,然后可望进化。是国会一日不开,即本会之预备一日不得尽力。故各省请愿之举,均当视为吾党所共有之义务。凡我同仁均当各就所在地方提倡立宪政之美善,使所在士民皆知请开国会为必不可缓之举。联同上请,方不愧为预备立宪时代之国民,方不负朝廷三令五申筹办宪政之至意。各省代表皆谓本会多贤能宏达之士,所望于本会树立风声者甚厚,幸勿怠弃,致辜各省勤勤之望,则本会之幸也。"

继之,以张謇为首的江苏省谘议局、教育局、预备立宪公会和商会,组织了国会请愿同志会,推选了请愿代表。商界还召开了大会,选派代表团,以独立的团体直接上书请愿。教育会也以独立的团体上书请愿,并致函各省教育会和学界,推举代表入都,促成了全国教育界的请愿。张謇撰写了《国会代表第二次请愿书》,指出资政院不能代国会之用,"资政院,为上下两院之基础,近于各国一院之制。然细察其性质,又与国会迥殊,君主不负责任为立宪国拥戴元首之良法;而资政院与大臣有争执时,则恭候圣裁,是仍以君主当责任之冲,而大臣逸出于责任以外。"呼请速开国会,并发表在6月14日至17日的《申报》上[7-204~207]。

6月16日,10个团体的请愿代表齐集都察院,分别递交请愿书,要求在一年内召开国会,又遭清政府拒绝。代表团决定扩大范围,同时更深入地发动人民,继续进行第三次请愿。

张謇见前两次请愿无效,决定倡议组织各省谘议局议长代表团北上。10月1日,张謇在《时报》发表公启,进行号召:"国会两次请愿无效,群望三请。近日敝省公论,以为前次谕旨既断再请之路,现资政院开,专达民隐,自不能援他奏事官之例,不为上达。此次请愿,拟向资政院陈请建议,以期必达,此第一步也。请愿之人,就苏言,拟推謇以议长名义北上,此第二步也。请愿之期,以十月底成行,十一月到院陈请,适为毕本局之事,而尚在资政院开院之期,此第三步也。以议长名义北上,各省能否赞同,或不能尽去,亦当转托他省能去之议长为代表,略成一议长代表团,以结前二次代表团之局,而别开第三次请愿之新面目,此第四步也。公论如是,謇不敢违,用敢驰告同岑。苏省之公言,謇之微意,皆以此为然,惟取各贵省之答复为进止。有直省过半数同者,亦即决行。盖恐交通过阻之处,亦非函讯所能及也。"他以为地位和声望较高的议长们一出面,朝廷必定俯允。但大多数议长认为,前两次请愿之所以失败,是因为人数过少,没有实力。议长请愿,犹是少数,势力更为薄弱,没有同意[15-324~325]。

10月9日,代表们向正在召开会议的资政院呈递了请愿书,谘议局联合会也呈递了请愿书。22日,资政院通过了速开国会的议案。与此同时,许多省的群众举行了浩浩荡荡的游行,向督抚呈递了请愿书。各省督抚也联合起来,电奏召开国会与建立责任内阁同时并举。11月4日,朝廷终于发布上谕,宣布1913年召开国会[15-325]。

张謇自1907年起就与革命党人有交往。1908年5月,同盟会江苏支部长陈陶遗被两江总督端方拘捕,革命党人请张謇帮忙,张謇即致电端方,端方接电后,将陈陶遗放出。同盟会委员黄炎培与张謇关系密切,称张謇为"政治意识不完全相同而一致倾向于推翻清廷,创立民国的战友"。

而此时同盟会处于秘密工作状态,不可能大张旗鼓地进行宣传。因此在动员民众、普及宪政知识、培养人才等方面,立宪派起了主导作用。

三、张謇与革命派共建共和国体

革命派与立宪派既有对立,又有统一。革命派与立宪派都代表资产阶级立场,因而是统一的,但在是否保留皇帝的问题上是对立的。立宪派与清政府关系紧密,但其进一步发展资本主义的要求与封建朝廷之间又是对立的。随着形势的发展,清统治者逐渐站到革命派与立宪派的对立面,这个共同点终于使两派人士走到一起。

1911年10月10日晚,湖北的革命党人利用立宪派所造成的铁路风潮危机和端方率部分湖北新军进入四川的时机,发动了武昌起义,并在3日之内,攻克武汉三镇,成立了军政府。清政府闻信,命陆军大臣荫昌率军前往镇压,继任袁世凯(袁世凯于1909年1月2日被摄政王载沣开缺回籍养病,10月13日,由张謇代拟,督抚中立宪派领袖程德全上奏朝廷要求起用袁世凯)为湖广总督,督办剿抚事宜。因两人都是具有朝野号召力的代表人物,朝廷于是立即决定再次起用袁世凯,授其为钦差大臣,节制前线水陆各军,命其全力将革命烈火扑灭[27-52]。

黄兴从日本赶到武昌,被推为革命军总司令,与清军进行战斗。但武汉三镇仍被清军占领。张謇在10月4日到武汉商议租办武汉纱布厂事宜,10月10日晚登船东下,在船中"见武昌草湖门工程营火作……十时舟行,行二十余里犹见火光……"[3-728],目睹了武昌起义。10月13—16日,张謇会见江宁将军穆尔察·铁良、两江总督张人骏、江苏巡抚程德全等,要他们速奏清廷立宪法、开国会。18日张謇在南京听说清廷要请西方国家派军队去武汉镇压起义军,十分震惊,提笔起草了《江苏谘议局致各省谘议局电》,并请上海《申报》刊发文后附录"借助外兵,其害必至亡国,此电不独警告政府,亦将使武汉一方深维斯义"[8-279~280]。这表明此时张謇寄清廷立宪的希望已破灭。武昌起义成功,到11月底,湖南、陕西、山西、云南、贵州、浙江、江苏、广西、安徽、福建、山东、广东、四川等14个省的当权者纷纷宣布独立。张謇在20天内随着形势的变化,从立宪立场转变为力主建立共和政体,给许多要人发出函电,表明立宪道路已经行不通,共和国体是中国人唯一的选择,清帝必须退位,积极主张实现共和主义。

在此之后,张謇为促使清帝退位,早日实现共和,做了许多工作。1911年,张謇撰写了《建立共和政体之理由书》:"今若南主共和,而北张君主,意见不一,领土以分,外人公认保全,我乃自为破坏。生灵涂炭之余,继以外患、瓜分之祸,即在目前。"同时批驳了中国之大不适于共和政体的谬论,列举欧美大国成功之例后,指出共和思想"皆发起于东南,而赞成于西北","其能同赞共和,固无疑义"[13-200~201]。

武昌起义后,清政府起用袁世凯,委以重任。袁世凯挥兵南下,与革命军隔江相对抗,中国再次出现南北对峙局面。袁世凯纵横捭阖,操纵控制,威胁利诱,两面三刀,软硬兼施,使尽权术,使用一箭双雕计,以清政府为工具去压迫南方革命力量;同时借革命力量威胁清政府,逼它交出全部权力。而当时的孙中山等革命党人虽然制定有革命纲领、革命方略,但追求的最急切的目标是"排满"。"排满"目标一旦实现,他们的主要任务也就完成。对于建立和发展新的共和政权,他们缺乏应有的思想、理论、组织准备;关于如袁"反正"即可以举为大总统的舆论,过去不少辛亥革命史的论著均将其归诸当时像黎元洪、张謇、汤化龙等旧官僚和原立宪派人大肆活动的结果。研究辛亥革命史的专家胡绳武教授指出:起主要作用的为革命党中较普遍地存在着的一种认为袁世凯如能

"反正",借袁之力推翻清政府,以建民国最为有利的心理状态。举袁方针的确定,应该说正是这种心理状态的集中反映。这种方针的确定,为各种支持袁世凯上台的社会势力(包括帝国主义的势力)的预谋得以实现,提供了极为有利的条件[28-430~436]。

  1911年11月初南北议和的序幕正式拉开,袁世凯派亲信到武汉试探,只是他开出的条件是"招抚",黎元洪未敢应。此次试探未能成功。但双方仍书来信往不断。1911年12月3—4日,张謇赴沪,与革命党人章太炎、宋教仁、黄兴、于右任等晤谈,商议成立临时政府事宜。张謇与伍廷芳(南方和谈首席代表,后任民国外交总长)、唐文治、温宗尧、陈其美、钮永建、胡瑛、赵凤昌、马君武、王宠惠、于右任、朱葆康、景耀月等人发起组织共和统一会(后称共和党),于12月22—24日在上海《申报》上发表由张謇撰写的《共和统一会意见书》[7-231~236],力促南北两派停战统一。12月17日,袁世凯派唐绍仪到沪,18日首次南北议和会议在上海英租界市政厅举行。除南北议和代表外,尚有英、美、德、日、俄各国驻沪领事参加,他们根据各国政府的指示,联合行动,向谈判双方致送同文照会,公然要挟、干预,要求尽速达成协议。会议共持续14天。12月底,18个省代表相继到南京,推举孙中山为中华民国临时大总统。1912年1月1日,中华民国临时政府成立。南京临时政府成立后,袁世凯感到如果南北真正分裂,他也未必能立即消灭南方民军,且有悖人心和时代潮流[28-436~440]。1912年1月14日,唐绍仪奉令致电伍廷芳,说明清廷正在筹商有关退位事宜,询问孙中山举袁为总统的事"有何把握"。孙中山得知后立即电复:"如清帝实行退位,宣布共和,则临时政府决不食言。文即可正式宣布解职,以功以能。首推袁氏[29-23]。"这是孙中山不到半个月内第二次公开表态。

  1912年1月18日,张謇撰写《致袁世凯电》:"甲日满退,乙日拥公;东南诸方,一切通过。昨由中山、少川(唐绍仪)先后电达。兹距停战期,止十余小时矣,南勋(张勋)北怀(徐怀礼),未可得志;俄蒙、英藏,图我日彰;即公所处,亦日加危。久延不断,殊与公平昔不类,窃所不解。愿公奋其英略,旦夕之间,戡定大局。为人民无疆之休,亦即为公身名俱泰无穷之利[8-309]。"促其痛下决心,早日推翻清廷,建立统一的中华民国。

  1912年1月23日,孙中山致电伍廷芳说"盖推袁一事,始终出于文之意思,系为以和平解决而达共和之目的"[29-38],并派胡汉民到上海面晤张謇,张謇致电袁世凯,并催促达成清帝逊位的具体条件;并拟《清帝退位诏书》[7-238]。2月12日《清帝退位诏书》颁布,清朝正式消亡。13日,孙中山即向南京临时参议院送上辞职书及举荐袁世凯的咨文,15日,选举袁世凯为临时大总统。张謇为近代中国的政治建设作出了重要贡献。

第四节　创制中国近代社会经济法律法规体系

张謇在1913年10月至1915年9月担任农商总长期间,根据自己多年从事实业的体会,结合有关人员考察日本和欧美国家发展的历史经验和法律法规文献,组织专家编订、颁布涉及国民经济各领域的法律法规40余种,占民国时期(1912—1948)常态法律的80%左右,创制了较为完整系统的中国近代社会经济法律法规体系。

一、中国近代社会经济法律法规体系的形成

中国近代社会经济法律法规建设,起始于清末新政时期。1904—1906年,清政府颁布了《商律》《公司律》《公司登记法》《破产律》《专制权法》。1911年颁布新的刑法、民法、商法[6-398]等近10种法律。民国初期,北平(今北京)政府颁布的经济法规有:《农会暂行规程》(1912.9)、《农会规程施行细则》(1912.9)、《东三省国有森林发放暂行规则》(1912.12)、《兴华汇业银行则例》(1912.10)、《暂行工艺品奖励章程》(1912.12)、《中国银行则例》(1913.4)、《工商部公司注册暂行章程》(1913.5)等7种[30-210~211]。

张謇出任农商总长后,立即着手经济法制建设。"謇自任事以来,窃见农商行政向无法规为之依据,是以商民时有陈请,则准驳俱无所施,官吏偶有设施,则宽严莫知所措,故謇尝谓今农商部之责任,首在增订法律,因汲汲焉以编纂法规为务。"[7-347]张謇深知,想要快速顺利地进行经济法制建设,仅靠自己和自己所领导的农商部的主观努力是不够的,还必须获得时任大总统袁世凯和相关政府部门的支持和配合。事实也是如此,张謇所提出和制定的许多经济法规,特别是一些重要法规的制定和颁布,大多经过他与袁世凯和相关政府部门的反复磋商和力争才得以实现。因此,他一到任就向袁世凯和国务院陈述自己加速经济法制建设的主张和设想,力争获得支持和配合。对于袁世凯,张謇刚到任不久,就乘势而进,提出了加速制定经济法规的两点建议。一是建议由工(农)商部代替法制局制定经济法规。"本部职任在谋农工商业之发达,受任以来,困难万状。第一问题即在法律不备,非迅速编纂公布施行,俾官吏与人民均有所依据,则农工商政待举百端,一切均无从措手。为此凤夜图维,惟有将现在农工商各业急需应用之各种法令,督饬司员从速拟订,如法公布。即其中有关涉法典

范围向归法制局编纂,如待全部法典完成,非数年不能竣事。拟由本部择其尤要,如公司法、破产法等,分别定成单行法令作为现行条例,以应时势之要求。"[7-263]

二是提出在新的法规尚未制定之前,在清末已经制定而未及颁布的经济法规中选择比较合理而完整的法规先行颁布和施行。"兹案查前清农工商部奏交资政院会议之《商律总则》《公司律》二编草案,较前清所行之商律,增多三百余条,颇称完备。""因为急需应用起见,拟即用为工商部现行条例,改《商律总则》为《商人通例》,《公司律》为《公司条例》。用敢合辞呈请大总统交付国会议决公布,作为工商部现行条例。"[7-275~276]张謇的这两条建议不仅切合实际需要,而且言之有理,因而很快就得到了袁世凯的赞同。

后来在制定和颁布其他经济法规的过程中,张謇全心投入,多方协调,历经艰辛,显示出高超的领导艺术和非凡的组织能力。特别是为了制定《公司保息条例》《植棉制糖牧羊奖励条例》等关系到政府财政开支的法规,张謇几次上书袁世凯,旁征博引,苦口婆心,说明制定、修订和公布这些法规的必要性和重要性。

对于国务院,张謇尽量利用机会宣示和解释自己制定经济法规的设想和方案,以争取获得支持和同情。他到任后,在国务院发表的《实业政见宣言书》中说:"视事以来,日与国务院会议,今日与诸君一堂相见,敢不就实业一部分进行之计画,略陈愚陋,以就正于诸君者,就正于国人。"[13-257]为制定和通过保息条例,张謇三次向国务院陈述自己的这一主张:一为《提议保息案》。"本部认为奖励民营业至善之策,今拟分二法:一为基金法,如甲表所列是。一为岁计法,如乙表所列是。……今并附二表,乞列入国务会议定用何法,即照何法编制预算,以利进行。"[7-280~281]二为《提议奖励工商业法案》。所议定的保息率为四厘或三厘,不免过低,不够合理,必须提高,因为保息率应与金融市场借贷利率和公司官息基本相一致,否则就难以动员人民投资于企业,而"吾国利率常在六厘以上,银行钱庄定期贷付之款,有多至九厘或一分以上者",今"劝之入公司股,则仅有四厘之保息可恃,则望望然去之耳"[7-282]。三为《致财政部会拟保息商业呈》。"窃謇前在工商总长任内,曾以国内商业幼稚,急宜采保育主义,提议于国务院,并商之希龄(即国务总理熊希龄)。希龄职兼财政,亦以此策为必不可缓,业于会议大政方针时,略陈大概。"[7-287]因此,必须把保息率提高到五厘或六厘。在他的据理力陈下,国务院和袁世凯终于同意将保息率提高到五厘或六厘。

对于作为法律审核机构的参议院、众议院和法制局,张謇极为重视,设法沟通。除了在《实业政见宣言书》中已表示希望两院给予支持外,还在某些重要法规交付审议时,希望参议院、众议院和法制局视情况而简化审核程序,尽速审议通过。

正是由于张謇的不懈努力,民国初年的经济法制建设能够快速而较为顺利地开展起来。一系列的经济法规得以制定颁布,初步形成了中国近代社会经济法制体系。民国初年所颁布的经济法规种类比较齐全,从1912年12月到1921年,先后颁布的经济法规达50多种(不包括各种法规的施行细则和补充法),其中在张謇任职期内颁布的有40多种,涵盖了工商、矿路、财政金融、权度、农林、经济社团等方面,详如下列所示:

工商类:《公司条例》(1914.1)、《公司保息条例》(1914.1)、《商人通例》(1914.3)、《公司注册规则》(1914.7)、《商业注册规则》(1914.7)、《商人通例施行细则》(1914.7)、《公司注册规则施行细则》(1914.8)、《商业注册规则施行细则》(1914.8)、《修正公司条例》(1914.9)。

矿路类:《制盐特许条例》(1914.3)、《矿业条例》(1914.3)、《矿业条例施行细则》(1914.3)、《矿业注册条例》(1914.5)、《矿业注册条例施行细则》(1914.5)、《征收矿税简章》(1914.7)、《审查矿商资格规则》(1915.5)、《小矿业暂行条例》(1915.7)、《民业铁路法》(1915.11)、《特准探采铁矿暂行办法》(1915.11)。

财政金融类:《国币条例》(1914.2)、《国币条例施行细则》(1914.2)、《交通银行则例》(1914.4)、《劝业银行条例》(1914.4)、《典当业条例》(1914.6)、《证券交易所法》(1914.12)、《取缔纸币条例》(1915.10)、《农工银行条例》(1915.10)。

权度类:《权度条例》(1914.3)、《权度法》(1915.1)、《权度营业特许法》(1915.1)、《权度法施行细则》(1915.2)、《官用权度器具颁发条例》(1915.2)、《权度委员会章程》(1915.3)。

农林类:《禁止乱放蒙荒通则》(1914.2)、《国有荒地承垦条例》(1914.3)、《植棉制糖牧羊奖励条例》(1914.4)、《渔轮护洋缉盗奖励条例》(1914.4)、《公海渔业奖励条例》(1914.4)、《国有荒地承垦条例施行细则》(1914.7)、《修正东三省国有林发放规则》(1914.8)、《狩猎法》(1914.9)、《修正国有荒地承垦条例》(1914.10)、《森林法》(1914.11)、《边荒承垦条例》(1914.11)、《森林法施行细则》(1915.6)、《造林奖励条例》(1915.6)。

经济社团类:《商事公断处办事细则》(1914.9)、《商会法》(1914.9)、《商会法施行细则》(1914.10)、《银行公会章程》(1915.8)、《修正商会法》(1915.12)。

首先,张謇任期内所颁布的法规不仅种类比较齐全,而且内容比较周详,基本形成了中国近代社会经济法制体系中的商法体系。清末所颁布的经济法规计10余种,虽然其范围已涉及新式工业、商业、银行和商人社团,但内容比较简略单薄,主要限于新式企业和社团的创办手续和组织方式。民国初年所颁布的经济法规,不仅在种类上有明显增加,而且在内容上也比较周详全面,已包括了社会经济的各主要部门和类别,且不同程度地涉及资本、产权、生产、经营、流通、分配、消费和政府经济管理等领域,可以说已包括资本主义商法的基本内容。

其次,中西结合,广采众意,具有较高的科学性。世界各国的资本主义经济具有一定的共性,与此相关的经济法规也有一定的相通之处,但是各国的经济发展水平和经济行为习惯不尽一致,其所制定的经济法规也应各有特点。近代中国在制定经济法规时当然可以参考资本主义国家已有的经济法规,但只有与中国的实际经济状况相结合,才能制定出比较切实可行的经济法规,并使之具有较高的科学性。清末经济法规的制定,由于行之仓促,定者乏知,既没有很好地领会西方经济法规的精神实质,也未详细调查中国的经济状况,因此所颁布的经济法规的功能作用极其有限。民国初年经济法规的制定则在参考西方有关法规的基础上,较多地注意到了本国的经济状况,也广泛地征求了工商界的意见。因此,法律的制定具有广泛的社会基础,颁布后颇受工商界的欢迎。

最后,较多地体现了工商界的利益。如果说经济法规的制定兼顾社会工商经济习惯,已经体现了工商界的利益的话,那么根据工商界的要求,对已颁布法规做必要的修正,则更进一步体现了工商界的利益。1914年3—4月,中华全国商会联合会举行第一次全国代表大会,详细讨论了《商人通例》《公司条例》《公司保息条例》《国币条例》《商事公断处办事细则》《商会法》等法规。对未颁法规,请求政府从速制定颁行;对已颁法规,提出了不少修改、补充和实施意见。张謇颇为重视,并力图修订,对该会关于商律案决议的呈文批道:所提建议"均具卓识,深堪嘉尚,当由本部酌量采择,分别订入施行细则,或转咨法律编查会,以备编订完全商法典,及破产民事诉讼律之参考可也"。在后来制定有关法规的施行细则时,一定程度地吸收采纳了工商界的这些建议,乃至修改了某些法规条文,使之日趋完善[15-410~413]。

二、建立近代经济法律法规体系的基本作用

张謇任职期间所颁布的经济法规,逐步形成了比较完整的体系。就其所涉及的范围和本身内容的特有法律功能而言,使当时的资本主义经济秩序得到了进一步的调整和完善,在维持特定的经济社会实践中发挥了积极的作用。

第一,政府经济管理的法制化和经济化。政府把自己的经济发展规划变成社会实践和管理社会经济的方式多种多样,有直接参与式、合作式或行政命令

式,如清末出现的官办、官督商办、官商合办、官劝商办等均属这些方式。这些方式虽然都能取得一定的管理效果,但是只有在采取法律和经济的手段之后,才能取得比较普遍的社会效果,才符合资本主义经济管理的基本原则。民国初年所颁布的经济法规,已程度不同地涉及社会管理和政府管理的各个方面,并有不同程度的实施,这表明政府对社会经济的管理开始走上法制化的道路。《公司保息条例》所采取的保息和补助政策,《植棉制糖牧羊奖励条例》所规定的奖励和补助办法,《矿业条例》所提出的减低矿税措施,以及其他减免税厘政策,集中体现了政府运用经济手段进行经济管理的新趋向。

第二,企业和企业家的法人化。所谓企业和企业家的法人化,就是确定企业和企业家的法律地位,包括规定他们的存在资格,确认他们的财产所有权和经营自主权,赋予他们特定的经济权利和义务。关于存在资格,《公司条例》对公司的概念作了明确界定,只有"以商(泛指工商各业)行为为业而设立之团体",才可以称公司;并对无限公司、两合公司、股份有限公司、股份两合公司等不同类型公司的组织方式和停闭、解散,都做了明确的规定。

第三,竞争的自由化和正规化。竞争的自由化和正规化,也就是企业和企业家拥有进行合法自由竞争的权利,这也是资本主义经济产生和发展的一个重要的社会条件。民国初年所颁布的经济法规使企业和企业家开始获得这一权利。这主要表现为无论任何人,只要有资本有能力,经政府批准后,可以在任何地方开办任何企业。如《公司条例》对企业家开办企业及设立分支企业的地点没有任何限制,只要在开办企业的所在地政府主管部门注册即可。

第四,融资渠道的社会化和国际化。畅通而宽广的融资渠道是资本主义企业产生和发展的首要条件,民国初年所颁布的经济法规中,关于银行营业、证券交易、外资利用、侨资引进的规定,促进了这一首要条件的进一步改善。张謇任职期内所制定颁布的《劝业银行条例》《证券交易所法》,以及有关利用外资和引进侨资的措施,在一定程度上起到了鼓励提倡银行事业、整顿金融秩序、活跃金融市场的作用,既促进了现代金融业的发展,也为工商企业的资金筹措改善了条件。

对于利用外资,张謇除了在其任职之初所发表的施政纲领中,提出"合资""借款""代办""专办公司"等方法之外,还在有关的法规条例中体现了这些主张和措施,使之制度化。如《矿业条例》规定:"凡与中华民国有约之外国人民,得与中华民国人民合股取得矿业权,但必须遵守本条例及其他关系诸法律,外国人民所占股份不得逾全股份十分之五。"允许中国企业利用外资,虽然会给外资扩张带来可乘之机,但也为中国企业开辟了国际融资渠道。在鼓励华侨回国投资方面,1913年11月经袁世凯批准,由农商部发布的《保护华侨投资实业之通令》声称:"嗣后各处侨民投资回国兴办实业者,应由各省行政长官通饬所属从优待遇,协力维持。"从而促进了华侨回国投资活动热情的持续高涨,华侨回国投资潮流得以保持和发展下去。1912—1919年新办侨资企业达1 042家,接近于此前50年间所办侨资企业总数351家的3倍。

第五,市场的统一化。市场的统一化既是资本主义经济的特点,也是资本主义经济发展的前提条件。而市场的统一化除了有赖于交通运输业的发展之外,也需要有统一的货币和度量衡制度。民国之前,中国的货币和度量衡制度混乱不一,种类繁多,折算烦琐,极不利于国内外商品流通。1914年2月7日,农商部颁布的《国币条例》及其施行细则,统一规定国币标准及其铸造发行权由政府掌握,各地造币厂只准按政府颁给的祖模铸造国币。同年3月又颁布了《权度条例》,规定国际权度标准与清末所定的"营造尺库平制"并行使用,并逐渐取代旧制;要求"公私交易、售卖、购买、契约、字据及一切文告所列之权度,不得用……(本条例规定)以外之名称",以便划一。尽管新货币和权度制度在全国实行需要较长的时间,但是这些法规条例的颁布无疑使中国的货币和度量衡制度由混乱走向统一,迈出了实质性的一步[15-416~421]。

三、迎来中国近代社会发展的黄金时代

张謇在制定各项经济法律法规、营造中国近代社会经济秩序的同时,还致力于推行这些经济法律法规,促进中国近代社会经济的快速发展。这些法律法规,并不随张謇的下野而化为泡影,而是为后任者周自齐、谷钟秀等人所继承,并有所实施,有所作用[31-335~336]。《公司条例》《商人通例》《公司注册规则》《商业注册规则》颁布后,政府各有关主管部门在农商部的督促下很快就按照有关规定开展管理工作。1915年2月27日,农商部各省区行政长官,要求督察各主管部门认真办理企业注册事宜。该咨文一方面要求各地方政府主管部门提高办理企业注册效率:"工商行政以迅速简易为主,注册事项依该规则之规定,禀由县知事详转核办者,意在使商人就地禀请,不致有烦难之虑,复恐县知事因事延搁或置之不理,故特明定日期,限于五日内必须详转,用意甚为周备。"另一方面又严词警告地方政府主管部门不许向申请注册之企业和商人敲诈勒索:"诚以现在工商各业,正形凋敝,自应曲意保护,以恤商艰。惟条例等颁行伊始,商民或未得真情,难免地方不肖官吏,在商人禀请注册时,以注册事项无关轻重,故意耽延,不遵照法定日期详转。或在投禀领照时,于法定应缴册费之外,另加勒索情事。似此行之不善保商者,适以病商。商人何辜,遭此抑勒!应请一面严饬各属,嗣后遇有商人禀请注册,务宜遵照法定日期详转。一面由贵公署通

示各属商民,凡地方官吏,关于注册事项,有在法定应缴册费之外,勒索分文者,准由被勒索人向上级该管地方官厅或本部禀诉。一经查实,尽法惩办。藉警官邪,而维商政。"与此同时,工商界也很快按照有关法规组织成立公司,申请注册。犹如农商部所言:自《公司条例》颁布,"一年以来,新公司之遵章组织,旧公司之依照改组,来部禀请者不下数百起"。《矿业条例》颁布后,政府主管部门不仅对新设企业基本执行了条例中的有关规定,而且据此对旧有企业进行整顿,使之建立新的秩序。如北平(今北京)的小煤矿业,"在前清时,国家无明订之矿律,采煤者率托庇于内监王府之下,随地私采,霸占强夺,讼狱繁兴。民国以来,颁布矿律,划定矿区,此风始息"。《矿业条例》打破了清末的矿禁,因其大大减轻矿产税,有些地方甚至免征矿区税及矿产税,民办矿业如雨后春笋般地出现,"柴煤小窑,直隶一省已有数千余处,藉此以谋生计者,约在十万之数"。矿业部门因此成为民国成立后发展较快的部门[15-421~422]。

按照《公司保息条例》的规定,只有新办的资本在 70 万元以上之棉制、铁工厂和资本在 20 万元以上之丝、茶、糖厂,方能申请保息。不言而喻,保息条例对于那些"资金巨而得人难,实皆含有危险之性质"的大企业,的确起了扶助保护作用。《农商公报》就汇载了当时三家企业得到保息的情况。《公司条例》《公司注册规则》的颁布,不仅使资产阶级的"人身及其财产安全"得到了法律的承认和保护,而且使资本家开办企业有法可依,能自由地在异乡开办企业。如无锡的近代著名实业家荣德生分别在上海、济南、汉口建厂,上海华商纱厂联合会副会长穆藕初在郑州开办豫丰纱厂等。这些政策在一定程度上促进了民族资本主义的成长。据统计,1914—1919 年的 6 年中,中国资本新设厂矿就有 379 家,设立资本 8 580 万元,平均每年开设 63 家,新投资本 1 430 万元。棉纺织业 1890—1913 年的 24 年间兴办的华资纱厂只有 23 家,而 1914—1922 年的 9 年间,全国新设华资纱厂就有 48 家。纱锭数 1914 年为 544 780 枚,1922 年为 1 506 634 枚,增加了 176.56%,布机由 2 300 台增加到 6 767 台,增加了 194.22%。正如当时刊物所述:"民国政府厉行保护奖励之策,公布《商业注册规则》《公司注册规则》,凡公司、商店、工厂之注册者,均妥为保护,许各专利。一时工商界踊跃欢忭,咸谓振兴实业在此一举,不几年而大公司大工厂接踵而起。"[31-336~337]

在统一币制方面,《国币条例》一经颁布,就由天津造币厂从 1914 年起铸一元主币,其他各种辅币也从 1916 年起开铸,以 20 万元为限,所铸新币统归中交两行发行,"商家请领概不发给,即币厂亦不自发,各机关请领亦必详加斟酌"。并拟分期分区向全国发行:第一期在京兆、直隶;第二期在山东、山西、河南、江苏、安徽、浙江、福建、广东;第三期在陕西、甘肃、贵州、广西、云南;第四期在东三省、湖北、湖南、江西、四川、新疆、内蒙古、西藏。到 1918 年除甘肃、广西、云南、湖南、新疆、西藏、黑龙江之外,新币已在各省区流通,而且信誉很好,颇受欢迎。因其无省界限制,各省均甚乐用。如在北京:"行市与北洋(银圆)等,此项货币社会乐用之,以无省界之限制故也";在上海:"发行以来,以无省界限制,各处均甚乐用,其市价常较英、龙洋为高";在杭州:"平时亦与英洋并用,现在流行额较英洋为多"。新币流通后,市场货币行市曾一度渐趋统一。据记载:"1915 年 8 月,一切龙洋行市取消;1919 年 6 月,复将英洋行市取消,划一厘价,英、龙洋及国币行市完全一律。"后来由于地方军阀大肆铸造劣质货币,这一初见成效的币制改革化为泡影。在统一度量衡方面,《权度条例》公布后,农商部又采取了一些实际措施,逐步推广新的权度器具。1915 年 1 月制定《权度营业特许法》,加强对权度营业者的管理,必须按新颁标准修造权度器具。2 月,又制定《官用权度器具颁发条例》,规定中央及地方官署所用权度器具,必须以部颁器具为准则,并对新器具的颁发和旧器具的检查、修理、回收严加督察。3 月,成立权度委员会,研究权度条例的一切实施问题。随后,将原有的衡器制造工厂改为权度制造所,按新颁权度标准制造器具,逐渐推广施行。[15-423~424]

张謇倡导和推动盐政改革的设想,直到 1931 年 5 月 30 日,在南京召开的国民会议公布了新《盐法》才得以体现。该法主张逐渐开放引岸、专岸,废除专商,实行"就场征税,听任人民自由买卖"。虽新《盐法》未实行,但上述主张得到逐步推广。到 1937 年 7 月,全国实行自由运销制的市县共 1 179 个,约占全国市县的 60%。实行官销制的有 95 个县,约占 5%,其余 694 个市县仍通行专商制,约占 35%。国民政府对盐场的整顿和盐税的改革,使全国盐产量有所增加,由 1934 年产盐 4 478.7 万市担,到 1936 年的 4 827.2 万市担,增产约 7.8%。盐税也大为增加,1936 年盐税收入为 21 750 万元,成为国民政府第二大税源。[19-309~311]

张謇出任农商总长的志趣,不是为自己谋利做官,而是为国为民谋福利。他在就职之时就在《就部任时之通告(用人原则的通告)》中明确表示:"下走性不爱官,年逾六十,丁此纷庞之世,宁有问政之思?此次各方敦迫,趑趄就任,任事之久暂,视志愿之行否,气体之胜否为衡。"[7-258]在其到任不久的 1914 年 2 月,因熊希龄内阁辞职,有人问及张謇是否与总理"同进退"时,他再次表明自己的任职志趣:"就职之日,即当众宣言,余本无仕宦之志,此来不为总理,不为总统,为自己志愿。志愿为何?即欲本平昔所读之书,与向来究讨之事,试效于政事。志愿能达则达,不能达即止,不因人也。"[3-1034]而后随着袁世凯与日本签订丧权辱国的"二十一条"和丧心病狂的复辟帝制活动,张謇进一步丧失信心,去职之心益坚,于 1915 年 4 月 21 日向袁世凯提出辞职。4 月 29 日,"见许解部职之令"[3-786]。

张謇既为谋国利民的志愿而来,又为实现志愿的希望破灭而去,并为实现自己的志愿而竭尽全力,可谓是来得光明,去得磊落,在职尽责,去职尽心。他的这种为官之道是值得称道的。张謇任职时的所作所为,为其在职时期,乃至以后相当长一段时间内中国经济的发展作出了不可磨灭的贡献。我们不可以其自谦之词——"内不过条例,外不过验场""日在官署画诺纸尾",而低估张謇对中国经济早期现代化所做出的贡献[15-426~427]。

张謇一生事业主要在纺织,与外国的竞争也在纺织。轻纺工业的投资比重工业少,收效快,利润高,有利于资本的积累,从而能为其他工业的发展提供资金。从这点来看,张謇关于优先发展轻纺工业的主张及其做法,符合资本主义工业发展规律,也反映了中国近代工业化道路的转变,即从 19 世纪末洋务派借助国家资金,优先发展重工业,到 20 世纪初发挥私人资本和企业家的作用,着重发展轻工业,这也促进了中国民族工业的发展。

第五节 创新精神的实践

一、建立股份制企业

进行资本主义大生产需要大量资金,在资本主义社会中,原始资金的筹措可以通过银行贷款,可是在 19 世纪末的中国却难以通过这种手段筹措资金。股份公司是资本主义经济发展到较高阶段的产物,是资本家通过发行股票而进行联合经营的一种组织形式。张謇在 1895 年开始筹办纱厂,在集资方式上就经历了"商办""官商合办""绅领商办"三个阶段,以纱锭 2.04 万枚(作价官股 25 万两)、商股 19.51 万两办成大生纱厂[32-10~16]。1904 年,张謇又集股在今启东市王鲍镇二厂村建大生分厂,到 1906 年集股 60.95 万两,大生纱厂拨入商股余利 18.889 万两,大生分厂开车前又向大生纱厂借款 20 万两作为流动资金,到 1915 年资本总额达 102.279 万两[32-43~44]。

集股办公司而兴农业,更是一件新兴事物。1901 年 5 月,张謇拟定了《通海垦牧公司集股章程启》,10 月 22 日公司正式成立,到 1904 年,实收股金 201 980 两。1911 年 3 月 31 日,召开通海垦牧公司第一次正式股东会,出席会议的股东有 26 人,共持 1 725 股。其中外省的股东有湖北省的蒋雅初,安徽省婺源县(现属江西省)的江知源、江易园,安徽省贵池县(今池州市贵池区)的刘聚卿,浙江省宁波县(今宁波市)的张作三,兼代表其他人,共有1 005股,约占总股权的58.3%,张謇、张詧及其女婿束劭直共189股,只占总股权的11%,苏营、狼营52股,其余为江苏省内人士,足见人们对张謇创造通海垦牧公司的热情支持。几年中,筑堤、挖渠、开路、建房,资金已全部用完,1905年决定添新股8万两。1907年在筑堤工程基本竣工后,公司便招佣,收取"顶首",每亩6元,"以佣人挹注之工用",到1927年"顶首"收入共达39.4万余两,佣农投入开沟挖土220万立方米,以最低工资70文计算,劳动力投入相当于规银12万两(1两≈1 250文)或银圆16.2万余元(1两≈1.35银圆)。至抗战前夕,该公司资本总和为56万元,与农民投入相等[33-398～403]。通海垦牧公司成为全国第一个农业股份制企业。

1901—1913年,大生纱厂共获纯利规银280万余两。张謇考虑开垦沿海荒滩,改进盐的传统生产方法,为纱厂建立一个可靠的产棉基地,并配套机器修理和制造、交通运输、综合利用等一批企业,投资总额达258万两。其中,大生分厂、三厂、八厂投资近120万两,通海垦牧公司30.9万两,同仁泰盐业公司15万两,资生铁冶厂22万两,大达内河轮船公司等7个交通运输企业26万两,大兴面厂、颐生酿造公司、翰墨林印书局等12个轻工企业45万两。

二、引进外国先进生产技术并重在应用和仿造

张謇对引进外国先进生产技术、设备的认识,是从研究洋货开始的。"查西洋入中国之货,皆由机器捷速,工作精巧,较原来物料本质,价贵至三四倍,十余倍不等。"他认为中国办工厂,"用机器,精制造"可达到"化粗为精,化少为多,化贱为贵"[7-22]的效果。张謇兴办实业时,中国近代民族工业才刚刚开始发展,机器设备均需向国外购买。例如:纺织机——大生纱厂2.04万枚,分厂1.25万枚,为英国赫直灵登造;分厂的1.4万枚为英国好华特白尔厂造。

张謇决定引进外国先进生产设备,有两个原因:一是为提高企业的生产率。他说:"泰西以工贵,利用机械。一机所成,小者当人工数十,稍大者当牛马数十,更大者当数百或至千……故其卖也常以市于我而得倍息。今中国兴工业而不用机械,是欲驱跛鳖以竞千里之逸足也。"二是学造机器。他又指出:"用机械而不求自制,是欲终古受成于人。"[34-92]只有走学造机器的道路,才能改变"农工商实业机器,无一不购自外人"[7-63]的被动局面,才能"杜绝他邦宰割之谋"[13-553]。张謇知道,机器制造业不像轻纺工业那样能很快获得利润。他根据张詧的主张,先办与铁工相近的食锅冶造。1903年先集资2.1万两,创立资生

冶厂,于1905年建成开工,并从当年大生纱厂的盈利48万两中拨出22万两筹建资生铁厂。两厂统由张謇担任总经理。1908年,资生铁厂曾仿造日式轧花车1 000多部,在通(州)如(皋)崇(明)海(门)一带农村十分畅销,两淮地区也来订货。资生铁厂在厂北建造船坞,为大达内河轮船公司及汉口船商制造了内河小轮和机动渡轮10多艘。1913年起,资生铁厂又造了10多艘机动小轮,仿造了许多炮车、小炮和其他轻武器;并全力仿造英国、日本和南美一些国家的织布机、开棉机、经纱机、络纱机等设备,共达1 000多台[32-74~75]。

三、引进外国科技人才和先进技术

张謇对知识、人才是非常尊重的。大生纱厂创建初期,一切有关机器设备和生产技术方面的工作由聘用的英国工程师汤姆斯和机匠忒纳负责[32-27]。1902年创办通州师范学校时从日本请来多名教员,如日文教员木村高俊,理化、算术教员吉泽嘉寿之丞,测绘教员宫本几次,教育学教员西谷虎二等。从1908年起,先后聘请的水利方面工程师有荷兰的奈格、贝龙猛、特来克,瑞典的施美德、霍南尔,美国的詹美生、赛伯尔、费礼门等,查勘淮河流域,提出治理淮河方案,促进筑堤技术进步并建设中国最早的钢筋混凝土水闸。张謇还招聘一批外籍美棉种植专家进行指导,如1915年4月聘请美国棉作专家卓伯逊来南通做顾问,专业从事美棉种植指导工作,以提高棉花产量。1913—1914年,聘请法国梭尔格博士、瑞典安特赫博士、英国卫勒博士[7-365]勘探全国矿产资源。

四、张謇治水思想

张謇是我国近代爱国的企业家、教育家、社会事业活动家,也是中国首位水利状元。他从1903年发表《淮水疏通入海议》起,从事水利事业,先后担任导淮总参议、全国水利局总裁、江苏运河工程局督办、扬子江水道讨论委员会副会长等职,为治理淮河、黄河、长江、珠江、松花江、辽河和南通江堤保坍等竭尽全力。他从事治淮工程23年,在《张謇全集》1~6卷中共有水利类文章632篇,其中"淮河水利"就有427篇,约占67.6%;涉及治淮论题有复淮、治淮、导淮、垦淮、淮款等;从"全量入海"到"江海分流",从"三分入江,七分入海"到"七分入江,三分入海",他的治淮方略是不断发展前进的。然而,张謇治淮数十年的奋斗理想,在新中国成立后,才得以逐渐实现。

张謇引进外国科技人才,应用新技术。在创办通海垦牧公司时,就借用江南陆师学堂第一届毕业生应用的西方先进的测绘仪进行测绘放样,实施农田方格化,不仅适合当时的人工操作,也适应现代的农业机械化耕作。

张謇借鉴资本主义经营模式,大胆尝试,以招股集资方式成立了中国历史上第一个股份制农业公司——通海垦牧公司,进而实施苏北沿海近代社会第一次大开发,采取政府投资、受益地区和单位集资捐款、大生集团赞助等办法,兴办了大量水利工程。

张謇在防汛抗灾中采取的预购防汛器材、暴雨降临水位暴涨前预降水位、派人上堤巡查防守等做法在当前防汛工作中仍然沿用。

五、创办新型工业的思想

据海关统计,清同治十一年(1872)全国外商总数只有343家,到光绪十六年(1890)增至1 006家[35-299]。中日甲午战争前,外国投资总额不过2亿~3亿美元,光绪二十八年(1902)增至15亿多美元,民国三年(1914)再度增至22亿美元[36-15]。外国资本的急剧增加,使中华民族工商业无力抗衡,国势更趋衰败。清政府为了挽救自己的统治,被迫进行经济改革,不仅给予工商业者兴办近代企业的合法权益,还颁布《奖励公司章程》《华商办理实业爵赏章程》,以法律条文的形式鼓励发展实业。"安民命"就是要发展实业,张謇认为"举凡厚民生者,即其所从事的诸种事业都属于实业的范畴,而农工商等生产和经营性事业不过是实业中的主体"[15-25],"查前清光、宣两朝各海关贸易进口货之多,估较价格,棉织物曾达二万万以外,次则钢铁,他货物无能及者"[7-257],确信只有"棉铁两业,可以操经济界之全权"[13-211]。让张謇大为忧心的是:"国人但知赔款为大漏卮,不知进出口货价相抵,每年输出以棉货一项论,已二万一千余万两,铁亦八千余万两,暗中剥削,较赔款尤甚。若不能设法,即不亡国,也要穷死。"[7-216]张謇对于"棉"与"铁"并不是等量齐观的,而是主张先"棉"后"铁"。因为从财力来看,钢铁工业需要资金大。1912年8月12日,张謇在《汉冶萍公司特别股东大会上的书面致辞》中说:"铁业为吾华一线生机,今日为世界各国所注目者,仅此一厂。"[13-212]进入"名流内阁"后,他先后提出了《汉冶萍公司收归国有官商合办两项办法呈》[7-356~357]、《汉冶萍官商合办说略》[13-320~321],企图整顿发展,并责成瑞典安特森博士为顾问,调查全国铁矿分布情况。张謇提出建设军工、民用"炼钢厂","以销纳各生铁厂所出之生铁","第一炼钢厂专供军用,须择地势稍偏、战时可期安全之处,交通或稍不便,在所不计","第二炼钢厂专炼商品,务求运输便捷,期有赢利"[7-367]。离开北洋政府后,张謇减少了对"铁"的关注。

张謇在任农商总长期间,发布了《植棉制糖牧羊奖励条例》等政策法令,对中国棉纺织业的崛起起到巨大的推动作用。离开北洋政府后,他更是利用西方进行第一次世界大战暂时无暇东顾之机,抓紧时间大力发展棉纺工业和植棉业。

六、张謇交通运输思想的形成与发展

兴办交通运输事业,是张謇"实业救国"思想与实践的重要组成部分。张謇认为强国之道,首先在振兴实业,而欲求实业振兴,须先修筑道路,行驶舟船;并付诸实施,始终不渝。

1895年,张謇在唐闸兴办大生纱厂时,建筑材料和机械设备大多是从外地购进,从上海运至天生港,再转运至唐闸。而当时天生港至唐闸港道浅窄,运输不畅,设厂之初,未能浚辟,工厂建设首尾五载,使张謇饱尝了交通不便之苦。工厂建成投产后,生产原料大量运进,工业产品不断输出,但交通设施不能适应运输的需要,影响了生产的发展。张謇深感"地方自治,交通尤要",认识到交通在工业生产和地方自治中的重要作用。他1903年创办了通州大达小轮公司(后改称大达内河轮船公司),发展水运;1905年设立泽生外港水利公司,经营开河、建闸、筑路、造桥等多项业务;同年建设南通的第一条公路。这是他交通运输思想的产生阶段。

1903年4月,张謇去日本考察,看到日本在明治维新后经济发展迅速,认为其主要原因是"日本维新,先规道路之制,有国道焉,有县道焉,有市乡之道焉,所以谋舟车之不及而便商旅者,莫不备举"[8-403~404]。日本之行,让张謇对交通的认识得到升华,从而确定了创办交通的思想,兴办了大量交通运输企业。从修公路、开河道、建轮埠、铺铁路,到制造运输工具和完善交通管理,门类齐全,自成体系,多项创举成为全省、全国之最。

在开垦沿海荒滩过程中,张謇把垦区交通列入公司建设计划,并作为重要内容。他认为:"交通水利,为盐垦生存之命脉,自助之纲维。"[8-750]

晚年的张謇,对交通的认识达到了一个新的高度。他认为"地方之实业、教育,官厅之民政、军政、枢纽全在交通。交通以道路、河流为两大端,河流汇贯,则士农工商知识易于灌输;道路整齐,则军警政治效力易于贯彻"[7-483]。张謇对交通在政治、经济、军事及其他各项事业中的地位与作用的精辟论述,至今仍闪耀着熠熠光彩。

张謇办交通之所以有一股强大的动力,是因为他认为"道路交通为文明发达之母"。1911年,张謇在《南通测绘之成绩》中写道:"按道路交通为文明发达之母,徵诸进化通例其明证也……我通人民之智识程度兴乎?风俗习惯之所以不能一致者,道路阻滞一大原因也……他日县路造成,则镇与镇通,乡与乡通,县与县亦通矣,足以助地方文化之进行者,其利益有不胜枚举也。"[37-144]便捷的交通条件,有助于提高人们的生活质量,促进城乡经济的发展,同时也是一个地区经济实力和文明程度的重要标志。因此张謇的交通运输思想,在今天仍具有先进性与科学性。

张謇的交通思想有着鲜明的个性,他以自己对交通的远见卓识,利用自己的社会声誉,全面建设公路、航道、铁路,陆运、水运。几十年如一日,他历经千辛万苦,克服了常人难以想象的困难,把修筑公路这一社会公益事业当作自己的事来办,带头解囊,动员捐款。张謇这种不顾个人得失、创办关系国计民生的事业的爱国主义精神和无私奉献的品德,正是他值得人们纪念的重要原因。

七、教育改革思想

张謇在后半生的32年间,致力于兴实业、办教育,栉风沐雨,呕心沥血,披荆斩棘,探索、开创着惠民救国之路。

新中国成立前,两千多年来中国教育体制有两次重大改革:第一次是在春秋战国时期儒学大师孔子开创"私学",打破了"学在官府"的"官学",使中国教育事业获得空前发展;第二次是张謇在封建科举道路上奔走了26年,认识到科举制度各种弊端后首创师范学校,打破了两千多年师出私塾的陈旧之习,成为普及国民教育、实现中国教育现代化变革的突破点。19世纪的中国,虽然西学之风不绝于耳,但终未能得其要领。直到张謇筛选出西方教育事业先进发达的"专利"——"师范为教育之母",明白有了师范才能培养各级各类师资、办学才走上"须以师范始"的正确道路。

张謇对知识和人才十分尊重,认为"立国由于人才,人才出于立学"[7-21],"夫世界今日之竞争,农工商业之竞争也。农工商业之竞争,学问之竞争"[13-439]。张謇在兴办实业时,就考虑到"求国之强,当先教育,先养成能办适当教育之人才"[3-1011]。而"欲兴教育,赤手空拳,不先兴实业,则上阻旁挠,下复塞之,更无凭借"[13-125],"父教育而母实业"[34-111],这便是他的教育救国、实业救国的主张。

张謇十分重视普及教育,认为"窃维自治之本在兴学,兴学之效在普及"[7-154],而"教育为实业之母,师范为教育之母"[13-123],"师必出于师范"[21-331],"欲雪其耻而不讲求学问则无资,欲求学问而不求普及国民之教育则无与,欲教育普及国民而不求师则无导。故立学校须从小学始,尤须先从师范始"[13-70]。1901年起,张謇利用他当时的社会地位,依靠各地热心教育的人士,先后在南通地区及其他地方兴办文化教育事业,共创办各类学校400多所。逐步形成了以发展农工商文等全方位多学科,具有初等、中等、高等多层次的学校教育与社会教育体系,加速了中国教育现代化的进程。张謇参与、策划、筹资和兴建的学校逐步形成了现在的南京大学、东南大学、河海大学、南京师范大学、南京农业大学、南京林业大学、南京工业大学、扬州大学、南通大学、复旦大学、上海财经大学、上海海洋大学、苏州大学、上海海事大学、大连海洋大学等。

张謇主张学校管理要严格,教学应遵循专静自得的训条,极力提倡优良的学风、教风、校风,要求教育学生在求知的同时懂得做人的道理,要勤不要惰,要艰苦俭朴,加强素质教育。1903年他为通州师范学校题写的校训是:"坚苦自立,忠实不欺。"他解释这一校训时说:"孟子曰'人皆可以为尧舜',愿诸君开拓胸襟,立定志愿,求人之长,成己之用,不妄自菲薄,自然不妄自尊大,忠实不欺,坚苦自立,成我通州之学风。"[13-70]

张謇1904年为常乐张徐女学题"平实";1905年为第一实业小学题"忠信";1912年为盲哑学校题"勤俭";1913年为第二实业小学题"笃敬",为女子师范学校题"服习家政,勤俭温和";1914年为垦牧乡初高小学校题"合群自治,体农用学",为南通私立农业学校题"勤苦俭朴",为南通纺织专门学校题"忠实不欺,力求精进",为南通医学专门学校题"祈通中西,以宏慈善";为甘南中学堂题"苦志以求立,广学以求通"(据传说,当年该校派人到南通参观,并请求张謇题写校训。现称甘肃省天水市第一中学);1917年为商业中学题"忠信持之以诚,勤俭行之以恕";1919年为师范附小新校题"爱日爱群,爱亲爱己";为大生乙种农业学校题"勤苦敦朴,立命于学";为暨南大学题"忠信笃敬"[13-444]。这些校训反映了张謇崇尚实学、注意实践的教育思想。

张謇在办学措施上重视对三个问题的解决:师资、经费、配套设施。在解决师资方面,既办师范,培养良师,又礼待名师,大力聘请高水平的教师并普授礼遇。如聘请著名近代学者王国维、古代文学专家朱东润、著名戏剧家欧阳予倩、博物名家陈师曾、著名刺绣艺术家沈寿等任教。办通州师范学校时还从日本请来多名教员,如日文教员木村高俊,理化、算术教员吉泽嘉寿之丞,测绘教员宫本几次,教育学教员西谷虎二。在解决经费方面,他运用多种途径进行筹集,有办厂的盈余、地方财政开支、向各方劝募、自己投资等。张謇在20余年中得之于实业而"用于地方,及他处教育、慈善、公益可记者一百五十余万外,合叔兄(詧)所用已二百余万;謇单独负债,又八九十余万圆"[13-573],不足时多"举债或鬻字以补之"。1916年,狼山盲哑学校经费匮乏,他不顾年迈体弱,鬻字筹款,时人以得到张状元的墨迹为宝,求者甚众,鬻字筹款一度成为接济盲哑学校和女子师范学校的主要经费来源。在解决办学的相应配套设施方面,1906年于通州师范学校之西南办起师范农艺试验场,1910年令师范生分别去军山、剑山植树,名曰"学校林"。

八、乡村建设思想

中国是传统农业大国。清末民初,一些士绅为寻求中国前途命运,探索振兴农村之路,进行了乡村建设运动,这是中国近代史上的一件大事。张謇在1901—1926年于南通和垦区实施"乡村建设、将南通县建成全国模范县"运动,为全国的乡村建设树立了榜样,是该时期乡村建设的杰出代表。农业是最基础的产业,农民是最大的社会群体。加强经济建设,巩固农业基础,社会就会建设得更加和谐牢固。因此,张謇等开展的乡村建设的经验具有现实意义。

重视发展地方事业是张謇一生的追求和实践。张謇1883年办理通海花布裁厘减捐;1884年提议平粜放赈,议立常乐社仓,筹办滨海渔团,为海门商定增设拨贡;1886年提倡改良和发展蚕桑事业;1888年恢复海门溥善堂;1893年为海门增定学额;1895年,在其"经营乡里"的活动逐渐融入更多内容。

1895年,守制在籍的张謇利用总办通海团练的机会,与移督两江的张之洞建立了密切的关系。与张之洞的结识,是张謇思想和事业转折的一个重要契机。不过,此时张謇的实业和教育救国主张,尚未融会成后来自成一体的"地方自治"思想。张謇以状元之尊下海办厂,本是张之洞创议和促成的。对于奉命办厂,张謇最初还经过了相当激烈的思想斗争。有意思的是,张謇毅然决定办厂的一个重要动因,竟是要为"病在空言"而为世所轻的书生争一口气。他说:"余自审寒士,初未敢应,既念书生为世轻久矣,病在空言,在负气,故世轻书生,书生亦轻世。今求国之强,当先教育,先养成能办适当教育之人才,而秉政者既暗蔽不足与谋,拥资者又乖隔不能与合。然固不能与政府隔,不能不与拥资者谋,纳约自牖,责在我辈,屈己下人之谓何?踌躇累日,应焉。"[3-1011]在这里,张謇充分表现出一个传统士人在投身商海前的自我困扰和自我调适的心态。除了立誓为书生争口气外,张謇投身实业的另一个动因,是为了兴办教育,筹措教育经费。其后张謇以实业、教育、慈善作为地方自治规划中的三大支柱。实际上在张謇心目中,实业只是达成地方自治的前提和手段,教育、慈善才是地方自治的最终目标[15-488~489]。

1903年4月至6月,张謇到日本,重点考察了教育、实业和地方自治。访日结束之际,他发表感想说:"政者,君相之事;学者,士大夫之事;业者,农工商之事。政虚而业实,政因而业果,学兼虚实为用,而通因果为权。士大夫生于民间而不远于君相,然则消息其间,非士大夫之责而谁责哉?"[3-565~566]张謇再次强调士大夫在官民之间沟通上下的"媒介"作用。他认为,日本的成功,"其命脉在政府有知识,能定趣向,士大夫能担任赞成,故上下同心,以有今日"[3-545]。

实际上，张謇在1897年开工建设大生纱厂的同时，就挑选少量青壮工，边做工、训练、边巡查护厂，逐步组成50余人不脱产的全国第一支"经济警察"队伍。张謇1899年制定的《大生纱厂章程》中专列《巡丁章程》，说明"巡丁不用土人。厂给伙食，枪械、号叫、油衣、冬夏帽皆由厂备"，"往来梭巡，照西捕例，止许行走，不许坐"，"日巡执棒，夜巡执枪。火警掣警钟，吹号叫。操演水龙时，轮流练习"，"每夜责成管带抽查巡丁勤惰"[34-23]。

通海垦牧公司地处地广人稀的区域，当时有一些游手好闲的所谓"沙棍"，又叫"荡棍"的群体也在控制一方，煽动不明真相的人闹事，还有海盗经常出没，安全问题较为突出。为此，张謇特邀两江总督来公司视察，利用总督之威震慑盐场盐官及"沙棍"。总督视察公司之后，又派一批装备着炮船的官兵驻扎公司附近港口，实际上对公司起到了保卫作用。[38-29]"公司为自卫计，选择农佃之丁壮，特练一中队，以保治安"，"择兵士稍有知识者四十人，教以普通之警章，改编保安警察，盖治警政自是始矣"[21-585]。张謇在《通海垦牧公司第八届说略》中完整地提出设置警察、区公所的设想："欲为保安计也，则堤之四隅以及中间要道，尤宜设立巡房，专司查察，以纠游惰之民"，"拟择海复镇适中之地，遵照城镇乡地方自治章程之规制，建立自治分所，设区裁判，以理公司界内及毗连地方之民事。并办警察，以保公共之治安"[34-500~502]。清政府于1906年成立民政部，将巡警部归属民政部，到1908年才在各省设立巡警道，专掌警察之事。也就是说，警察组织自上而下地在全国形成统一的、正规的组织机构[39-31]。

九、慈善公益思想

慈善事业是张謇推动南通近代化过程中的一个重要方面，也是评价张謇及南通近代化水平的一个重要内容。张謇在其前半生的人生历程中，以一个乡绅的身份进行各种"经营乡里"的活动，如提议平粜放赈和建立社仓，恢复溥善堂等慈善机构。中日甲午战争之后，随着身份和地位的变化，张謇日渐服膺于地方自治的主张，同时有意识且有计划地在通州和海门地区开展地方自治事业的经营建设，将慈善与实业及教育并列为南通自治的三大支柱。他先后兴办育婴堂、养老院、贫民工场、残废院、盲哑学校、栖流所、济良所等机构，且随着时间的推移，日益扩大规模，获得显著成就。

张謇开展的各类活动对南通至东南沿海及至国内其他地区都产生了深刻的社会影响。南通也由此成为时人称颂、名噪一时的"模范县"。张謇对实业、教育与慈善三者之间的关系作如是解释："以为举事必先智，启民智必由教育，而教育非空言所能达，乃先实业。实业、教育既相资有成，乃及慈善，乃及公益。每岁综

实业之所赢,为来岁进行之预算。决算而复赢,则增来岁之所营,不足且负债以赴吾志。"[34-198]

张謇不仅在观念上使慈善公益思想的内涵更为丰富、更具现代色彩,而且还克服种种困难,努力进行实践行动,使慈善公益事业具备新的功能。在近代中国慈善公益事业的发展进程中,他具有不可忽视的重要作用。

第六节　创新精神的启示

张謇对国家、对社会、对百姓怀有远大的理想,极力主张从一件件实事做起,不好高骛远,不虚浮于世。长期以来,他有一段话使后人受益深远:"天之生人也,与草木无异,若遗留一二有用事业,与草木同生,即不与草木同腐。故踊跃从公者,做一分便是一分,做一寸便是一寸。鄙人之办事,亦本此意。"[13-508]张謇精神的内涵很广泛,其核心是"三爱两创——爱国、爱乡、爱民、创新、创业"。

一、三爱两创

1. 爱国

2003年4月18—19日,在扬州大学举行的纪念张謇150周年诞辰高级论坛上,江泽民同志为张謇嫡孙张绪武主编的《张謇》画传题写书名,并题词"发扬爱国主义精神,建设社会主义祖国"。这既对张謇作出了高度评价,也为张謇研究指出了更为明确的方向。[41-10~16]张謇创新精神的主要特征如下:

一是具有强烈的民族忧患意识与自强精神。

张謇一生深受传统文化的熏陶,既有"天下兴亡,匹夫有责"的责任感,又有卧薪尝胆、自强不息的进取精神。

1887年7月,张謇随调任开封知府的孙云锦到开封,在目睹黄河在郑州决口后灾民悲惨生活的景象和官员渎职遭民愤等情况之后,他五次致书倪文蔚,提出治郑州决口方案,竟未被采纳。1895年张謇开始筹建大生三厂,说道:"我自创办大生纱厂之后,常到上海,我开始知道,上海拉洋车及推小车的人百分之九十是海门或崇明人,我曾调查过他们的生活,都很困苦,他们所以到上海谋生的原因,即是无田可种,迫而出此也。"[42-250]

张謇的忧国忧民,贵在他忧愤而不自暴自弃,忧愤而不悲观绝望,忧愤而自主自强,忧愤而千方百计救国拯民。他认为"中国之大患不在外侮之纷乘,而在自强之无实。"张謇创立了中国近代社会最早的改革纲要。更为难能可贵的是，他的纲领性文稿，不仅比较全面完整，而且可操作性强。因为他所描绘的"立国自强"的"建国蓝图"已经被他躬身实践，并且获得了卓著的成绩。

二是维护民族自尊，坚守反对外敌入侵的民族气节。

面对世界列强的入侵，是奋起抗争、抵御敌寇，还是屈膝求和、任人宰割，历来是区分爱国或卖国品行的试金石。张謇的爱国主义思想在面对外敌入侵时表现得十分鲜明，那就是坚持民族气节，反对外来侵略。

1882年，张謇随吴长庆赴朝平定朝鲜内乱。回国后，他上呈《朝鲜善后六策》，但由于李鸿章的阻挠，未能实施。1911年4月，张謇在《致韩国钧函》中仍说："谁复知亡东三省者罪在李鸿章乎？今言之亦无益，然下走固不能不痛心切齿于亡国之庸奴也。"[8-271]

1894年7月，爆发中日甲午战争。张謇顿觉与12年前情景何其相似，一眼便知日本正在故伎重演，企图通过颠覆朝鲜进而侵犯中国。但张謇当年虽高中状元，却仅是个刚进朝廷的文职小官，有建议也只能向主战派恩师翁同龢说。张謇精心研究战事，策划救国大事，从7月2日到8月21日，先后写信20封，足见张謇忠诚保国之心。慈禧畏敌恐战，将主战派光绪皇帝软禁、翁同龢革职回乡终身监禁。李鸿章指挥不当，北洋海军全军覆没，最终签订了丧权辱国的《马关条约》。张謇一系列高明的战略战术付之东流，英雄无用武之地。[11-12~16]

第一次世界大战结束后，英、法、美、日、意等国于1919年1月在巴黎召开会议，中国政府代表反对将战前德国在山东的特权交给日本，遭到无理拒绝。1919年5月4日，北京3 000多名学生在天安门前集合，举行游行，反对在"和约"上签字，要求惩办亲日派卖国贼曹汝霖、陆宗舆、章宗祥。游行学生放火焚烧了曹汝霖的住宅，陈独秀、李大钊在北京领导斗争。北洋政府逮捕游行学生，镇压爱国运动，毛泽东在长沙、周恩来在天津领导爱国运动。6月3日起，北洋政府大肆逮捕爱国学生。6月5日起，上海等地工人相继罢工。张謇于6月7日、11日分别发出《致徐世昌(时任大总统)钱能训(时任总理)电》《致徐世昌段祺瑞(时任督办)电》，呼吁北洋政府"拟求将逮捕学生释放，以安学校，而靖民气"，并提出"方事之起，政府观察以为党派作用，由一二人所指使，于是时而威吓，时而敷衍，岂知国人常识已较胜于七八年前？今舆情愤激，全在外交失败。若外交问题不从根本解决，言乎威吓，适足损威；言乎敷衍，适足丧信。愤何能平？平何能久？今日试召罢学、罢市、罢工之人，询以是否受人运动，虽至懦者亦将忿怒。引绳而绝之，绝必有其处，其故可思矣"[8-713~714]。

全国人民的爱国斗争浪潮不断高涨，迫使北洋政府释放被捕学生，罢免曹汝霖、陆宗舆、章宗祥三个卖国贼的职务,拒绝在"和约"上签字。6月28日,张謇又发表了《敬告全国学生书》,希望学生"负责任,知实践,务合群,增阅历,练能力。夫世界今日之竞争,农工商业之竞争也。农工商业之竞争,学问之竞争,实践、责任、合群、阅历、能力之竞争也。皆我学生应知应行之事也"[13-437~439]。

三是创制中国近代社会经济法律法规体系,促进社会进步。

张謇在1913年10月至1915年4月担任农商总长期间,颁布涉及国民经济各领域的法律法规40余种,约占中华民国(1912—1948)常态法类的80%(还有特别法类),创制了较为完整系统的中国近代社会经济法律法规体系,迎来了中国近代社会发展的黄金时代。

张謇冲破封建思想的禁锢,下决心走上了"实业救国""教育救国"的道路,以一名开明的士大夫和爱国志士的身份走在了时代的前列。中国社会科学院近代史研究所研究员虞和平主编的《张謇——中国早期现代化的前驱》一书中说:"张謇提出了不少具有现代化意识的思想创见。他在清末民初投身各种改革活动和担任民国北平(今北京)政府农商总长的同时,提出过'实业救国''教育救国''棉铁主义''开放主义''民办官助''村落主义'等思想和主张。他的'实业救国'和'教育救国'思想产生于甲午战争时期,是这两种思想的最早和最主要的倡导者之一。"[15-4]张謇创办了大生企业集团,实施苏北沿海近代第一次大开发;并通过自己和各地热心教育的人士,先后创办了各类学校400多所,形成具有初等、中等、高等和职业教育的多层次学校教育与社会教育体系,加快了中国现代化的进程。

2. 爱乡

上海、天津等城市的租界是帝国主义侵略中国的桥头堡,是西方市政策划者利用近代技术,利用中国人民的劳动兴造起来的,一定程度上促进了中国城市向现代化发展,有其历史作用,但不能作为中国早期现代化城市建设的代表;青岛、大连、哈尔滨等城市都是在帝国主义占领时建造的;唐山的工业建设、铁路建设等,在中国早期现代化上也可谓先行一步,但在城市建设上尚无工业、交通、居住等全面经营,未形成完整的格局。张之洞在清末民初把武汉发展成为仅次于上海的近代大都市,但就城市建设涉及的理论而言,张謇对南通的经营更具典型性与相对完整性。南通是中国早期现代化的产物,它不同于租界、商埠或列强占领下发展起来的城市,是中国人基于中国理念规划、建设和经营的第一个有代表性的城市,是中国近代第一城[43-45~57]。

南通在城市功能布局方面,形成了自己的特色:一城三镇,保持了老城区的政治文化中心的职能,将老城以南规划为新的市中心,增添了近代化的教育、文化、商业市政设施;各企业集中于唐闸,建设唐闸工业镇;天生港是港口运输区;南郊狼山一带为风景区。在交通规划方面:修筑天生港至唐闸的港闸公路、南通城至唐闸的城闸路、南通城至狼山的城山路、南通城至天生港的城港路,合理的规划使南通一城三镇均有公路相通,促进了工商业的发展。由于规划科学,其路线走向至今无大变化。

在张謇的主持下,南通通过20年的建设迅速成为中外瞩目的模范城市。

3. 爱民

张謇在1924年撰写的《垦牧乡志》中就提道:"即藉各股东之力,以成建设一新世界雏形之志,以雪中国地方不能自治之耻,虽牛马于社会而不辞也","今所见各堤之内,栖人有屋,待客有堂,储物有仓,种蔬有圃,佃有庐舍,商有廛市,行有涂梁,若一小世界矣"[21-585]。通海垦牧公司"小世界"正是张謇理想中的新世界"雏形"。他曾在苏北沿海组织三十万海门人移民开垦荒滩,建设新农村,推进城镇现代化。胡适先生在1929年1月为张孝若《南通张季直先生传记》作的序中说:"张季直先生在近代中国史上是一个很伟大的失败的英雄,这是谁都不能否认的。他独立开辟了无数新路,做了三十年的开路先锋,养活了几百万人,造福于一方,而影响及于全国。终于因为他开辟的路子太多,担负的事业过于伟大,他不能不抱着许多未完的志愿而死。"[44-3]

胡适先生所说的张謇的失败,按照中国著名的历史学家和教育家、华中师范大学章开沅教授的理解,主要就是从大生资本集团的破产而言,或是从张謇为自己提出的宏伟目标尚未完成而言。章教授认为:"张謇创办了大生,大生留给了社会。张謇以大生为凭借,发展了整个通、崇、海地区的经济与文化,其意义又远远超过创办若干个纱厂。张謇是农民出身的士人、商人当中的书生。尽管他的后半生大部分时间用于企业活动,他却认为与商人为伍是'捐弃所恃,舍身喂虎'。他办实业的目的是发展新式教育,只有在创办各级学校的活动中他才真正感受到如鱼得水,志气发舒。"[45-316]张謇造福人民的业绩使人永远怀念。

4. 创新

长期以来,人们十分敬仰张謇。他的事业十分庞大,涉及领域很多,创造了32项全国第一。其中,由张謇研究中心组成的"张謇所创'中国第一'"课题组张廷栖、戴致君、赵鹏、都樾、姜平、金艳、曹炳生、陈炅、张裕伟等人确认23项;由南通市海门区张謇研究会课题组袁蕴豪、黄志良、周至硕等人确认7项;由南通市交通局张贤江、公安局邱华东等人确认2项。简介如下:

（1）中国近代第一城——南通近代城市规划与建设。

1914 年南通钟楼

（2）中国第一个民营资本资团——大生资本集团，详见第三章第一节。

大生钟楼与码头

（3）中国第一所师范学校——通州民立师范学校，详见第三章第四节。

（4）中国第一个实施义务教育的县——南通县。南通是中国现代学校教育的发源地之一。张謇在南通领导建立起一个从幼稚园到小学、中学、大学，从师范教育到职业教育、社会教育、特殊教育的完整示范性学校教育体系。1911 张

第一章 张謇与中国近代创新

通州民立师范学校全景

謇在全国率先制定了州(县)一级地方普及四年制义务教育的初步规划,计划在南通建成332所小学。经过不懈努力,到1925年,共建成351所,使南通成为闻名全国的"教育模范县"。

(5)中国第一所盲哑学校——狼山盲哑学校,详见第三章第六节。

狼山盲哑学校校门

47

（6）中国第一所戏剧学校——伶工学社,详见第三章第四节。

伶工学社军乐队

（7）中国第一座公共博物馆——南通博物苑,详见第三章第六节。
（8）中国第一座气象台——军山气象台,详见第三章第六节。
（9）中国第一个立宪团体——预备立宪公会,详见第一章第三节。
（10）中国第一个谘议局——江苏谘议局,详见第一章第三节。

南通博物苑中馆(左)和南馆(右)

（11）中国第一部森林法——中华民国《森林法》。张謇用了半年时间对全国的林区情况进行调查了解后,于1914年5月3日,撰写《规画全国山林办法呈大总统》[7-334～339]一文,对森林的保护和规划提出了一系列的主张和办法;然后制定《森林法》,设6章32节,分别为总纲、保安林、奖励、监督、罚款、附则;尔

第一章 张謇与中国近代创新

军山气象台

江苏谘议局

后两个月左右的时间,与之配套的《森林法施行细则》20条、《造林奖励条例》等相继发布。张謇对民国初年的林业,制定了一套较为完善的法律法规,并且建立了行政管理和监督制度,训令各地行政部门对法规条例切实贯彻执行。

（12）中国第一所纺织高等院校——南通纺织专门学校，详见第三章第四节。

南通纺织专门学校足球队在校门前合影

（13）中国第一所水利高等院校——河海工程专门学校，详见第三章第四节。

1915年3月15日，河海工程专门学校开校典礼合影。（前排左起：1.沈恩孚；4.沈祖伟；6.李仪祉；8.何恩溥；9.许肇南；10.张謇；11.齐耀琳；14.李虎臣；15.黄厚甫；17.黄炎培）

(14) 中国第一所水产高等院校——江苏省立水产学校,详见第三章第四节。

江苏省立水产学校

(15) 中国第一所航海高等院校——吴淞商船学校,详见第三章第四节。

吴淞商船学校教学主楼

(16) 中国第一所渔业学校——吴淞渔业学校。据民国《宝山县续志》卷七记载,光绪三十二年(1906),该校由张謇、樊时勋、郭漱霞等创办,设于吴淞炮台湾海军公所,俗称"王宫",程度类同高小,唯注重理化、水产科,存在的时间不长。

(17) 中国第一家农业股份制企业——通海垦牧公司,详见第二章第三节。

(18) 中国第一个生态化产业循环系统——大生企业产业链。主要涵盖以下四种类型:①资源关联生态产业链。通海垦牧公司生产的棉花到大生纱厂,纱厂产生的飞花到大昌纸厂,纸厂造好的纸到翰墨林印书局;纱厂产生的棉籽到广生油厂,油厂产生的棉油渣到大隆皂厂。②市场关联型循环产业链。③配套服务一体化产业链。④产学研一体化产业链。

(19) 中国第一家现代化渔业公司——江浙渔业公司,详见第二章第三节。

(20) 中国第一所本科制民办女子师范学校——通州女子师范学校,详见第三章第四节。

(21) 中国第一所盲哑师范教育机构——南通盲哑师范传习所,详见第三章第六节。

(22) 中国第一个测绘所——南通博物苑测候所,详见第三章第六节。

(23) 中国第一部狩猎法——中华民国《狩猎法》。张謇在农商总长任内,在林区实施调查研究的基础上主持制定了该法,1914年9月1日由《政府公报》颁布,该法对狩猎的器具、方法、区域、时间和人员等进行了规范,共有条文14条,具有开创性价值的法律意义[46-001~268]。

(24) 中国近代垦牧第一滩,详见第二章第三节。

(25) 中国近代最长的海堤工程,详见第二章第三节。

(26) 中国最早的钢筋混凝土结构水闸。笔者收集有关文献14部,从中得出结论,详见第二章第四节。

(27) 中国第一艘渔政船——"福海轮"。世界渔业动力化从单船拖网渔业开始。这种渔业在1882年首创于英国,以后盛行于欧美。我国引进单船渔轮比西方晚了20多年。1905年时,有江浙富商买到一艘德国蒸汽机拖网轮,命名为"福海轮",这才开始了我国东海的机船渔业生产[47-172]。也有说:中国近代渔业起步很迟,20世纪初才开始使用机器驱动的渔轮捕鱼——1904年,江浙渔业公司购进"福海轮"一艘,开始从事远洋捕鱼[48-6]。

(28) 中国第一部证券交易所法——中华民国《证券交易所法》。中国向来由朝廷发行国币,并由钱庄、典当等行业经营存款、汇兑、放款,以物抵押换钱等。1842年8月29日,中英签订《南京条约》,英国强迫清政府开放

福海轮(来自《江浙渔业公司福海轮研究报告》)

广州、福州、厦门、宁波、上海为通商口岸,割让香港岛,攫取我国政治经济方面种种特权[48-39]。外国资本大量涌入中国,投资各行业,设立银行,发行纸币。1905年,清政府建立户部银行(后改称大清银行),尔后各省设立分支机构。中华民国成立后,商界之先觉者,惕乎外力之侵入,大声疾呼,以叹醒国人之迷梦,并拟集股以组织上海证券物品交易所,报请农商部批准成立,并呼吁制订有关法律[49-2~3]。

中国近代社会经济法律法规建设起始于清末(1904年以后)的新政时期,制定《商会法》等约10种。张謇在创办实业的过程中深感要有法律法规体系保障,在出任农商总长后,立即着手经济法律法规的建设,仅财政金融类就制定了《劝业银行条例》《证券交易所法》等8项。

附1:《证券交易所法》的制定背景

畅通而宽广的融资渠道是资本主义企业产生发展的首要条件。张謇撰写的《拟定度量衡制度大纲呈大总统》文中说:"农商部成立以来,赴外调查专员陆续回国,复经謇督饬各员反复讨论,佥以兹事体大,不厌求详。外之须明世界日新之学说;内之须审本国习惯之民情。不顺民情,则农田市物价格之争,必扰及相安之生计;不参学说,则地球经线准据之用,无以希进化之大同[7-298]。"张謇会同财政总长周自齐制定《劝业银行条例》的出发点即在推进银行业的发展,以扶助农工商实业。他明白地指出:"窃我国地大物博,夙擅天府之称。惟农工各业,囿于小成,未能宏大规模,扩充营业。推原其故,端由农林、垦牧、水利、工矿等项,非有雄厚资金,不足发展事业。而环顾国内,金融机关既未遍设,农工贷借尤苦无从,遂使地利未获尽辟,富源不克大兴,国计民生胥受其困,亟宜特设银行,藉以劝导实业。"因此,张謇欲由政府带头设立全国性的大型劝业银行,以放款于农林、牧垦、水利、矿产、工厂等事业,并号召每县均设立农工银行,"以通融资财,振兴农工业为宗旨"。张謇与周自齐拟定的呈文及条例公布时,因张謇南下视察,由代理总长章宗祥出面签署,文件名称为《财政总长周自齐,农商总长章宗祥呈大总统会同拟定劝业银行条例缮折请鉴核批准施行文并批(附案例)》,《政府公报》1914年5月16日第727号公文。[15-418~419]

附2:《证券交易所法》的内容

《劝业银行条例》公布七个月之后,张謇主持制定的《证券交易所法》由《政府公报》颁布。这是中国有史以来关于证券交易的第一部单行法律,共设8章35条。第一章为总则,有4条,力图有计划有步骤地推广证券交易所,为便利买卖,平准市价而设立之国债票、股份票、公司债票及其有价证券交易之市场,规定"证券交易所每地以设立一所为限,其区划由农商部会同财政部定之"。第二章为组织及设立,有4条,规定"证券交易所以股份有限公司组织之","须拟订章程,禀请农商部核准,由农商部咨行财政部备案","证券交易所限于其经纪人,得参加其买卖"。第三章为经纪人,有7条,对经纪人的选定、工作责职作了规定。第四章为职员,有3条,规定职员设置理事长、理事、监察人,提出选定标准,并不得在证券交易所为证券之买卖。第五章为交易,有9条,规定了操作程序。第六章为监督,有4条,规定了监督程序。第七章为罚则,有2条,对"违犯第十四条、第十八条、第二十六条之规定者"和"伪造公定市价或以不正常之方法扰乱市价者"处以罚金。第八章为附则,有2条,规定"证券交易所之资本金额、营业保证金额、经纪人保证金额、证据金、追加证据金额、公积金额及动支方法、经手费数额等,由农商部会同财政部订定,呈请大总统批准行之。"

证券交易是20世纪初中国出现的新兴行业,由此可见,张謇所主持制定的《证券交易所法》是中国第一部该行业的法律。

附3:《证券交易所法》制定的历史价值与意义

首部《证券交易所法》的制定与颁布,使有关行政机关和执法部门有法可依、有责可问、有刑可量。张謇在任职期间内所制定颁布的《劝业银行条例》《证券交易所法》等财政金融类法律法规,在一定程度上起到了鼓励提倡银行事业、整顿金融秩序、活跃金融市场的作用,促进了现代金融业的发展、融资渠道的社会化和国际化,为工商企业的资金筹措改善了条件。例如:江苏无锡的近代著名实业家荣宗敬家族纱厂的纱锭数从1916年的12 960枚,发展到1925年

173 394 枚,1936 年 567 248 枚[20-115]。证券交易所到 1921 年发展到极盛,上海先后成立的证券交易所有百四十余家之多,各埠如汉口、天津、广州、南京、苏州、宁波等处亦相继效之。但因外资竞争及经营管理不当等原因,到 1929 年仅存上海证券物品交易所、上海华商证券交易所、上海华商纱布交易所、上海金业交易所、中国机制面粉上海交易所、北平证券交易所等 6 家[50-36~45],到 1952 年,天津证券交易所关闭,1949 年前形成的证券市场从此消失。

附 4:对当代发布有关法律的启示

中共十一届三中全会后,我国实行改革开放,随着社会主义市场经济体制的建立和股份制企业的发展,证券发行和转让业务开始出现。1987 年 9 月,中国人民银行江苏省分行下发了《企业股票债券转让柜台交易管理暂行规定》,开始了证券交易。1990 年 10 月,中国人民银行总行颁布《证券公司管理暂行办法》,主要内容是:①设立证券公司须报中国人民银行总行批准;②规定设立证券公司必须具备的条件;③规定证券公司的业务范围;④规定证券公司应保持其资产合理流动。1990 年 11 月,中国人民银行总行颁布《证券交易营业部管理暂行办法》,明确信托投资公司和综合性银行经中国人民银行批准,可设立证券交易营业部,并规范营业部的业务范围。1990 年,中国人民银行总行发布《关于设立证券交易代办点有关问题的通知》,规定设立证券交易代办点须报所在地人民银行二级分行批准。到 1990 年末,江苏省共有证券转让机构 130 个,其中自营机构 42 个,代办点 88 个[51-895~896]。

证券业在筹资融资、发展经济方面的巨大作用日益凸显,证券市场的规模和监管,经过 10 年的运作、摸索、总结、提高,也取得了长足发展。但是,我国的证券市场是一个新兴市场,目前尚有不少问题,与世界成熟市场相比,还有较大差距。其表现为:①股价波动幅度剧烈,股市风险很大。②上市公司的配股,热衷于股本扩张,影响了投资者的股本收益。③股市行业不规范,投机之风盛行。④证券法制不健全,监督体制不规范[52-1259~1260]。

1998 年 12 月 29 日,第九届全国人民代表大会常务委员会第六次会议通过了《中华人民共和国证券法》,而后又经过 3 次修改,形成了从 2020 年 3 月 1 日起施行的《中华人民共和国证券法》,该法设总则、证券发行、证券交易、上市公司的收购、信息披露、投资者保护、证券交易场所、证券公司、证券登记结算机构、证券服务机构、证券业协会、证券监督管理机构、法律责任、附则等 14 章 226 条。应该说,该法是在张謇第一部《证券交易所法》的基础上传承和发展的。

(29)中国第一部权度法——中华民国《权度法》

中国的度量衡制度历来混乱不一,严重影响商品的流通,自清末开始就有改革之议。中华民国成立以后,刘揆一主政工商部时,又把改革度量衡提上议事日程,亦曾做了一些筹备工作,但未及实行[15-381]。张謇出任农商总长后,于1914年2月,在《拟定度量衡制度大纲呈大总统》文中说:"查改革度量衡一事,发端于前清季年,由前农工商部博考古今中外之制,议定以营造尺为度之标准,漕斛为量之标准,库平为衡之标准。"他提出"当保存旧制之一种,以万国度量衡通制为折合之标准也。旧制种类极为繁多,顾此失彼,时虞不及""……采万国度量衡通制,为法定之制度也"[7-297~299]。

附1:《权度法》的内容

经过10个多月的工作,1915年1月7日,北洋政府颁布了《权度法》,共有23条,附有营造尺库平制与万国权度通制比较表,见表1-2。

农商部负责原器制造、保管,副原器亦由农商部制造并颁发给各地方。副原器每届十年须与原器检定一次,地方标准器每届五年须与副原器检定一次。

公私交易、售卖、购买、契约、字据及一切文告所列之权度,不得用本法所规定以外之名称。

此外,政府还制定了《权度营业特许法》《权度法施行细则》《官用权度器具颁发条例》等配套文件,促进全国统一度量衡标准,便利交易。

表1-2 营造尺库平制与万国权度通制比较表

长度			
甲:营造尺库平制		乙:万国权度通制	
毫	〇.〇〇〇〇三二公尺 〇.〇三二公厘	公厘	〇.〇〇三一二五尺 三.一二五厘
厘	〇.〇〇〇三二公尺 〇.三二公厘	公分	〇.〇三一二五尺 三.一二五分
分	〇.〇〇三二公尺 〇.三二公分	公寸	〇.三一二五尺 三.一二五寸
寸	〇.〇三二公尺 〇.三二公寸	公尺	三.一二五尺
尺	〇.三二公尺	公丈	三一.二五尺 三.一二五丈
步	一.六公尺	公引	三一二.五尺 三.一二五引

(续表)

容量			
甲：营造尺库平制		乙：万国权度通制	
丈	三.二公尺 〇.三二公丈	公里	三一二五尺 一.七三六一一一里
引	三二公尺 〇.三二引		
里	五七六公引 〇.五七六公里		

地积			
甲：营造尺库平制		乙：万国权度通制	
毫	〇.〇〇六一四四公亩 〇.六一四四公厘	公厘	〇.〇〇一六二七六亩 〇.一六二七六〇四厘
厘	〇.〇六一四四公亩 六.一四四公厘	公亩	〇.一六二七六〇四亩
分	〇.六一四四公亩	公顷	一六.二七六〇四一亩 〇.一六二七六〇四顷
亩	六.一四四公亩		
顷	六一四.四公亩 六.一四四公顷		
勺	〇.〇一三五七四公升 一.〇三五四六八八公勺	公撮	〇.〇〇〇九六五七升 〇.〇九六五七四六一勺
合	〇.一〇三五四六九公升 一.〇三五四六八八公合	公勺	〇.〇〇九六五七五升 〇.〇九六五七四六一勺
升	一.〇三五四六八八公升	公合	〇.〇九六五七四六升 〇.九六五七四六一合
斗	一〇.三五四六八八公升 一.〇三五四六八八公斗	公升	〇.九六五七四六一升
斛	五一.七七三四四公升 五.一七七三四四公斗	公斗	九.六五七四六一升 〇.九六五七四六一斗
石	一〇三.五四六八八公升 一.〇三五四六八八公石	公石	九六.五七四六一四升 〇.九六五七四六一石
		公秉	九六五.七四六一四三升 九.六五七四六一四石

(续表)

容量			
甲:营造尺库平制		乙:万国权度通制	
毫	〇.〇〇三七三〇一公分 〇.三七三〇一公毫	公丝	〇.〇〇〇〇二六八两 〇.二六八〇八九三三毫
厘	〇.〇三七三〇一公分 〇.三七三〇一公厘	公毫	〇.〇〇〇二六八一两 二.六八〇八九三三毫
分	〇.三七三〇一公分	公厘	〇.〇〇二六八〇九两 二.六八〇八九三三厘
钱	三.七三〇一公分 〇.三七三〇一公钱	公分	〇.〇二六八〇八九两 二.六八〇八九三三分
两	三七.三〇一公分 〇.三七三〇一公两	公钱	〇.二六八〇八九三两 二.六八〇八九三三钱
斤	五九六.八一六公分 〇.五九六八一六公斤	公两	二.六八〇八九三三
		公斤	二六.八〇八九三二七两 一.六七五五五八三斤
		公衡	一六.七五五五八二九斤
		公石	一六七.五五五八二九斤
		公镦	一六七五.五五八二九斤

附 2:新中国成立后制定的有关法律

1959 年 3 月 22 日,国务院第 86 次全体会议通过了国家科学技术委员会《关于统一我国计量单位名称的建议》,要求全国在国庆前基本实现衡器 10 两化,即将旧秤 16 两 1 斤改为 10 两 1 斤[53-169]。1959 年 6 月 25 日,国务院发布《关于统一计量制度的命令》,确定国际公制(即米突制)为基本计量制度,部分内容见表 1-3[53-246]。

1985 年 9 月 6 日,《中华人民共和国计量法》颁布后,陆续制定了 20 多个与该法相配套的管理办法和计量行政部门规章,出台了一批计量技术法规,形成了一个较为完善的计量法规体系。计量监督管理体系和计量技术保障体系的形成,为开展计量监督管理工作提供了基本保证[53-2~3]。

表 1-3　1959 年统一公制计量单位中文名称方案（部分）

类别	采用的单位名称	法文原名	代号	对主单位的比	折合市制
长度	毫米 厘米 分米 米 十米 百米 公里（千米）	Millimètre Centimètre Décimètre Mètre Décamètre Hectomètre kilomètre	mm cm dm m dam hm km	千分之一米 百分之一米 十分之一米 主单位 米的十倍 米的百倍 米的千倍	一毫米等于三市厘 一厘米等于三市分 一分米等于三市寸 一十米等于三市丈 一公里等于二市里
重量	克 十克 百克 公斤 公担 吨	Gramme Décagramme Hectogramme Kilogamme Quintal Tonno	g dag hg kg q t	千分之一公斤 百分之一公斤 十分之一公斤 主单位 公斤的百倍 公斤的千倍	一克等于二市分 一十克等于二市钱 一百克等于二市两 一公斤等于二市斤 一公担等于二市担
容量	毫升 厘升 分升 升 十升 百升 千升	Millilitre Centilitre Décilitre Litre Décalitre Hectolitre Kilolitre	ml cl dl l dal hl kl	千分之一升 百分之一升 十分之一升 主单位 升的十倍 升的百倍 升的千倍	 一分升等于一市合 一升等于一市升 一十升等于一斗 一百升等于一石

（30）中国第一所陶业学堂——中国陶业学堂，详见第三章第四节。

（31）中国第一个公路建设的群众团体——中华全国道路建设协会，详见第三章第三节。

（32）中国最早设立的警察——南通警察，详见第三章第五节。

5. 创业

张謇于 1895 年开始筹建大生三厂，1898 年正月正式破土动工，1899 年 5 月 23 日正式开车生产，1901 年开始筹建通海垦牧公司。1907 年 8 月 31 日，召开通州大生纱厂第一次股东会议，企业根据郑苏戡（孝胥）提议，成立通海实业公司，由大生纱厂、通海垦牧公司、广生油厂、大隆皂厂、阜生蚕桑染织公司、翰墨林印书局、同仁泰盐业公司、大达内河轮船公司、天生港大达轮步公司、泽生水利公司、资生冶厂、资生铁厂、颐生酿造公司、达通航业转运公司、大中通运公司、崇明大生分厂、大咸盐栈、复新面粉厂等 19 家企业单位合并组成。大生纱厂的股东也就成为通海实业公司的股东。股东会推张謇为总理，张詧为坐办，借用资生铁厂的一间空屋，设立了一个办事处，账目由资生铁厂职员兼管。实业公司办事人为蒋德纯（煅堂），另雇二人负责管理房地产[54-101~103]。此后，以大生纱厂为核心，迅速发展成为拥有40多家企事业单位，总资本达3 000多万元的中国第一个民营资本集团。

张謇还与朋僚合作，在宿迁、镇江、赣榆、东台、上海、马鞍山等地办了10个工厂。

通海垦牧公司取得明显效益后，张謇在苏北沿海兴起了第一次大开发，共建成98家农垦公司，其中大生集团有44家。详见第三章第二节。

二、新时代发扬张謇精神的启示

习近平总书记在2020年7月21日企业家座谈会上指出："爱国是近代以来我国优秀企业家的光荣传统。从清末民初的张謇，到抗战时期的卢作孚、陈嘉庚，再到新中国成立后的荣毅仁、王光英，等等，都是爱国企业家的典范。"

党的十八大以来，习近平总书记一直在重要会议和重要场合强调要激发、保护和弘扬企业家精神，中央为此下发了专门文件。企业家精神是企业和企业文化的灵魂，从新中国重视企事业单位，改革开放关注企业、企业家，到新时代崇尚企业家精神，七十多年来党和国家在这方面的认识不断深化和持续升华。这是因为：第一，企业家既为国家创造物质财富，又为民族创造精神财富，以创新勇气开创、形塑历史，以契约意识示范、规范社会，是值得尊敬的一个重要群体；第二，既要激发企业家精神，又要保护企业家精神，让企业家精神同科学家精神、劳模精神、工匠精神一起成为全社会共同敬仰的精神标杆；第三，企业家既有企业目标，又有民族梦想，是实现产业报国、行动强国的巨大力量。企业家是一个国家和经济社会的宝贵资源，企业家精神构成了我国向社会主义现代化强国迈进的社会支柱和精神支撑。中华民族伟大复兴进程中离不开，也极需要积聚和挖掘企业家精神这一文化宝库。

张謇的企业家精神集中体现了"包容会通、敢为人先"的精神，是"强毅力行、通达天下"的通商精神和"厚德、崇文、实业、创新"新苏商精神的典范。笔者曾经用"两个大"（大情怀、大世界）来简明概括张謇的企业家精神。进一步学习习近平总书记重要讲话后，笔者深刻认识到，张謇身上全面、生动地演绎了爱国、创新、诚信、社会责任、国际视野等思想特征和人文特色。要是今天再做另一种概括，那就是"三个坚"：坚定梦想理想，坚持创新创造，坚信实干苦干。

（一）坚苦自立，增进定力

张謇曾经指出，要能够洞悉明察"世界趋势、国家现状、地方大计"[13-496]。张謇认为："窃维环球大通，皆以经营国民生计为强国之根本，要其根本之根本在教育,而实业不振,又无以为教育之后盾。"[7-209]他认为,西方国家农工商实业特别是现代工业的"实业"才是救国之路。他坚定秉持这样的理念:文化必先教育,教育必先实业。可见,张謇是一直把农工商实业放在首位的。在农工商三业中,工业又摆在第一位。其中,对于工农关系,他安排并实施这样的顺序:由工到农,由农到农,又由农到工、由工到工,由此及彼,城乡、工农循环往复,实业的"雪球"越滚越大、力量越来越大,形成了大生的产业链,继而形成了近代城市初步的经济体系。他一以贯之地这样去做。他亲自办的第一个企业是大生纱厂,创办过程非常坎坷,在他自订的年谱中可以看到他1897、1898两年在上海,因"旅费乏,鬻字","旅费竭,卖字二百金即止"[3-1012~1013]。卖字竟为筹措出差旅费。到后来,他坚持不懈,坚忍不拔,创办和支持创办企业达到50多家,各类学校达400多所。

习近平总书记强调,"始终坚持问题导向,保持战略定力"。他提出要胸怀中华民族伟大复兴战略全局和世界百年未有之大变局"两个大局"。2020年7月又再一次提出:"面向未来,我们要逐步形成以国内大循环为主体、国内国际双循环相互促进的新发展格局。"我们可以从张謇当年的所思所想、所作所为中加深对习近平总书记这些重大判断、重大观点和战略思维的理解。

(二)创新图强,激发活力

改革创新是当代中国发展的动力之源,也是清末民初张謇成就伟业的活力所在。"创新"一词由拉丁语转化而来,其含义一是更新、改变,二是创造新的东西。在中文语境下有"首先""首创"的含义。张謇身处救亡图存的时代,吴良镛先生曾评价他"能在那时新与旧、中与西、保守与前进的撞击中摆脱出来,创造性地走自己的道路"[43-55]。可以说,没有创新也就没有张謇建设"中国近代第一城"的辉煌业绩。

张謇以工业、农业为立国之本,深知欲振兴工农业,必须学习欧美各国日新月异的科技发展。他一方面积极引进欧美各国先进的科学技术和机器设备,另一方面在引进先进科技的同时加紧培养技术力量,从而实现企业的增量发展和存量创新。他创办的资生铁厂,集中力量研究英国、日本和南美一些国家的织布机、开棉机、经纱机等设备,为大生一厂、二厂的生产添置纺织机器,是20世纪初为数不多的民营机械厂。

十一届三中全会以来,我国以改革开放作为发展动力,关注的重点从重视企业到重视企业家。中国特色社会主义进入新时代,关注的重点也从重视企业家到高度重视企业家精神。我们可以从张謇地方自治的一系列改革中,进一步加深对新时代发展战略的理解。

(三)奋勇拼搏,竭尽心力

作为状元办企业的首创者,张謇没有经验,也没有商誉。他在筹建大生纱厂初期就遇到很大困难,历经曲折,44个月后才"枢机之发,动乎天地;衣被所及,遍我东南"。19世纪末的南通,依然处于自给自足的经济形态之中。作为近代化的前驱人物,张謇在创业之初和创业过程中遇到的困难是可想而知的:社会陈旧观念的阻力、资金的不足、外部的竞争、人才的短缺……但是,张謇不畏险阻,排除万难,最终获得了事业的成功。他殚精竭虑、呕心沥血,直到生命最后一刻——1926年8月1日,已经73岁的张謇"早六时至姚港东视十八椹工"[3-984],回来之后竟一病不起,23天后病逝,走完了他堪称"伟大"的人生。

(四)补好水利短板,增强抗灾能力

1913年,张謇在《请设全国水利局呈》中指出:"水利为农田之命脉,农田之利弊当为全国计,则水利之兴废亦当为全国计,庶几各省皆获衣被而无或遍畸。"[7-255]1920年9月14日,张謇在《致熊希龄汪大燮函》中提到"北五省奇灾,为亘古所未有","五省灾民之数,达二千万","走以致灾之由,在于水利不修[56-797]",精辟地阐述了水利对国民经济发展的影响。

2020年10月,《中共中央关于制定国民经济和社会发展第十四个五年规划和二〇三五年远景目标的建议》中指出:"加快补齐基础设施、市政工程、农业农村、公共安全、生态环保、公共卫生、物质储备、防灾减灾、民生保障等领域短板……推进新型基础设施、新型城镇化、交通水利等重大工程建设。"

(五)募集慈善资金,造福困难人群

关于困难群众的帮扶方法,可以借鉴张謇的经验,募集慈善资金,委托慈善组织向他们提供帮助。

参考文献

[1] 张绪武.《我的祖父张謇》.上海:上海辞书出版社,2008年.

[2] 濮潇,王敦琴.《张謇恩师孙云锦》//南通市政协学习、文史委员会编:《张謇的交往世界》.北京:中国文史出版社,2011年.

[3] 李明勋,尤世玮.《张謇全集⑧》.上海:上海辞书出版社,2012年.

[4] 夏冬波.《张謇与吴长庆》//南通市政协学习、文史委员会编:《张謇的交往世界》,北京:中国文史出版社,2011年.

[5] 张绪武.《师生情义感苍天——张謇与翁同龢》//南通市政协学习、文史委员会编:《张謇的交往世界》.北京:中国文史出版社,2011年.

[6] [美]费正清,刘广京.《剑桥中国晚清史》(下卷).[英]剑桥:剑桥大学出版社,1978年.中国社会科学历史研究所编译室,译.北京:中国社会出版社,1985年第一版,

2006年重印本.

[7] 李明勋,尤世玮.《张謇全集①》.上海:上海辞书出版社,2012年.

[8] 李明勋,尤世玮.《张謇全集②》.上海:上海辞书出版社,2012年.

[9] 庄安正.《藏身韩国130多年的(朝鲜善后六策)回国略记》//海门市张謇研究会:《张謇研究》,2014年第4期(总39期).

[10] 张季直.《朝鲜善后六策》//张謇研究:《张謇研究年刊(2014)》,2014年.

[11] 袁蕴豪.《从张謇甲午致翁同龢观其军事才华》//海门市张謇研究会:《张謇研究》2014年第3期(总38期).

[12] 严学熙,倪友春,尤世玮.《近代改革家张謇——第二届张謇国际学术研讨会论文集》.南京:江苏古籍出版社,1996年.

[13] 李明勋,尤世玮.《张謇全集④》.上海:上海辞书出版社,2012年.

[14] 江谦编校.《南通地方自治十九年之成绩》.翰墨林印书局,1915年(张謇研究,南通博物苑,2003年重印).

[15] 虞和平.《张謇——中国早期现代化的前驱》.长春:吉林文史出版社,2004年.

[16] 陈吉余,程和琴.《划时代的实业家——张謇》//崔之清、倪友春、袁蕴豪、高广丰:《张謇与海门:早期现代化思想与实践——第五届张謇国际学术研讨会论文集》.南京:南京大学出版社,2010年.

[17] 中共中央马克思恩格斯列宁斯大林著作编译局,译.《马克思恩格斯全集》第24卷.北京:人民出版社,1972年.

[18] 严学熙.《张謇与辛亥革命——由立宪转向共和的思想基础》//严学熙,倪友春,尤世玮.《近代改革家张謇——第二届张謇国际学术研讨会论文集》.南京:江苏古籍出版社,1996年.

[19] 陆仰渊,方庆秋.《民国社会经济史》.北京:中国经济出版社,1991年.

[20] 严中严,等.《中国近代经济史统计资料选辑》(1955年第一版).北京:中国社会科学出版社,2012年.

[21] 李明勋,尤世玮.《张謇全集⑥》.上海:上海辞书出版社,2012年.

[22] 太湖水利史稿编写组.《太湖水利史稿》.南京:河海大学出版社,1993年.

[23] 武同举.《江苏水利全书》(卷三十六).南京水利实验处,1950年.

[24] 武同举.《江苏水利全书》(卷二十).南京水利实验处,1950年.

[25] 陆仰渊.《张謇与辛亥革命——纪念辛亥革命100周年》//海门市张謇研究会:《张謇研究》,2011年第3期(总26期).

[26] 张謇.《致袁世凯书》.《东方杂志》,第11号,1904年.

[27] 郭士龙.《从立宪到共和——张謇参与辛亥革命别录》//海门市张謇研究会:《张謇研究》,2011年第3期.

[28] 茅家琦,等.《孙中山评传》.南京:南京大学出版社,2012年.

[29] 中国社会科学院近代史研究所.《孙中山全集②》.北京:中华书局,1985年.

[30] 张华腾.《张謇与袁世凯政府》//廖大伟、杨小明、周德红:《上海社会与纺织科技》,上海:上海人民出版社,2019年.

[31] 周秀鸾,刘大洪.《张謇任农商总长的振兴实业措施》//严学熙、倪友春:《论张謇——张謇国际学术研讨会论文集》.南京:江苏人民出版社,1993年.

[32] 《大生系统企业史》编写组.《大生系统企业史》.南京:江苏古籍出版社,1990年.

[33] 严学熙.《张謇与中国农业近代化——论淮南盐垦》//严学熙、倪友春:《论张謇——张謇国际学术研讨会论文集》.南京:江苏人民出版社,1993年.

[34] 李明勋,尤世玮.《张謇全集⑤》.上海:上海辞书出版社,2012年.

[35] 王水.《清代买办收入的估计及其使用方向》.《中国社会科学院经济研究集刊(5)》,北京:中国社会科学出版社,1983年.

[36] 吴承明.《帝国主义在旧中国的投资》.北京:人民出版社,1955年.

[37] 江谦编校.《通州测绘之成绩》.翰墨林印书局,1915年.

[38] 姚谦.《张謇农垦事业调查》.南京:江苏人民出版社,2000年.

[39] 邱东华,史群.《论张謇的近代警政思想及其在南通的警政建设》//海门市张謇研究会:《张謇研究》,2006年第3期(总10期).

[40] 金城.《张謇爱国主义思想研究综述》//王敦琴:《张謇研究百年回眸》.南京:南京大学出版社,2007年.

[41] 刘厚生.《张謇传记》.北京:龙门联合书局,1930年.

[42] 吴良镛.《张謇与南通"中国近代第一城"》//南通:张謇研究:《张謇研究年刊(2004年)》,2004年.

[43] 张孝若.《南通张季直先生传记》.南通:张謇研究中心(重印),2014年.

[44] 章开沅.《开拓者的足迹——张謇传稿》.北京:中华书局,1986年.

[45] 张延栖.《张謇所创中国第一》.北京:中国环境出版集团,2019年.

[46] 张震东,杨金森.《中国海洋渔业简史》.北京:海洋出版社,1983年.

[47] 上海航海学会.《中国近代航海大事记》.北京:海洋出版社,1999年.

[48] 王恩良,等.《交易所大全》.上海:上海书店,1921年.

[49] 杨荫溥,等.《中国交易所论》.北京:商务印书馆,1930年.

[50] 江苏省地方志编纂委员会.《江苏省志·金融志》.南京:江苏人民出版社,2001年.

[51] 吴明俊.《健全法制,加强监管,保证证券市场的发展后劲》//中国改革杂志社编:《中国改革战略研究文汇(下卷)》.北京:中国对外经济贸易出版社,1991年.

[52] 江苏省地方志编纂委员会.《江苏省志·计量志》.南京:江苏人民出版社,1997年.

[53] 南通市档案馆.《张謇所创企事业概览》.南通:张謇研究中心,2000年5月.

[54] 黄正平.《贯彻总书记讲话精神,学习爱国企业家典范,大力弘扬企业家精神》//南通市海门区张謇研究会:《张謇研究》2020年第4期(总63期).

[55] 李明勋,尤世玮.《张謇全集③》.上海:上海辞书出版社,2012年.

第二章　张謇与中国近代水利

张謇是我国近代的爱国企业家、教育家、社会事业活动家,也是中国头名水利状元。他从1903年发表《淮水疏通入海议》起,从事水利事业,先后担任导淮总参议、全国水利局总裁、江苏运河工程局督办、扬子江水道讨论委员会副会长等职,对淮河、黄河、长江、珠江、松花江、辽河的治理贡献卓著,为南通江堤保坍等工程竭尽全力。他从事治淮工程23年,在《张謇全集》1~6卷中共有水利类文章632篇,其中"淮河水利"就有427篇,约占总论著的67.6%,涉及治淮论题有复淮、治淮、导淮、垦淮、淮款等。从"全量入海"到"江海分流",从"三分入江,七分入海"到"七分入江,三分入海",他的治淮理念是不断发展前进的。张謇治淮数十年的奋斗理想,在新中国成立后,才得以逐渐实现。

张謇引进外国科技人才,应用新技术。在实施创办通海垦牧公司时,他就借用江南陆师学堂第一届毕业生应用西方先进的测绘仪器进行测绘放样,实施农田方格化——不仅适合当时的人工操作,也适应现代的农业机械化耕作。他聘请荷兰水利工程师特来克规划设计沿江筑楗工程的同时,采用西方近代的钢筋混凝土水工建筑物的设计,建设了中国最早的钢筋混凝土水闸。

第一节　中国头名水利状元

张謇于1874年3月任江宁发审局文牍,开始游幕生涯,随江宁发审局孙云锦(原通州知府)查勘淮安渔滨积讼案时,第一次接触水利。他夙习明代潘季驯的《河防一览》、清初靳辅的《治河方略》和同治年间淮安丁显所著的《复淮故道图说》等治淮、治黄专著,这为他以后治淮和兴修水利奠定了理论基础。

一、策问(江苏水利)

1879年9月14日—10月2日,张謇参加会考,策问内容为"江苏水利",简述如下:

"江苏水利"策问开门见山就说:"兴利莫大于治水,治水莫亟于江苏。江苏者,天下重赋之所在,而东南众水之所会也。赋所在而不开其源,军国失仓庾之富;水所会而不通其道,农民受泛滥之灾……水利之最著者,苏、松、常之太湖,淮扬之洪泽湖。由太湖而分注,为淀山、庞山、阳城、昆承、沙南诸湖;由洪泽而分注,为宝应、高邮、邵伯、白马、氾社诸湖;下若江宁之滁河,镇江之练湖、新丰湖,徐州之睢河、汴河、大成河,太仓之娄江,通州之盐河,海州之硕项湖、青伊湖、涟河,皆其郡若邑所利赖者。太湖亘绵五百里,受杭、湖、宣、歙诸山水,汪洋浩瀚,溢则由吴淞江、东江、娄江入海,《禹贡》所谓三江既入,震泽底定是也……淮水发源于豫之胎簪山,受汝、颍、潩、洧、溵、涡等水,东合盱眙、睢宁、泗虹五河并七十二涧之流,潴于洪泽,南由高、宝、江、甘漕河入江,北由庙湾、云梯关入海。而漕河隘窄,不足泄湖十之一二。黄河阻隔,沙淤河浅,水不能北向,则入海之路又断,其势不决堤破堰,漂没田庐,伤禾害稼不止。前时魏陈元龙筑高堰,明潘印川筑遥、缕二堤,我朝靳文襄筑云梯关外新堤,咸顺水性,约使归海,广支河以引水,并水力以冲沙,海口宣通,无所壅蔽,兴、东、高、宝,人免为鱼,诚计之最上者也……故治水者,不患其不入,而患其不出;不患其不足溉田,而患其反足害田。以人一身譬之:苏、松、常以太湖为腹;而宜兴荆溪五堰则咽喉也,百渎三江,脉络而尾尻也。淮、扬以洪泽为腹,而高堰最上之处则咽喉也,漕河海口,脉络而尾尻也。人塞其倡导之窍,日饮而不已,腹满则气绝矣;水塞其倡导之窍,日注而不已,壑满则势溃矣……太湖、洪泽之水泄,而苏松、淮扬之利,十兴八九矣。苏松、淮扬之利兴,而东南大局定矣……太湖、洪泽自明迄今数百年中,讲求备至,而吴淞、白茆诸口频见堙芜,高堰、清水潭诸坝时复溃决,其故何哉?滔天巨浸,泄于一线之流;倒峡倾江,阻于一抔之土。怒不可遏,而归不得所也。"[21-23~24]

二、丙戌会试第五问(河工)

1886年4月20—21日,张謇参加会试,第五问为河工,简述如下:

"河工"策问的回答:"事有可争有不可争,有可治有不可治。可争则用我力,不可争则用其力;可治则用我势,不可治则用其势。用其力与其势而彼顺,顺乃徐焉受我之范围,而我之力与势乃不必用,而我之力与势乃可得而用。若是者其治河之说乎！黄河载于太行之麓，自龙门以上，其势未盛而有所约制，其力虽悍而不至横决。故豫州以上，治河之事常少。豫州以下，防无巨山，容无大浸，故颍洞泛滥冲突纵肆之患，自汉迄今而未有已。汉武帝元光中，河决瓠子，再塞再决。后二十年帝自临河，卒以塞之，而河乃北行，复禹旧迹。及再决馆陶，分为屯氏、信都诸河，又入千乘，而德棣之河播为八。众渠分酾，势杀不张，由是迄东都以至于唐，不为患者盖千数百年之久。方建平中，待诏贾让上言，策治河曰：善为川者决使道，善为民者宣使言。其上策徙冀州民当水冲者，不与水争地；中策多穿漕渠，分杀水怒，民田治而河堤成；下策缮全故堤，增卑培薄，劳费无已。是三策者，邱濬称之为百世不易之论。夫河、淮并称二渎。河水东过荥阳蒗荡渠，即大禹所辟以通淮泗之络者。河借淮水相为疏理，淮、河之合，从来旧矣。自宋以降，河益南徙，汇淮由云梯关入海。河性故浊，浊故易壅，有所壅则溃。淮性故清，清故易行，能疾行则通。逮河道既窄，水难畅宣，又有干淮之膨，决渠入高宝湖者，河遂蹙淮而注之，相凌相夺，其患愈大……夫筑堤以塞，开渠以疏，听其决以柔之，让之地以导之，皆贾让之说也。能观其通，不循于利而胶于古，则可行古人之法矣。"[21-83~84]

三、提出整治郑州决口的方案

1887年3月20日，孙云锦调任开封知府。张謇再次受邀请入其幕下，7月随孙去开封。10月2日，闻探报，河水溢朱仙镇决口已百四五十丈……全河夺汴、颍、汝、涡，下并淮水，径灌洪泽湖，横径四十余里。河道下游已断，行者可褰裳而涉矣[3-261]。

10月26日，张謇作《郑州决口记》（以下简称《记》），这是张謇与孙东甫实地考察的记录。"开封辖濒河地，逾四百里。自归故道，陈留、兰仪居北流之上，而险工在荥泽、郑州、中牟、祥符。盖自陕州万锦滩以下，地势斗绝，又入以伊、洛、沁、济诸水，汇为巨腹，浣演滂湃，河北马营挑水长坝外起淤滩，延袤河心数里，逼溜南趋，薄堤而下，故频年以来，无伏秋盛涨不以险闻也。"《记》接下来记了当年黄河郑州段的决口全过程："六月廿二日，总河成孚既循例驻工。七月初十日，以巡抚倪文蔚之官，归为置酒高会，大召宾客。越十余日，饯前抚边宝泉，会如故。是时，河主簿报存水一丈七八尺或二丈，官河防者相庆贺，演剧为乐，所谓秋分小安澜也。八月以后，霖阴浃旬。初七日上游武陟沁河溢决，初九、初十日河涨二丈八尺，警报迭至。十二日，成孚、倪文蔚先后赴工……十三日初更而郑州十堡决矣。正堤既决，月堤随之。"睿智的张謇，这里还专门提及当年南昌梅启照总河筑以备不虞的月堤，但正堤溃，月堤亦难保。"然河决时无狂澜骤倒之势,二三十里内犹有亡命之人,月堤之功也。初决才三四十丈,展转廿余日,始裹护一堤,而决宽五百五十丈有奇。"下面《记》则记了灾区区域、死难者惨状、渎职失职者遭民愤的情况。那么,黄河郑州段的决口该谁负责?《记》曰:"方郑州之告险也,工款犹层层折扣。初十日,河道请三千金资抢护未发,河决银亦未解。成孚初十日闻警,犹以宪书十一日开辰,不即赴工督率。及乎肇成奇变,流毒江淮,犹复混两堤于一,以漫口入告,独不思疏固自言用絮被、铁釜塞穴,利令智昏,天夺其魄,而奉旨枷示之余璜,尚优游于醉饱也。总河、河道,罪可数乎?"[21-84~86]

《张謇日记》在光绪十三年九月十日(1887年10月26日)记道,作《郑工决口记》。十一日,为安徽巡抚拟奏。十二日,倪(文蔚)中丞见过。十三日,答谒倪公。公甚坦易,无仕宦不可近之气,与言河工,辄痛诋锢习。十四日,为倪公作奏。十六日,为倪公拟疏塞大纲章程。二十日,拟疏塞章程致倪公。二十六日,诣河工六堡。二十七日,看《靳文襄奏议》。晤刘瀛宾(名于瀚,江西南昌人,时为开封府负责水利的官员),朴实君子也。二十八日,为倪公拟易改灾民帐房为席棚。二十九日,看《鄂文端奏议》。知李高阳奉勘河,以前十六日所疏云云也。闻禧圣于郑工决口后,召见大臣,辄为流涕。宵旰忧勤至已,不知身受国恩者何以处之[3-263~264]?由此可见,张謇对这次河患的重视和尽力。

光绪十三年十月十九日(1887年12月3日),张謇首先提及倪文蔚"颇以引河未能定局为虑",对此,在《上倪文蔚书》中说:"昨日约同刘瀛宾,诣决口坝头及河身涸垫处,周历详视,复用望远镜凭高望测,退按梅南昌开方计里河图,私独规画,窃以为公无过忧虑也。揆公所虑,引河不得地,枉费工力。夫施工之人,应赈之人也。无论河身何处,今日去土一尺,将来即受水一尺,不得为枉。至虑河头不能迎吸溜势,謇愚以为仅开数千丈引河而已,姑为导引以肇其端,诚须如徐德清云'河头有吸川之势,河尾有建瓴之势'。若意在疏辟河身之淤,兼为救急持久之计,但须相度大势,因利乘便,而引河之说在其中矣……至决口水势,謇前臆必西堤著重,及躬往重察,则河流自兑方直趋震、巽之间,大溜紧向东堤,此尤不得不太息痛恨于裹护之迟也。"

十月廿一日,张謇二致书说:"河工旧例,于塞决之役,但开引河而不疏河身。前人非不欲疏也:溜未全夺,所谓须更穿一梁山泊者,势既不能;溜即全夺,而河身间段有水,亦苦畚锸无所措手。然苟能为则无不为者,如阿文成公疏兰阳三堡旧河身深一丈六尺,长百七十里,是也。泰西能于水中挖泥之法,实中国从来所未有。乘可疏之时,得能疏之器,效捷于阿公当日之所图,费省于河员今日之所估。此举一行……溯朔原初,公之功尚可量耶?"

十月廿三日，张謇三致书说："东人纷纷请开铜瓦厢以东河道，意不过以江南为壑，不知白丹愈禹之谋，适自成虞人灭虢之祸。今天下之财力，非曩日可比也；今天下之人心，亦非曩日可比也。不识天下大局，不为国家深思，为此说者，必王夷甫一流能误苍生者也。深宫圣明，必无过听之举。惟高阳议复，不知云何？公于此亦当力持正论。事关全局安危，将来以去就争之，天下不得而议其激。"

十月廿五日，张謇四致书。本函所述为具体的规划数字，从略。

十月下旬，张謇五致书说："疏塞并举，既已入告，势不得不致力于此。塞为目前计，疏为久远计，而亦即为目前计。盖河身深远宽通，一经挽掣，大溜水势就下而趋，并归正道；决口浅涸，堵塞易施。然则二者犹裘之领、网之纲，但速筹所以能疏能决详实可行之要，以申我之意而已。请就二者略言之。"

"疏则有测河身，分地段，计土方，定人数，核时日，课工程之要……此疏之大要也。塞则有催集料物，核运土方，预备竹篓、扫船、土囊之要……此塞之大要也。权分数，定章程，精选三五道府大员以承其纲，十数明干州县以治其目，在上者信赏必罚以督之，坐而收其成矣。"

"抑有请者：疏瀹淤河，全局之举也；规划久计，大臣之责也；正河尽涸，人力能施，难得易失之时也。古者治河，发卒用夫，率数十百万。既募灾民，即分遣妥弁，各赴被水村镇，广为招集，多多益善，方能有济。间有游勇羼杂，亦不必严禁，其人诚能受法挑土，我即权收其用。盖大灾未弭，为工程增一役夫，即为草野去一盗贼，唯执事图之。"[8-32～37]

张謇这次治郑州决口之方法，简言之即"用西法，乘全河夺流，复禹故道"。张謇满腔热情、殚精竭虑地拟《疏塞章程》，又五次致函倪文蔚，倪却不纳。个中原因，值得探讨。

四、殿试（河渠）

清光绪二十年四月（1894年5月），张謇应礼部参加殿试，策问内容为"河渠""经籍""选举""盐铁"要旨，现将"河渠"策问及对策摘录如下：

策问："治水肇于《禹贡》，畿辅之地，实惟冀州，水利与农事相表里。后汉张堪为渔阳（今天津市蓟州区）守，开田劝民，魏刘靖开车箱渠，能备述欤？至营督亢渠，引卢沟水资灌溉，能各举其人欤？唐朱潭、卢晖，宋何承矩，浚渠引水，能指其地否？元郭守敬、虞集议开河行漕，其言可采否？汪应蛟之议设坝建牐（闸），申用懋之议相地察源，可否见之施行，能详陈利弊欤？"

张謇的对策："禹所治河，自雍经冀，冀当下流，故施功最先，非直以为帝都而已。自汉时河改由千乘（位于今山东省高青县高城镇北）入海，而冀州之故道堙。今畿辅之水永定、子牙、南北运河、清河，其尤大者。东南水多，而收水之利，西北水少，而受水之害，岂必地势使然，亦人事之未至也。汉郡渔阳，当今密云，而张堪之为守，营稻田八千余顷。继是而往，魏刘靖开车箱渠，修戾陵堰；后魏裴延俊、齐稽华辈，亦先后营督亢渠，引卢沟水以资灌溉。迹虽陵谷，而事皆较然。宋何承矩廓唐朱潭、卢晖之旧，于雄莫霸州（今河北省霸州）、平永顺安诸军，筑堤六百里，置斗门，引淀水，既巩边圉，亦利民焉。元世郭守敬、虞集并讲求水利。郭之所议，今之通惠河也。虞议则至正中脱脱尝行之。而明江应蛟之议设坝建埠，申用懋之议相地察源，其所规画，与郭、虞相发明，当时固行之而皆利矣。夫天下之水，随在有利害，必害去而利乃兴。而天津则古渤海逆河之会，百川之尾闾也。朱子曰：'治水先从低处下手。'又曰：'汉人之策，留地与水不与争。'然则朝廷所欲疏瀹而利导之者，其必先于津沽岔口加之意已。"[21-238~240]

　　畿辅即今北京、天津、河北等地，地处海河流域下游地区，由漳卫、永定等 9 条支河在天津市区附近汇入海河后入渤海，干河长 73 公里，最长支河有 1 090 公里。该流域西起太行山，流域面积 31.88 万平方公里，与淮河流域相近，但径流量仅为淮河流域的 38%，旱涝灾害频繁。为此历代对该地区水患治理十分重视，自辽代在今北京地区建立陪都和金、元、明、清建都北京，都在永定河修建堤防工程，确保北京地区安全。张謇因对水利文献勤奋钻研、对策融会贯通，终以一甲一名独占鳌头，高中状元。

五、中国头名水利状元

　　中国科举制始创于隋，至唐初而渐臻完备，一直是历代封建王朝选拔人才、任用官吏的制度。据不完全统计，从唐高祖武德五年（622）起，共开科 750 次，状元有姓名记录者为 652 人，有业绩记录者为 480 人。殿试的资料更加不全。涉及水利方面的殿试，张謇首问为"河渠"，其次为骆成骧第四问为"水利"与"农业"。中状元后，在水利方面提出过建议或有治水业绩的也只有 15 人。从关键性殿试对策及业绩来看，张謇可称中国头名水利状元。

1. 历代文状元概况

　　由于隋代史料不详，故历代状元有姓名可考者，自唐高祖武德五年（622）孙伏伽始，至清德宗光绪三十年（1904）的刘春霖止。（明、清状元全部立传，详见表 2-1）。

表 2-1 历代文状元统计表

朝代	开科年代	开科次数(次)	状元人数(人)	立传人数(人)	备注
唐(618—907)	622—907	264	155	87	唐开科次数一说270次
五代十国(907—960)	908—952	47	25	14	—
宋(960—1279)	960—1274	118	118	114	—
辽(916—1125)	938—1122	57	57	21	—
西夏(1038—1227)	1203	不详	1	1	—
金(1115—1234)	1123—1234	43	43	22	—
元(1271—1368)	1315—1368	16	32	15	按汉人(南人)、蒙古色目人分列左、右榜,故每科放两名状元
明(1368—1644)	1371—1643	90	91	91	洪武三十年状元陈䢿被杀,另取韩克忠为状元
大西国(1644—1647)	1644—1646	3	1	不详	—
清(1636—1912)	1646—1904	112	114	114	顺治九年和十二年各分满榜和汉榜
太平天国(1851—1864)	1853—1862	不详	15	1	—
合计		750	652	480	—

资料来源:1. 车吉心,等.《中国状元全传》[M].济南:山东美术出版社,2008年.2. 王鸿鹏,等.《中国历代文状元》[M].北京:解放军出版社,2004年.

2. 考试方式

唐代规定,各州府选送士人至京师参加尚书省礼部的考试,需向有关衙门投状。"状"包括"家状"(本人家庭状况表)和"文解"(州府的荐举信)两项。录取后,考官将新科进士状连同考试成绩一起呈报皇帝,录取的第一名称进士科第一人,又称状元[57~序1]。到唐天宝八年(749)逐渐形成了进士帖一大经、试杂文诗赋及对策的基本考试格局。宋太祖建国后,进士考试分两级,一是各州举行的取解试,二是礼部举行的省试,省试第一名即为状元。宋开宝六年(973)开设殿试,到宋太平兴国三年(978)殿试以诗、赋、论三题为准。明洪武三年(1370)五月,诏设科举取士,定乡试、会试、殿试三级考试。殿试以时务策一道,限一千字以上[58-535~538]。清朝也是实行乡试、会试、殿试三级考试制度。清顺治六年(1649)起,殿试的内容是经史时务策一道,每策三题,约二三百字[57-742~743]。

清光绪二十年(1894)五月,张謇应礼部参加殿试,策问内容分"河渠""经籍""选举""盐铁"要旨。

光绪二十一年(1895),骆成骧殿试的第四问为水利与农业[57-999~1002],其余未见有涉及水利方面的殿试人员。

3. 有治水业绩的状元

有关文献资料显示,中状元后在水利方面提出过建议或有治水业绩的只有15人,约占立传状元的3.1%,现分述张謇以外的14人:

(1) 柴成务(934—1004),曹州济阴(今属山东菏泽)人,宋乾德六年(968)状元。淳化二年(991)在任京东路转运使时,黄河在宋州(今河南商丘)决口,柴成务上疏说:"河水所经地肥淀,愿免其租税,劝民种艺。"太宗诏准[57-94~96]。

(2) 王嗣宗(944—1021),汾州(今山西汾阳)人,宋开宝八年(975)状元。在任通判澶州(今属河南)时,命人在黄河两岸植树万株,以固堤防[57-101~105]。

柴成务(934—1004)　　　　王嗣宗(944—1021)

(3) 徐奭(985—1030),福建瓯宁(今福建建瓯)人,宋大中祥符五年(1012)状元。宋天圣元年(1023)任两浙路转运使时协助淮南、江浙、荆湖制置发运使赵贺主持此地水利设施的修复。他们发动百姓,从外地运来石料,重砌太湖堤岸,又疏浚五条河渠,把太湖积水导入海中,基本解除了太湖水患[57-159~160]。

(4) 蔡齐(988—1039),胶水(今山东平度)人,宋大中祥符八年(1015)状元。宋景祐四年至宝元二年(1037—1039)出知颍州(今安徽阜阳)期间,注重农业生产,兴修水利,政简刑宽,盗掠不行,社会安定,恩惠于民,吏民视之父母[57-162~166]。

徐奭(985—1030)　　　　霍端友(1056—1115)

(5) 霍端友(1056—1115),常州武进(今江苏武进)人,宋崇宁二年(1103)状元。数年之后,任陈州(今河南淮阳)知府时,陈州地势低洼,久雨则积水成涝,霍端友下令疏浚新河 800 余里,复开河 200 里,使洪水得以经淮河入海,水患得以解除,陈州成为一个富庶之乡[57-238]。

(6) 黄朴(1192—?),侯官(今福建福州)人,宋绍定二年(1229)状元。在任广东提举常平时,掌役钱、青苗钱、义仓、赈灾、水利、茶盐等事[57-342]。

黄朴(1192—?)　　　　王鼎(1030—1106)

(7) 王鼎(1030—1106),涿州(今河北涿州市)人,辽清宁五年(1059)状元。中状元后不久,当了涞水县令,治理涞水很有成绩[57-406~408]。

(8) 张起岩(1285—1354),山东禹城人,元延祐二年(1315)状元。元顺帝期间(1333—1368)任燕南廉访使,那时滹沱河河水时常泛滥成灾,张起岩派人修堤以防水患,为真定(今河北正定)百姓解决困难[57-459~461]。

(9) 吕柟(1479—1542),陕西高陵人,明正德三年(1508)状元。嘉靖四年至六年(1525—1527),在解州(今山西运城西南)奉命以通判摄行知州时,赈济孤寡,裁减杂役,劝民农桑,兴修水利[57-600~605]。

(10) 麻勒吉(?—1689),满洲正黄旗人,清顺治九年(1652)状元。康熙七年(1668)任两江总督时,奏准以当地田税赈济灾民及浚浏河和吴淞江,建水闸以时蓄泄[57-746~749]。

张起岩(1285—1354)

吕柟(1479—1542)

(11) 庄有恭(1713—1767),番禺(今广东广州)人,清乾隆四年(1739)状元。在乾隆十七年(1752)任两江总督时,请求朝廷批准修筑浏河以北土塘9 000丈。乾隆二十四年到三十年(1759—1765)任浙江省巡抚,修筑浙江海塘,疏浚太湖流域12个州县河道[57-820~824]。

麻勒吉(？—1689)

庄有恭(1713—1767)

(12) 毕沅(1730—1797),江南镇洋(今江苏太仓)人,清乾隆二十五年(1760)状元。乾隆五十三年(1788)任湖广总督时,治理荆江险段,修筑襄阳等处堤坝,凿四川、湖北一带长江的险滩,便于云南铜铁的漕运[57-843~846]。

(13) 陈初哲(1736—1787),苏州府吴县(今江苏苏州)人,清乾隆三十四年(1769)状元。乾隆四十四年(1779)升任湖北荆(荆州府)宜(宜昌府)施(施南府)道道员时,江水暴涨,在江陵(现湖北省荆州市)东面的沙市溢出堤顶,陈初哲急令吏民载土堵塞,亲自上堤指挥抢险,奋战七个昼夜,江水渐退,沿江居民无恙。次年,又拿出俸禄加筑江堤[57-853~855]。

(14) 吴其濬(1789—1847),固始(今河南)人,清嘉庆二十二年(1817)状元。

清道光元年至八年(1821—1828),任翰林院修撰在家服丧期间,淮河屡酿水灾。他下决心研究淮河水灾的成因,实地考察淮河主流和支流,写出了《治淮上游论》,提出利用安徽境内两侧湖泊洼地滞蓄洪水的治淮方案——在这一带修建闸坝,洪水大时,闭闸蓄水,减轻对下游的压力,待水小时,再开闸放水。他尖锐地指出了以往治淮官员目光短浅,只知在下游泄水上作文章,没有对淮河进行全面的考察,无人过洪湖西行一步,遂使上游蓄水滞洪的有利条件搁置了数百年[57-901~908]。

毕沅(1730—1797)

吴其濬(1789—1847)

综上所述,从关键性殿试对策和从事治水时间及业绩来看,张謇可称为中国头名水利状元。

第二节　南通水利

张謇在缔造"中国近代第一城——南通"时,关心城乡发展的"村落主义"、区域的水利交通(道路建设与公路水路运输)、棉铁及土地开垦,先后成立通州泽生外港水利公司、通州测绘局、南通保坍会、通属七场水利总会、南通县水利会等机构,兴修大量水利工程。

1. 通州泽生外港水利公司

1895年起,张謇开始筹建大生纱厂,1897年选址唐家闸,1899年5月23日正式开车。1900年8月,由通沪两地集股创建大生轮船公司,1904年在天生港建成两个趸船码头。随着唐家闸逐渐成为工业区后,经由天生港进出的货物日渐增多。1904年,张謇提出《泽生水利公司创办公呈》[7-74~75],利用大生等厂的资金,开始筹建水利公司。1905年制定《通州泽生外港水利公司章程》[34-96~97],拓浚天生港至唐家闸的水道,称天生港,自唐家闸镇至天生港船闸全长7.25公里,现为二级河;使用土方修筑成江苏省第一条公路——港闸公路,长 5.76 公里;兴建唐家闸船闸,净宽 6.7 米,闸室长 180 米。天生港闸净宽 6.58 米,1968 年拆除后重建船闸,净宽 7 米,闸室长 105 米[59-78]。除了购买少量木船承接货运,公司的业务还有测量长江与内河水位及对通过的船只收取过港、过闸、过河费用。由于它是垄断性企业,且当时运输业务随着工商业的发展日趋繁忙,公司的业务日益发达。在还清了借款以后,它便成为大生系统中唯一没有股东的企业,也是一个"无本生利""只赚不赔"的企业。它每年收支数无从查考。但《南通地方自治十九年之成绩》显示,1908—1913 年水利公司共盈利 18 746 圆,平均每年盈利 3 000 圆;1913 年补助南通"地方事业"费包括通师 2 000 圆、女师 1 000 圆、敬孺(初级中学)1 800 圆、养老院等慈善机构 2 500 圆,此外还有近万元地方公益补助。泽生公司的管理权都由张氏家属派员管理。1950 年 9 月,该公司被列入南通市地方事业委员会管理范围。1952 年 12 月 25 日,按照南通市人民政府指示,该公司改称"南通市唐闸天生港闸管理所",从此结束了该公司的历史使命[54-159~161]。

通州泽生外港水利公司

2. 通州测绘局

1908 年 5 月,通州测绘局成立,1909 年曾先后 4 次测量沿江地形,绘制成《通州沿江形势图》。1909—1911 年又测绘全县五千分之一、二万分之一、五万分之一地形图。与此同时,海门县水利会派南通师范测绘科毕业生范钦孟测绘一万分之一地形图 3 400 平方公里[60-323]。1911 年,张謇在《南通县测绘全境图序》中介绍测量过程,测得州境面积为七千四百三十五方里[21-365~366]。

3. 通属七场水利总会

1915年大水,南通地区受灾最为严重。1916年6月,南通境内的余东场、余西场、石港场、西亭场、金沙场代表和如皋境内的掘港场、马塘场代表与大有晋、大豫、华丰等公司代表开会协商。张謇在会上(《七场水利大会之演说》)说:"愚兄弟发起本会,实抱与众同乐之意……愚兄弟不忍因公司之不受水灾,而遂忘公司外受灾之地。……今日问题两种:一工程,一经费。……应建设一七场总机关,各场各设一分机关,以资接洽,而利进行。"[13-348]尔后,张謇在《劝告金石西马掘余东西七场公民合建摇网港大闸书》中说:"摇网港(后人因纪念文天祥在石港场东渡而改称遥望港),地势当七场之中而形下,原有水道,窄如曲线,浅如盘杅。海潮大上则易缘而乘高,河水并涨则平泻而不畅,已见之事,情势了然矣。上年秋即与大有晋公司经理诸君计议,非就此处建设五孔大闸,而上下之河道称之总汇宣泄。"[13-356]

1917年成立"通属七场水利总会"主管这项工程。建闸地址由南通县水利会会长张謇会同荷兰水利工程师特来克及各场代表一再勘测,最后择定遥望港三合口东首为闸基。先开挖闸的上游和下游港道加宽加深,河面宽10丈,底深1丈,长4 297.8丈,浚河经费26 381.8元。闸身原拟五孔,后经实地测量,因其面积过广,流量甚大,乃改为9孔,闸孔宽35.3(2×4.05+2×3.95+2×3.65+2×3.5+5)米,采用叠梁式木闸门启闭。由特来克绘制闸图征集众议后,于1918年11月30日雇匠开工,用钢筋混凝土建筑。1919年8月17日,因工地上流行霍乱,特来克在赶返南通途中,溘逝于南通中公园桥旁,终年29岁。特来克去世后,宋希尚接办。1919年12月6日召开验收落成典礼。工程共用银166 056元,由大有晋、大豫、华丰三公司承担四分之一,其余由掘港水利会、马塘水利会及南通水利会分摊,至1923年底,遥望港闸垫款结欠35 299.89元,转归大生沪事务所[54-245~247]。

4. 南通县水利会

1916年12月,张謇、张詧召集各区人士集议,以水利关系全县生计,不从整体全面规划工程、根本施治,便不能贯彻农商均利、旱潦无患的宗旨,组织了南通县水利会。1917年1月1日,南通县水利会成立,张謇、张詧、特来克等27人出席,会址在县农会内,会长为张詧。水利会规划:建设新闸4座;修复旧闸5座;修建石涵洞11座;并测量运盐河、串场河浅阻地段,设法疏浚。所需经费,公决按亩带征,于地丁、芦课、折价项下,每亩带征1.2元,预计三年截止。到1920年,改为每两收征1元,以五年为限[54-248]。

1921年8月25日,南通境内再次暴雨成灾。张謇撰写的《南通水利已办工程及未来之计画》中说:"愚兄弟悉言水利,已历数年。核其工程,约分两类:一曰建筑涵闸,二曰开浚港河。虽照原定计画分东西进行,而未能尽弭此次之水患,实深惶悚。惟此后之行水,有所取鉴,益当为求全之计,以贯彻南通水利以人胜天之初旨。"已办涵闸工程:入江者——1918年2月新建成的龙潭坝利民闸,用银13 500余圆;1919年9月改建之唐家闸,用银6 900余圆。入海者——1918年1月新建之吕四东头总双门涵洞,用银1 500余圆;1919年10月新建之吕四廿九总闸,用银3 800余圆;1919年新建遥望港闸;1921年新建之骑岸镇闸,用银14 000余圆。已办港河工程:属中部者,为1917年开浚城区小洋港、山港、裤子港、王通港。属西部者,为1918年开浚平潮区之丝鱼港、东西捕鱼港、大小李家港、九圩港。属东部者,为1917年三乐、竞化两区之间三竞官河,1918年余西、余中两区之龙游沟,1919年的吕四区与海境合开蒿枝河,余东区与海境合开十三匡河,三益区与海境合开新港、界牌港,余中区与海境合开宽兴河。开浚工程:1920年的吕四区之南倒岸河,1921年余西区之十甲河。而重大工程,则以三合口东西两港为最——1917年5月开浚东港,用银13 400余圆;9月开浚西港,用银12 900余圆[13-484~485]。

1923年,张謇发表的《南通水利计画书》指出:今年南通雨量特大,自六月十六日起至七月十五日止(7月23日—8月25日),计时30日期,平均雨量值为547.2公厘(毫米,合营造尺一尺七寸一分)。已浚闸涵有利民闸、利民滚水坝、天生港船闸、盐仓坝耳闸、东渐一闸、东渐二闸、吕四念九总闸、遥望闸、环本闸、歇御闸、吕四双孔涵洞、侯家油榨涵洞等12座。新定直接入海、入江闸涵为五闸七涵,即利民三孔闸、唐闸市中二圩双孔涵洞、盐仓坝闸、姚港坝涵洞、灰堆坝涵洞、新闸潭涵洞、高坝涵洞、平潮市二坝闸、云台山涵洞、四扬坝闸、包场十七总闸、吕四十九总双孔涵洞。新定间接入海闸涵5座,为东社镇闸、新镇闸、余东镇西河涵洞、界牌镇涵洞、余家河涵洞。新定闸涵费需85 300圆,河道疏浚补助费15万圆,而闸涵常年修缮费、临时风雨施治费、水利会职员薪膳费,至少亦须有基本金15万圆,合上共需385 300圆。经费来源,一田赋带征,仍按水利会旧案,二年可得银12万圆。二货税带征。请援治运二成案,于南通货物税项下,每元带征水利费银2角,以三年为限,可得银9万圆。一俟议定,即咨陈县署转报省厅核准施行。是否有当,乞公决[13-559~571]。

他全力以赴,足迹遍及江海平原,为通、如、海水利奔走呼号,筹集资金,兴修水利设施,包括冠以"西被"(南通城以西,西流入江)的西被一闸(南通城西公园大有坝)、西被二闸(通州区平潮镇二坝桥)、西被三闸(通州区李港乡顾二圩村)和冠以"东渐"(南通城以东,东流入海)的东渐一闸(又称二十一总闸,现启东市吕四港镇)、东渐二闸(现海门区包场镇)、东渐三闸(又称新三门闸,通州区三余镇)、东渐四闸(又称老大洋港闸,启东市吕四港镇)为主的一系列水利工程。张謇还兴建了天生港船闸、陆洪闸、会英船闸(现称海门区青龙港船闸)、常乐镇闸(海门区)等船闸工程;1924年疏浚九圩港、任港、裤子港、富民港等十三条河道,1925年疏浚长桥港等五条河道。这些水利工程的兴建,不仅在当时提高了有关地区的防洪排涝能力,便于航运,促进农业生产发展,而且在新中国成立后相当长的一段时间内仍发挥作用[61-140]。

1927年,国民军抵通,废除水利会原有人事,由其所设置的建设局接收,南通县水利会遂告结束[54-247～248]。

第三节　实施苏北沿海近代第一次大开发

社会发展程度的测度是一项比较复杂的社会技术,不过从发达国家的经验来看,现代化一个非常关键的、也是比较容易把握的指标,就是要让农民不再是穷人,使普通农民生活水平能够达到中等收入阶层的水平。近代中国社会的"三农"问题——"土地、就业、生存"问题,演变为现代的"农村、农业、农民问题",关键在于确保耕地面积[62-20～24],稳定粮食生产。

苏北沿海原为盐场,清嘉庆、道光以来,淮南盐区因海势而东迁,滩涂加速向东延伸。位居腹地的盐区因潮汐罕至,土淡卤轻,盐产衰减,而滩涂拓展,荡地繁茂,供煎之外,富余甚多,出现灶民私垦荡地种粮的现象。从江苏近代开发历程来看,张謇以创办通海垦牧公司为起点,实施了苏北沿海第一次大开发。经过20多年经营,创办了98个盐垦公司,占地503.3万亩,已开垦193.3万亩。1949—1982年是第二次大开发,为农业开发阶段,重点发展粮棉生产,港口建设有所发展。共开垦荒地500万亩,建成耕地341.3万亩。粮食总产量从1949年的190.37万吨,发展到1981年378.91万吨。1983—2008年为第三次大开发,随着改革开放的发展,沿海各县走向全面开发阶段,围垦139.07万亩。产业结构逐步调整,第一产业从46.04%下降为14.06%,第二、第三产业分别上升为52.08%和33.86%。南通港洋口港区一期2座2万吨级码头于2005年建成通航,连云港又发展了庙岭、墟沟港区。2009年6月10日,时任国务院总理温家宝召开国务院常务会议,讨论并通过《江苏省沿海地区发展规划》。作为国家战略,苏北沿海地区步入现代农业、生态旅游、港口产业和城镇四大类综合开发阶段,扩建连云港、盐城港、南通港通州湾港区,规划围垦270万亩,形成第四次大开发。

一、创办通海垦牧公司

张謇率先冲破千年封建牢笼的束缚,创办通海垦牧公司,将先进的资本主义经营方式引进中国,敲开了中国近代农业经营的大门。

1. 创办公司的动机

张謇1886年"会试报罢归",就曾在家乡海门尝试过"议仿西法,集资为公司,市桑秧"。1895年夏,张謇奉命经办通海团练,第一次看到濒海无垠的"高天大海间一片荒滩",便产生开发滩涂的设想。1900—1901年,张謇四次到吕四场视察,并借用江南陆师学堂第一届毕业生进行测绘,发起组织通海垦牧公司。这绝不是一时心血来潮,而有其深刻的思想渊源。初步分析,有以下几个方面:

首先是农本观。他从中国历史实际和当时的国情出发,认为农民的土地、就业和生存问题都是中国社会的根本问题,提出:"凡有国家者,立国之本不在兵也,立国之本不在商也,在乎工与农,而农为尤要,盖农不生则工无所作,工不作则商无所鬻。"[7-27]据刘厚生回忆,张謇曾对他谈过自己千辛万苦、历经重重磨难而从事盐垦事业的原因。张謇说:"我自创办大生纱厂之后常到上海,我开始知道上海拉洋车及推小车的人,百分之九十是海门或崇明人。我曾调查他们生活,都很困苦,他们所以到上海谋生的原因,即是无田可种,迫而出此也。我又留心其他劳动苦力,又发现盐城、阜宁、淮安等县的乡民,多半在上海充当轮船码头装卸货物之杠棒苦力。此项苦力,除盐城、阜宁、淮安人号称江北帮之外,另外还有山东帮与之竞争,常有聚众斗殴事情,而且杠棒苦力之生活,更比洋车夫为恶劣。我就想到,通州范公堤之外海滨,直到阜宁县境,南北延长六百华里①,可垦之荒田,至少有一千万亩以上。因此,我就劝两江总督办理垦荒之事。"[42-250]显然,张謇是把开发滩涂当作实现自己解决民生问题这一理想的一个契机。

其次是改进中国的农业观。1898年5月22日,他在《农工商标本急策》中明确提出:"农务亟宜振兴。振兴之计有四:一久荒之地,听绅民召佃开垦,成集公司,用机器垦种。一未垦之地,先尽就近之人报买。一凡开垦之地,援照雍正元年上谕,水田免赋六年,旱田免赋十年之例,变通为免赋三年,免赋五年。"[13-25]然而张謇较那些一心学习西方的诸辈的高明之处在于,他清醒地认识到,中国要改变落后状况,绝非只凭"拿来主义"就可成功。中西国情相差悬殊,

---

① 注:华里即市里,1市里=0.5公里。

西方经验不可能一成不变地适宜于中土:"西人新法之与中土宜否,无从真知。即中国旧法之与今日宜否,亦无从真知。"[7-27]

正是基于这种冷静思考,张謇才将"召佃开垦"与"集公司用机器垦种"这两类中西农业经营方式糅合在一起,作为开垦荒地的新办法一并提出。也正基于此,张謇曾多次提出在推行新式农业中,既要积极学习外来经验,又要发扬中国传统的优越性,"如有山泽闲地,江海荒滩,一例拨归农会,或试办新法,种植葡萄果木之类,或仍用旧法,推广桑棉畜牧之类,或集公司,或借官款,通力合作,官民一心,逐件经营,随时考究,必有成效可观"[7-28]。张謇还把以农业、农垦公司形式组织起来的大规模垦殖业称为"大农",将以传统家庭为单位的农业称为"小农",认为扩大农业即开垦荒地、增加种植面积应注重大农;改良农业即提高单位面积产量应注重小农。鸦片战争以来,面对外国列强的侵略,中国应如何自强,在朝野有截然不同的对策,有顽固地坚持"祖宗成法"者,有主张全面效法外国者,像张謇这样,能够将学习外国先进技术与本国的传统和国情结合起来,并不限于提出政策建议,而且将理论思考贯穿到实践中去,是非常值得注意的[15-118]。

最后是为纱厂提供原料。"纺织之根本在棉。"通州是"产棉盛处",棉花"力韧丝长,冠绝亚洲",为大生纱厂的生产提供了良好的条件。但随着原棉的出口和国内纱厂的增多,对棉花的需求量不断扩大。大生纱厂经营不久,就遇到了原料问题,"厂纱销畅,然棉以输出多而亦贵"。当时,全国已有较大的棉纺厂19家,加上外国棉纱的倾销,自由竞争激烈起来。大生开车之前,上海已有几家商办纱厂在外商倾轧中相继歇业倒闭。大生要在自由竞争中站稳脚跟,必须充分利用它在地理位置上的优势,保证廉价优质的原料来源。张謇分析了农业和轻工业的关系,得出这样的结论:"因念纱厂工商之事也,不兼事农,本末不备。辄毅然担任,期辟此地广植棉产,以厚纱厂自助之力。"[13-180] 开辟新的原料基地,发展棉花生产,乃是纺织工业发展对农业提出的要求。

2. 解决地权纠纷

张謇以平均每亩一钱八分九厘的低廉地价所领得的 123 279 亩土地,看似是无人过问的荒滩,实际上原有的产权关系却十分错综复杂。其中一部分是原属淮南盐场供蓄草煎盐用的"荡地",另一部分是原属苏松、狼山两镇的"兵田",这是需要与封建官府交涉的两处土地。此外,垦牧公司还要与民间的"坍户"(原业主田地坍入水中而仍旧纳粮者,即所谓"缴纳坍粮",名义上说是遇涨滩即予以补还,实际上往往是长期无地纳粮,或占地少而缴粮多)、"酬户"(分"善举公用""胥吏之食于沙务者""曾为坍户械斗出力者"三种,大多数是强分荡地草利的封建把头,人们慑于威势,而不得不"酬"以土地)、"批户"(系购买原业主土地并向其缴纳少量地租,但仍由原业主向政府纳粮的业户,实际上近似于"冒名顶替",这样的业户在垦区为数甚多)等群体发生各种性质的争执。情况正如张謇以后所说的那样:"官又有为民买含糊之地,营又有苏狼纠葛之地,民有违章占买灶业之地,灶有照案未分补给之地,甚至民业错介于兵田之内,海民报地于通界之中,几无一寸无主,亦无一丝不纷。"[13-181]应该说明一点,这里所提到的"民",主要是与世代煎盐服役的灶户相区别,他们没有封建劳役的身份束缚,其中有些人就是地主或其他类型的封建势力,并不都是劳苦农民。

在这些介于官民之间多种多样的纠纷当中,最主要的还是盐与垦之间的矛盾。淮南盐场一向采用蓄草煎盐的落后生产方法,成本极高,流弊亦多,给这一地区人民带来许多额外的痛苦。但是,盐税是清政府收入极其重要的项目之一,"本朝道光以前,两淮商纳五百余万两,庚子以后则两淮税厘增至千万"[13-86],也是各级盐政官吏贪污纳贿的渊薮。所以,他们一方面极力维持封建垄断性的岸商制度,划定极不合理的盐区,强迫当地人民只能食用这种价昂质劣的海盐;另一方面又始终严禁开垦沿海草荡,进一步从地权角度来维护这种腐朽透顶的守旧势力,为了维护自己的既得利益和固有领地,想方设法阻挠破坏。张謇的对策则是利用1901年秋间颁发的鼓励垦荒的空头谕旨,以此作为法理依据再次向两江总督刘坤一寻求支持,并且通过当地的大地主李审之与张云梯等出面疏通活动,"考诸图卷,征诸实事,迭经官厅勘丈,历八年之久"[13-181],才分别把这些土地的产权清理收买完毕。

3. 开创农业股份制经营体制

股份公司是资本主义经济发展到较高阶段的产物,进行资本主义大生产需要大量资金,在资本主义社会中原始资金的筹措可以到银行贷款,可是在19世纪末的中国却难以通过这种手段筹措资金。

张謇借鉴资本主义经营模式,大胆尝试,以招股集资方式在中国历史上成立了第一个股份制农业公司——通海垦牧公司。一面引进湖北蒋雅初、浙江南浔刘锦藻(字澄如)等投资入股;一面发动当地富豪绅士投股,筹集原始资本,实行股份有限公司经营体制,成立董事会、监事会等近代资本主义组织。

《通海垦牧公司集股章程启》(以下简称《章程》),由张謇、汤寿潜、李审之、郑孝胥、罗振玉等共同署名。最早的股东除这几个人以外,还有张詧、刘聚卿、刘厚生、蒋雅初、刘澄如、周湘舲、陆淑霞、刘一山等,都是官僚、地主和封建性的富商。此外苏松、狼山两镇兵营报案的滩地有2.39万余亩,兵营自身缺乏资金围筑,即以报案缴价银两作为52股加入公司股份。

通海垦牧公司按集股章程,"股本以规银二十二万为准。每股规银一百两,共二千二百股"。自 1901 年 10 月开始至 1904 年,实收股金 209 180 两,其中较大的股东有 26 人。垦区的经济体制在《章程》中体现为"第十三曰均利。垦牧之利,不能预限",其数量依据为:

(1) 批价:有堤无沟渠之荡地批价至轻者,每亩钱五千,有沟渠后每亩钱十千,或十一二三千不等。

(2) 佃价:每亩顶首钱二千。

(3) 租:每四亩包麦豆杂粮三石,计值至轻钱五千。每亩合租一千二百五十,小租一百。

(4) 执照:由公司刊刻分地执照,送请布政使衙门印发。每张由公司缴印税二两,随缴公费成半。其照存储公司,如十年后股东自愿收回管理,将股票缴还公司。

(5) 分利:垦利以成熟后起,牧利以第四年起,按每年收入,除去开支并酌提公积外;其余作十三股分派,其中十股为股东利息,三股为在事人花红[34-24~33]。

以上的量据和规定说明通海垦牧公司是集资筹建的一个经济实体,在土地占有和租利分成上公司都行使主导权。至少初期是这样。垦区的土地可以批价,批价者非佃钱更非租税。再就是通海垦牧公司执行"崇划制"的租佃制度,这种制度就是佃农拥有土地的"面权",可以永远租佃耕种,实质上是对土地享有一半的主权。这种制度租额较轻,佃农生活有所保障。同时,《章程》中还明文规定给予佃农以优惠条件,面价六折,水利设施等由公司负担。这种"崇划制"已明显具备了资本主义的性质。[63-431]

1905 年至 1911 年公司又招股收足 40 万两,已开垦 91 761 万亩。其中,牧场堤、第一堤、第二堤、第三堤、第四堤属南通县境,面积 49 822 亩;第五堤、第六堤、第七堤属海门直隶,面积 41 939 亩。[21-586~587]

1915 年,当公司的规模初定,各项主要工程基本告成,部分荒地已被垦熟时,很多股东就提出了分田的要求。在公司第三次股东会上,以 25 票对 20 票,通过了实行第一次分田的决议案,将已垦地 4 万亩完全分配,每股 10 亩。垦牧公司在部分垦地分给股东后,虽 4 万亩地已属于股东,但"除 670 股自管外,其余(3 330 股)均委托公司代管,由公司暂给分田凭证"。这就是说,垦牧公司原有的经营体制实际上尚未受到根本性影响[15-133]。

1928 年第二次分田 47 000 余亩,每股 12 亩。分田经营采取三种形式:(1)"自管",股东领田后自己设仓派员管理,一般大股东都采取这种形式。(2)"托管",一些分田不多的小股东,将佃出的土地委托公司代管,股东与公司签订委托协议,并分担公司常年经费。(3)"共管",由于各塝田土质成熟程度不一,优劣悬殊太大,为不使田较差的小股东吃亏,实行分地共管。堤身、道路、岸台、河渠等公产,均归公司统一管理、经营。各股东分田后,由公司发给正式凭证,土地钱粮由公司代交政府。围垦工程、租地事务、自垦耕种等,公司都统一经营。所有这些"在中国历史上第一次出现了具有资本主义性质的农垦公司,尽管这些公司仍采用某些封建经营方式,但它毕竟与旧式地主出租土地剥削有所区别,垦区的农民被剥削程度和人身依附关系有所减轻。同时为中国集约化农业作了一次尝试"[19-195]。

4. 公司加农户式的生产经营体制

通海垦牧公司的生产经营分为公司与农户两大基本层次。第一层次:公司经营、管理系统。公司作为经济实体,负责全公司全局性、方向性的重大决策与活动,执行家庭生产单位无法完成的经济功能、组织功能和生产功能。例如,为全公司所需资金集股、增股,规划公司总体建设目标、蓝图,进行公司一级的大规模农田基本建设和水利工程,修建道路、仓库、商业设施、文化教育设施等等。为完成上述任务,公司投入巨额资金,并编制年度财务报告,进行预算决算。公司还统一处理各下属生产单位替公司生产的实物产品,并根据盈亏状况,按比例提取利润分给股东。股东选举产生股东会,决定全局性问题,并由股东会任命总理或经理,具体负责公司日常活动。张謇在《通海垦牧公司集股章程启》中便明确指出:"各股东可以查察议论所办之事,不得干预办事之权。"这是在股东监督下的总理负责制,拥有公司生产管理大权。垦牧公司的领导机构是总公司,又称总办事处,总理张謇、副总理江知源,负具体职责;下设总账房、工料处、水利工程处等机构,总账房控制全公司的财务,水利工程处负责公司的重大水利工程建设。为了加强管理,垦牧公司先后在各堤建立办事处。面积大者有二至三个办事处,面积小者有一个办事处。办事处设主任(经理)一名,职员七八人,分工程、庶务、垦务等,有学生和长工若干。若干工程员主管海堤的维修。总办事处一度规定,各海堤、水利工程由各办事处自管,因此对海岸、水利的管护成为办事处的主要工作。栽培、田务等由垦务员负责,各堤垦务员手上有一个本子,上面写明"某某种哪几垛田"。他们经常在下面查看田禾情况。庶务员管理办事处内部的事务,如增添、修理农具,增添办公用品、修房子等。公司的管理严格,有计划、有制度,层层管束,工作任务、责任落实到人。如管理工程的人在大汛时,越是下大雨越是要上岸检查堤岸;管理垦务的人,平时要检查各佃户的耕种情况,要步行几里路,看哪一家未除草等。垦务员管公司的自垦田也很忙,下大雨时要去放涵洞闸门。公司各分堤的具体劳务由长工做,如盘田园、弄苗圃、修路、筑岸等等,每天都有任务。

公司还依靠档案帮助管理,存档资料有:公司总图、各堤分图、榷约(即每一佃农承佃时的保证书)、账册。其中分图包括岸图和分垛图,各分堤将图挂在办公室墙上,供职员查看。[15-119~120]

公司一级还努力推广应用小农经济所不具有的现代农业科学技术去改变土壤,推广良种,达到提高棉产之目的。改变盐渍土壤的主要办法是"蓄淡""挑生""盖青"等等。就蓄淡而言,公司安装了风车,戽引淡水灌入田内,并通过各级排水系统排泄入海,由此达到蓄淡冲盐的效果。棉花品种改良和植棉技术的推广是公司的重要职责。垦牧公司规定:"于每排之中,公推一人为垛长(每排至多三十八中选一)。公司凡有对于佃之农事改良及一切设施,先知照垛长,授以意旨,转告各佃依法遵行,庶令垛朝出而夕遍知。"[34-520] 公司还派专门管理人员,对农户的技术改进和田间管理加以督促:"本年如深开垛沟,整理田亩,一切设施,颇著成效,仍责成各堤管垦人亲加督课,辨别勤惰,年终汇告监督,等其赏罚以示明信。"[15-123]

第二层次:农户经营。张謇为了更好地调动农民的生产积极性,在公司与农户之间的权益关系设计中吸收了永佃制的合理部分。

永佃制是明清以来在江苏、安徽、浙江、江西、湖南、四川、广东、福建等省流行的一种租佃制度。其地权被分为"田底"和"田面"两层,地主拥有"田底"权,而佃农则永久占有"田面"权;地主不能随意撤佃,而佃农则可以转让、抵押或出卖"田面"权。在永佃制下,佃农对土地有较大的支配权,其生产活动也有较大的独立性,封建依附关系有比较明显的松弛。这一制度在海门、崇明一带又被称之为"崇划制"。通海垦牧公司对"崇划制"进行了改良:公司拥有"田底"权,负责水利工程和农田基本建设,所需人工则优先雇用佃户,并由公司向国家纳田赋;公司将绝大部分田按每户每垛20亩出租给佃户,佃户在领地垦种时须先交"顶首"(得到田面权的一种押金,每亩6元),此后佃户长期享有田面权,可有自由处置所佃田地的典押、转租、传与后代等权益,也可以获得因土地改良的地价升值。收获时由公司派人估产(议租),收获物(主要是棉花)按四六分成,佃农得六。佃户所纳租花须择优交与公司[64-21]。

垦牧公司的农户经营制度有其特有原因和优势。自然条件使生荒地的开垦只能以人工方式而无法用机械操作。垦区处于黄海滩涂,土壤为砂质,毛细作用强,含盐量高,经过2~3年的盖草、淋洗等改良措施,仍只有2~3分厚的耕作层,只有少耕或免耕才能防止返盐。此外,不整片翻耕土地,而是充分利用地面植被,覆盖棉田,才有利于防碱保苗。当时通用的耕作法,是让棉农在盐碱地上植棉,采取毛种刨种,先撒种于长有稀短杂草的地面,然后用铁鎝(海门地区常用农具)刨土数寸深,将碎土撒于所刨过的地面,加以覆盖。这是在土质较差的土壤中的耕作法,是一种浅耕法。在植被较好的土壤中耕作,则用锄头开一条三寸宽的播种沟,留下播种沟两旁的鲜草,然后播种棉花,争取立苗,这就是一种免耕法。据报道,华成盐垦公司曾用牛耕地,"一耕就是六英寸[①]深,本来卤质已经降下,反而把它翻了上来,以至颗粒无收"[33-407]。这就表明,垦区的自然条件只允许用人力耕作,而不宜采用大规模机械化方式。因此,张謇曾经设想在垦牧公司"采用美国大农法,七堤之内,用大犁次第普为翻垦,俾通空气,透日光,浸渍雪霜雨露,易于成熟","派人前往美国察大农开垦之法,采购机器模型,归为仿造",始终未能变为事实[15-125～126]。

生产组织必须适应生产力和生产对象特征。既然垦牧公司不可能采用欧美大农场的方式生产,而必须依靠人力,就产生出以公司直接雇工生产还是依靠农户以家庭为单位生产的问题。之所以采取后一种办法,是因为它有明显优点。其一,有利于调动生产者的劳动积极性,使劳动者付出的艰苦劳动与切身利益更为一致。只要劳动者有与其体力相适应的种植面积,又有其可接受的劳动成果分配比例,这种农业生产方式就运转得相当有效。应该说,在当时不可能使用机器生产的实际条件下,垦牧公司将兴建了基本农田水利设施的土地租给无地的农民生产并按比例收取产物,是一个自然而合理的选择。

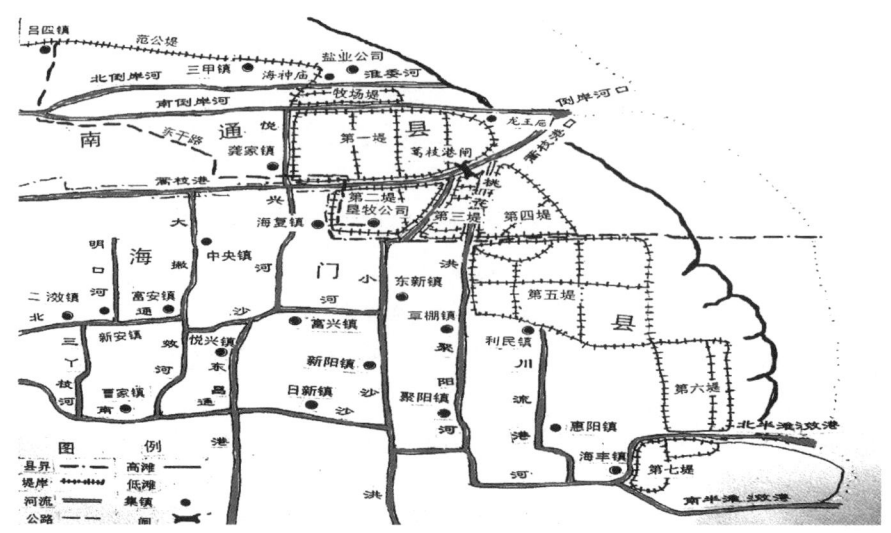

通海垦牧公司地形图

---

① 注:1英寸≈2.54厘米。

其二,有利于弥补公司开垦资金的不足。垦牧公司虽然通过集股融集了大量资金,但因收并垣产荡地、兴修水利等等,原始股金远远不足。资金严重不足,自然无法兴垦,但招佃种植可以缓解部分矛盾。公司规定佃户在领地垦种时,须先交"顶首",每千步(4亩)24元,分二期交清,在佃户退佃时由公司退还。由于顶首在退还时不计利息,公司等于得到一大笔长期性无息贷款,这对资金极度紧张的公司来说无异于注入了一支强心针。

其三,有利于公司降低成本,保证最低收入。除佃垦外,公司保留小部分自垦地,雇用农工直接经营。自垦地自然条件较好,田间管理较细,收成也较高,但需要投入较佃垦大得多的资金,不但需要由公司支付农工工资,解决农工全部的吃住问题,还要支付劳动管理费用,亦无顶首等收入来源。此外,在自然灾害十分频繁、抗灾能力薄弱的条件下,农作物收成是很不稳定的。进行"西式大农场"化经营,预先要投入大量资金,如果某年失收,则一年的工资、种子、机械、肥料等均为净损失,风险无疑极大。而如果进行佃垦,则不但可节省巨量投资,而且如遇灾害,公司虽然要少拿租花甚至得不到租花,但损失则由佃户承担。正因如此,公司的自营地只占全部耕地面积的 9.93%[15-126~128]。

通海垦牧公司的表门

5. 张謇视察通海垦牧公司

蒿枝港原为南通、海门两县界河,1874 年由李芸晖经办,利用自然河道疏浚而成,位于通海垦牧公司一堤与二、三、四堤之间,1901 年 11—12 月,张謇作诗《蒿枝港》[65-121]:

我皇御极初,海东连苦潦。方里五六百,沙田万家绕。

沟浍不相贯，阻绝尾闾道。夏秋三日雨，浊浪起豆秒。
三年两不登，饥馑忧父老。权舆戊寅岁，循滩测漭渺。
委宛趁注流，譬若卜巫珓。万甽从之施，豁然写霱漻。
遂与沧海通，俨若众流表。万事自人力，何者关有昊。
有司但征赋，余沥恣醉饱。我来营垦牧，百咮迭震挠。
膏煎正自取，于人亦何恼。青青蒿丛根，潮汐记昏晓。
坐览海东云，万里冥白鸟。

1901年12月1日，通海垦牧公司第一期筑堤工程开工后，张謇经常到工地视察。1901年12月23日，作诗《东堤》[65-121]：

西北天都旷，东南地更悠。映空蒿若树，辣远屋如舟。
导畚凭黄壤，看潮但白头。明年年五十，晚矣事农谋。

这两首诗反映了当时垦牧公司筑堤时的情景。

通海垦牧公司第一届董事会代表合影

1902年2月26日至3月6日，张謇到通海垦牧公司视察，看到开垦后一年，通过引水治咸、种草改土等治理措施，垦区已现芦花，作诗《初春海荡见芦花》[65-121]：

海东无柳应无絮，蓦见芦花作絮飞。
寒尽点空疑剩雪，风低弄影试晴晖。
陈根腐叶潜相惜，秋燕春鸿势已违。
藉汝略酬花事愿，黏泥拂水亦芳菲。

通海垦牧公司棉农进行棉花分类

二、改革传统盐业

盐是人们日常生活中的必需品,有着广泛而重要的用途。到了近代,盐还成为现代化学工业的重要原料。盐税是历代朝廷财政收入中仅次于田赋的第二大税源,属于最古老的税种之一,为历代理财家所注重。民国期间,盐税收入仅次于农业税与关税,占全国赋税收入的四分之一,附加税名目繁多,达百种以上。因此,盐的生产、运输、销售以及价格都受到政府的严格控制。但长期以来,政府对盐业的管理存在严重弊端,使中国盐业难以发展,更难实现现代化。

1. 创办新型盐业公司

张謇在研习举子业的过程中,便认真研读了大量古代盐政书籍,如《盐铁论》《两淮盐法志》等。1894年,张謇参加殿试,在"盐铁"对策中,针对盐政时弊指出,清代盐商借官行私的弊端十分严重,那些领取政府引票以贩卖食盐者往往既是盐商,又是夹带私盐、囤积居奇、扰乱盐业市场的私枭,即所谓"夫受引盐者商,而夹私居奇者即商也"[21-241],提出要整顿这种弊端。

1901年,张謇撰写了著名的《变法平议》,上书清政府要求全面变法。在改革盐法部分,他第一次公开阐明了自己"设厂煎盐而后就场征税,若网在纲,可坐而理矣"[13-44]的主张。这一主张遭到盐官和盐商竭力阻挠和反对,特别是控制淮南盐场的清廷两淮盐运使极力阻挠在自己的管辖范围实行改"盐"为"农"的措施。

张謇深知改革的难度,决定自己亲自抓典型,进行改革试点,从点上取得经验,再向面上推广。1903年,张謇与发起人汤寿潜、罗振玉、徐显民、刘锦藻等集股本规银10万两,购吕四场李通源盐垣,创立新型的同仁泰盐业公司。这是中国大地上第一个采用资本主义管理方式组建的股份制盐业企业,张謇亲自出任总理。公司成立后,张謇用自己的"盐法论",对企业进行整顿与改良。主要进行了四个方面的工作:(1)废丁籍,改称呼,提高了灶民煎丁的待遇。(2)采用资本主义的股份制管理企业,整顿规章制度。(3)改良生产技术。把耗草多、成盐慢、成本高、产量低、品质差的晒灰淋卤、蓄草煎盐的旧方法,改为"板晒代煎"和"以煤代草"的新工艺。(4)改良制盐工艺,生产精制盐。盐产量从2万桶发展到5万桶。1906年,同仁泰盐业公司试制的精制盐在意大利举行的国际展赛会上,由于色味俱佳,受到各国专家一致好评,获得最优等奖牌。1910年,精制盐参加南洋劝业比赛,再次获得优等奖牌。1914年,同仁泰盐业公司生产的板晒盐,在美国旧金山为纪念巴拿马运河通航而举办的博览会上,荣获特等奖[66-214~215]。总之"淮南煎盐,尤以吕四所产,无论聚煎、板晒,品质最上,推为淮南之冠"。

张謇在力主改革盐法的过程中,目睹淮南盐业衰落,与海州知州汪鲁门联系,积极倡议创办济南场(接济淮南盐产销的滩晒盐场)。张謇、徐静仁、汪鲁门等人发起组织,先后集资创建了大阜、大德、公济、大有晋、庆日新、裕通、大源7个股份有限公司,在陈家湾地区共建济南场。济南场于1907年始建,1914年建成,共有池滩1 160份,占地8 999 600平方丈(约15万亩),年产原盐2 708 000担(约13.54万吨)。后来济南场所产之盐,逐步达到并超过原淮南各场盐产的总和,接济了淮南盐的销售[66-125~126],成了名副其实的"济南场"。济南场创办成功,不仅树立了近代化盐业的典型,同时也为淮南产盐区废灶兴垦铺平了道路,使沉睡千年的苏北沿海荒地资源得到了合理的开发利用。

2. 张謇的盐业改革思想

1904年,张謇结合自己经营同仁泰盐业公司的感受,撰写了《变通通九场盐法议略》[13-78~81],比较具体地提出了将设厂制盐、就场征税作为变通旧盐制的办法。同年,又撰写了《卫国恤民化枭弭盗均宜变盐法议》[13-85~92]一文,提出只有恢复唐代刘晏就场抽税之法,再结合清代末期盐政的现状加以变通改革,才能实现盐法由乱而治的设想。1910年,张謇归纳了自己多年来对盐政的认识,在提交的《预备资政院建议通改各省盐法草案》中,比较系统地提出了改革盐政的设想,具体有以下七个方面:

(1)设厂聚制,就场征税:贩者就场而买。计其成本,加税与息及所用度,纳税之后,官给运单,听其所之,经过关津,不复课税,贩者不论何人,贩数不论多少,皆视同等。

(2)合场之力以设厂,分场运之界以任税:设厂聚制需巨额资本,运商时势迁变,盈亏不同,场商运商通力合作,集合资本,建设公司。场商既往纳税之事,运商组织运盐公司,经注册给照后从事食盐运销。

(3) 去官价、革丁籍、破引地:官价不除则场私不能绝。盐丁丁籍世代相袭,一向以最薄之值任人以最苦之役,必须重视和改善盐丁的待遇与生活。实行引岸专商制,食盐流通不畅,官盐积滞,私盐充斥盛行,国家财政亏矣,只有破除引岸界限,实行自由贸易,才能根本解决官滞私畅的问题。

(4) 减课之额,以增收之数:旧盐法的一大弊端是征税过重,官定价格缺乏科学性,张謇主张根据制盐成本的高低,以税章伸缩来调节市场价格使其,趋于平均,官盐价低则私盐无利可图,人人食有税之盐而课入自增。

(5) 度支部平均盐课之高下,统计收入之盈虚:夫课必视乎其本,又必视其消耗之多寡。煮盐、晒盐其本悬殊,若执值若干征若干之例,浑同施之,则本轻之盐,销必大畅,本重之盐,销必大滞,宣用畸轻、畸重之衡,以达平均盐课之效。宜综各省收入通盘合计,以目前赢缩之乘除,为将来盈虚之消息。此统计收入之计也。

(6) 改散驻缉私为盐场警察:设厂聚制,私盐无出,可把原来分散的缉私改变为盐场警察,集中防私。

(7) 裁监督无实之司道,留稽征切近之盐官:既已设厂聚制,而就场征税,抉去引地,听商贩运,则各场只留一大使即可,专管稽盐征税,隶于场所属各州县,受其督察,而税则由大使解各州县,汇解藩司,则各省从前所设分司、运司、盐道、盐局一应盐务官吏数千人皆因无事可做而可悉与扫除[13-171~178]。

以上七条,核心是摈弃专商,破除引岸,实行就场征税和自由贸易。

辛亥革命之后,孙中山在南京组建临时政府。江苏省独立后,在南京新成立了两淮盐政总局,张謇就任总理着手整顿全国盐法。1912年2月,袁世凯接任总统后,以"善后"为名,大借外债。由于借债以盐税为担保,而混乱的盐务管理难邀列强之信。袁世凯把全国盐政改革的任务交给了时任全国农商总长的张謇,并委其为两淮盐政总理。张謇与力主改革的浙江省盐务代表景本白于上海就全国盐务改革的基本理论进行长时间交流,撰写了《改革全国盐法意见书》,从经济发展的角度深刻批判了专制主义政治下的食盐引岸专商制度,认为旧盐法的丁籍、引岸、缉私、定价制度为四大灭绝人道之处,建设新盐法只有设厂聚煎,就场征税,又从制盐、运盐、销盐、盐税等方面阐述了自己的认识和主张[13-201~205]。

张謇后又撰写《改革全国盐政计画书》(以下简称《计画书》)交袁世凯。《计画书》总计十章,分析了中国盐政之现状,阐述了盐政改革之目的,提出了民制、官收、商运等分步实施的具体措施[13-212~231]。

在改革生产方法方面,张謇在经营同仁泰盐业公司初期,便亲自东渡日本,考察日本的制盐方法；又仿效国内其他地区相同盐种的制盐方法，如浙东的刮土淋卤法、海州及山东的晒盐法、松江的板晒法等等，以期改良淮南盐的生产方法，逐步用成本低的晒盐取代成本高的煎盐。在改良生产技术方面，张謇综合比较了国内外多种制盐生产技术，推广先进的生产工艺，提出并实施了提高卤水浓度、改进煎煮盐灶形、改变制盐锅釜、改造蓄卤池、改革用煤及煤草代用等等技术，在生产形式上推行"改散为聚"，对增加食盐产量和提高食盐质量都起到了积极作用。[32-83~86]

3. 大力倡导和推动全国的盐政改革

1911年1月，张謇联合全国十六省，共同商议筹划改变盐法，设厂聚制，就场征税，把少数盐商垄断专利的盐业变成公共实业来规划发展。

为了进一步宣传自己的盐业改革思想和改革盐政的主张，张謇于1910年12月将过去阐述盐业经济思想和盐政改革主张的论文，与同仁泰盐业公司自1903—1909年历届说略、账略结集为《张季子说盐》出版，由上海时中书局和中国图书公司向全国发行，并且翻译成英文向国外读者介绍。一时之间，《张季子说盐》一书风行海内外，张謇的盐业经济思想和盐政改革主张被广为谈论，在社会上产生了很大影响。当时人们评价"此为当时无与伦比之名著，风靡海内外，或曰五百年难得之佳作"。这一举动对推进盐政的改革，在社会舆论方面产生深远的影响。

张謇的盐政改革计划遭到了以财政总长周学熙（淮商领袖）为代表的保守势力的反对。张謇与景本白认为盐务改革屡遭失败的原因，在于盐务的秘密世人难以知晓；要推进盐务的改革，必须要公开研究、广泛宣传盐务的利害，在人们的思想观念上解决盐务改革的问题。因此必须组织团体进行研究，发行刊物广泛宣传。他们约定建立"盐政研讨会"，发行《盐政杂志》。张謇任研讨会会长，负责经费；景本白负责编辑发行刊物。《盐政杂志》于1912年11月正式出刊。盐务改革的反对者也针锋相对地成立了"盐政研究会"，发行《谈盐丛刊》与之抗衡。这样，在全国出现了广泛的盐政改革讨论的思潮，全国各地相继成立了"盐政研讨会"分会、支会，会员达到几千人，向《盐政杂志》投稿畅谈改革的文章也纷至沓来。"盐政研讨会"的成立和《盐政杂志》的发行在中国社会各阶层引起了广泛的影响。[15-237~240]

1915年3月，袁世凯图谋恢复帝制，张謇眼看改革无望，决心请假南归。临行前，张謇赠给盐政改革挚友——景本白"盐迷"的条幅，勉励他为改革盐法，继续努力，并在条幅的跋中写道："十年以前，海内可与说盐者，独一景殹伯，每与析古今中外异同聚合之故，未尝不相视而笑也。盐法既变，而变之者又为歧中之歧，可杜

口矣,而弢伯谈之不已,不可谓非迷也。会属书,遂为贻此诸语,謇。"[67-1]

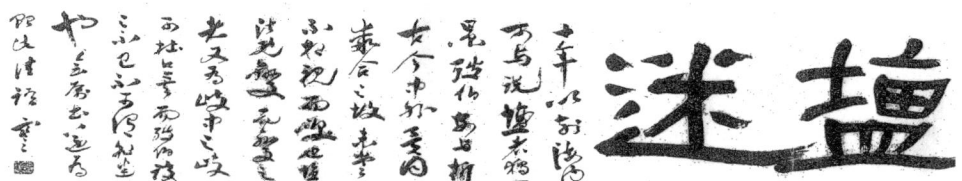

1923年8月—1924年3月,张謇的儿子张孝若率领中华民国扬子江讨论会秘书朱中道等到欧美、日本考察各国实业。朱中道编著《各国盐法议》,张謇在为其书所作序《各国盐法叙》中说道:"我国盐法之坏,盐政之弊,今日而大极矣。"张謇在序中深表痛心和感慨,"使生读我《说盐》,益知我国盐之为法之从来,亦使友邦知我国盐法之坏,而谋革之者固不始今日也已"。但他坚持认为时代的发展是不能阻挡的,盐政改革的蓝图终将会实现。"世变固不可已,不可已则千百年而下不能易《说盐》说也。"[21-593~594]在生命的最后一年(1926),张謇以七十三岁高龄之身,仍然为盐政改革忧心忡忡,在为通、如、海食岸商自办缉私一事致闽、浙、苏、皖、赣五省联军总司令孙传芳的信函中说:"若大本惟有改行就场征税,编场警察,于增加国税,宽舒民食,销弭兵匪,三善可相因而致。惟国家政治未纳正轨,真知此事关系绝大,能有决心毅力者,不易其人,大效未可猝睹。然下走历考唐宋以来之历史,与二十年之阅历,自信将来必有行之一日。圣人复起,不易吾言也。"[56-1412]他坚信盐业改革思想和改革盐政的实践经验一定会被采纳和推行。

1931年5月30日,在南京召开的国民会议公布了新《盐法》,毫无疑问,多年来改革运动不断积累的影响是其诞生的背景。它在第一条里这样写道:"盐就场征税,任人民自由买卖,无论何人不得垄断。"它完全正确地继承了张謇改革论的主要精神。遗憾的是,这个新《盐法》并没有在当时的政府领导下获得实施。

三、组织移民

创办盐垦公司的第一位是资本,第二位是土地,第三位可算是劳力了。公司范围内原有盐民很少,不懂农业生产,为此需要大批移民来承种。张謇学习西方资本主义大农业生产方式,在公司用股份制进行土地开垦与管理。公司控制土地的经营权,佣人有劳动权和生活权,利用这种方法可以招来以精于种田著称的海门人(含少量崇明县外沙、讲海门话的南通县人)。因当时海门发生长江边坍江的情况,大量土地坍失,造成人多地少的局面,于是张采取优惠政策吸引了二三十万人到垦区开发。

1. 通海垦牧公司的移民

1895 年夏,张謇奉命经办通海团练,第一次看到濒海无垠的"高天大海间一片荒滩",便产生了开发滩涂的设想。1900—1901 年,张謇四次到吕四场视察,并借用江南陆师学堂第一届毕业生进行测绘,发起组织通海垦牧公司。公司地址位于通州、海门两县交界处,与大生纱厂相距不远。这一独特的地理优势决定了不仅公司日后生产的棉花供应大生纱厂极为便捷,而且两县移民只需一天左右的路程便可到达定居地。由于定居地近在家门口,移民后顾之忧减少。同时,移民从出发地前往定居地,都在张謇的"势力范围"进行,组织工作遭遇的阻力相对较小。

首先是移民对象的确定。按常理,通州、海门境内凡有流动倾向的贫苦农民都应是动员对象,但是,清末通州、海门贫苦农民是由土籍和客籍两部分组成的。是不加区别均作为迁移对象,还是将精力集中于动员其中一部分,张謇给出了超越常规的答案,即不反对土籍参加,但主要争取客籍的贫苦农民。

土籍是指最早到通州、海门的移民。客籍,是指明末清初,长江泥沙于下游淤积而成的沙洲与江北连接成陆后,从句容、太仓等地经崇明陆续迁移来此地生活的江南农民。由于他们生活在新生成的沙洲上,所操语言与崇明语言接近,故被本地人称作"崇明人"或"沙地人"。土客两籍居住范围大致以当时的通州、海门两县为界,但实际上两县都有分布,只是通州以土籍为主,海门以客籍为主。

张謇的上述决定并非因张氏祖先属于客籍,对土籍抱有偏见,而出于对土客两部分农民的历史传统、生活习性等方面的不同理解。张謇曾评价过通海两县的土客籍农民:"通境之民性弱知保守,而乏振作之精神。海境之民性强知进取,而乏急公之思想。"[34-485]一是客籍农民由江南迁移至海门、南通的历史不算太久,他们身上仍保持着祖先迁移的习性,一旦遇到较现居地相对适宜的环境,他们愿意进行新的迁移,而土籍农民则安于现状。二是客籍农民长期生活在江海之滨,即新形成的沙洲上,具有在恶劣自然条件下与江海争地的勇气和经验;与土籍农民相比,长于耕作,尤精于棉花生产,与张謇对移民的要求完全符合。三是虽然土客两籍农民均困于人多地少、地租剥削或苛捐杂税,但客籍农民一般处境更为悲惨。张謇经调查发现,"上海拉洋车及推小车的人,百分之九十是海门或崇明人,我曾调查他们生活,都很困苦,他们所以到上海谋生的原因,即是无田可种,迫而出此也"。这类人均属客籍农民,他们的流动倾向更为明显。

事实上,两县土客两籍农民对张謇发出的移民号召虽都心存疑虑,但总体反应是土籍较为消极,客籍则较为积极。故张謇将客籍农民作为移民主要对象的判断不符合常规,却符合通州、海门两县的实际情况,实在是慧眼独具。

其次是移民资金的筹集以及地权纠纷的解决。解决地权纠纷为的是让移民有田承佃。移民在承佃的盐碱地上从事垦殖,必须先由公司进行大规模的垦务工程和农田基本建设,为其创造基本的生产条件。大规模的垦务工程和农田基本建设需要资金,收购海滩盐碱地,解决地权纠纷同样需要资金。资金来自何处？张謇创办的大生纱厂刚刚起步,无法独自承担30万两白银的负担。张謇的思路是:通过"仿泰西公司集资堤之"农业垦殖机构,即通海垦牧公司,吁请社会各界施与援手。虽有浙江湖州巨商刘澄如一人投资五万两白银一例,但普遍情况却是因投资苏北沿海垦殖前无先例,且投资周期长、风险大,故吁者疾疾,应者寥寥。张謇每次辗转相求,往往只能争取到区区一二百两白银,有时唇焦舌烂后仍无功而返。至于解决地权纠纷,张謇算是争取到两江总督刘坤一奏请清政府同意撤销淮南盐场禁垦令,并划定盐垦界址的"尚方宝剑",据此按作价收买或入股等不同办法,对吕四海滩的"坍户""批户""酬户"占有的盐碱地展开大规模的收购。盐业主中有少数顽固对抗、不肯卖地的,张謇则置儒家的"取之有道"于不顾,采用先购其外围,形成合拢之势,使其盐田"无法向海放水,成了非卖不可之田",再以较高价格诱以出售的办法。上述集资和解决地权纠纷的过程分别费时10年和8年,充满了艰辛。

最后是一系列优惠政策的制订。张謇并非清政府大员,不可能强制移民前往,对两县客籍农民的号召力,充其量体现在"状元"头衔和创办大生纱厂的社会知名度等非权力因素方面。但是,张謇凭借一系列移民优惠政策,让通州、海门两县客籍农民感受到实在的利益。一是契约制。垦殖公司与移民建立契约关系,租佃双方在事先明确各自义务和权利的前提下签字画押,一经签约,垦殖公司"不可用专制手段使佃离而他人有长短也",移民组织工作得以建立在比较自愿的基础上。二是实行海门、崇明沙洲上流行的"崇划制",规定垦殖公司拥有对土地的"田底权",移民在向公司上交一定的"顶首"后,可拥有对承佃土地的"田面权",可自由处置所佃田地的典押、转租、传于后代等权益,也可以获得因土地改良的地价升值,公司不得干预。三是推行议租分成制。垦殖公司充分考虑在盐碱地上从事农业生产(主要是棉花生产)的风险,只规定地租比例(一般定为四、六开,即地租四成,六成归佃,低于地主的地租比例),实际地租量按当年农业收成,由公司和移民议定。租佃双方事实上形成收益同享、风险同担的关系。

上述三方面措施和政策的结合,在通州、海门两县境内初步营造了吸引客籍农民的氛围。尽管张謇筹集资金和解决地权纠纷费时十来年,但紧随张謇第一笔资金筹集和第一块海滩收购的完成,两县客籍农民中最富冒险精神的第一批移民便启程前往。1909年张謇在《通海垦牧公司第七届说略》中说:"招徕之佃,自光绪二十九年冬开写日起至今,其先后应佃而来者,第一堤西圩有三百四十六户,中圩有四百八十八户,二堤正圩有二百四十六户,五堤西圩有一百六十户,牧场堤有六十二户,凡共一千三百有二户。以丁口计,每家平均五人,约六千五百人而有余。"[34-485]

考察此段移民概况,可以发现:一是两县农民进入通海垦牧公司"开始时,定居的仅十之一二,大部分仍回原地居住。仅播种、收割时来,称'走脚田'。凡种走脚田的佃农,一般老家离公司十里、八里或三里、五里,路不十分远,或是老家还未全部卖光,仍有可栖息之处的"。根据移民必须是迁入新居地后常年定居的标准分析,最早进入通海垦牧公司的一批海门、南通客籍农民称为准移民较为适宜,但这是近距离移民初期必然出现的现象。客籍农民在作出于通海垦牧公司定居的决定前,需要有一个将定居地与现居地进行反复比较,以确定去留的过程,最后选择定居的只可能是其中的一部分,故清末十来年进入通海垦牧公司从事过垦殖的实际人数肯定大大超过"6 500余人"这一数量。二是迁往通海垦牧公司的移民并非都能得到承种棉花的资格,因为公司规定,移民必须上交一定的"顶首"后才拥有土地的使用权。移民虽都是客籍中的贫苦农民,但贫苦程度差别较大。部分变卖田产或经借贷能交足"顶首"的农民,一开始便能直接向公司承佃,经营属于自己名下的那块土地,生活获得转机的前景稍微光明些。另有部分"生活艰苦,或承佃无钱""最多30岁,精力充沛"的农民进入公司后,只能先参加公司统一组织的垦务工程和农田基本建设,被称之为"工夫"或"长工"。他们每天往海滩干最艰苦的体力活,顶风冒雨,披星戴月,只图积些钱,几年后能向公司"承佃一二塥田,求发展"。如果到时无法凑足"顶首",他们只能返回原居地另谋出路。三是不管哪种类型的移民,进入垦区后的生活劳动都极其艰苦,"搭盖草房,率数人一屋,湫溢嚣杂,寒暑皆苦。饮食之水,晨夕之蔬,必取给予五六里或十余里外。建设工作,运入一物,陆行无路也必自为路,舟行无河也必自为河"。移民挑泥筑岸时,"用酒瓶装(冷)水,口渴了喝,饭就用这水泡了吃,晚上回住所才吃热的东西"。在与海潮、季风和疾病的搏斗中,移民中不少人被夺走了宝贵的生命[68-134~138]。

2. 移民数量

如前所述,1915年起在苏北沿海地区掀起了废灶兴垦的热潮。据江苏省东辛农场(位于灌云县境内)刘长发口述,海门人有三批到东辛开垦种棉,种了五年,因无水利工程,全靠天收。大多海门人回老家了,其中有刁某某留了下来,他的儿子后来当了干部。再向北未见有海门移民。到1925年,在现灌云县以南已建立农垦公司17家,已开垦面积1 316 593亩,佃户人数304 980人,各公司除在择址上不能雷同之外,在筹集资金、解决地权纠纷和招募移民等方面都采用通海垦牧公司的成功范例。由于众多公司几乎同时需要相当数量的移民,他们在海门、南通两县遍设招佃机构,广贴告示,还竞相使出新招,以争取更多的移民。"海门人开始不肯来(大赉盐垦公司),公司贴给每家佃农50银圆,还请了戏班子做戏给佃农看。"张謇在海门设了招待所(海门县城和常乐镇均有),凡愿去大丰开垦的农民一进招待所就有饭吃,还免费坐船到大丰,种田也不要"顶首"。华成公司则允诺移民到达目的地区,"给建房费,给工具费,还要出路费"。单中五区就有这样的老百姓一千多人——房子是草房,初种田,不要"顶首",要等十年、八年,田较好了才收"顶首"。

据姚谦的"移民来源"调查,总人数191人,其中海门人84人,约占44.0%;当地人55人,占约28.8%;南通、江苏、江西、浙江22人,约占11.5%,未说明老家在何处的其他30人,约占15.7%,也可以看出海门人居多数(见表2-2)。[38-20~285]

据《江苏省志·人口志》对全省人口变化进行分析统计,在1913、1918、1929、1935年苏北沿海六个县垦区的人口变化中,南通、如皋、盐城三县的人口变化比较稳定(见表2-3)[69-92~97]。从表格中可以计算出,1935年与1913年相比,沿海垦区平均人口增长率为6.30‰,增长最快的如皋县为10‰,南通县为6.91‰。假设垦区人口增长率以8‰计,由此计算出新垦区1920年为33.59万人,1925年的人口为34.93万人。

关于移民数量,因移民流动性极大,各家垦殖公司对移民数量的统计未给后人留下全面详尽的数据,故各家说法不一。惟《淮南盐垦公司管理处总概况表》所列1937年的17个公司资料比较完整(见表2-4)[66-37~38]。由此计算出17个公司的人口密度为0.232人/亩。

到1925年,在灌云县以南还有33家中小公司进行了开垦,已垦面积367 319亩。考虑到这些公司开垦情况相对差一些,以上述17家公司人口密度90%(每亩为0.209人)计算,这些垦区的移民为7.68万人。这样垦区总人口为38.18万人。

《江苏省志·海涂开发志》中说,到1930年,"仅盐城境内盐垦区已迁入人口20余万,其中海门人尤多占其六,启东、崇明、南通人次之,合占其三,而本地人仅占其一"[70-257]。陆仰渊、方庆秋主编的《民国社会经济史》中说,"海门、崇明(今启东)两县大量农民移居到新围垦地从事棉花种植,估计仅民国初的20年内,崇(明)海(门)启(东)三县就有二三十万农民移向垦区"[19-194]。今大丰、射阳人口中,海门人后裔仍占两县(市)总人口的 40% 以上。

胡焕庸在 1934 年的调查显示,"承租佃户什九多通海人,其中海门人尤多,约占百分之六十,南通、崇明、启东人次之,合占百分之三十。其他本地人承租者仅百分之十而已"[71-258]。由此,如以 90% 计,为 30.23 万人。考虑到还有 15 家未明确开垦时间的小公司,已垦面积 97 000 亩,也有移民。因此笔者倾向于移民 30 万左右。

表 2-2　张謇农垦事业调查的移民来源　　　　　单位:人

序号	垦区名称	总人数	海门	南通	江苏	江西	浙江	当地	其他
	合计	191	84	15	3	2	2	55	30
1	通海垦牧	19	12	4		1	1		1
2	大有晋	25	21	1	1	1	1		
3	大豫	9	4	2				1	2
4	华丰	3	2						1
5	益昌	1	1						
6	大赉	16	9	1				5	1
7	泰源	6	2	1				1	2
8	通济	4						3	1
9	遂济	4						4	
10	通遂	6	3					3	
11	商记	5	3	1					1
12	裕华	5	3						2
13	大丰	10	6						4
14	泰和	4						2	2
15	大祐	8	3					1	4
16	通兴	2						2	
17	大纲	9	3					6	
18	马家公司	4			1				3
19	合德	9	5	1				3	
20	阜余	4	2					2	
21	华成	11	4	1	1			2	3

(续表)

序号	垦区名称	总人数	海门	南通	江苏	江西	浙江	当地	其他
22	阜通	8						6	2
23	新南、新通、新农	10	1	1				7	1
24	连云港	9		2				7	

表 2-3 苏北沿海垦区所在县人口情况表　　　　　　　　　　单位：人

县名	1913 年	1918 年	1929 年	1935 年
合计	6 627 883	6 464 334	6 727 304	7 118 413
海门县	634 134	639 672	631 041	657 091
南通县	1 284 607	1 297 448	1 430 782	1 479 739
如皋县	1 263 006	1 349 903	1 386 973	1 541 192
东台县	1 269 476	1 288 546	1 174 400	1 186 140
盐城县	1 089 331	1 058 244	1 112 448	1 162 927
阜宁县	1 087 329	830 521	991 660	1 091 324

表 2-4　1937 年 17 个公司概况表

公司名称	总面积（亩）	已垦面积（亩）	佃农户数（人）	佃户人数（人）	棉花产量（籽棉）（担）	豆麦产量（担）	食盐产量（担）
通海垦牧	123 277	91 761	5 700	13 000	60 000	20 000	
大有晋	336 482	176 831	2 300	22 000	100 000	10 000	20 000
大豫	480 000	127 000	4 500	27 561	160 000	22 000	
华丰	28 279	28 279	850	4 500	9 000	2 000	200 000
大赉	207 900	55 000	3 500	28 200	30 000	7 000	6 000
泰源	158 000	18 000	700	4 500	6 000		100 000
通济	88 100	37 950	300	1 592			25 000
通遂	111 000	14 600	1 200	7 800	1 500	200	30 000
遂济	38 000	1 200	200	2 800			6 400
裕华	227 000	95 000	2 616	13 527	24 000	5 000	
大丰	560 000	279 000	15 696	94 174	195 000	13 000	
泰和	200 000	60 000	1 594	9 560	15 000	2 000	

(续表)

公司名称	总面积（亩）	已垦面积（亩）	佃农户数（人）	佃户人数（人）	棉花产量（籽棉）（担）	豆麦产量（担）	食盐产量（担）
大祐	90 255	24 650	1 048	4 766	10 000		6 000
大纲	160 000	30 500	1 300	8 000	10 000	500	
合德	35 000	35 000	2 500	30 000	9 400	1 000	
阜余	37 720	37 720	600	3 000	10 000	5 000	
华成	750 000	20 400	5 000	30 000	40 000	6 000	
合计	3 631 013	1 132 891	49 604	304980	679 900	93 700	393 400

备注：表中总面积和已垦面积按黄志良调查成果进行了调整。

3. 移民路线

① 水路

1903年，大生纱厂为运输需要，租用小轮一艘，拖带木船，行驶于唐家闸至吕四之间，货运之外，兼搭乘客。然后张謇与如皋绅士沙元炳等创办通州大达小轮公司，后改称大达内河轮船公司。小轮吨位为3吨至5.5吨，时速20~30华里。公司首先利用运盐河（扬州经海安到吕四），开通通州经西亭、金沙、四甲、余东、包场到吕四的航线；光绪三十年（1904），又利用运盐河（1909年改称通扬运河），开通通州经如皋、海安到扬州的航线；接着又利用串场河（在范公堤旁）开通海安经东台、西团到大中集（现大丰区）的航线。大赉、大丰等公司到海门招收的佃农就乘坐该航线的轮船到达就近的码头，再经陆路到达垦区。

② 陆路

清乾隆年间（1736—1795），通州有向北经如皋、东台、盐城、阜宁的大路，向东有到吕四的小路。张謇创办通海垦牧公司后，建有通州至吕四的大道。随着通海垦牧公司的发展，往来车马日多，将原有道路加宽至9米，途经观永、竟化、三余、余东、吕四至垦牧公司。1920年，张謇向南通县政府提交了一份县路修筑规划，随后组织实施，修筑了：东干路——经袁灶、二甲、四甲、余东、包场、头甲、吕四到通海垦牧公司；南干路——经张芝山、川港、天补到茅家镇（今海门街道）；由三余镇经货隆镇到东干路的四甲镇，四扬坝经合兴镇到青龙港，吕四附近的竖河镇到久隆镇的3条支路。

到今东台、大丰各盐垦公司的海门人，从海门各地至东干路后，经四甲—三余—兵房—南坎—北坎—小洋口—角斜—陆家花行—泰源—潘家镢—大桥—

庆生渡(在通商镇南)一线行进。在陆家花行和庆生渡有旅馆,为草屋,打地铺,住宿费二角一夜。海门人大多数一家老小从这条路步行,推木轮车装行李和小孩到垦区。

到大丰以北各公司:东部走四甲—三余—兵房—南坎—北坎—小洋口—角斜—李堡—富安—东台—盐城—阜宁一线;西部走川港—张芝山—南通—如皋—海安—东台—盐城—阜宁一线。

也有走海边小道的。据盐城大丰区大中镇红花村村民施秀兰老人回忆,她娘曾说,当年从启东出发,沿着海边荒无人烟的草滩,忍饥挨饿,顶风冒雨,起早贪黑前行,夜晚无处歇脚,只得席地而宿,整整走了8天,好不容易摸到目的地。

四、开发规模

通海垦牧公司地跨通州、海门两县,北自通州吕四(今启东市)丁荡,南至海门小安沙川洪港,围垦总面积 123 277 亩,其中已垦面积 91 761 亩。

经过 10 年苦心经营,垦熟成棉区。1911 年开始盈利,到 1925 年,纯利白银 84 万余两,已达实际投资的 2.1 倍。该年股东分得股息和红利总额达 124 224 两,利润率达 23%,已经超过了银行利率而接近或达到了商业利润,甚至超过钱庄拆息。张謇又与海州知州汪鲁门联系,倡议创办济南场。济南场于 1907 年始建,到 1914 年建成,全场共有池 1 160 处,占地 8 999 600 平方丈(约 15 万亩),年产原盐 270 800 担(约合 13.54 万吨),已逐步达到或超过了原淮南产盐区各盐场的总和。济南场的创办成功,不仅树立了近代化盐业的典型,同时也为淮南产盐区废灶兴垦铺平了道路。1913 年,张謇就任农商总长以后,制定鼓励垦荒的政策和办法,1914 年 3 月颁布了中国第一个比较完整的垦荒条例——《国有荒地承垦条例》29 条,接着又于 7 月和 11 月先后颁布了《国有荒地承垦条例施行细则》18 条和《边荒承垦条例》24 条[15-410~411]。

上述三方面产生的导向作用,在苏北沿海地区掀起了废灶兴垦热潮。参与垦荒的有当地地主、士绅,江浙等地的实业家、银行家、金融家,还有起初反对废灶兴垦的盐商,甚至有辛亥革命元老岑春煊、朱庆澜,江苏都督、民国副总统冯国璋,江苏省省长韩国钧等。据笔者调查,1901 年到 1936 年,南起长江口北侧的协兴河口,北至赣榆县青口河的鸡心滩,参与者在现 204 国道(东台市富安镇以南为范公堤)以东绵亘 400 多公里的滩涂上进行垦植,标定界地,招募股份,设置机构,把筑堤、开河沟、建涵闸、改土治碱作为垦区四大工程。经过 20 多年的经营,先后创办了大有晋、大豫、大赉、泰源、通遂、裕华、大丰、泰和、大纲、华成、新通等 50 个万亩以上的大公司,及其他一批中小公司、连同派生的小公司共98个,实收资本3 559.68万元,占地面积5 033 271亩,已垦面积1 936 332亩(见表2-5)。各公司鉴于事业之推进需要通力合作,资金需调度,于1922年成立盐垦管理处,地址在通州城南,由大有晋、大豫、大赉、大丰、大纲、华成六公司董事会联合组织,其他盐垦公司俟各公司董事会成立后议决亦得加入。1927年改称淮南盐垦各公司联合会,地点借设在上海九江路22号通海实业事务所。1936年改在上海南京路保安坊4号。

"广西在1912—1916年有64家;福建在1916年有16家"[15-403],即使"奉天、吉林、黑龙江东三省的林垦在1913—1920年也分别只有71、51、15家"[72-145]。据资料记载,全国到农商部注册立案的农垦公司"到1919年发展到100家,其中以江苏最多达41家,安徽8家,浙江15家,山东6家,河南4家,山西12家,吉林6家、察哈尔8家。而同期的广东、福建、浙江也进行沿海滩涂垦荒,但总面积只有几十万亩,不少公司仅有几百亩,甚至几十亩"[73-340~366]。也有说苏北滨海地区,黄河全流在苏北入海后,这里的土地不断向东移动,垦植活动由明朝到清朝末,范公堤东侧的民垦区已形成,全垦区土地1 900万亩,民垦区农田900万亩,公司垦区共计413万亩[74-78~79]。

1934年,由地理学家胡焕庸等测算,灌河以南至长江之间盐垦区域,西以陈港、六套、滨海、阜宁、盐城、海安、石庄一线为界,东至海,其垦地总面积256.245万亩,其中已垦170.232 5万亩[71-233]。

大有晋和大豫盐垦公司的海堤两端分别接到"姜公堤"和"范公堤",保护了西部117万亩土地。大丰市北部有"公司堤",南部疆界河至潘家墩之间地势较高的牛车土路即现黄海公路(长16.8公里)兼作挡潮堤,也有107.15万亩土地得到保护。由此可见,张謇在江苏筑堤造田开创了中国近代垦牧第一滩。

表2-5 民国时期苏北沿海地区废灶兴垦情况统计表

序号	垦区名称	成立年份	创办者	投资(元)	总面积(亩)	已垦面积(亩)	现在地址	资料来源
	合计			35 596 780	5 033 271	1 936 332		
一	南通县、海门县			1 510 000	136 277	99 142	南通市启东市	
1	通海垦牧公司	1901	张謇	1 300 000	123 277	91 762	吕四港镇	(1)(5)
2	同仁泰盐业公司	1903	张謇	210 000	13 000	7 380	吕四港镇	(1)(3)

(续表)

序号	垦区名称	成立年份	创办者	投资（元）	总面积（亩）	已垦面积（亩）	现在地址	资料来源
二	南通县			2 260 000	336 482	176 932	南通市通州区、海门区	
3	大有晋盐垦公司	1913	张 謇	2 260 000	336 482	176 932	三余镇、包场镇	(4)(5)
三	如皋县			5 130 000	570 879	171 254	南通市如东县	
4	华丰垦植公司	1915	邵铭之 陈东声	400 000	28 279	28 279	曹埠镇	(1)(5)
5	大豫盐垦公司	1916	张 謇	3 690 000	480 000	127 000	长沙、大豫镇	(1)(5)
6	福记公司	1918	张树元	840 000	2 600	2 600	掘港街道	(1)
7	益昌盐垦公司	1919	陈桂一 刘景德	200 000	60 000	13 375	丰利镇	(1)(4)(5)
四	泰县、东台县			437 000	92 746	72 746	南通市海安市	
8	大赉南区	1915	陈植之 卢子玉	233 000	18 746	18 746	李堡镇、角斜镇	(1)(5)
9	正丰仓	1923	董涤青	104 000	54 000	54 000	角斜镇	(1)(4)
10	宝丰公司		金季平	100 000	20 000		角斜镇	(2)
五	东台县			2 135 000	446 500	73 000	盐城市东台市	
11	大赉盐垦公司	1916	张 謇 张佐虞	1 120 000	207 900	55 000	新街镇	(1)(6)
12	泰源盐垦公司	1919	韩国钧 马隽卿	730 000	158 000	18 000	弶港镇	(1)(6)
13	东兴盐垦公司	1919	张东甫	285 000	80 600		弶港镇	(1)(6)
六	东台县			12 597 380	1 376 993	570 192	盐城市大丰区	
14	通济盐垦公司	1919	张 謇 丁紫庭等	551 600	88 100	37 950	东台市	(1)(7)
15	华泰公司	1919	汪大燮	313 500	35 700	600	大桥镇	(1)(7)
16	遂济盐垦公司	1919	张 謇	380 000	38 000	1 200	草庙镇	(1)(7)
17	垦植保证合作社	1934	张雁行	2 480	450	450	小海镇	(1)

(续表)

序号	垦区名称	成立年份	创办者	投资（元）	总面积（亩）	已垦面积（亩）	现在地址	资料来源
18	通遂盐垦公司	1919	张謇	400 000	111 000	14 600	万盈镇	(1)(7)
19	成丰垦团	1926	严康懋 陈子勋	480 000	24 000	24 000	南阳镇	(1)(7)
20	大生泰恒棉场	1927	大生纱厂	600 000	30 325	30 325	南阳镇	(1)(7)
21	商记垦团	1930	上海银行	390 000	50 418	15 067	通商镇	(1)(7)
22	瑞丰公司	1920	汪鼎和	200 000	10 000	10 000	大中镇	(7)
23	同丰公司			100 000	2 000	2 000	大中镇	(7)
24	大丰盐垦公司	1918	张謇 周扶九	5 721 000	560 000	279 000	大中镇、新丰镇、金墩镇	(1)(7)
25	裕华垦植公司	1922	陈仪	2 020 000	227 000	95 000	裕华镇	(1)(7)
26	泰和盐垦公司	1919	周孝怀	1 438 800	200 000	60 000	三龙镇	(1)(7)
七	阜宁县、盐城县			8 882 600	1 610 916	655 766	盐城市射阳县	
27	大祐盐垦公司	1918	张謇 张孝若	800 000	90 255	24 650	黄尖镇	(1)
28	守耕堂	1922	郭和甫		1 448	1 418	黄尖镇	(1)
29	通兴公司	1919	韩奉持	100 000	5 000	5 000	特庸镇	(1)(8)
30	大纲盐垦公司	1916	张謇 周扶九等	1 133 300	160 000	30 500	合德、兴桥镇	(1)(8)
31	马家公司	1915	马玉仁 马玉怀		38 000	38 000	兴桥镇	(1)
32	益兴仓	1929	朱警辞		1 700	1 700	合德镇	(1)
33	淮纲公司	1929	习鉴清	110 000	5 100	5 100	合德镇	(1)
34	合顺仓	1924	杨镜清	200 000	10 060	10 060	合德镇	(1)
35	管东堂	1928	施叙康		2 000	2 000	合德镇	(1)
36	象生堂		解树强		2 000	2 000	合德镇	(1)
37	合德垦植公司	1918	束勋严 邵子中	700 000	60 000	35 000	合德镇	(1)(2)
38	建德仓		陈佑盟		30 000	30 000	合德镇	(8)
39	顾姓				10 000	10 000	合德镇	(8)
40	三友堂	1926	萧仲强		300	300	合德镇	(1)
41	众志堂	1921	束勋严	6 000	3 000	3 000	合德镇	(1)

(续表)

序号	垦区名称	成立年份	创办者	投资（元）	总面积（亩）	已垦面积（亩）	现在地址	资料来源
42	德生仓	1928	张敬礼		2 000	2 000	合德镇	(1)
43	庆余堂	1920	秦亮夫	50 000	4 300	4 300	合德镇	(1)
44	同仁		徐陶庵	400 000	40 000		陈洋镇	(8)
45	广余		陈友慈	30 000	3 000	3 000	陈洋镇	(8)
46	大生		章维善	400 000	70 000		陈洋镇	(2)
47	陈姓				20 000	20 000	陈洋镇	(8)
48	同仁堂	1920	束勖严	40 000	4 490	4 490	耦耕镇	(1)
49	耦耕堂公司	1920	秦亮夫 蒋煆堂	120 000	9 658	9 658	耦耕镇	(1)
50	大生同公司	1919	杨维成	400 000	6 500	6 500	耦耕镇	(1)
51	顾姓				10 000	10 000	通洋镇	(8)
52	新东公司		顾愉青	25 000	10 000	10 000	海河镇	(8)
53	阜余公司	1918	章静轩	700 000	37 720	37 720	海河镇	(1)(2)
54	大有晋仓	1933	张 謇	230 000	12 000	12 000	海河镇	(1)
55	戴姓				20 000	20 000	海通镇	(8)
56	华成盐垦公司	1917	冯国璋 张 謇	2 734 000	750 000	204 000	千秋、临海镇	(5)(8)
57	南通大学基产处	1920	张 謇 张 詧	460 000	100 000	35 000	海通镇	(1)(3)
58	永业公司		张忍伯		8 000	8 000	千秋镇	(2)(8)
59	恺谊堂公司	1919	张佩严 朱子桥	60 000	8 900	8 900	千秋镇	(1)
60	习善堂公司	1919	张佩严 周孝怀	15 000	2 100	2 100	千秋镇	(1)
61	熊家仓		熊 五		3 000	3 000	临海镇	(8)
62	余泽堂	1919	徐孝先		1 550		临海镇	(1)
63	德记仓	1930	宋峻峰		4 200	1 700	临海镇	(8)
64	复茂堂	1930	刘汉民		3 500	3 500	临海镇	(8)
65	二十八顷	1928	陈洪伟		2 800	2 800	临海镇	(8)
66	续垦区	1935	季景范 郜岳西		16 000	16 000	临海镇	(1)

（续表）

序号	垦区名称	成立年份	创办者	投资（元）	总面积（亩）	已垦面积（亩）	现在地址	资料来源
67	阜通公司	1917	张謇 张詧	123 300	24 500	24 500	临海镇	(1)
68	庆丰仓	1923	张亚成 苏坤山	26 000	4 000	4 000	临海镇	(1)(3)
69	同业堂	1934	杨镜清	20 000	4 000	4 000	临海镇	(1)
八	阜宁县			77 300	61 160	44 800	盐城市滨海县	
70	大纲苇右荡分区	1931	张詧	20 000	3 300	3 300		(1)
71	兴垦会	1933	季龙图 季河清	7 300	6 000	4 700		(1)
72	中合德	1918	束勘严		6 000	6 000		(1)
73	北合德	1918	束勘严		5 000	3 500		(1)
74	树德堂	1918		10 000	10 000	10 000		(1)(3)
75	三益堂	1920	张述贤 张亚成	20 000	5 000	3 500		(1)
76	福田公司	1935	朱坚白	20 000	2 700	1 500		(1)
77	四友堂	1935	陈友慈		4 000	2 500		(4)
78	张亚记	1935	张亚成		5 000	3 500		(4)
79	赵云记	1935	赵飞鹏		5 000	3 500		(4)
80	东皋公司	1919	赵友吾		1 500	1 500		(1)(4)
81	公益公司				3 360			(1)
82	老阙公司		董姓		1 300	1 300		(1)
83	三义堂	1936	周揖三 沈玉书		3 000			(1)
九	阜宁县			1 950 000	312 800	36 500	盐城市响水县	
84	新农公司	1925	殷汝耕	750 000	80 000			(1)(2)
85	李东兴仓	1925	李月舫		5 000	5 000		(1)(4)
86	李西成仓	1935	李明舫		5 000	2 500		(1)(4)
87	新华棉产合作社	1931	张镇		16 000	16 000		(1)(4)

(续表)

序号	垦区名称	成立年份	创办者	投资(元)	总面积(亩)	已垦面积(亩)	现在地址	资料来源
88	新南公司	1920	张謇 许振	700 000	50 000	13 000		(1)(2)
89	新通垦植公司	1918	张孝若	500 000	150 000		黄海农场	(2)
90	鼎新公司	1936	王仲华		2 800			(1)
91	西新南公司	1936	谢立宽 丁园卿		4 000			(1)
十	云灌县			137 000	60 518	12 000	连云港市灌南县	
92	慎行庄	民初	白俊聊		10 000	10 000		(1)
93	新灌垦植公司	1922	马隽卿	200 000	50 518	2 000		(1)
十一	灌云县			80 500	18 000	18 000	连云港市灌云县	
94	淮丰垦植公司	1919	张孝若	80 500	13 000	13 000		(1)
95	大屯垦植公司	民初	冯国璋		5 000	5 000		(1)
十二	东海县			150 000	6 500	4 000	连云区	
96	连爱植棉公司			98 000	4 000	2 500		(9)
97	大田垦牧公司			52 000	2 500	1 500		(9)
十三	海州赣榆县			250 000	3 500	2 000	连云港市连云区、赣榆区	
98	海赣垦牧公司	1904	沈云沛 许鼎霖	250 000	3 500	2 000	连云区 赣榆区	(9)

资料来源：
(1) 孙家山.《苏北盐垦史初稿》[M].北京:中国农业出版社,1984年,第35-37、80-82页.
(2) 实业部国际贸易局.《中国实业志(江苏省)》第五编[M].上海:民光印刷公司,1933年,259-262页.
(3) 《江苏省志·海涂开发志》编纂委员会.《江苏省志·海涂开发志》[M].南京:江苏科学技术出版社,1995年,第49-58页.
(4) 顾毓章.《江苏盐垦实况》[R].张謇研究中心,2003年,第79-149页.
(5) 南通市水利史志编委会办公室.《南通市水利志》[M].黄山书社,1998年,第232-234页.
(6) 东台市水利志编纂委员会.《东台市水利志》[M].南京:河海大学出版社,1998年,第322-325页.
(7) 邹迎曦、马连义.《废灶兴垦与盐垦公司》[J].东方盐文化,2005年第1期,第15-28页.
(8) 黄志良.《张謇在射阳兴垦开发中的历史作用》[J].张謇研究,2006年第1期,第20-21页.
(9) 黄志良根据李洪甫的《沈云沛的海州实业》等资料汇总.

实业报国的拓荒者——张謇的实践研究

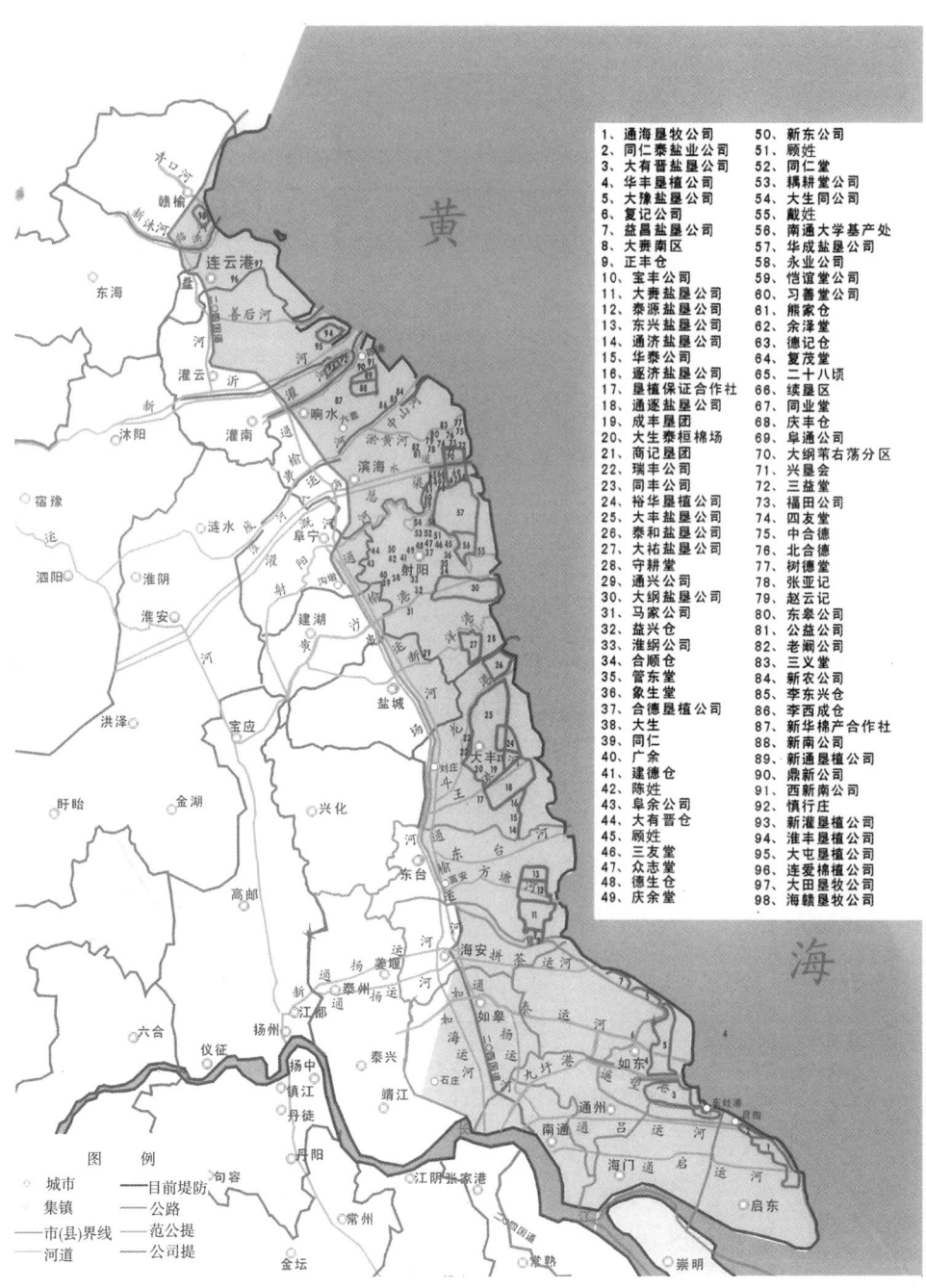

民国时期苏北盐垦公司位置图

五、建成中国近代最长的海堤工程

我国东南沿海地区,经常受到强台风和风暴潮的袭击,是世界上风暴潮灾害较多的国家之一,所以必须筑堤以挡海潮。

1. 张謇建的苏北公司堤

张謇深知苏北沿海地区洪、潮、涝灾害频繁,筑堤御潮是兴垦植棉的关键工程,为此大多盐垦公司都兴筑自成体系的海堤,称为"公司堤"。通海垦牧公司共分八堤。七堤为垦,一堤为牧。濒海者曰外堤,靠通潮大港者曰里堤,濒通内水河渠者曰次里堤,堤中分格者曰格堤。外堤底宽33.3米,堤高4～6.7米,面宽6米。里堤、次里堤底宽11.3～16.7米不等。通海垦牧公司共筑堤85.5公里,其中主海堤长27.2公里、隔堤32.6公里。

"光绪二十七年(1901)三月至八月,规度定界,分为六堤。十月兴工,先筑第二、第三堤,阅三月而两堤成。二十八年(1902)春,继筑第一、第四堤,日役七千余人。是年春荒,四集谷麦平粜,以济工食。夏以疫,工散未竣。秋值飓潮,坏未竣之堤五十余处,凡三百余丈。冬复施工于当潮冲处,增厚其址,而坦其坡。二十九年(1903)春,事以克集,乃加筑一堤东格堤,三堤北支堤,兼施一、二、三堤外河内渠之工。规度二堤西南隅庙田地为镇市基,营造市房,购收水利公田、陆亮臣被坏于潮之圩、杨香圃、张时蔚、陆春园圩外错杂于初规五、六堤中之地。而西界,正以海境欲当六堤,辟半滩液,接南通沙河泄水,乃析六为二,而有七堤。是冬,成七堤小圩。三十年(1904),南北兼程并进,于第一堤北,特辟一河竟淮之委,曰淮委河。河之北,营场堤,堤至是有八。北,复辟二补界河、二堤西河;南,则筑五、六、七堤里堤、次里堤,疏川流港半滩液。三十一年(1905)春,成第七堤,七月成第六堤,凡阅十有六月。一堤西圩七千余亩始垦,八月朔,飓风自海上大七岛来,连五昼夜不绝,潮高逾丈,坏新成诸堤,督工人彻夜不懈,卒编筏檥舟,或凫水自救,死长夫三,漂牧场羊略尽。方是时,謇在沪闻报,赴公司履视诸堤,令测量决塌,绘图估损失,咨请督部、农商部求赈,并告股东筹资善后……股东无否者,鲜应者。无已,则以第一、二堤可垦之地招佃,以佃入挹注工用。又以灾甚,请于督部,得苏藩库及仁善堂赈济款一万二千九百六十余两,运集谷麦、棉衣,施济寒饥。三十二年(1906)春,荷畚锸而至者三千余人,以次修复牧场第一、二、五堤之损,而加筑格堤于第一、三、四堤之中,计日并举。夏秋复连雨,格堤之内,水溢于渠,至冬始工葳……三十三年(1907),加筑第一东堤格堤,浚各堤干渠,三、四、五堤种青。……三十四年(1908),修一、四两堤。其一堤最当冲之处,护之以板,磊之以石。第四堤当冲,增高培厚。修复七堤大圩。"[21-583～584]

1919年大丰盐垦公司筑的防潮海堤,底宽13.3米,堤高1.7米,面宽6米。海堤长25.8公里,内堤长296公里。1924年对险段加高培厚,面宽和堤身高度均为3.2米。1919年,大丰公司垦部经理王已劲兼工程负责人,大兴海堤工程,招募八滩一带民工近万人,筑海堤结合开挖东子午河,南起通商-卯酉河,北至六斗店斗龙港,长10 901丈①,工期1年,堤成河成,工价16.35万元。

当时苏北地区22个主要公司共筑挡潮堤330公里(见表2-6)。

表2-6 苏北挡潮"公司堤"调查表

序号	公司名称	现在县(市、区)	兴建年份	创办人	堤长(公里)	堤身标准	经费(圆)
1	通海垦牧公司	南通市启东市	1901—1905	张 謇	27.2	底宽13.3～33.3米、高4～6米、面宽5～6米	416 390
2	同仁泰盐业公司	南通市启东市	1903	张 謇	14	底宽13.3米、高3.3米	40 000
3	大有晋盐垦公司	南通市海门区、通州区	1913	张 謇	30.9	底宽6.7～20米、高2.3米、面宽3.3～13.3米	437 126
4	大豫盐垦公司	南通市如东县	1916	张 謇	48.3	底宽33.3米、高5米、面宽6.7米	
5	益昌盐垦公司	南通市如东县	1919	陈桂一 刘景德	12.9	堤高3.7米	40 000
6	大赉盐垦公司	盐城市东台市	1916	张 謇 张佐虞	24.5	底宽16.7米、高3.3米、顶宽8.3米	66 131
7	泰源盐垦公司	盐城市东台市	1920	韩国钧 马隽卿	23.5	底宽16.7米、高2.7米、顶宽8.3米	
8	东兴盐垦公司	盐城市东台市	1919	张东甫	3.2	底宽16.7米、高2.7米	
9	通遂盐垦公司	盐城市大丰区	1919	张 謇	6.0	堤高2米	50 000
10	大丰盐垦公司	盐城市大丰区	1919	张 謇 周扶九	25.8	底宽13.3米、堤高1.7米	130 120
11	裕华垦殖公司	盐城市大丰区	1922	陈 仪	9.0	底宽13.3米、堤高1.7米	163 896
12	泰和盐垦公司	盐城市大丰区	1919	周孝怀	9.0	底宽30米、堤高1.7米、顶宽5米	43 675

① 即市丈,1市丈=3.333 3米。

(续表)

序号	公司名称	现在县(市、区)	兴建年份	创办人	堤长(公里)	堤身标准	经费(圆)
13	大祐盐垦公司	盐城市射阳县	1918	张謇 张孝若	9.0	堤高1.7米、顶宽5米	50 000
14	大纲盐垦公司	盐城市射阳县	1919	张謇 周扶九等	10.1		35 000
15	华成盐垦公司	盐城市射阳县	1919	冯国璋 张謇	22	底宽33.3米、堤高3.3米、顶宽13.3米	189 759
16	南通大学基产处	盐城市射阳县	1920	张謇 张詧	8.0	底宽20米、高2.7米、面宽6.7米	10 235
17	兴垦会	盐城市射阳县、盐城市滨海县	1933	季龙图 季河清	18.6	底宽5米、高1.3米	5 120
18	新南公司	盐城市响水县	1920	张謇 许振	9.3		39 999
19	新通垦植公司	盐城市响水县	1918	张孝若	3.2	堤高2米	6 000
20	新灌垦植公司	连云港市灌南县	1922	马隽卿	6		70 000
21	淮丰垦植公司	连云港市灌云县	1919	张孝若	3.5		3 943
22	海赣垦牧公司	连云港市赣榆区	1904	沈云沛 许鼎霖	6		
	合计				330		1 797 394

资料来源：(1)孙家山.《苏北盐垦史初稿》[M].北京：农业出版社,1984年,第42-45页.
(2)顾毓章的《江苏盐垦实况》及各县(市)水利志所附垦区图,转绘在江苏省水利勘测设计院1983年编制的1：300 000地图上,统一量算的.

2. 近代江、浙、闽、粤的海堤

(1) 广东省海堤

广东省大陆海岸线长约4 114公里,河流众多,全省水面积在1 000平方公里以上的干支河道有48条,总长7 048公里。人们的生产活动从北部山地和山间盆地逐步向珠江三角洲平原扩展,筑堤围垦也从干支河的上游逐渐向沿海地区展开。到1949年,全省共有江海堤防4 370公里,其中江堤3 946公里,海堤长424公里。

民国时期,珠江三角洲各口门及滨海地带筑堤围垦耕地共约3.5万亩,主要分布在西、北江的蕉门、磨刀门和崖门,东江的漳澎沙、牛脷沙、雷州半岛遂溪县滨海一带,所筑海堤不长[75-201]。

(2) 福建省海堤

福建省大陆海岸线长达 3 752 公里,地处东南沿海,山多地少,河流密布,在沿海筑堤挡潮有 1 000 多年历史。到中华人民共和国成立前,全省保护千亩以上面积的海堤有 119 处,总长 796 公里,但堤线曲折,堤身单薄,质量和标准很低,稍有台风大潮就会溃决成灾。[76-81]其中民国期间兴建的只有 4 处:1915 年,莆田县筑梧塘堤,保护耕地 1 万余亩;1918 年,宁德县筑五里洋海堤,堤长 5.18 公里,保护农田 11 000 亩,其他土地 600 亩;1926 年,漳厦海军警备司令部曾在厦门筑堤围海造地,堤长 32.2 公里;1934 年,海军耆宿萨镇冰募款建成福鼎县泰屿海堤,长 0.27 公里,现名萨公堤[76-313~314]。

(3) 浙江省海堤

浙江省有大陆海岸线长 1 840 公里,岛屿海岸线长 4 993 公里,大陆海塘又分为钱塘江海塘、浙东海塘、甬江、椒江、瓯江、飞云江、鳌江等 5 个河口海塘,现存明、清以来修筑的钱塘江海塘总长 313 公里,除去山体,海塘实长 280.35 公里,其中土塘 103.42 公里,石塘 153.91 公里,混凝土塘 23.02 公里。由于清代以来不断围垦,目前仍起作用的海塘有 23 段,总长 78.64 公里,其余地段海塘到清末长约 1 207.4 公里。自清代到民国期间,民间在钱塘江主海塘外侧筑支堤围垦。20 世纪 50 年代,当地政府根据当时的岸滩稳定程度,先后发动群众将散塘连成一片,加土培筑。支塘临海的险段由省、县两级政府拨款抛石或砌石固护。合并为支塘 19 个,保护面积 65 万亩,支塘总长 214.31 公里,其中临海地段长 51.27 公里(石塘 20.2 公里,其余为土塘)。具体年代无法查找。1925 年,在椒江口筑汤塘,北起椒江天打殿,东南行经沙北、鲍浦,至黄岩接南直塘,长 40 公里。1934 年,在飞云江河口的宋埠、阁巷老塘外新筑塘 5.8 公里[77-277~295]。

(4) 江苏省海堤

江南海堤近代以常熟市福山港以下为起点,经吴淞口到与浙江省平湖市交界的金丝娘桥,全长约 150 公里。江南海堤在清代后期(1840—1911)修筑过 41 次,1912—1934 年以修筑、岁修、抢修为主,共有 90 次。1899 年在宝山县(今上海宝山区)修补黄窑湾土塘 0.56 公里[22-226~316]。1906 年,南汇知县李超琼主持筹筑从川沙县吴淞口起,沿川沙、南汇、奉贤三县的东部海岸线筑堤,全长 110 余公里,称李公塘,又称人民塘,一期工程南起南汇县一团泥城角,北迄七团川沙厅撑塘,长 32.5 公里。二期工程在 1933 年冬开工,起自七团川沙界,南至南汇,共约 26 公里,底宽 12.667 米,面宽 4.33 米,塘高 2.67 米[78-152~153]。范公堤首尾绵亘八百余里,在 1847—1883 年共维修 5 次[79-11]。1896 年筑杨家沙至惠安沙的杨惠大堤。在今崇海界河以南至启东嘴,长18.5公里。1901—1934年,先有通海垦牧公司筑堤兴垦,继而又有当地士绅相继围堤10多次[60-65],从而把"姜公堤"与杨惠大堤之间的海堤连成一体,堤长20.5公里。

3. 结语

综上所述,清末民初,广东省沿海围垦3.5万亩,所筑海堤不长;福建省筑海堤4次,堤长37余公里;浙江省筑海堤长97.07公里;上海市筑海堤58.5公里;今启东境内还有民间筑堤39公里,共计约232公里,而苏北地区的"公司堤"有330公里。由此可见,张謇建的"苏北公司堤"是中国近代最长的海堤。

六、农田基本建设

张謇在兴办盐垦之初,深知苏北沿海地区洪、潮、涝灾害频繁,搞好农田基本建设是沿海兴垦植棉的命脉。

1. 水利建设

(1) 防潮外堤

筑堤是匡围能否成功的关键措施。当时所筑堤防一般分为外堤、里堤(又称内堤)、次里堤、格堤。外堤为挡潮大堤,里堤是通海河道沿岸防潮堤,次里堤是通内河沿岸的河道,格堤为堤中分格或堤内各区周围的堤防。通海牧垦公司的外堤长27.2公里,高4.0米,面宽5.0米,底宽13.3米。之后险要之处,堤高6米,面宽5.67米,底宽30米。里堤长71.3公里,高2.70米,顶宽2.70米,底宽8米。格堤长28.7公里,标准比里堤略低。1919年大丰公司兴筑防潮海堤平均高3.5米,底宽12米,顶宽4.67米,全长25.8公里。筑堤结合开挖东子午河。堤成河成,工价16.35万元。大丰各盐垦公司共围滩137.7万亩,占大丰区现有总面积的65.4%,并使斗龙港(南、北向段)和小洋河以西民垦区的原有107.15万亩免受海潮侵袭。由此可见,在张謇时期修建的海堤内形成的农田是大丰区主要的土地资源。

(2) 防洪内堤

从宋金对峙,黄河夺淮入海起,淮河出海故道就已被打乱。元朝开会通河,明清两朝继续依靠大运河运输南方粮食北上,黄河、淮河、洪泽湖和里运河,经常闹水灾,而沿河河道少而小,又无涵闸控制,每逢运堤开坝,海潮顶托,下游各县尽成泽国。淮南中部各盐场地处淮河下游,因此垦区防洪堤圩十分重要。各公司开办时都筑了防洪大堤,以防西水漫滩过境。裕华公司在兴筑防洪内堤时,根据1922年6月大洪水时斗龙港水位标高,在裕华四周筑设防围堤,堤顶标高为11米,比平均地面(标高8.5米)高2.5米。该堤周长为29 185米,堤高

| 实业报国的拓荒者 ——张謇的实践研究

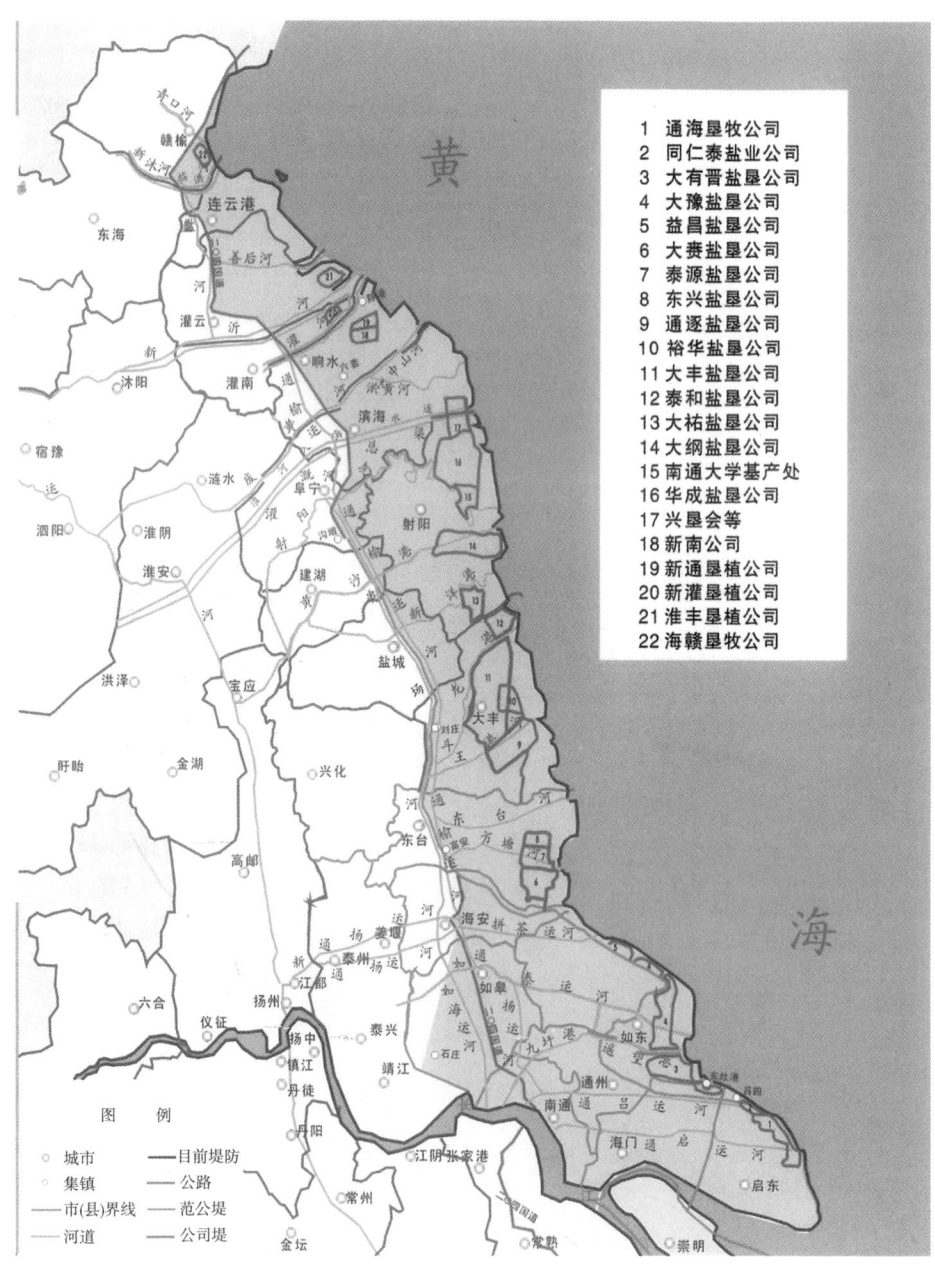

民国时期苏北盐垦公司挡潮堤位置图

2.5米,顶宽4米,外坡1:2.5,内坡1:2。除围堤外,还在公司中央分南北两区各筑设一条中间隔堤,以防外堤破损,使受灾地限于一隅而不致波及人畜。中间隔堤长3 270米,其标准同于围堤。这样,潮、洪、涝三水可防。大丰公司全境防洪内堤长321公里,俱高3.66米,宽13.33米。

(3) 开河排涝

张謇在创办盐垦公司的初期,就十分重视滩涂土地资源的调查、测绘、规划。他借用江南陆师学堂第一届毕业生江知源、章静轩、洪俊卿等,对黄海滩涂进行测绘,着手土地开发规划,把土地规划分为区、匡、排、塍。各公司根据拥有土地面积的大小,参考地形地貌,将公司划分为若干区。如通海垦牧公司划为8个区(亦称堤),大丰公司划分为37个区。各区又划分若干匡,匡内有5~7排,每排有17~20塍,每塍呈长方形,面积为20~25亩。

塍与塍之间有塍沟(现称小沟),排与排之间有排沟(又称横河,现称中沟),匡的四周有匡河,区与区之间凿有区河,区河一般为入海干河。大有晋盐垦公司的设计为:塍沟间距一般在100米以内,深1.33米,宽3米;排沟间距200~300米,深1.33米,宽7.67米;匡河在各区四周,深2.33米,宽21米。大丰盐垦公司的水利特点是塍田化,塍田均南北向,东西宽60米,南北长200米。塍沟和排沟总长1 100公里,深1.33~2.0米,宽3.33~10.0米。匡河及干河总长160公里,深2.66米,宽20米。每塍田南部五分之一处有东西横路,为农舍建房线,横路南侧的塍沟排水到南部排河,北侧的塍沟排水到北部排河,每排田的横河两端有人行木桥,跨过匡河通向主要马路。如同丰、德丰区的桥建在东头,阜丰、裕丰区的桥建在西头,均通向新丰、大中两镇的主要马路。主要马路都曾种植林带,这些区内的匡河,再加上5条卯酉河为东西干河,东、中、西3条子午河为南北干河,全境就形成有网有目的河网化,也形成了规格统一的匡、排、塍条田化,同时河、堤、路、桥四通八达,新兴垦区规划井然。凭借这一套水系,公司在排涝灌溉、淋盐洗碱方面效益十分显著。

大丰公司全境堤长321公里;涵闸35座,闸门宽5.33米;桥梁690座;大路450余公里,宽4~8.33米,汽车均可到达;小路860公里,宽1.66米;大河长160公里,深2.66米,宽20米,大水时,汽轮可以行驶;小河长1 100公里,深1.23~2米,宽3.33~10米。大丰公司全部水利工程投资达120万元(大型堤河工程费81万元)。裕华公司计支堤岸费159 300余元,河渠费102 600余元,涵闸费41 000余元,排灌机械费130 700余元,合计用于堤防水利方面的费用达433 600余元。

泰和公司开有东西向的干河两条(东偏北,西偏南),即中直河和南直河,横贯境内,河各宽11.66米,两河南北相距6 000米。每里南北走向的排水干河叫里河,有一里河、二里河、三里河等名称,里河均南偏东、北偏西走向。各里河相距6 000米,河道宽10米,深2米,底宽4米,均通斗龙港入海,近港边均有小闸一座。各里内部南北分为8排,每排各长433.33米,每2排为一村,各有村河一道,宽10米,深1.66米,底宽2米。每排有沟,宽1.66米,深0.66米,底宽1米。泰和埝田每埝号称60亩,实际不足数。泰和盐垦两部分界处有护龙河,向南进入斗龙港入海,河面宽16.66米,深2.66米,底宽4米,长3 000米,为全境的第一大河,也是泰和垦区部分的最大排水干渠。护龙河西为泰和西堤,堤西又有大河一条,为泰和盐部及境外民田排水之用。这个一堤两河的规划,在保证垦区排水、方便灶区泄水、有利客水过境等方面,均有很大作用。1931年洪水入侵时,发挥了很大效益,并缓和了泰和与区外群众的水利纠纷。公司地近斗龙港下游,这个规划实属完善而又有远见。泰和公司河流纵横交错,息息相通,排水甚畅,而河堤与夹道广植树木,苍翠葱茏。由于河堤路桥规划完善,当时考察者有"裕华桥,大丰路,泰和河道泰和树"之称。与大丰公司相比,泰和河堤工程标准偏低,因为泰和地处斗龙港下游左岸,出水方便,但不适应较高水位情况下的排泄。

大丰、泰和两公司当初设计的埝田规格,不仅适合于当时的人工操作,同时这种沟洫和土地规划也适应于之后的农业机械操作。这和当年张謇聘请荷兰水利工程技术人员在垦牧公司多年试验成功的经验有关。这一套土地规划,成为新中国成立后大丰县(今大丰区)20世纪50年代,特别是20世纪60~70年代在西部民垦区(民垦区因自发开垦逐步形成的农业区,水利设施凌乱不堪)大搞条田化建设的借鉴。但是当时公司的水利建设和土地规划并非尽善尽美。由于认识的限制,特别是盐垦公司追求短期利润,投资量仍然偏少,同垦牧公司投资相比,每亩平均投资数相差很多。当时垦区农田水利仍然存在不少问题,归纳起来有以下几点:①工程设计标准低,匡河、排沟、埝沟既狭且浅,子午、卯酉干河深度不足;普遍降雨无问题,日雨50毫米以上就成问题了。②闸河不配套,小河有闸,出海大河无闸。最典型的是四卯酉河范庄子打了几十年的坝,没有筑闸,基本没有发挥应有的作用。③虽搞了埝田化,但平整土地、改良土壤不够,公司不肯给钱,佃农无力进行,所以平整土地、改良土壤、培肥地力就成了问题。

由于堤、河、路、桥规划比较完善,河流纵横交错,排水甚畅,有利于农田灌排。而且这种埝田规格,不仅适合当时的人工操作,也适合于其后的农业机械操作,也成为1949年后民垦区农田基本建设的借鉴。改造旧河网,形成"深、网、平、分"的新水系。

(4) 建闸挡潮排涝

各盐垦公司大多有河道向东排入黄海,为防止海潮倒灌和排泄垦区涝水,都建有挡潮闸。例如:通海垦牧公司建有蒿枝港(即合中闸,又称七门闸),7 孔共宽 16.2 米。大有晋盐垦公司建有东渐二闸,3 孔共宽 9.65 米;歇御闸(南三门闸),3 孔共宽 7.97 米;遥望港闸,9 孔共宽 35.3 米。大豫公司建有豫丰闸,3 孔共宽 8 米。大赉盐垦公司建有七门闸(方塘闸),7 孔共宽 8.75 米。泰和盐垦公司建有三里闸,宽 6 米。华成盐垦公司建有大喇叭闸,4 孔共宽 14.6 米;华成北闸(又称双洋闸),5 孔共宽 16.33 米。

公司还在内堤、格堤与干河相交处及匡河与干河之间设涵洞以防潮或客水倒灌。如通海垦牧公司建涵洞 75 座,大丰公司建涵洞 35 座,华成公司建涵洞 12 座。

2. 农田建设

(1) 平整土地

沿海滩涂成陆时有自然形成的河流港汊流槽,地形也有微小差异,还有道路、避潮墩。这对农田耕作、引水、排水都会带来极大的影响,故用开明沟的土源结合平整土地是一举两得的事情。施工中,把表土先铲放一边,把心土填入废沟中,而后把表土盖在上面,对过黏过沙的土源,可适当掺和,而后盖草种绿肥。一般高墩旁边必有水塘,可以铲墩填塘。由于墩土一般盐分低,贫困户都不愿将好土填塘,而是把土墩四周削去一部分,减缓高墩四周坡度,扩大墩田面积,种植粮食,待垦田能够生长粮食后再行平整。这项工程投资很大,根据通海垦牧公司账略计算,开垦沟填废沟、平整土地,共挖土 220 万立方米。按当时挖土每立方米最低工资 70 文计算,劳动力投入相当于规银 12 万余两(1 两 = 1 250 文)或银圆 16.2 万余元(1 两 = 1.35 元)[33-402]。

(2) 铺生改土

铺生也称"做生泥"。河沟中有各种生物的腐殖质,肥力较高,河沟旁的泥土,风化时间较长,含盐度相对较低。暴雨造成水土流失,淤积河沟。在冬季,农民将垦沟底部和河沟旁边的泥土掘起来,挑入田中,铺在上面,经过冬冻风化,至春季容易敲碎,肥力也易发挥,棉花生长前期即可利用。而且挖深河沟,既增加了河沟蓄水量,便于用水;又抬高了地面,减轻涝渍,提高了农作物产量。

(3) 引水治碱

为了使荒滩及早成熟,对垦区重盐碱土的改良极为重要,一般采用以下几种方法:一是开沟爽碱,建立完整的排水系统。一方面排除地表水,以解决涝渍和返盐;另一方面将淋洗的盐分通过埝沟、排沟引导排入黄海。二是围埝蓄淡淋盐。在农田四周筑田埂,将降雨时的雨水蓄起来,深度在0.3米以上,浸上几个月后,再把雨水排出去。蓄淡会使寸草不生的光板地生长杂草,待以后出现茅草,即可开垦。但这种方法见效慢,因而人们又利用提水工具,主动提引淡水浸泡盐土,然后渗透排出。三是种草保苗。

(4) 植树造林

绿化是盐垦公司当年开发规划建设中的一项目标,要求做到所有大堤、大河旁都是林带,所有马路旁都有行道林。不少地区防风林带都曾初具规模。至抗战前夕,耐碱、生长较快的刺槐已有近20年树龄,葱茏满目,形成相当优美的生态环境。防风林具有抗台风、防寒潮的能力,对农业起"保姆"作用,同时也有利于满足当地人民生产、生活用材的需要。

(5) 耕地园林化

各垦区的耕地以沟、渠、路为骨架,划分若干匡,每匡内划分5~7排,每排有15~20埝,将耕地划分为埝田。每埝田南北长,东西窄,呈长方形,子午向居多,每埝面积为20~25亩,同一排内每埝长宽、面积相等,便于近距离生产管理及统计。在每埝田内,以邻沟(排水沟)或田埂划格成方。公司组织大堤、大河上种树木、江芦等形成防风带,在大路旁边植树遮阳,在横河、埝(明)沟旁种植芦苇,形成农田林网化,改善农田小气候,有利于水土保持和改善生态环境。这在中国大地上实属少见。

(6) 人居一字式

张謇设计的是"一字成排式"住宅。各垦区每埝田南北中间处有一条东西向的中心横路,俗称"埭",路北侧是坐北向南的宅舍,宅与宅东西成一条线,每户耕地在宅前宅后就近、方便。一出门同走一条横路,中心横路上人来车往交通便捷,串门不需绕道。各宅均开宅沟或横沟,取土填高宅基,宅沟内养鱼、种菱藕、茭白,宅沟边种竹、植果、栽树,宅旁建畜棚,宅周边种蔬菜。人居集中、成线、规范,环境优美。为方便物资运输、商业流通、乡村管理,每隔1~2公里设一小镇,自发聚集而成。4~5公里设一个中镇,由公司统一规划、统一布局、统一设计、统一建房,一次成街,如海复镇一次建市房数百间,租售经商,酷似今天的房地产开发招商兴市,一下出现了一个新镇。几十公里建大镇,如大丰盐垦公司于万丰西南划地3 000亩建立大中集,成大丰县城;建合德镇成射阳县城。大中型集镇建有公司、学校、警察队、救火会、收花行等公共设施,成为一方政治、经济、文化、交通中心。这种成排一字式农居,不仅在当时是全国唯一,如此整齐的形式至今也属稀少。

七、大有晋盐垦公司的水利建设

大有晋盐垦公司为张謇之兄张詧于1913年3月创办,张謇为股东之一,多次到大有晋公司考察,参加董事会。该公司为余东、余中、余西三场及金陵公荡旧址,先后3次集股500股,每股1 000元,共计50万元。公司3次收购垣商土地27.6万亩,范围南起万历十五年(1587)海门知县姜天麒筑的"新岸"等老海堤,北至遥望港与大豫公司分界,西与石港场接壤,东南接吕四场,东与东北为海。全公司分三余、广运、同兴、贡安、恒兴(原称恒新)、东余、海晏、环本、晋南、晋余、晋东、大东等12个垦区,于晋东区北留一灶区,共计13个区。总公司设在三余区新建的三余镇。大有晋盐垦公司原位于南通县境内,1949年1月,苏皖第九行政区专员公署令调整南通县、东南行署行政区划,晋东、大东区划给海门县。公司之水利工程为历年逐步兴筑而成。据调查,共筑围堤长206.74公里,进行了河网化建设。经后人改造,形成一级河1条,长35.99公里,其中公司境内14.45公里;二级河5条,长129.98公里,其中公司境内58.21公里;三级河46.9条,长191.39公里;四级河438条,长541.4公里;明沟8 905条,长1 947公里。

1. 围堤工程

大有晋盐垦公司根据地理特点,采取与通海垦牧公司不同的筑堤方式。1915年筹备就绪,方拟开垦,招农兴工,围筑海堤。各区四周开挖河道,取土筑堤,堤高平均2.33米,底宽6.66~19.98米,面宽3.33~13.32米,距海远近有差,堤外有涵洞,河口有闸。[61-222]围垦是由西向东陆续进行的,首先围垦的是西部的三余、广运、同兴、贡安,然后围了东部恒兴、海晏、东余、晋余、晋南区,1921年围垦晋东、大东区(现为海门区包场镇的幸福、友谊、港新、前哨、大东村)。而环本区是由共产党领导的民主政府于1946年秋围垦的,筑堤长17.4公里,面积26 082亩,现为三余镇海防村、中闸村及环本农场。

1958年,南通县在团结河南侧、东余乡东侧围垦,建南通盐场,面积6 187亩,筑堤长3.57公里。海门县在东灶西围垦,面积10 947亩,筑堤长5.85公里,建成海门盐场,1966年将其东南部划出2 007亩建成大东农场。1964年,围垦晋余区东北侧滩地,筑堤长5.51公里,面积7 181亩,原为海防农场、五七干校,后为海丰乡校西、建光、海南、场西村,现为三余镇海丰、闸北村。1970年,再向北围垦滩地10 024亩,为双闸、海丰、海平、洋口四个村,筑堤长11.73公里。1974年,在海丰、海平匡围喇叭口,筑堤长0.75公里,面积1 200亩,后并入海晏乡,现为三余镇海丰村[80-180~181]。

今南通市档案馆藏大有晋公司地亩全图显示,总面积为266 160

亩[81-图片第5页]。笔者利用1958年1∶500 00地形图和1983—1986年两县土地利用现状调查资料,量算了1916—1946年各垦区围堤长度为176.70公里;1964—1974年,两县水利志新围垦区筑堤数据显示,为30.04公里,共计206.74公里。到1986年,通州的晋余、晋南两区的8.1公里围堤和海门的晋东、大东区的11.5公里围堤,共计19.6公里变成二道堤,大东区1.51公里围堤经加高加宽后仍为一道海堤,其余堤防已拆除。南通县一道海堤长16.16公里,海门县为12公里,共计28.16公里。总面积298 546亩(北兴桥乡中合、北兴、光明、爱村等4个村共13 477亩不属同兴区),其中耕地、园地、林地为199 939亩,居民点及工矿用地36 462亩,交通用地8 666亩,水域(包括堤防)52 020亩,未利用土地1 459亩,详见表2-7,增加的面积为沿海煎盐草地。

表2-7 大有晋盐垦公司围堤及1986年土地利用现状统计表

垦区名称	围堤长度(公里)	总面积(亩)	耕园林(亩)	居民及工矿(亩)	交通(亩)	水域(亩)	未利用(亩)	开发时间
合计	206.74	298 546	199 939	36 462	8 666	52 020	1 459	
三余区	21.80	18 923	13 739	1 411	686	3 087		1916
广运区	15.20	24 010	16 779	2 539	802	3 890		1916
贡安区	14.05	18 047	13 292	1 296	661	2 798		1916
同兴区	22.50	37 260	27 046	2 707	1 070	6 437		1916
恒兴区	16.65	26 632	19 553	1 924	842	4 280	33	1917
东余区	13.30	24 021	18 212	1 392	544	3 873		1917
晋南区	12.95	27 933	20 575	1 992	780	4 535	51	1917
海晏区	13.20	19 380	14 215	1 618	622	2 925		1917
晋余区	13.05	14 359	10 105	1 376	452	2 421	5	1917
环本区	17.40	28 293	21 838	1 738	1 016	3 701		1946
晋东区	7.30	9 161	6 045	837	274	2 003	2	1921
大东区	9.30	9 887	6 338	824	203	2 345	177	1921
海丰	17.99	18 406	11 075	1 101	516	4 750	964	1964—1974
南通盐场	6.20	11 287	1	9 051	54	2 030	151	1958
海门盐场	5.85	10 947	1 126	6 656	144	2 945	76	1958

2. 河网化工程

大有晋盐垦公司境内原有遥望港、环本港、歇御港、东灶港等入海河道。公司建立后又开挖了一批河网,形成新水系。经后人改造,形成了现今的水系。现有遥望港为一级河,新中河、团结河、三余竖河、排咸河、东灶港等 5 条(段)为二级河。

遥望港:又称横江、摇网港、洋岸港、川腰港,后人因纪念宋丞相文天祥于 1276 年从石港场东卖鱼湾处东渡,改称"遥望港",为与大豫盐垦公司交界河。1918 年疏浚并建 9 孔共 35.3 米的大闸。1919 年 12 月 6 日,张謇"会通如人行遥望港闸落成礼"[3-871],增强了排水能力。1955 年起拓宽整治,现西起石港镇丁家渡接九圩港,东至黄海边,全长 35.99 公里,在大有晋盐垦公司境内有 14.45 公里。河道标准:底宽 10～32 米,面宽 40～60 米,底高程－1.66 米,坡比 1:3。由于不断向东围垦,老闸漏水严重,1973 年将老闸拆除,向东 6 公里处建新闸,为 3 孔共 24 米。

新中河:位于同兴、恒兴与广运、贡安、海晏区之间,西起三余竖河,东至新中闸,全长 13.64 公里。1917 年建中三门闸,3 孔共 12.9 米,拓浚河道。1973 年向东延伸,在入海建新中闸,1976 年拆除中三门闸改建为恒东套闸。河道标准:底宽 6～10 米,面宽 30～40 米,底高程－0.66 米,坡比 1:3。

团结河:东段位于广运、贡安、海晏、晋余与三余、东余、晋南区之间,原称南三门闸河。1916 年建南三门闸,3 孔共宽 7.97 米,经歇御港入海。1969 年起,从九圩港陈桥镇五里树村起,利用老运盐河、翻身二河、滥港及南三门闸河,裁弯取直浚深拓宽,并开凿 16.9 公里新河形成团结河,全长 65.21 公里,其中在公司境内 10.7 公里。河道标准:底宽 10～20 米,面宽 40～50 米,底高程－1.66～－1.16 米,坡比 1:3。

三余竖河:原系海门县境内的新街闸河,后因续建经三余镇至遥望港而得名。南起海门市四甲套闸,北至遥望港,全长 21.36 公里,其中公司境内有 10 公里,因地形高低不同,建三余套闸(1966 年,孔径 6 米)、三余北套闸(1979 年,孔径 6 米)分级控制水位。河道标准:底宽 4～6 米,面宽 30～40 米,底高程－1.66 米,坡比 1:3[80-57～63]。

排咸河:鲜圩港以西段是海门县利用清代筑的老海堤南侧的匡河,于 1954—1956 年分段拓宽而成,原称北圩河、新岸河;1966 年新开鲜圩港至东灶港段 6.3 公里。1987 年,经南通市、海门县和南通县(今通州区)水利局共同商定,排咸河西起三余竖河,东至东灶港,全长 23.57 公里,公司境内有 21.77 公里。与三余竖河交界处建北圩河涵洞,1978 年兴建,孔径为 1 米。与东灶港交界处建排咸闸,孔径为 6 米,2008 年拆除。河道标准:底宽 4～6 米,面宽 22～28 米,底程高－0.66～－0.16 米,坡比 1:3～1:2。

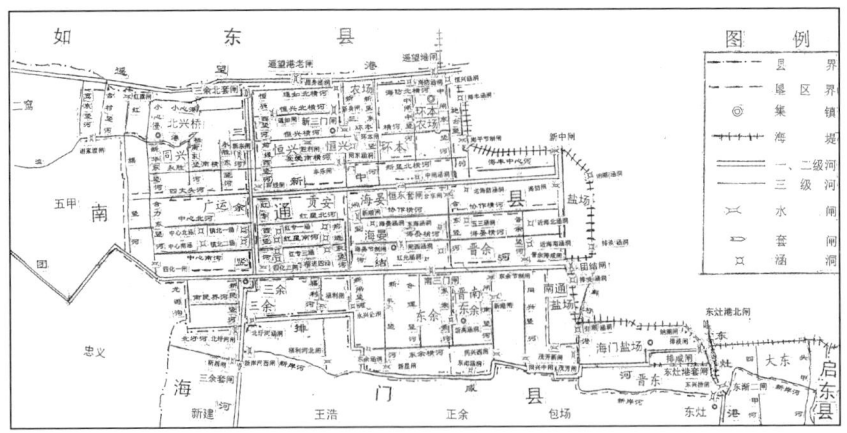

(大有晋盐垦公司)1989 年水利工程设施图

东灶港:南起运盐河,北至海岸,1972 年利用老河拓宽,现南起通吕运河,北至东灶港北闸,全长 6.2 公里,其中在公司境内有 2.1 公里。河道标准:底宽 8 米,面宽 40 米,底高程 -1.16 米,坡比 1∶2.5。

各区四周开河筑堤时形成的匡河和垦区内新开的一些骨干河道成为三级河,一般深 2.33 米,宽 20~25 米。四级河间距 200~300 米,一般深 1.67 米,宽 7.65 米,明沟(原称塍沟)间距 100 米,深 1.33 米,宽 3 米。根据 1987—1989 年两县水利工程设施普查资料,三、四级河及明沟分布情况见表 2-8。

表 2-8　大有晋盐垦公司 1989 年基本河网情况表

单位	三级河 条(段)	三级河 长度(公里)	四级河 条数	四级河 长度(公里)	明沟 条数	明沟 长度(公里)	原垦区名称
合计	46.9	191.39	438	541.4	8 905	1 947	
三余镇	12.3	38.60	83	117.1	2 326	462.8	广运、贡安、三余区
北兴桥	7.1	30.50	50	66.9	1 349	272.5	同兴区
恒兴	12.6	48.40	68	86.3	1 655	341.6	恒兴、环本区部分
海晏	6.4	34.00	72	98.3	1 421	330.9	海晏、晋余、环本区部分
东余	7.0	25.40	103	125.6	1 678	414.6	东余、晋南区
东灶港西	0.25	6.81	22	28.1	251	62.9	晋东区
东灶港东	1.25	7.68	40	19.1	225	61.7	大东区

3. 涵闸工程

当年在各堤外有涵洞,河口有闸。1916年在晋余、晋南区之间大河(现称团结河)出海河口建南三门闸,又称鲜圩港闸,为挡潮闸,3孔,中孔宽3.37米,二边孔各宽2.3米。1971年拆除,在原址外6公里处建团结闸。1917年在环本、海晏区之间的大河(现称新中河)上建中三门闸,为挡潮闸,3孔,中孔宽5.5米,二边孔各宽4.2米。1974年在海丰乡东北角建新中闸后拆除,在原址建恒东套闸,闸孔净宽5米,闸室长100米。1919年建遥望港闸(又称九门闸),总孔径35.3米,中孔5米,两侧边孔分别为4.05米、3.95米、3.65米、3.5米。1974年拆除,在原址外6公里处建新闸,3孔,每孔为8米,中孔可通航。1923年在晋东与大东区的东灶港上建东渐二闸,为3孔挡潮闸,中孔4.85米可通航,二边孔为2.4米,1972年拆除。向北1.75公里处建东灶港套闸,单孔净宽7米,2005年拆除。1994年向北1.2公里处建东灶港北闸,单孔净宽8米,2005年改建为套闸,闸室长160米。

1925年在新三门闸竖河上建新三门闸,中孔5米,二边孔各4.2米。1966年在三余竖河南段,新岸河南建三余套闸,单孔净宽6米,闸室长80.5米。1979年在遥望港南三余竖河上建三余北套闸,单孔净宽6米,闸室长100米。

在张謇兄弟擘画下,大有晋盐垦公司形成一个独立控制的水系,它不仅解决了当年公司盐垦事业中的水利问题,而且直到现在,这一水系还在发挥它的排、灌、降、航、挡等效能,充分显示了张謇在大有晋公司水利建设中的科学性和前瞻性。

八、建设新农村

农业是国民经济的基础。张謇在垦区全面发展农业,将昔日荒芜的黄海滩建成一个初具现代化社会规模的新式农村。垦区内种养结合、五业俱全,发展很快,让当地佃农生活有所改善。

1. 农业

海门人有在盐碱地选种耐盐农作物的悠久历史,海门移民也将种植经验带到了新垦区。通过治水改土,主要种植棉花、三麦、玉米、水稻、蚕豆,也选种了其他生活所需的农作物,如高粱、黄穄、粟穄、旱稻、绿豆、向日葵、麻菜、芝麻等。果菜类有苦荬菜、胡萝卜、菊芋、苋菜、茄子、香瓜、生瓜、南瓜、芦粟、黄花菜、荠菜等。种植的常备药草有柽柳、艾、薄荷、菊花、蓖麻、薏苡、红花、黄花蒿、益母草、蒲公英等。玩赏的花卉有蜀葵、玫瑰、茉莉花、鸡冠花、凤仙花、雁来红、牵牛、茑萝、金盏花等。

作物的种植制度，南部较复杂，愈向北愈简单，到淮北一般仅种一熟棉花或杂粮。中南部作物栽培制度见表2-9[82-205～234]。

表2-9　中南部主要作物栽培制度

制度		作物		土壤含盐程度	说明
		夏季	冬季		
连作	一熟两熟	棉花	绿肥、元麦、蚕豆间绿肥	较重较轻	有极少数夏季种水稻，元麦、蚕豆单作或间作
冬夏季连作，轮作	两熟	棉花	一年元麦一年蚕豆，二年元麦一年蚕豆，二年蚕豆一年元麦，间绿肥或不间	轻	
冬夏季双轮作	两熟	二三年棉花，一年玉米、大豆	二三年元麦，一年蚕豌豆，蚕豌豆间种绿肥	轻或脱盐	冬季先种蚕豌豆和绿肥，夏季种玉米、大豆、蚕豌豆，也作绿肥，也可干收
水旱轮作	一熟或两熟	二三年水稻，一二年棉花	绿肥、元麦、油菜、蚕豌豆	轻重都有	盐重的复种几年水稻，纯绿肥不作熟计

新中国成立后，江苏省沿海地区14个县市农业发展迅速，成为江苏省棉花主要产区，占比60%以上。见表2-10、表2-11。

表2-10　江苏省沿海地区1989—2008年农业产量表　　　单位：万吨

年份	地区	粮食	棉花	油料	肉类总产量	其中猪羊牛肉	水产品
1989	全省	3 282.80	48.47	99.91	未统计	301.21	110.52
	沿海	613.00	26.13	25.73	未统计	29.11	33.78
	占比(%)	18.67	53.91	25.75	未统计	9.66	30.56
2002	全省	2 907.05	36.28	217.03	349.40	239.90	334.40
	沿海	670.07	24.99	61.46	74.25	46.41	136.81
	占比(%)	23.05	68.88	28.32	21.25	19.35	40.91
2008	全省	3 175.49	32.60	150.29	327.55	214.42	425.00
	沿海	826.58	22.58	61.40	83.50	51.88	179.03
	占比(%)	26.03	69.26	40.85	25.49	24.20	42.12

表 2-11　江苏省沿海地区 1981—2008 年农林牧渔业总产值表　　单位：亿元

年份	地区	总产值	农业	林业	畜牧业	渔业
1981	全省	153.62	119.90	2.00	27.11	4.61
	沿海	29.39	24.60	0.18	3.72	0.89
	占比(%)	19.14	20.52	0.09	13.72	19.31
1989	全省	522.25	325.02	7.02	148.13	42.08
	沿海	124.19	79.35	1.14	31.07	12.63
	占比(%)	23.78	24.41	16.24	20.97	30.01
2002	全省	2 011.48	1 165.49	36.29	456.02	353.68
	沿海	597.09	314.84	8.22	130.83	143.20
	占比(%)	29.68	27.01	22.65	28.69	40.49
2008	全省	3 393.96	1 746.83	64.92	916.46	665.75
	沿海	880.47	417.57	18.44	230.26	214.20
	占比(%)	25.94	23.90	28.40	25.12	32.17

2. 林牧副渔业

林业：在海堤台地有比较宽的林带，亦称防护林。在人行大道和大河两旁有行道林，亦称防风林。还有农民在住宅周围种果树，主要树种有：楝树、乌桕、刺槐、桑、白榆、旱柳、侧柏、桃树、柿树、枇杷等[82-225]。

1880 年 4 月 19 日，张謇随吴长庆赴天津途中，经德州桑园走访，为栽桑养桑取经。1886 年 4 月，张謇在浙江南浔会见中国近代最大的丝商群体，他们的成功源于兴蚕桑出丝绸。为乡邻脱贫生计，张謇与父亲集资去湖州购买桑秧，劝乡人赊购先种，待有了收获时再归还，并分送《蚕桑辑要》技术小册子，请人传授种植方法[83-195~196]。

畜牧业：在两淮地区，当时为了运盐运草，必须养牛来拉车。在中南部以水牛为主，并培育出了优良的地方品种"海子牛"，身躯高大，体质结实，四肢粗壮，使役年限长。淮北地区则养黄牛。此外，还饲养了羊、猪、鸡、鸭、鹅等[82-238~241]。

副业：主要是纺织。海门人有男耕女织的传统习惯，差不多家家纺纱，户户织布，除自用外亦在市场出售。

张謇认为"纺厂之获利多寡，枢纽在进花出纱"，而通州及盐垦区就在进花和出纱两方面具有十分优越的市场潜力。因此大生纱厂早期销售的重点对象就是本地的手工织户，实行"土产土销"的方针，生产的重点一直放在纺 12 支粗

大豫盐垦公司牧场

纱上。大生将所产之机纱以"魁星"(象征它是状元办的厂)为商标,扩大社会影响,帮助促销,并在通海及所有盐垦区组织一批殷实的纱庄为基本户,首先销售大生的"魁星"纱。1905年,南通关庄布(约占全国土布总产量的70%)突破600万匹,日需机纱185件。1914—1918年的第一次世界大战,为中国民族资本主义的发展提供了一个空前有利的时机。而日俄战争时,由于日本放松了对中国纱布市场,特别是东北三省纱布市场的控制,南通关庄布和大生棉纱的销售迎来极为有利的时机。广大农村织户以机纱作经,土纱作纬,织出的土布,质量提高,销路大畅。有资料显示,"1903—1904年,大生纱厂年产12支纱3万件,然而织户用于织关庄布的12支纱即需6万件之多"。可见缺口之大相差一倍。大生崇明分厂(二厂)26 000枚纱锭投产后,年产12支纱15 000件,也仅能满足当地织户一半的需求。17家盐垦公司实有佃农49 604户,304 980人,共有手摇纺车及织布机13 600台,平均3户多就有一台机,可见盐垦区的土纺土织已占总农户的30%[66-218~219]。

渔业:海门人习惯在宅沟中养鱼,鱼种有白鲢、青鱼、草鱼、鳙鱼四大家鱼,河沟中野生鱼种有鲫鱼、鲤鱼、黑鱼(乌鳢)、黄鳝、鳗鲡、鲂鱼、河蟹、虾类等。沿海滩涂上有文蛤、蛤蜊、泥螺、梭子蟹、白虾、鲻鱼、尖叔郎、蛏、蟛蜞等。海门人也将养鱼技术带到了新垦区[82-243~246]。

几千年来人们将木帆船作为主要工具,从事海上捕捞工作,长期保持中古式的捕鱼方法。据20世纪30年代中期估计,沿海7省有渔民120万人,风帆渔船99 286艘,211.4万吨位,渔产品年值3亿元,直接间接依靠渔业为生的达千万人[48-6]。

1903年5月23日,张謇在上海搭乘日本"博爱丸"号轮船途经大戢山、小戢山等嵊泗诸岛海域(时属崇明县管辖,至1953年)赴日本,借参观日本第五次国内劝业博览会之机,进行了70多天的全面考察,清醒地看到我国旧式渔业的落后状况,认识到欲图自强,必须创建新式渔业。

1903年8月,张謇在吕四创办了一家渔业公司。虽然这家渔业企业规模较小,但其宗旨却很明确,即把当地渔民和渔商组织起来,改良渔具渔法,促进旧式渔业转化。同年12月,张謇开始筹办江浙渔业公司。1904年6月16日,定南洋渔业公司办法,8月23日,定渔业公司集股启并章程[3-584~587]。同年10月,张謇撰写《咨呈南洋大臣魏光焘》的奏章,明确创办江浙渔业公司的宗旨,"乃为保护中国渔业,保全中国之海权"。奏章称:"各国领海界大约以近海远洋为分别:近海为本国自有之权,远洋为各国公共之路。我之沿海渔业,在随近海岸一二十里内者居十之七,在大洋者居十之三。我既图以新法抵制外人拖船捕鱼,自宜在远洋布置。近海一二十里,仍留为我寻常小船捕鱼之利。外为内障,内为外固,可以相资为用而不相妨。""自中外交通浸成商战之局,若我内地华商及时联络奋兴,多集公司与之角胜,则中国固有之利尚不至见夺于外人。"[7]56~59张謇请办渔业公司实为自保利权起见,提出建立"江浙渔业股份有限公司"简称江浙渔业公司,以"江苏海州(今连云港)、赣榆、淮安、盐城、阜宁、东台、通州、如皋、海门、常熟、昭文(今太仓)、宝山、崇明、南汇、奉贤、金山,浙江省嘉兴、平湖、宁波、镇海、奉化、定海、台州、宁海、温州、玉环为向来渔业最著之区,即为今后渔业公司联合所至之地"。公司最初股金为规银45万两,后增至60万两。江浙渔业公司之总局驻上海吴淞,江苏分局拟设青口、斗龙港、掘港、吕四、吴江五处,浙江拟设乍浦、镇海、定海、后海、瀣浦、小港、穿山、新碶、衢岱、沥港十处。次年5月1日,清廷令准张謇条陈,正式开办江浙渔业公司。1905年张謇又撰写《为创办渔业公司事咨呈商部》,并呈南洋大臣。他说:"海权渔界相为表里,海权在国,渔界在民。不明渔界,不足定海权,不伸海权,不足保渔界,互相维系,各国皆然。中国向无渔政,形势涣散。洋面渔船所到地段,或散见于《海国图志》等书,已不及英国海军官图册记载之详。至于海权之说,士大夫多不能究言其故。际此海禁大开,五洲交会,各国日以扩张海权为事。若不及早自图,必致渔界因含忍而被侵,海权因退让而日蹙。滨海数千里外,即为公共洋面,一旦有事,人得纵横自如,我转堂澳自囿,利害相形,关系极大[7-101~102]。"这时德国荣华洋行在胶州湾开设的渔业公司有艘"万格罗"号渔轮欲出售。张謇看准机会,由张柱尊撰写"江浙渔业公司福海轮研究报告",有总论、渔船、渔具、船员、渔场、渔期与渔获物之关系、渔法(捕鱼方法)、渔获物理法处、渔获物贩卖法等九章,详细阐述了渔船结构,渔具编织,配备船长、大副、二副、三副、水夫长正副各一及水夫十、车管正副各一,及加油、火夫、机房助手、厨司、童仆等26人。

报请得朝廷准许,由苏松太道拨官银5万购入,取名为"福海"号,其船长百零六呎(32.33米)、宽十九呎九吋(6.02米)、深十一呎六吋(3.51米,自甲板下至龙骨距离)。机网俱全,使用蒸汽机动力280匹马力,载重641吨。

船内之配置:自船首起有水夫室、鱼舱、冰舱、清水舱。机关室两侧为石炭室及清水舱。后方为堆网及上级船员之起卧室。其船首室高出甲板上六呎(1.83米),长二十四呎(7.32米)。除其前部备一清水槽外,共设卧铺十六张。鱼舱、冰舱之底,搪以水泥后敷芦席,内依隔板三行四列别为十二区,每区深九呎(2.75米)、宽三呎六吋至四呎(1.067~1.22米)、长约四呎(1.22米),并备有鱼箱二十余只,得以实之贵重之鱼,其长为三呎四吋(1.012米)、阔一呎八吋(0.508米)、深一呎二吋(0.536米),其周系木制,底为竹编,取其融冰之易泄也。机关室长二十五呎(7.63米),锅炉在前,原动机在后,而加煤生火之作业,则在其中部。堆网室位于右侧,其左设卧铺四,上级船员室正在后樯之后。内备卧铺四、食桌一、坐榻四,乃上级船员之起卧集会及事务室也。

全船操业人员26人,从青岛雇用4名有航海经验的水手,并聘请一名商船驾驶员,其余船员大多为宁波籍沿海渔民。"福海"轮为江浙渔业公司的第一艘捕捞机轮,同时兼作沿海群众渔船的保护官轮,官府发给快炮一尊,后膛枪10支,快刀10把。管驾大副平时督同水手操练武艺,实行亦渔亦武的制度,保卫渔民安全生产。出海渔船桅顶挂红白两色旗帜,夜间另悬红白两色灯亮于桅上,如若遇海盗遇险,即以旗、灯为号,官轮速予救助。

江浙渔业公司于1904年11月底成立,张謇为经理,直属商务部领导。渔业公司之下属机构为渔会。加入渔会的渔船,多为冰鲜船,由冰鲜船帮主持。每船按其大小分别征收报关费、船照费。渔业公司的"福海"轮承担保护任务。

根据江浙沿海渔场情况,"福海"轮每年白露节起至立夏节止8个月定为捕鱼时期,自立夏节起至小暑节2个月为护洋保护时期(保护马蹟至岱山一带之冰鲜船),自小暑节后至白露节为修船时期。捕鱼期,每次出海捕鱼所需之冰,在夏秋两季需3万斤以上,冬春两季需2万斤。

张謇在上海吴淞江浙渔业股份有限公司基地处理渔业公司事务时了解到:有"一二无业洋人"趁英国人占我上海海关税务司之机,对我渔民实施讹诈欺骗,向江苏、浙江一带沿海渔船强行发放洋旗,并据此收取所谓的关税,"每次大船二十七千八百五十文,小船十五千七百五十文"。另有所谓"挂洋旗税"、按吨位论税,大船征银十二三两,小船征银三四两,明目张胆地施行经济掠夺,我渔民愤怒而又无奈,苦不堪言。

张謇了解了此情况后,立即采取相应对策,打击和抵制外国入侵者的经济掠夺。由张謇主持制定的《江浙渔业股份有限公司详细章程》中规定:"公司保护官轮船首应用国旗,船尾用合众公司红地黄月双行龙旗",其他渔商船舶,包括"本公司与各国合众资本事业相同船步,均应遵用中国双行龙旗"。

张謇采取正义的强硬措施,不仅取消了"无业洋人"假发洋旗诈我渔民的情况,而且令我领海内"各国合众资本事业相同船步",也必须遵守中国法令与规定,在其船上升挂中国双行龙旗。他还组织专门技术人才力量,绘制中国渔场海图,标明"中国海界经纬线度",分发给各省沿海渔船渔民,使每一艘渔船、每一个渔民都清楚中国自有海界,"外争国家海洋主权,内保我渔民利益"。

1904年10月9日,当主桅上高悬清朝双龙旗的"福海"号渔轮,第一次出现在当时地处中国海上最东边的嵊山海湾时,祖祖辈辈驾驶小木帆船讨海生活的渔家父老乡亲,对这样一艘自身冒烟、"突突"吼叫的钢铁怪物,一个个都充满了新奇与欣喜。此刻,他们或许还不知道,就是这艘船号"福海"二字的铁甲钢船,从此成了他们抗盗御敌的保护神、抢险救灾的福星轮。

自购置"福海"轮的第一天起,除了捕捞生产,张謇还赋予"福海"轮另一重要职能:广大渔户、船民、渔船和渔场、领海的"保护官轮"。

这"保护官轮"实乃中国历史上第一艘渔政轮。张謇对"保护官轮"的职责,以及对"保护官轮"及其船员、官员护渔立功奖励等事项,均作了明确、细致的规定:

第一,渔船在洋面捕鱼之时,各渔船相距在视力可及之地,如遇海盗,日夜悬红白两色旗帜于桅顶,夜间另悬红白灯于桅顶为信号,保护官轮一见即速往抢救。

第二,官轮保护渔船安全,定章不许丝毫受谢收礼。倘缉获盗船时,将其船及盗徒交就近该管地方官惩办,同时报明本公司。

第三,官轮每年救获被盗劫渔船次数,随时报以公司存记,汇请南洋大臣奖励管带及水手。原有官阶者,酌予保升;无官阶平民者,给予功牌。

上述规定经一个阶段实施,取得了良好效果。张謇在广泛听取官轮船员及渔户乡亲们的意见后,又进一步作了补充规定:

其一,向来渔船患盗,公司渔船多带枪炮,订章练习,春秋大汛时即可随时保护各渔船。

其二,间有风灾失事之船,无论是否江浙两省所属,是否渔船,或避风驶入,或被风漂之,各分局一体保护周恤。船户姓名及其所用之费,分别报明总公司及所在地方官,报单由总局定式发行。

其三,重申救护各渔船不得受谢。

其四,缉获盗船不得分船中一物。

此外,张謇亲定"福海"轮作为"保护官轮"的办事简章中,也有相应规定:

规定一,"每届巡洋总公司为护众渔船起见,不取护渔费。船上各执事薪俸亦应酌减,稍尽义务,除应领部颁奖金外,不准向各渔商私收保护费及索取食鱼等。如缉盗获船,亦不准擅取船中物件"。

规定二,"福海"轮一切生产经营"以不扰渔民生计为主",还强调"船上备有枪炮,在船各人需随时习练,以备巡洋缉盗时正当之防御";

规定三,"在外海如见旧业渔船有遇风遇盗等事,须立时护救,不准索财,若难民需衣食川资等费,由总公司照结"。

张謇为"福海"轮作为"保护官轮"而制定的这些办事简章及一系列规定,充分体现出张謇设立"保护官轮"的宗旨,不仅是"以不扰渔民生计为主",而且以维护国家领海主权、保持海疆与渔场安宁、保护渔民生命财产安全、保障渔民利益为目的,其中蕴含的强烈的爱国心、爱民情,如同日月光辉照后世。

他不仅严格要求自己,而且严格管理部署官员和船员不弄权、不谋私的高风亮节与伟大品格令人敬仰感佩。更为难得的是,在当时清政府对外卖国求荣、对内残害百姓,在朝官员贪婪腐败、恶风盛行的现实环境中,张謇一而再、再而三地强调官轮在为渔民提供保护后,"定章不许丝毫受谢收礼",甚至连"食鱼"即渔民俗呼"鱼羹"鱼也不准索取,并辅以严格的监督措施与奖励措施。他在中国近代第一个提出了"清廉办事"和"廉洁执法",并以制度为保障,教育和引导"保护官轮"管带水手"奉公守法",开创了中国近代史上提倡"廉政",实施并推行"廉政"之先河。

"福海"号渔轮投产后,由于初涉外海试捕,渔场海况陌生,尚未来得及摸索出外海鱼汛规律等原因,曾一度出现亏损现象。张謇对此十分重视,亲自组织了两次整顿,设法扭亏转盈,促进其在开创新式海洋渔业中更好地发挥示范领导作用。

这两次整顿的主要措施,首先是加强对渔业公司及渔轮的捕捞生产和经营管理的监督,总结前阶段的经验教训,根据海洋渔业经济特性,重新修订了《江浙渔业股份有限公司详细章程》,对渔业企业的生产经营重大决策诸多事项,作了明确规定;其次是调整充实了海上捕捞生产一线技术骨干力量,"将船主撤换,升大副为船主,兼司记账",酌减多余和非技术性劳力,并改良渔具,改进渔法,提高产量;再次是加强经济核算,注意效益,大胆探索海洋渔业企业经营管理新路子,对渔轮的捕捞时日和经费开支、生产成本等均有定额,并辅以奖罚措施。例如对渔轮出海作业时间,规定除风暴所阻,每月必须保证在15天至20天。

结合整顿,张謇还在新式渔业企业经营中如何建立激励机制,引导群众在渔业工具结构、作业结构调整上,进行了大胆尝试:

其一,他提出在作业渔轮上实施"六四开"奖励制度,"为度所得渔利,除每月开支外,六成归公司,四成作为在船上下人等奖赏",以提高船员的生产积极性;

其二,引导群众渔业加快船网工具结构和作业结构调整,"江浙渔业公司若有成效,各股东及旧业渔户,宜合力扩张新法渔船,其旧有可行远洋之渔船,宜日渐收减"。

经过两次整顿和近十年反复探索捕捞与经营实践,无论是江浙渔业公司的经营管理能力,还是"福海"轮的捕捞、护渔能力,都得到进一步提高。尤其是在海洋捕捞方面,逐步摸索出一套外海渔业生产的规律,根据鱼汛状况,灵活安排渔期,确定渔场。首次科学地探明和总结出小黄鱼在东海渔场,以嵊泗列岛为中心,按季节时气,成群结队自南向北的洄游规律,并且还发现了大黄鱼、带鱼和墨鱼在嵊泗渔场的资源状况及其产卵、洄游规律,带头采捕做示范,引导群众渔船,共同开发大黄鱼、小黄鱼、带鱼和墨鱼等四大经济鱼类,推动了沿海群众渔业的发展和改造,并逐步形成了东海渔场春、夏、秋、冬四大鱼汛。

正因为有张謇强烈的爱国爱民思想和廉政思想做指导,也正因为张謇敢于率先用规章指导、约束与保障"保护官轮"及其管带水手廉洁奉公,恪尽职守,因而"浙洋渔船无被盗之警,甬(渔)人颂之为数十年所未有",才有渔民在海上,不管遇风遇盗遇贼,只要听到"福海"轮鸣笛,或是看到挂双龙旗的"福海"保护官轮,渔民就放心的感人故事。

"福海"号海轮在护渔护航、维护渔场秩序和领海主权方面,开创了中国渔政第一轮,使江浙洋面无被盗之警,为渔民创建了一个比较安定的生产环境,从而又促进了以嵊泗列岛为中心的东海渔场的开发。在当时内忧外患的条件下,张謇怀着强烈的爱国之心,首先把目光投向了广袤的大海,开发蓝色国土,把实业救国的活动扩展到了一个新的更为广阔的领域[84-23~38]。

中华人民共和国成立以来,我国海上警卫有渔政、海巡、海警等船,吨位从几千吨逐步发展到万吨级。到2020年,世界上最大的海上执法船是中国的"海警3901",满载排水量为1.2万吨。2021年正式列编的"海巡09",满载排水量为1.3万吨,可搭载多型直升机,并配合其加油、救生和搜集等作业,成为世界上吨位最大、装备优良的海上执法公务船。中国海上巡逻力量更加强大,确保了各类船舶的通航安全和船舶遇险的抢救工作。

3. 商业

清代中期,商业渐兴。清代末期,有大豆、花纱布、木材、南北货、杂货、银楼、客栈、点心等近百个行业。

大生纱厂投产后,产品销售渠道主要通过纱厂自设的批发所和零销所销售。批发所主要供应纱庄或兼营纱布生意的其他商号,零售所直接供应通海土布织户。张謇还注意与大生集团以外的其他商人结盟,例如同地方钱庄一道为当地土布商人提供特别的信用货款等。大生的棉纱基本上都是通过开盘方式批发给各纱庄销售。

盐垦公司常年输往南通集散的棉花有40万担左右,而上海的工业品及生活必需品则由南通输往垦区,还需从商品粮的主要产区苏南或安徽购入几十万担粮食,仅南通县每年要从这些地区购入粮食50万担。上述两方面的交换过程,一方面使盐垦公司和资本主义市场密不可分,另一方面又促进了市场的发展。与此同时,为方便商旅生活的旅社、饭店、茶馆也建立起来了,例如合德镇之棉市中心、华成、合德、大纲诸公司均位于此,秋收时远近数万人,贸易额达数十万元。

流经合兴镇的小洋河,与上游的海、串场河沟通,有轮船直达盐城。射阳河是境内较大的河道,源于宝应县射阳湖,向东流经建湖、阜宁、滨海至射阳县下老湖入海,全长210公里,河口宽100~450米,河底高程-11~-5米。小洋河出射阳河的河口原先叫"蚂蚱庙口",张謇游历此地后建议改为"小庙口",建有码头、货栈、茶房、旅社等。外国的大轮船有"哈发""永贞""姆佑""开利马日""老开林""新开林""楚大"等7艘,这些船只南去上海、崇明、南通,北抵连云港、赣榆,甚至来往于宁波和烟台、日照、青岛等沿海城市,运出当时垦区年产数十万担的棉花及其他农产品,运进"五洋"百货和木材等物资。东坎、湖垛、涟水、兴化、泰兴、两淮等地的客商都来合德"小庙口"发货、取货。1949年后,射阳港获得进一步发展,1978年由江苏省人民政府批准建设海港,1980年被列为全国沿海42个小型港口之一,1985年国家交通部选定射阳港为江苏省重点卸煤港口,1994年射阳港正式成为二类对外开放口岸后得到进一步发展[85-697~698]。

垦区移民中还分化出一部分小商贩。有的从事贩运棉花与土布。秋天棉花登场后,因海门、南通棉花收购价格较高,大丰的籽棉价是十七八元一担,而海门可卖二十元甚至二十九元,故移民农活做好了,就用小车推棉花到海门去卖。有的为补贴生活,也到海边弄鱼虾拿到镇上卖,或卖给鱼行。有的从事小买卖,移民中的妇女、小孩子往往在垦殖公司所在的市镇上摆摊卖饭,两个铜板一碗饭,一个铜板一碗豆腐汤,还卖白酒和烟叶子,甚至从镇郊推淡水上镇卖,只要能赚到钱,什么小买卖都揽着干[68-142]。

4. 金融业

中国自明代中叶起,形成银钱并用货币制度,大数用银,小数用钱(铜钱)。银是秤量货币,以"两"为单位,由于成色、衡量标准各地不统一,造成了换算麻烦、比价不一的复杂状况。铜钱的铸造大体有一定的标准,但只能用于小宗交易。钱庄、典当的业务广泛,银楼、堆栈也具金融属性。张謇觉察到钱庄潜在的危机,在1901年所作的《变法平议》中提出"行金镑改钱法","兼具是三者:金钱行而镑价均,银圆行而市价平,铜圆行而私毁清"。主张"立银行用钞币","各省布政司宜各设一官立之银行,凡赋税所入,悉汇凑焉","各府州县设分支官立银行,均设储藏。绅民主有以家财入储者,给息二厘。其民间公立银行领用钞币,则取息四厘,为代守储藏之费。请领之时,联环取保,以实产作抵,按

钞币

季收息。纳赋缴税,官亦收之"[13-42]。张謇又说:"农工商业之能否发展,视乎资金之能否融通。"[13-258]为此在1910年,张謇为控制通海地方游资和两淮盐务资金,先后筹划南通劝业银行与盐业银行,但由于缺乏社会基础而未能实现。1911年大生一厂设立大生储蓄账房,收受职工存款,发行"支单""钱票",形成金融机构的雏形。1916年,张謇在茅家镇(今海门街道)创办通海实业银行。1919年大生股东常会通过决议:"投资组织银行,以为金融活动机关,现已筹备就绪,命名淮海实业银行。所有股款拟遵照七届议案,在本厂股东应得余利项下提出十分之一,入淮海股份。"实际上从1918年起,这项资金已经在大生一、二厂股东余利项下照数扣存起来了。1920年南通淮海实业银行宣告成立,总经理张孝若,协理陈端,行长徐赓起,总行设于南通。到1921年,所扣股东余利及招股数已达125万元,注册时资本号称500万元,设立分行于海门、扬州、南京、汉口、上海、镇江、苏州,又在盐城、阜宁、东台各垦区设立分理处。分理处业务大部分委托各盐垦公司负责人或其会计兼理,由于职务之便利,银行大量资金贷放垦区[32-185~186]。张謇创办的与农垦有关的银行,还有外汇银行(大生上海事务所)、商业银行(大同钱庄)、中央银行(淮海实业银行)等,对筹集资金发展农业

起到了积极作用。为保证棉花收获季节大额现金的安全,还在大中集、合德镇附近建了简易机场,从上海直接送到垦区。

淮海实业银行成立时,张謇兄弟与银行员工合影

5. 社会设施

张謇从建立通海垦牧公司开始,就有一幅建设新式农村的蓝图,"而即藉各股东之力,以成建设一新世界雏形之志"[21-585]。为此张謇十分重视垦区社会公共设施的建设、生产的发展,促进了沿海城镇的发展。

公司还设法改善垦区的生活条件,从饮水问题到休闲娱乐设施都有所涉及。张謇曾计划垦区每个市镇"有街道长五六里,公园兼运动场子一"。虽然未能一一实现,但一些公司的确做了努力。如通济公司,其境内的水含卤,不好喝,职员不愿在那里工作。后来公司出资 2 000 元请上海开井公司打了一口井,井深 50 丈。深水井不仅解决了公司职员的饮水问题,也惠及镇上居民,至今仍为当地人民所称颂。泰和公司还建了一个公园,开凿了一眼自流井,建筑了亭榭、草堂,广植花木,供人游憩。其他各公司所在地也往往遍植花草,营造了优美的生活环境。在淮南垦区,到处可见店铺林立的市镇,小饭店、米行、绸缎布匹店、烟店、茶食店、京货店、南货店、药店、花行、诊所、轧花厂、理发室、浴室、脚踏车行等一应俱全,解决了就近农民的日常生活所需。如大豫镇一条街有二里路长,有百货店等,"农民购物可以不再去掘港镇了。还有几家小企业:轧花厂、油坊、机米坊等,均为公司所办。包场街上的店也大,均是邗江帮所开,有京南货、杂货、茶食等店"[86-239~240]。

大生系统 17 个公司在抗战前建集镇 26 处,尔后又建起 10 处,其他公司建集镇 1 处,共有 37 处。通海垦牧公司建海复、东元镇,尔后又建石堤、秦潭镇。大有晋盐垦公司建三余、北兴桥、东余镇,尔后又建海晏、恒兴镇,海门的东灶港镇。大豫盐垦公司建大豫、兵房、大同镇,尔后又建南坎、九总、北坎镇。华丰垦植公司建四圩镇。大赉盐垦公司建通泰镇(现称新街镇)。泰源、东兴盐垦公司境内建新农镇。通济盐垦公司建大桥镇。通遂盐垦公司建万盈镇。通济公司建草庙镇。裕华公司建裕华镇。大丰盐垦公司建大中集(现为区政府驻地)、南阳镇、新丰镇、金墩镇。商记垦团建通商镇。泰和盐垦公司建三龙镇。大祐盐垦公司建黄尖镇。大纲盐垦公司建兴桥镇。合德垦植公司建合德镇(现为县政府驻地)。阜余垦植公司建阜余镇。华成盐垦公司建通海、千秋、八大家(现称临海)镇。其他盐垦公司还形成滨海的六垛等镇。

抗战前大生集团所属各农垦公司主要社会设施见表 2-12,这些社会设施推进了垦区城镇化进程[87-858]。

表 2-12 抗战前大生系统 17 个公司社会设施统计

公司名称	市镇(处)	仓库(间)	公路(公里)	电话线(公里)	合作社(所)	小学(所)	中学(所)	训练班(所)	诊疗所(所)
通海垦牧公司	2	49	144.6	55	8	13			1
大有晋盐垦公司	3	56	136.0	60	8	5			1
大豫盐垦公司	3	63	195.4	77	15	9			2
华丰垦植公司	1	14	45.2	10	1	1			
大赉盐垦公司	1	20	120.0	20	9	5			1
泰源盐垦公司		7	31.0	10	1	1			
通济盐垦公司	1	5		15	1				
遂济盐垦公司		5		12	1	1			
通遂盐垦公司	1	10	21.0	15	2	1			
裕华垦植公司	1	35	94.0	15	9	6	1		

(续表)

公司名称	市镇(处)	仓库(间)	公路(公里)	电话线(公里)	合作社(所)	小学(所)	中学(所)	训练班(所)	诊疗所(所)
大丰盐垦公司	5	111	423.0	225	24	2	1	2	1
泰和盐垦公司	1	15	165.0	14	3	2			3
大祐盐垦公司	1	15	23.0	20	1	1			
大纲盐垦公司	1	7	50.0	10	2	1			
合德垦植公司	1	7	58.0	25	2	1			
阜余垦植公司	1	5	51.0	10	1	1			
华成盐垦公司	3	50	204.0	38	7	4			1
合计	26	474	1 761.2	631	95	54	2	2	10

第四节 引进新技术

企业家创新活动是推动企业创新的关键。张謇作为中国科技史上第一个"下海"的状元,对知识、人才非常尊重,大生纱厂创建初期,一切有关机器设备和生产技术方面,聘用英国工程师汤姆斯和机匠忒纳负责。从1908年起,先后聘请的水利方面工程师有荷兰的奈格、贝龙猛,瑞典的施美德、霍南尔,美国的赛伯尔、费礼门等,并通过引进外国先进技术,促进社会进步。

一、植棉技术

中国农村原先种植的棉花,由于低产、纤维粗短,只能纺粗纱,不能适应现代纺织工业的需要。张謇大规模地引进良种,扩种棉花。

1. 引进良种

早期的引种工作,只是简单地分发美国棉种给农民种植。最早引种美棉的不是张謇,而是张之洞。1892年,张之洞在武昌创办的湖北织布局建成并开工生产,同年购入美棉种子34担,"饬发"湖北15个县试种,成绩欠佳;次年再购美棉种100担,继续"饬发"试种,又未成功。此后,山东巡抚杨士骧、东昌太守魏家骅、鄂督赵尔巽等人又先后引种美棉,均告失败。与张之洞等人仅发号施令的做法截然相反,张謇亲自参与,采取科学措施在南通及苏北盐垦区进行试种、驯化与推广[88-510]。1906年先在私立通州师范学校中分设农科,1908年添设蚕桑学科,1909年师范农科改称高、初两等农业学校,后又改为甲、乙两种农校。不久乙种农校停办,专办甲种农校,由孙润江先生负责。教学内容授以农艺、园艺、畜牧等专业知识,尤以盐垦植棉之推广及改良为中心课题。实习场地也初具规模,设有棉场、园艺场、家畜试验场、五山苗圃、养蚕室、森林事务所、测候所等。其中棉场闻名全国,系国内四大棉场之一。当时在培养人才、改良棉产方面均在国内名列前茅。

重视开展国际学术交流,学习外国人的先进科学技术。农科学校创办翌年,聘日本人照井三郎等来校任教。1912年相继派遣毕业生王陶、孙观澜、王志鹄赴日、美、意、法留学,学成归国,回母校从事教学和科研工作,发挥了很大作用。

张謇掌农商部时,曾制定了奖励棉业条例。在经营植棉试验场的经费问题上,张謇提出了自己独到的见解,他主张"长养",所谓"长养者,使下有可以自给,而后出其余以供上,上与下相处而安,不致生睊睊疾视之恶感。即至政府仓卒发生万不得已之事会,偶一搜括而犹有所得"。在具体做法上,"如南通、崇明两纺厂,每年应纳棉花捐,年合二万二千二百元,但截留一年或二年,即可供购买、整理一棉业试验场地之用"[7-383]。

1915年,农商部拨开办费10万元,设立部立棉业试验场,并向美国购买新式农具,如犁耙、中耕器、播种器及锯齿轧花机等,分发各场应用。各场业务规定为:(1)选种及传布;(2)播种、收获、气候、土壤、肥料等之测验;(3)病虫害之驱除及预防;(4)纤维质之检查;(5)棉花标本之陈列与保管;(6)练习生之招收与指导等。是年3月,设立第一棉业试验场于直隶正定,面积281亩;4月设第二棉业试验场于江苏南通,面积295亩;4月设第三棉业试验场于湖北武昌,面积362亩。以上三场为我国国内最早设立的棉业专业机构。张謇不但注意在国内培养专业技术人员,还专门招聘了一批外籍美棉种植专家进行指导,为美棉引种保驾护航。以南通为例,1915年4月,于南通第二棉业试验场,聘请美国棉作专家卓伯逊为顾问,专业从事美棉种植指导工作。卓伯逊本人也是最早来中国从事棉作指导的外籍专家之一。

1919年在农校的基础上进一步发展,成立南通农业大学,于南通南门启秀路南择地400余亩,兴建教学大楼,后取名东二院。张謇为农校题书了"勤苦俭朴"的校训。校长由张謇、张詧担任,张孝若为视察员。农科总主任由张謇从浙江聘请来的李敏孚硕士担任,畜牧系由美国康奈尔大学畜牧系毕业生郭守纯硕士担任。学校采用欧美农业大学的治校新法,定预科3年,本科4年。设立农艺、园艺、畜牧、农化四个学科,分评议、卫生、伙食、运动、音乐、演讲、出版7部和文牍、会计、庶务3股。教学内容除农艺、园艺、畜牧、农化外,增添土壤肥料、动植物、遗传育种、农田水利、病虫害等科目,尤以农化、棉作为主要内容。建有理化、生物、棉作物、土壤肥料、酪酿产制造等实验室,仅棉作物标本就储藏有各种棉纤维4 000余种。棉花、棉叶、棉铃、棉籽及棉之病虫害标本5 000余种,还集有国内外棉产区产量比较图700余幅。学校还辟有农场、畜牧场、林场及蚕桑场,设军山气象台为师生观察实习之所。当时育成的青茎鸡脚棉棉种,誉满国内,为当时棉作育种之桂冠。为了解决大田实验问题,张謇还捐资46万元在阜宁购置垦田10万亩作为学校基地。

2. 改良棉种

我国原非产棉之地,自唐代后期,印度棉花开始引入我国南方地区,元代传至江南,清代传至南通,素有"力韧丝长"的美誉。但它的品种类型属于亚洲棉体系,只适合纺粗支纱。随着纺织工业的发展,纺中支纱、细支纱的要求日渐迫切。1910年,张謇在《奖励植棉暨纺织业说》中明确提出:"奖励植棉,先定区域。沿海七省,闽广雨量过多,或不适宜。其余五省,无不宜棉者。江苏之通、海、松、太,浙江之宁、绍,播种甚繁不烦诱导,而此外各府尚可推广。他如奉天、直隶,山东滨海之区,虽有种植,不见繁盛。沿江如安徽、江西、湖北,腹地如陕西、山西、河南,情形相同。总计中国宜棉之区可定为十一省,每省推广植棉地四百万亩,即得四千四百万亩……今宜明定区域,于十一省中,择砂质土壤适于植棉之地。而风气未开向不植棉者,每省划出五州县,名之为植棉区,以一州县为一区。一区之内,岁悬奖励额金一万圆,先期一年,由劝业道饬州县农会、自治会等广为布告,劝以植棉。至次年夏秋之间,由农会或自治会周行履勘,其有棉苗畅茂培壅得法者,分为一二三四等给奖:一等每户给千圆,二等五百圆,三等三百圆,四等一百圆,由州县会同地方团体办理。连得一等奖三年者,详劝业道报部奏给商勋。得奖之户及每区植棉田亩与产棉总额,由地方官会同地方团体呈报劝业道报部。果使五年之内,一省增加植棉之地得达四百万亩,则劝业道与该区州县皆报最上考。奖励之期,定为十年。十年之后,应否继续行之,则视国家对纺织贸易之政策以为断。"[13-168~170] 1914年,张謇在《呈大总统文》中说:"顾推扩纺织厂,必先推广棉产。改良纺织品,必先改良棉种。推广之迟速大小,视金融之丰啬通沛,而改良在农。合中外棉种,其数逾百。合土壤、肥料、分析培植之方,数亦累十。此非官设植棉试验场以为之导,人民智无由启,力无由奋。"[7-339]

改良棉花品种不外四个途径,即引进新种、系统选种、杂交育种和人工变。中国棉种改良始于引进新种,继之以系统选种。然而棉种的改良不是一帆风顺的,南通第二棉业试验场引入美棉50余种、本国棉10余种集中试验后得出结论:"南通产之青茎草棉及鸡脚棉亦不亚于上列两种,惟本国产者纤维短,不能纺成细纱以抗舶来品;外国种虽佳,然以气候地质之不同,几经栽种便成变种,亦难得保持固有之性状。"张謇深知"吾通为全国产棉有名之区,故尤为纺织家视线注射之地"[21-427],棉种改良尤为重要。但对于引进美棉示范推广工作的艰难,张謇是有思想准备的,他在研究世界先进国家植棉史后于1917年指出,"闻之美国选棉种于埃及,政府以全力注之,试验十八年而后成。吾通试验棉作亦八年于兹,搜集世界棉种至百五十种⋯⋯吾通棉作试验成功之难,亦将为十八年,抑或短于十八年,非可逆睹也"。鼓励农科农校学生、教员各自奋勉"以棉作展览会开会之第一日,即为此以后试验成功之第一日。他日负试验之责任者,即享成功之荣誉者也,其必有奋然而起者矣"[21-427]。由于张謇的大力倡导和以科学的态度进行试种、驯化和推广,从1915年南通第二棉业试验场建立后,经过十余年之努力,"美棉才能在通海垦牧公司以及其后在淮南海滨地带相继建立的45个盐垦公司,首先从大生企业系统所属的16个大公司的新垦棉区推广开来,从而改变了华棉一般只能纺8～12支粗纱(即使质量最优的通州棉也只能纺12～14支纱)的局面,使中国棉纺工业有了纺制32～42支细纱的原料"[89-426～427]。

南通地区种植中棉历史悠久,农家品种类型极为丰富,其中尤以鸡脚棉为多。同其他亚洲棉一样,鸡脚棉也因低产、纤维短等原因不适应机纺织业的发展。"因地处棉产中心,邻近大生纱厂且由纺织厂主持人张謇为校长的南通农科大学,对棉产改进工作最先深感其需要。"[89-426～428]在引进美国陆地棉的同时,南通农大也将对鸡脚棉的改良列为研究课题,这项工作在全国开展最早,并在我国棉作改良史上占有重要地位。

但早期的棉种改良工作,只是通过对农家品种的征集和简单对比,评选出优良的地方品种,如南通鸡脚棉、南通青茎鸡脚棉、南通鸡脚椏铃果、嘉定硬籽、江阴白籽等。从1916年以后南通农大的棉种改良发展到对品种的生态类型和经济性状分类和品种选育,主要成就有以下三个方面:

一是应用混合选种法育成新品种:改良南通鸡脚棉,系南通农大王善佺将混杂的鸡脚棉分系于1920年育成。改良青茎鸡脚棉,系王善佺和东南大学农科教授孙恩麐于1921年从南通鸡脚棉中混选,1925年江苏省棉作试验场继之,选育出3号系。该品种为早熟品种,株高中等,叶枝少,呈筒形;鸡脚叶,叶裂2/3,青茎,黄花无红心;铃小,铃重1.7克,衣分38%～42%,纤维白色,绒长22.2～25.4毫米。为推广品种中纤维最长者,抗卷叶虫,曾在南通市一带种植。

二是应用杂交育种育成新品种：长丰黑籽。前南通学院冯肇传以百万棉为母本、以孝感光籽长绒为父本杂交育成,具有大铃、长绒和衣分较高三个优良性状。

三是应用系统育种法育成新品种：通农1号,系前南通学院从长丰黑籽中用系统育种法于1946年育成。该品种植株较高,筒形,茎红色;阔叶绿色,黄花边缘呈淡红色,黄心紫红,花药金黄,花内外均无蜜腺;铃短圆锥形,铃重2.9克,衣分32.3%,白絮,籽指8.5克;绒长23.1毫米,马克隆值5.8。抗枯萎病,不抗黄萎病,早熟,品质较好。

1920年,张謇首次从美国引进大量陆地棉系统的脱字棉、隆字棉、爱字棉、金字棉等品种,通过试验、驯化、比较,其中尤以爱字棉和金字棉系列棉种高产而优质,产量较原来有大幅度提高。获得成功后,张謇用大生各厂的财力支持,以农科师生为基本力量,赴各地大力推广新棉种和栽培技术。为加速推进棉种改良,由大生各厂与种植户订立合同,规定所产棉花全归大生各厂收购,如收益不如老棉种,其损失由大生各厂补贴,这样美棉就得以在苏北垦区大规模种植[89-426～429]。

3. 栽培技术

海门人为盐阜地区带去了长江口的文化和文明,精耕细作、分家制发挥了个人劳动的积极性,提高了农产品的产量。

从老棉区应招而来的棉农,带来了植棉技术和先进植棉工具(铁锘和铁锹)。由于新垦棉田,土壤含盐量较高,棉花立苗比较困难,所以当时的耕作类型大致有四种,都是立足于防盐保苗：(1)利用其他地方的草料,棉田盖草防盐保苗。(2)利用天然植被覆盖棉田以防盐保苗。(3)种绿肥,培肥地力。(4)垦地以养为主,重点保护棉花。这四种耕作类型在当时还算是先进的农业技术。

当时的垦田管理水平很低,实属耕作粗放,听天由命。在垦区部分土质较好的棉田,棉农有种瓜类、芦穄、高粱、黄稷、粟稷、黄赤豆等小杂粮的习惯。棉花缺棵严重,不长棉花就补种大豆,以弥补棉苗不足。黄稷生长期短,初秋成熟,可接济口粮,旱稻、高粱前期耐旱,后期耐涝,如涝情较重,棉苗淹死,也有种植荞麦或散种旱稻的习惯。这些"三把种"的办法,是适应当地当时气候和水情的应急措施。

公司为了改进棉产,也做了一些工作。张謇在1920年视察华成公司之后,即调其妻吴氏胞弟吴鉴春(原在南通农校执教)主办华成公司农事试验场,试验、驯化、推广美棉,并获成功,使棉花产量较原来有了大幅度提高。1932年,南通农科学院在大丰公司办了农垦训练班,为公司培养农业技术人员,为公司棉垦事业服务。这批农垦训练班学员后来很多人参加农业技术推广和研究工作，对棉产技术改进作出了贡献。

4. 集中产棉

公司垦区以植棉为主，1912年通海垦牧公司种植棉花4万亩，收获棉花500吨。1916年大有晋盐垦公司植棉13万多亩，产棉4 000吨。至1936年，整个垦区植棉面积已达120万亩，年产棉花30 000余吨。其中植棉面积5 000亩以上的21个公司的棉田总面积达104.79万亩，年产棉花26 580吨。[70-142~143]（见表2-13）

表 2-13　1936年江苏主要盐垦公司棉花生产情况表

公司名称	棉田面积（万亩）	单产（公斤/亩）	总产（吨）	公司名称	棉田面积（万亩）	单产（公斤/亩）	总产（吨）
大丰盐垦公司	20.00	27.50	5 500	华丰垦植公司	2.30	20.65	475
华成盐垦公司	20.00	20.75	4 150	大赉盐垦公司	2.00	25.00	500
大有晋盐垦公司	13.68	41.23	5 640	泰源盐垦公司	2.00	27.50	550
通海垦牧公司	9.10	27.53	2 505	通遂盐垦公司	1.40	20.00	280
大豫盐垦公司	5.00	25.00	1 250	同仁泰盐垦公司	1.30	9.62	125
泰和盐垦公司	6.00	13.75	825	商记垦团	1.30	27.69	360
裕华垦植公司	4.30	20.70	890	阜通公司	1.10	13.64	150
阜余公司	3.80	26.05	990	遂济盐垦公司	1.00	34.50	345
合德垦植公司	3.50	27.57	965	耦耕堂	0.80	25.00	200
大纲盐垦公司	3.05	13.77	420	新南公司	0.70	17.14	120
大祐盐垦公司	2.46	13.82	340	合计	104.79	478.41	26 580

各家棉田统计虽有误差，但总体趋势基本相同。1922—1926年江苏平均植棉面积为829.512 8万亩，占全国28.16%，产量217.356 8万担，占全国29.34%（见表2-14），均为全国各省之首[19-189]。据中华棉业统计会对启东、海门、南通、如皋、东台、盐城、阜宁7县统计，张謇的这些垦区棉田占全省棉田的二分之一，亦即约占全国棉田的八分之一。棉产量的比例也大致如此[90-690~691]（见表2-15）。立法院统计江苏棉田产量占全国24.19%，仅南通等4县就占全省35.3%，即占全国8.54%。纱厂林立，又为全国之冠，销售棉花，几占全国总销数三分之一[91-128~146]。张謇沿海垦荒植棉"400万亩以上棉田每年产籽棉达60万担以

上,除供给南通等地新式棉纺企业用棉外,还有大量的优质棉花出口,'通棉'在上海和国际市场都是著名的棉纺织原料"[19-195]。可见张謇垦区的产棉量不仅为沿海第一,且在全国也处于领先位置,棉花的销售量更是首屈一指。从1926—1937年,全国棉田面积从28 349 727亩增至64 362 385亩,皮棉产量从6 248 585担达到10 651 181担,分别增加约127.03%,70.46%(见表2-16)。皮棉产量不断提高,缓解了纺织原料供给不足的矛盾,为我国成为世界上的产棉大国奠定了坚实的基础[92-222~223]。

在巴拿马世博会上,江苏南通垦牧公司的棉花获大奖。江苏南通垦牧公司的棉花、改良棉花之种植,江苏南通农会的棉花标本,江苏南通农业学校的棉花培植图略,改良棉花之种植获金牌奖章。江苏南通农会的棉花获铜牌奖章[93-207~208]。

表2-14　1922—1926年各省平均棉田面积和棉产量表

省份	棉田面积		产量	
	亩	所占%	担	所占%
10省总计	49 452 795	100	7 408 362	100
江苏	8 295 128	28.16	2 173 568	29.34
湖北	6 176 382	20.97	1 308 077	17.66
山东	3 336 022	11.26	968 800	13.08
河北	3 275 671	11.12	962 251	12.99
河南	2 856 822	9.7	579 350	7.82
陕西	1 588 961	5.4	509 875	6.88
浙江	1 529 624	5.19	387 291	5.23
安徽	922 144	3.13	160 154	2.16
山西	898 151	3.05	219 676	2.96
江西	593 890	2.02	139 320	1.88

表2-15　中华棉业统计会统计盐垦区七县棉田面积和产量表

地点	1930年		1932年		1934年	
	棉田(亩)	棉产(担)	棉田(亩)	棉产(担)	棉田(亩)	棉产(担)
七县总计	4 602 654	447 827	4 066 227	687 002	5 196 000	1 082 000
江苏全省	8 625 235	1 084 000	8 514 800	1 778 100	10 014 000	1 838 000
垦区七县占全省%	53.36%	41.31%	47.75%	38.64%	51.89%	58.87%

表 2-16　1926—1937 年我国棉田面积及皮棉产量表

年份	棉田面积(亩)	皮棉产量(担)
1926 年	28 349 727	6 248 585
1927 年	27 610 276	6 722 108
1928 年	31 926 311	8 839 274
1929 年	33 810 258	7 587 021
1931 年	30 495 349	6 222 200
1932 年	37 099 800	8 105 637
1933 年	40 454 023	9 774 207
1934 年	44 971 264	11 201 999
1935 年	35 025 894	8 132 911
1936 年	56 210 742	14 508 230
1937 年	64 362 385	10 651 181

资料来源:胡竞良.《中国棉产改进史》.上海:商务印书馆,1945 年第一版,第 97-100 页。

通海垦牧公司耘棉图

张謇在兴垦植棉中,把生产、教育、科研作为一个体系来抓,为以后棉种改良打下了坚实的基础。1950 年国家有关部门组织专家经过认真论证,充分考虑到南通垦区种植棉花的基础条件,包括农田水利、交通、加工、保种等设施以及整体的教育、科技、管理水平要高于国内其他地区,将从美国引种的 500 吨岱字棉在南通县三余区(原大有晋盐垦公司)和如东县掘东区(原大豫盐垦公司)共

大赉盐垦公司女工在拣棉

14个乡的16.6万亩棉田试种,建立起纯种管理区。岱字棉15系美国松滩种子公司以斯字棉2号为母本、岱字棉14号为父本杂交,于1947年育成,1948年为美国的发放品种,1954年占美国植棉面积的34%。该品种为中熟品种,生育期130~140天;株高中等,茎枝粗壮,吐絮畅;铃重5~5.5克,衣分38%~41%,籽指10.5克,绒长29.21毫米,细度5 917米/克。中上部成铃强,产量较稳,适应性较强。试种后当年考察绒长30~32毫米,衣分40%~42%,铃重4.9~5克。翌年扩繁至84.1万亩,占南通地区棉田面积33.1%。到1956年该品种已几乎遍布江苏全省。全省平均绒长由1950年的20.5毫米,增至1957年的28.2毫米,增长达7.7毫米之多。不久便在长江流域棉区大面积推广。1956年后北移至黄河流域棉区的大部分棉田,1958年面积达5 248万亩,占全国棉田面积的61.7%。岱字棉15号从1950年引入到之后的普及,时间长达15年之久,不仅在江苏省和我国的植棉史上,而且在我国近代农作物引种史上都具有突出的地位。同时,江苏乃至全国棉花育种的种质资源大部均源于此[89-429~430]。

当时棉区农田多、劳动力少,而棉花虫害多,人工喷药设备简陋,棉花产量受到一定影响。1956年6月,国务院和江苏省政府联合决定,由民航局派飞机来治虫。在恒兴乡前线村(现称三余镇胜利村)建简易机场,用飞机低空飞行的方式喷洒农药。每年7—8月施行,直到20世纪60年代中期停止。

江苏省现在仍为中国的主要产棉区,1989年播种面积802.79万亩,总产48.47万吨,占全国总产量的12.8%,总产量仅次于山东省。2008年江苏省产棉量32.6万吨,占全国总产量的4.4%,其中南通、盐城产棉25.1万吨,约占全省的77.0%。在全国22个产棉省(区、市)中,次于新疆、山东、河北、河南、湖北、安徽而列第 7 位。

二、筑楗技术进步

丁坝是从河岸边伸出,在平面上与岸线构成丁字形的河道整治建筑物。中国在先秦时期就有类似工程,称埽工。创建于秦昭襄王末年(前 256—前 251 年)的都江堰鱼嘴实际上就是丁坝工程。1916 年,荷兰著名水利工程师、上海浚浦工程总局总工程师奈格之子亨利克·特来克应南通保坍会聘请为驻会工程师,负责南通长江治坍工程,时称水楗。现广泛应用在河道整治、海堤防护和山区公路水毁防治工程中。

1. 中国古代的埽工

埽工是中国特有的一种在护岸、堵江、截流、筑坝等工程中常用的水工建筑,先秦时期已有类似埽的建筑,宋代黄河上已普遍使用。北宋中期黄河自孟津以下两岸建有大规模埽工四五十处[94-1454~1455]。"诏下濒河诸州所产之地,仍遣使会河渠官吏,乘农隙率丁夫水工,收采备用。凡伐芦荻谓之'茭',伐山木榆柳枝叶谓之'梢',辫竹纠茭为索。以竹为巨索,长十尺至百尺,有数等。先择宽平之所为埽场。埽之制,密布茭索,铺梢,梢茭相重,压之以土,杂以碎石,以巨竹索横贯其中,谓之'心索'。卷而束之,复以大茭索系其两端,别以竹索自内旁出,其高至数丈,其长倍之。凡用丁夫数百或千人,杂唱齐挽,积置于卑薄之处,谓之'埽岸'。既下,以橛杙阁之,复以长木贯之,其竹索皆埋巨木于岸以维之,遇河之横决,则复增之,以补其缺。凡埽下,非积数叠,亦不能遏其迅湍。又有马头、锯牙、木岸者,以蹙水势护堤焉。"[95-52]

在洞庭湖区河道两岸有数百处丁坝,有些始筑于明代[96-149]。明成化元年(1465)在荆江大堤抛石矶头护岸,直到 18 世纪末至 20 世纪初荆江大堤抛石矶头群才渐具规模;除此之外,中下游只有几处零星可数的矶头和桩石工程[97-17~18]。韩江在明嘉靖二十六年(1547)对坐湾迎流顶冲的险段采用石矶、丁坝挑流固脚[75-225]。钱塘江河口最著名的海宁塔山坝创建年代始终无考,从清雍正十二年至乾隆五年(1734—1740)两次修复丁坝,现实测坝长 793 米[77-270]。

2. 特来克在南通筑楗

1840 年鸦片战争后,上海辟为商埠,当时黄浦江水深为 3~5 米,急需治理。1876 年荷兰工程师艾沙和奈格两人应上海外国领事团之请,来上海考察黄浦江,提出了《吴淞内沙报告》,1898 年奈格又提出《上海以下的黄浦江的报告》。1905 年上海浚浦工程总局设立,聘请奈格为总工程师,在黄浦江左右岸终点与长江南岸接壤处建弧形双导堤,亦称左导堤、右顺坝。左导堤建成于 1910 年 10

月,全长 1 395 米,现长 984 米(近岸段被围垦),工程共耗用水泥 1.9 万吨,大小木桩 6 770 根,蛮石约 7.3 万立方米。右顺坝建成于 1911 年 4 月。1912 年,由瑞典人海德生任总工程师,按照 1911 年奈格制订的《黄浦江继续整治计划》,在黄浦江两岸修筑丁、顺坝工程[78-284~286]。

南通位于长江下游北岸,1907 年以后长江主流顶冲南通江岸,从天生港至姚港 10 多公里江岸大坍。1908 年正月,张謇鉴于南通江岸日削,私人出资 3 000 元,请上海浚浦局派员来南通勘查水势。同年 5 月 14 日荷兰水利工程师奈格到南通,溯江上行到镇江,查勘南通到京口一线水情。1910 年 1 月,瑞典河海工程师霍南尔偕同施美德赴南通查勘沿江形势,随后奈格、海德生来南通往返 4 次,到 11 月底制成《通州沿江形势图》和《通州建筑沿江水楗保护坍田说明书》。1911 年 3 月,成立南通保坍会,公推张謇任会长,负责沿江保坍筑楗工程。1914 年 6 月,张謇在南通召开了一次较大规模的水利学术研讨会,邀请中国河海总工程师贝龙猛以及荷兰、瑞典、英、美等国的水利专家共商南通沿江保坍方案。针对荷兰工程师奈格主张筑楗,美国工程师平爵内主张修堤的情况,会议商量,并由张謇决定,南通沿江保坍工程采用既筑楗又修堤的方法[98-94~96]。1916 年 3 月南通保坍会建筑沿江水楗,聘请荷兰水利工程师特来克为驻会工程师,负责整个筑楗工程。特来克带来了西方最新的科学技术,即护岸工程的新结构、新形式。到南通后,用两个月时间,应用西方 1790 年开始制造的流速仪(与旧式仪器相比,精度大为提高),先测长江涨落潮流向、流速,看水力之强弱,江岸坍塌的形势。到 4 月 25 日写出《南通保坍计划报告书》,提出:"查天(生港)、姚(港)间之坍削,悉由暗潮之冲刷。此就坍削最烈之处,观其断面即可了然也。堤岸下段为极有力之落潮抽去,至涨潮又将堤岸上段冲激,倒卸泥土入水,仍成自然之斜度。欲保护使不坍削,非在低水位以下作成一二百密达(米)长之保护物不可。不过水愈深则施工愈费,不如在低水以下六密达(米)至八密达(米),作一保护物为得计。俟保护物筑成后,筑石埂,使岸与保护物联络。"[99-33~34]于是他就设计了大小楗。

根据当时在特来克主持下参加南通保坍的宋希尚说:"他把其父亲的原计划,重加修改,把柴排工料减轻到每平方公尺①为一元五角,从天生港至任家港,凡长九千公尺的江岸,原拟筑楗十二座,每楗间距为七百五十公尺,每楗费用一万五千二百元,十二楗,共为十八万二千四百元。"[100-6]他还提道:"所谓楗者,以柴排为基,每排宽二十六公尺,长四十公尺,厚约一公尺,乃接连若干之柴排,上覆大量岩石,由江岸伸入江中,高出水面而成。……楗与楗之间相距约半公里

---

① 注:1 公尺=1 米。

至一公里,入江长度自一百六十公尺至二百公尺,楗之方向,每与江溜相垂直。凡此皆与(一)江面宽度,(二)江流方向,(三)潮水顶托,(四)江岸弧度,(五)流速流量同时配合水理,随时相度形势,加以斟酌。固不能一定不变也。柴排之柴,采诸宁波,沉排之石,来自江阴,做排方法及沉排手续,则均仿照荷兰成法,为我国水利上之新设施。"[101-66~67]

当年 6 月 14 日在特来克主持下,筑楗工程正式动工。筑楗采用塘柴、木垫、沉石法建造。先用竹篓 600 只,沉石做基础,在此基础上用柴石相间层叠而上,每层 0.75~1.0 米,楗长 50~100 米,楗距约 750 米,每座楗造价 5 万~7 万元[99-33]。1916 年所筑 5 座楗,共用塘柴 492 637 捆,木梗 43 999 支,芦柴 6 372 捆,山石 3 505.7 吨,17 号铅丝 4 618 公斤,3 股麻绳 678 米,27 股麻绳 1 740 米,铁圈 708 个。[99-122]所需塘柴石料,由南通保坍会派员到浙江省富阳、普陀一带,随带行李,用现银、钞票等进行采购。张謇致函浙江巡按使屈映光,请即予放行[8-542]。不到三年,筑成水楗 10 座。1919 年 8 月特来克突染急性霍乱身亡。张謇又续聘运河工程局工程师来因兼视,并由从河海工程专门学校毕业的学生宋希尚主持修楗施工工作。

其后宋希尚赴美国深造,1925 年学成回国,担任保坍会经理。他采用美国密苏里河"树楗"保坍方法,就地取材,工料每座仅数千元。此议得到张謇的支持,从而修筑了 17、18 两座水楗。到 1927 年止,前后兴工历 10 余年,南通沿江共筑楗 18 座及楗与楗间相应的岸墙工程约 18 华里。尔后 17、18 号水楗坍入江中,现有 16 座。自保坍工程实施后,南通沿江一带岸线逐渐趋于稳定。宋希尚盛赞张謇兴办南通保坍之功说:"(一)以南通蕞尔小邑,竟与偌大长江水力相搏斗,微张公之力,谁能办到。(二)以一县地方水利问题,竟能请到世界著名水利专家数十名之多,躬临踏勘,几成国际上研讨专题,全国境内,未见其二。(三)以一县之力,维护长江袭击……为世界各国所罕见。(四)因张公领导,地方协助征收亩捐,自卫自助,此所以南通为地方自治之楷模,难能可贵。(五)经费支出困难之中,此项筑楗保坍,竟能保卫二三十里天天坍陷之江岸,为保坍工程,放一异彩。"[101-66~67]

张謇于 1924 年主持海门西三区保坍会,1925 年夏,到天星镇会所参加海门西二区保坍会。1926 年 8 月 1 日,张謇以 73 岁高龄,不辞辛劳,到南通姚港以东视 18 楗工,次日即病倒,至 8 月 24 日,与世长辞,应验他"予为事业生,当为事业死"的豪语[40-1]。

| 实业报国的拓荒者 ——张謇的实践研究

张謇（1853—1926）　　　张詧（1851—1939）

特来克像

南通保坍会会址

特来克与部分保坍会成员合影

地方人士在观看沉排作业

沉排作业时的情景

张謇在扎排工地

民工在扎制沉江木排

3. 海门的治坍工程

海门市是著名实业家张謇的故乡,他在 1905 年于常乐镇重建"颐生酿造公司",生产十多种酒。1914 年于常乐镇南湾(今三厂镇)兴办大生三厂。在青龙港建会云船闸,筑小铁路直通三厂,建码头与上海通客货轮,因此青龙港是重要的对外交通口岸。为保住青龙港口设施,经水利部批准,于 1954 年试办青龙港沉排护岸工程。以后江海堤防全面实施护坡工程。

1915—1940 年,青龙港附近江岸无甚变化。1940 年后,北支中海潮作用增强,水头直指北岸,青龙港一带开始迎流顶冲。到 1949 年北支长江上游径流来量主要在崇明西沿流入,涨落潮流路合二为一,造成青龙港附近江岸大坍。1950

年4月—1954年2月,坍进1.05公里,平均年坍270米,最多年坍500米。青龙港附近江岸从1940年到1954年坍进2.05公里,而崇明北沿不断向北延伸,芦苇滩外边线1954年距老岸已达6公里,基本上就是原来青龙港江岸线,即该段北支整个河床搬了一次家(见下图)。同时江面缩狭为1915年的34%,江面宽从6公里缩到2.05公里,深泓逼近青龙港,最深点达−24米。

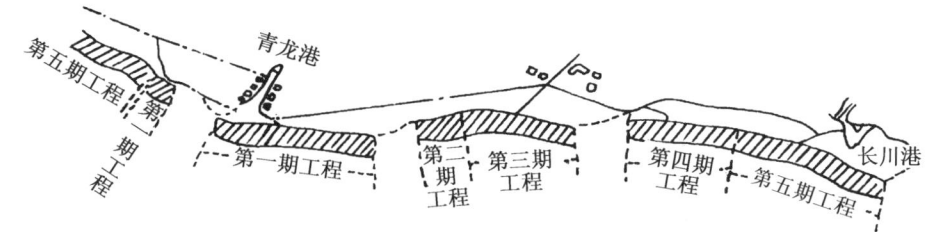

青龙港各期护岸工程位置图

1953年8月,县政府向江苏省人民委员会暨长江水利委员会专题汇报青龙港坍势,并抄报中共中央、国务院和水利部,指出青龙港会云船闸是县内唯一的沿江控制建筑物,它是棉纺三厂淡水供应和原料产品等的运输命脉。该厂有3万多纱锭,3 000多职工,每日产值3亿圆(折人民币3万元),国家年净收入200亿圆(折人民币200万元),根据坍势如不采取措施,会云船闸在1954年就有坍入江中的危险,但兴办此项工程,费用巨大,技术复杂,同时按照国家规定,凡基建工程投资额超过100亿圆(折人民币100万元),须报请国务院批准。

青龙港严重坍塌问题,得到国务院总理周恩来的重视和关怀,周总理指示水利部,"既是长江下游治坍工程将来要办,根据海门县青龙港目前坍江情况,可在水利部批办投资额权力范围内先行试验性设计施工"。1953年底,水利部批下99.99亿圆(折新人民币99.99万元),试办青龙港两侧长江护岸工程,由长江下游工程局设计并派员参加施工。

1954年3月1日,成立长江下游工程局青龙港护岸工程指挥所。第一期工程于1954年3月18日开工,6月30日竣工,护坡长度969米,投资经费99.99万元。工程设计采取在坡脚−5米高程处丁向沉排,排脚伸至深水平坦江床处为度,排长按设计排脚处江床刷深至−14米时,以能维持岸坡1∶5左右而定,排头至岸边采用抛石掩护。1954年4月4日,江面刮起5级东南风,在4.53米高潮影响下,江浪汹涌冲击江岸,岸边不断淘刷,发生崩坍,一夜间岸坎猛坍20~40米,已沉的7块柴排脱离江岸20米,岸和柴排江床刷深至−8米左右。

指挥所立即请示长江下游工程局,答复为原方案不变,总结经验教训,继续做试验性施工。经研究,采纳海门县水利科科长秦朝纲提出的"护底和岸坡抛石衔接施工的办法",对已冲离江岸的7块柴排,排岸之间采用大量的抛石衔接。以后的施工中采用两个大汛间完成沉排抛石护岸一个单元的方法,获得成功,从此开创了青龙港沉排护岸顺利施工的局面。

1954年10月25日—12月9日,进行第二期工程,1955年春夏进行第三期工程,共完成护岸长2 027米,沉排56块(规格有16米×24米,16米×32米,16米×30米,20米×36米,20米×50米5种),总面积46 424平方米,抛石108 059立方米,沉辊518个。

1955年,长江下游工程局撤销后,青龙港护岸工程指挥所改由江苏省修防处和南通专员公署双重领导,继续进行第四期工程的施工,1955年7月备料部署工地,10月18日开始沉排,12月14日完工,计沉排14块,共21 000平方米,柴排尺寸增大为30米×50米。

1956年1月28日,海门县青龙港护岸工程处成立,由南通专员公署领导,进行第五期工程,于1956年2月开工,3月17日开始沉排,5月14日沉排结束,7月全面竣工,共沉排25块,排体增大为40米×50米,计44 000平方米。

第四、第五两期工程共完成护岸1 045米,沉排39块[30米×50米19块,34米×50米共10块,(30米+40米)/2×50米梯形2块,40米×50米8块],计65 000平方米,抛石71 732立方米。

青龙港护岸工程总长4.15公里,国家总投资420.95万元。

青龙港沉排护岸工程的成功,首先保住了青龙港口和会云船闸。1956年,建起固定的青龙港轮船码头,成为海门和启东、南通(今通州区)、如东县部分地区通往苏南和上海市的货运客运重要口岸之一,江轮直通上海市十六铺和太仓县浏河镇,还与崇明县有对江轮渡(包括汽渡),腹地交通比较方便。1990年后,年客运量达290多万人次,比建码头以前的1955年增长50多倍,货物年吞吐量达45万吨。

其次,确保了通棉三厂正常生产。

最后,为其他地区的护岸工程提供了经验。南京下关沉排护岸工程于1954年12月开始筹备时,一位苏联专家看了青龙港一期沉排护岸工程的书面总结后明确指出:"下关治坍工程应在青龙港护岸工程方法成功的经验基础上进行设计施工。"同时青龙港护岸工程在施工过程中培训一批治坍技术干部和工人,支援了新安江水电站和兄弟地区的护岸治坍工程。

1969年,试用土芯丁坝的方法。沉排护底后,以草包装泥代替块石抛在排上向前伸展,两边草包露出水面后,中间再挑散泥填实,最后在草包两侧抛石护坝坡,采取昼夜分班不间歇的施工方法,土芯丁坝的块石用量减少50%,造价降低30%左右。1963—1987年,先后筑坝97座,其中土芯丁坝56座,因深泓变迁冲毁和滩涂围垦失去作用的有81座,目前尚起作用的有16座。

4. 丁坝的类型

(1) 丁坝的类型及其对水流、河床的作用

按坝轴线与水流交角分有上挑、下挑和正挑丁坝;按平面布置形状分有普通丁坝、勾头丁坝、丁顺坝;按对水流影响程度分有长丁坝、短丁坝和附丁坝;按透水性能分有透水丁坝和不透水丁坝。透水丁坝常常是由桩、竹子和木头构成,可以使水流通过。水流通过透水丁坝时,损失一部分水能,流速降低,从而挟沙能力也降低并导致泥沙淤积,可以用来阻止河岸侵蚀或淤堵汊河。1959年在美国的密西西比河上就筑有透水桩式丁坝。我国1979年在黄河上就进行了透水丁坝工程的野外试验,1987年在黄河下游东大坝修建了透水坝,由100根混凝土桩组成,总长104米,桩径0.55米,桩间净距为0.55米或0.40米。近年在黄河上兴建了不透水部分和透水部分组成的新坝型[102-70~74]。不透水丁坝又有堆石坝(或土芯石坝),钢筋混凝土栏栅式和沉箱式、桩式丁坝等。钢筋混凝土栏栅式和沉箱式丁坝都是先预制沉箱或桩,但因深水打桩和沉箱的施工设备等问题,在20世纪20~80年代仅用于浅水区,这两种丁坝的效益与堆石坝基本相同,在坝高相同的情况下,造价都比堆石坝约低30%[103-26~27]。桩式丁坝是将预制钢筋混凝土板桩连续施打成排,桩顶用帽梁现浇连贯成整体形成的,依靠桩身的入土而稳定,结构安全可靠[104-604]。

(2) 丁坝的布置

用单丁坝、双丁坝或丁坝群束窄河道,形成最佳的整治效果。布置原则是根据整治要求、河槽地形条件及水流形态来确定坝型及数量。丁坝的间距一般应满足下列条件:下一个丁坝的壅水,刚好达到上一个丁坝,避免在上一个丁坝的下游发生水面跌落现象;绕过上一个丁坝之后,形成的扩散水流的水边线,大致达到下一个丁坝的有效长度的末端,以避免坝埂冲刷;所有丁坝的坝头应布在该河段拟定的治导线上,以互相策应,不致造成单坝受力过强而出险。在长江口地区,丁坝的间距,在顺直地段为4~5倍,在弯道环流强的地段,应将间距缩小到2~3倍。

丁坝有束狭河床、导水归槽、调整流向、改变流速、导引泥沙等作用。因河道形态滩险类型及整治要求不同,各类丁坝的作用也不同,应因地制宜地采用。

(3) 丁坝技术的改进

海门县水利部门在技术上将重型排改为轻型排,即排体厚度从原来的 1.2 米改为 0.6 米,上压块石。1980 年起江苏省江都县使用了沉软体排技术,造价与轻型排相比可降低 34%,其在平坦的滩坡冲刷不严重的地段可以使用,在陡坡和主泓不稳定地段存在一定的问题。

5. 各地筑丁坝概况

① 民国期间,长江干流江苏省境内筑丁坝 16 座(即为南通所筑),现上海市境内筑丁坝 25 座。1960—1992 年,长江干流共筑丁坝 593 座,其中江西省 13 座,安徽省 21 座,江苏省 232 座,上海市 327 座[97-17～17][105-7]。

② 广东省在清乾隆十二年(1747)于北江干流顺德水道与西江的支流甘竹溪的汇合处三漕口筑石坝 2 座,西江支流容桂水道的顺德县龙涌险段在 1949 年前筑石坝 14 座,共计 16 座。1953—1987 年在西江的大湾、联安、广利、沙埔、樵北、龙涌等处共筑丁坝 121 座,坝长 10～84 米。在北江的黄塘、龙湾基、真君庙、三漕口筑丁坝 39 座,坝长 5～35 米[106-166～171]。共计 160 座。

③ 福建省在 1916 年开始疏通闽江下游河口航道,采取筑顺坝束水导流攻沙的治理措施。20 世纪 50 年代初,在闽江下游河口抛筑了 3 座顺坝(长 9 700 米)、10 座格坝、3 座排水坝(长 3 080 米),左岸抛筑顺坝(长 9 900 米),把全长 15 公里的闽江下游北港河段截直形成反向连续的 3 个大湾,以利航运和排涝。闽江中游支流尤溪浅滩筑丁坝 3 座,江心洲建导流坝 2 座,消除了塌岸。到 1990 年,筑丁坝如下:闽江 46 座,九龙江 54 座,晋江 65 座,霞浦县三河防洪堤 15 座,龙海县角美海堤(堤长 16.53 公里,保护面积 5.2 万亩)于 1959—1965 年筑 99 座[76-74～83]。

④ 浙江省在 1946—1949 年在钱塘江杭州段筑 2 座丁坝挑流,设计坝长 390 米,因伸入深槽,潮强流急,实际抛筑长 114 米,在其他地段共筑丁坝 66 座,共计 68 座。1950—1989 年又筑丁坝 426 座,其中北岸 219 座,南岸 207 座。甬江河口也称宁波港,为解决航道淤积问题,采取控制河宽、束水归槽的整治措施,在 20 世纪 80 年代共筑丁坝 12 座,坝长 50～255 米,消除了浅滩,基本解决了港池淤积问题。在瓯江河口的北岸 1972 年建丁坝 2 座,南岸在 1976 年建丁坝 1 座,长 700 米[77-286～291]。

⑤ 上海市 1973—1990 年在沿海地区共筑丁坝 68 座,其中浦东新区的合庆镇段 3 座,人民塘 57 座,南汇段两侧 8 座。杭州湾的上海石油化工股份有限公司段 33 座,金山区 6 座[78-146～165]。

⑥ 山区公路路基防治工程。随着公路、高速公路的大规模兴建,中国公

路系统自1977年起组织10个省(区)交通厅、3个部属设计院、公路研究所和西安公路学院等单位协作进行山区公路水毁防治等方面的研究,采取筑丁坝治理山区公路路基水毁工程[107-56]。例如安徽省的歙(县)许(林)公路凤凰村河段,通过对原型观测资料的分析和对1991年洪水后现场冲刷地形的勘测,应用丁坝基础冲刷防护措施研究成果,布置丁坝2条,合理选择丁坝的结构型式和基础埋置深度,取得了预期的防治效果[108-1149～1153]。新疆昌吉市三屯河西岸毗邻西干渠及昌阿公路,由于河道内主流游摆不定,对两岸河岸冲刷严重,2000年筑27座丁坝,长度30～100米,坝间距离平均为100米,稳定了河势[109-22～23]。

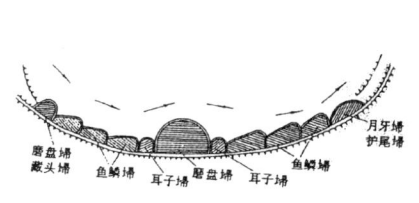

各种护岸埽图

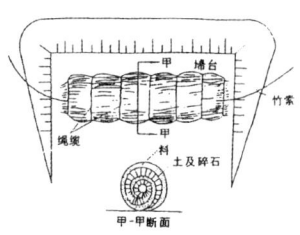

埽的卷制示意图

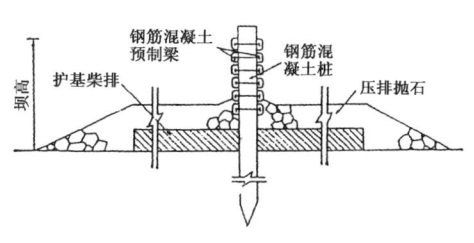

上海市老海滨栏栅式丁坝

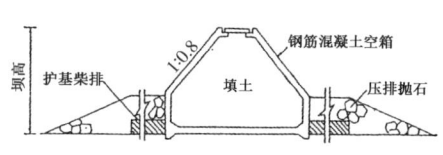

上海市老海滨沉箱式丁坝

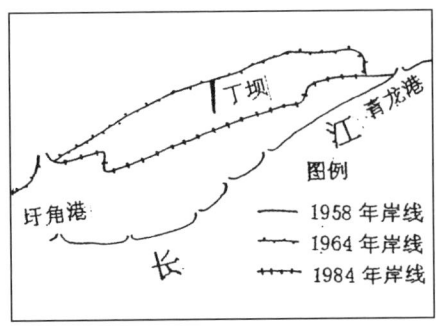

海门民生河口岸线演变图

海门三厂镇中兴村丁坝群图

三、建设中国最早的钢筋混凝土结构水闸和挡浪墙

中国在7 000多年前就有了治水活动。人们对有控制的引水和排水需要愈益迫切,由此出现了水闸。水闸用途广泛,主要分为7类:进水闸、节制闸、泄水闸、分洪闸、挡潮闸、冲沙闸、通航闸。其结构型式先有木闸,尔后发展为石闸。随着20世纪初期水泥在水利工程中广泛推广使用,张謇引进外国专家和新技术,从1916年起,在南通、如皋、海门、启东和苏北沿海垦植公司兴建了42座混凝土闸或钢筋混凝土闸。会英船闸是首座新型船闸,而后全国各地在20世纪20~30年代共建此类闸18座,促进了我国近代水利工程的全面发展。

1. 古代水闸

西汉元帝时(前48—前33年),南阳郡太守召信臣大修南阳水利,"起水门提阏凡数十处",说明在这时已能够大量修筑和使用水闸。"古代水闸也称水门、斗门、陡门、牐或碶,是建在河床或河湖边用闸门控制水位,取水或泄水的建筑物。"[94-2457]中国的主要江河多为自西向东流,为连接南北,形成沟通全国的水运网络,必须开凿人工运河。但由于水位不同,需建控制水量的过船建筑物堰埭、闸和船闸及特殊建筑物。

水闸用途广泛,主要可分为如下7类:①进水闸。广泛地用在灌溉、通航、供水等渠道的首部,著名的如南阳六门堰工程的六水门、广西灵渠上的南陡和北陡、北京戾陵堰的引水水门等,此种水闸在各类水闸中为数最多。②节制闸。历史上横断河床节制水流的闸为数不多,浙江绍兴的三江闸(又名应宿闸)则是一座大型石质节制闸,明嘉靖十五年(1536)开工,翌年三月完工。它有28孔,总长108米,在河网中蓄水达2亿立方米。③泄水闸。排泄多余的水而设的水闸,在历史上也常出现。宁夏各渠引水闸之前,有滚水坝和泄水闸,以便把水闸前引入的多余水量重新泄入黄河,以保证入闸流量不超过渠道的过流能力。④分洪闸。分泄河流或湖泊洪水的水闸在古代数量较多。宋代汴渠为保证都城东京(开封)的防洪安全,在其上游设若干斗门,向岸边洼地分泄洪水。⑤挡潮闸。为阻挡潮水不沿河流上溯为害的水闸,通常也是节制闸。例如范公堤小海镇闸等十八闸、三江闸的另一重要作用就是挡潮,称为御咸蓄淡工程。⑥冲沙闸。为冲除泥沙所设的闸,中国历史上也多有建造。福建省莆田县木兰陂,

广西灵渠渠道(前 219 年始建)

江苏范公堤小海闸(1729 年改建)

在元至正年间(1341—1368),曾建冲沙闸一座,底板比并排的泄水闸门底略低,一直保留到现在。它山堰(位于现浙江省宁波市海曙区)在南宋淳祐二年(1242)建回沙闸一座,共3孔,用以减少引入水渠的沙量,是一种特殊的控制泥沙的闸。⑦通航闸。古代通航闸的结构与一般水闸相同,两三座成组共同调度使用的,相当于现代船闸,也有通航兼有引水、引潮的作用[94-2458]。

福建莆田木兰陂(1064年始建)

浙江它山堰(883年始建)

古代有木闸和石闸两种。唐和北宋建闸以砌石为基础，上部为木石混合结构。南宋时改为完全砌石，一直延续至清代。一般闸由大致对称的两个闸墩组成，闸门部分为两个平行的闸墙，称由身。由身上游称迎水，再上称燕翅，再上有裹头。由身下游称分水，再下称燕尾，再下也有裹头。其尺寸大小因地势而异。闸墩显露部分称面石，面石之后有衬里石，衬里石后有河砖，再后为三合土。面石从上到下厚度一致，只砌一路。最上一层称海漫石，每丈用生铁锭2个搭扣，其余各层则用熟铁锔连接，转角处用熟铁销穿连，使结构成为整体。衬里石上层一路，往下依次每层增一路。呈下宽上窄，其路数视闸高而定。衬里河砖上下等厚，一律两路。三合土部分，亦称框土，亦上下等厚。面石及第一路衬里石之下签钉马牙桩，其余衬里石及河砖之下签梅花桩。闸底除上下口签有马牙桩外，其余部分亦签有梅花桩。闸底墩底的桩顶空隙均用碎石填平。灰浆灌满，上筑三合土，以防渗水。土上砌石，石缝用糯米汁灰浆灌砌。闸门一般采用木制叠梁，闭闸时嵌入墙闸上专留的闸槽内。闸墩上一般有开闭闸门的石制支架，称绞关，用人工或辘轳将叠梁木提上放下，小型闸门也有以铁钩人工提放的。有少量闸门可以整体升降。灵渠上的陡，也是通船闸的一种型式，是在运河的枯水季节，用以提高通航水位的建筑物。用加工后的大条石在河两侧各砌一个墩台，利用墩台上的槽口和石砌架设陡杠，水井和陡簟以抬高水位。过船时敲击陡杠离开依托，使水井和陡簟崩塌，船顺水过陡[94-2455~2456]。

（1）木闸

宋范成大《吴郡志》载邱与权《至和塘记》有："初，治河至唯亭，得古闸，用柏合抱以为楗，盖古渠，况今深数尺（以往况今，相比之意），设闸以限松江之潮势耳。"可见北宋以前，太湖流域已有挡潮木闸。元任仁发于大德八年（1304）疏导吴淞江东段，使之迤逦入海，次年毕工，"复开江东西河道，置木闸"（该闸在上海市志丹苑，经上海博物馆2001—2006年挖掘，结构保存完整）。清乾隆十八年（1753），上海知县李希舜整治通海河道，在开浚城壕及薛家浜时，也发现木闸旧址，并改建为石闸。说明古时在沿海建挡潮木闸，并不是个别现象。浙江省海盐县的横塘闸，初建时亦为木结构，闸址离海边不远。光绪《海盐县志·与地考·水利》中载：宋嘉祐元年（1056），李维几于松江横塘口"置木为闸，中阔一丈二尺，两块各高一丈六尺五寸，以时启闭。蓄官塘西泻之水"，命名常丰闸。元祐四年（1089）改建，"易闸口以石"。横塘闸兴建的年代和结构，基本可代表当时沿海的一般木闸。木闸易漏水、易腐烂，历时不久，后逐渐改成石闸[22-327]。

(2) 石闸

古代建的石闸,对地基处理,一般采用打基桩的方法。南宋淳祐二年(1242),与太湖地区毗邻的浙江省鄞县,建四明回沙闸时,"松桩"被列为主要材料。清康熙二十年(1681),慕天颜《开浚白茆条约》载:"浏河、吴淞闸座,不久又须加修,皆因底桩不密,筑塘不固。"说明石闸基础都有桩,而且底桩要密。

记载挡潮闸的结构,较早较详细的是华亭县张泾闸。《宋史·河渠志》载:南宋乾道二年(1166),"张泾堰两岸创筑月河,置一闸,其两桩金口基址,并以石为之"。说明闸有门槽及闸底,且均用石筑成。又据康熙《松江府志·水利上》引华亭人许克昌《华亭县浚河置闸碑》记载:乾道二年冬,浚通波大港,"又即张泾堰旁,增庳为高,筑月河,置闸其上,谨视水旱,以时启闭,则西北积水,顺流以达于江,东南咸潮自无从入也。……为闸于邑东南四十有八里,增故土七尺,甃巨石,两趾相距常有四尺,深十有八板,板尺有一寸。月河之长三千三百五十有五尺,广常有六尺"。另绍熙《云间志》,除同样记述张泾闸结构尺寸外,还说:"张泾堰阔三丈,深一丈。"可知闸孔宽四尺,是与月河六尺相配合。闸孔高十九尺八寸(深十有八板,板尺有一寸),是与"深一丈"(新开月河应比张泾堰深)及"增故土七尺"(原地面加筑七尺为闸墙,与海塘衔接)相适应的。闸建在月河上,即现在平地建闸,开上下引河接通原河的施工方法。江阴南闸(蔡泾闸),节制夏港潮水,系明正统元年(1436)重建。闸上拱桥系万历年间建。古代石闸的一般结构,均下设闸底,边有闸墙,墙侧有门槽,用闸板,有的闸顶设闸耳(石柱),以司启闭。闸孔则有单孔、双孔、三孔和四孔,孔径1.2米至7.6米不等。多孔闸的孔径,中孔常大于边孔,便于过船。清康熙十年(1671),马祐督建吴淞江及浏河闸时,恐闸门被潮往来冲击,不能经久,倡议各于"闸旁四角修筑,以图永远"。可见当时已知道建闸应加修类似翼墙的工程。古代建挡潮闸由于技术水平的限制,消能和防渗设施都没有考虑,所以时建时废,不能维持久远[22-327~329]。

2. 近代钢筋混凝土水闸

1824年,英国生产出近代波特兰水泥(又称硅酸盐水泥),其建筑性能极为优良,故在工程中应用日益广泛。[94-1798]1849年,法国朗姆波用钢筋加强混凝土制造了一条小船,是现代钢筋混凝土概念的开始。19世纪50年代英、法等国开始在房屋中采用钢筋混凝土楼板。19世纪末,欧洲开始出现钢筋混凝土桥、挡土墙和水槽等建筑,此后迅速推广到许多工程领域,普及世界各地[94-507]。我国水利工程首先采用水泥为港口工程。1893年为防御长江洪水,北洋大臣李鸿章调运唐山生产的水泥300吨,重修湖南常德城墙及防洪石堤。1911年葫芦岛港地基工程已用钢筋混凝土桩[110-376]。

20世纪初期随着水泥在水利工程中广泛推广使用,出现了钢筋混凝土结构,采用启闭机械,配备钢板闸门的新型水闸。1916年3月,张謇聘请荷兰水利工程师特来克规划设计沿江筑堤工程,完成南通的水工建筑设计工作,如利民闸、遥望港九门闸、会英船闸等[60-327]。在南通、如皋、海门、启东[60-137~138]和苏北沿海垦植公司[111-70~73],共兴建了42座混凝土或钢筋混凝土结构的水闸(见表2-17)。

1919年,大生三厂出资4万两银兴建水利工程,由特来克设计,宋希尚施工。5月5日,张謇与徐、宋、金诸人视青龙港闸工地。[3-860]从1916年地图可以看到,张謇已考虑到海门江滩正在坍塌中,选定闸址距江边2.6公里。到1954年坍至闸外100米,报经国务院总理周恩来批示,由水利部拨款兴办护岸工程后,保住了闸。1920年建成的会英船闸,为3孔,通航孔净宽6米,两边孔各宽1.5米,闸底高程为0.5米;上、下闸首均为钢筋混凝土结构,闸宽长108米;叠梁式闸门,用绞车启闭;锅底形钢筋混凝土消力池,浆砌块石立式结构闸室。1957年4月闸门改为手摇车启闭,1975年进行大修,仅利用原下闸首基础及闸室,闸首净宽8米,目前仍在使用中。

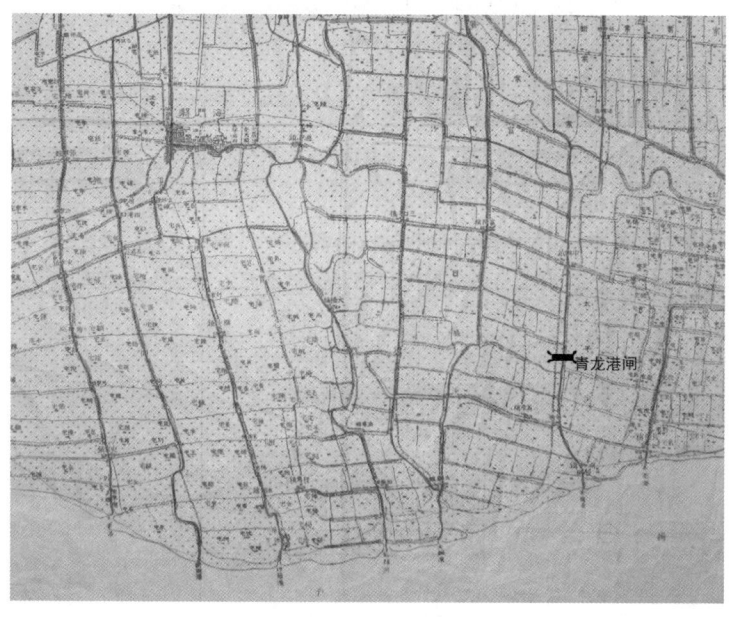

1916年青龙港闸位置图

实业报国的拓荒者——张謇的实践研究

1975年改建的青龙港船闸

表2-17　民国时期苏北地区建闸情况表

序号	闸名	现在所在河道或位置	兴建年代	功能	孔数	总净宽(米)	闸底高程(米)	闸顶高程(米)	备注
1	豫丰闸	南通市如东县大豫镇	1916	挡潮	3	8.0(2×2.4+3.2)	0.49	4.74	大豫盐垦公司建,现已改为内河节制闸
2	南三门闸	南通市通州区三余镇	1916	挡潮	3	7.97(2×2.3+3.37)	0.76	5.6	大有晋盐垦公司建,1971年拆除,在原址外6公里处建团结河闸
3	中三门闸	南通市通州区三余镇	1917	挡潮	3	13.9(2×4.2+5.5)	0.2	5.57	大有晋盐垦公司建,1974年建新中闸后,于1976年拆除,在原址建恒东套闸

（续表）

序号	闸名	现在所在河道或位置	兴建年代	功能	孔数	总净宽(米)	闸底高程(米)	闸顶高程(米)	备注
4	小洋港闸	南通市郊马鞍山	1917	挡潮	1	3.1	0.74	4.24	已坍入江中
5	利民闸	南通市如皋市下原镇李家桥	1918	节制	3	15.3(2×4.65+6)	－0.92	5.97	现已拆除
6	九门闸	南通市通州区三余镇	1919	挡潮	9	35.3(2×4.05+2×3.95+2×3.65+2×3.5+5)	－0.8～0	6	大有晋盐垦公司建，又称遥望港闸，于1974年拆除，在外口3公里处另建新闸
7	双洋闸	盐城市射阳县双洋河	1919	挡潮	5	16.33(4×3.06+4.09)	－1	4.8	华成盐垦公司建，1966年拆除
8	三里闸	盐城市大丰区黄海复河	1919	挡潮	1	6.00	－1	5	泰和盐垦公司建，1959年拆除
9	会英船闸	南通市海门区青龙港	1920	通航	1	正门6.0,输水孔2各1.5,闸室长108	－1.13	5.5	大生三厂建,现称青龙港船闸,于1975年2月改建
10	合中闸	南通市启东市蒿枝港	1921	挡潮	7	16.2(6×1.95+4.5)	－1.3	5.1	通海垦牧公司建，又称七门闸，2009年拆除，建新闸
11	一门闸	南通市如东县大豫镇	1921	挡潮	1	4	0.5	3.6	大豫盐垦公司建，1958年疏浚如泰运河时拆除
12	骑岸闸	南通市通州区十总镇	1921	节制	1	5.5	0.4	5	1950年拆除
13	大喇叭闸	盐城市射阳县大喇叭河	1921	挡潮	4	14.6(4×3.65)	－1	5	华成盐垦公司建，淤塞
14	七门闸	盐城市东台市方塘河	1921	挡潮	7	8.75(7×1.25)	1.5	5.5	中3孔后改为1孔，宽4.30米。1958年拆除
15	费大闸	盐城市东台市新农小街东北	1922	挡潮	1	3			早已报废
16	常乐镇闸	南通市海门区通沙河	1922	节制	1	4	－0.7	3.8	1990年填塞
17	东渐一闸	南通市启东市吕四港镇	1922	节制	3	12.78(2×3.64+5.5)	－0.963～－0.763		又称二十一总闸，1973年建吕四船闸时拆除

(续表)

序号	闸名	现在所在河道或位置	兴建年代	功能	孔数	总净宽(米)	闸底高程(米)	闸顶高程(米)	备注
18	东渐二闸	南通市海门区新岸河与东灶港交汇处北侧	1923	挡潮	3	9.65(2×2.4+4.85)	0.497	5.497	大有晋盐垦公司建,1972年建东灶港套闸时拆除
19	宏济闸	南通市如皋市城南	1923	节制	1	6.15	0.5	5.3	已拆除
20	黄沙港闸	盐城市射阳县黄沙港	1923	挡潮	2	11(2×5.50)	−1.44	4.26	马家公司建,1971年拆除
21	新生船闸	南通市如皋市长江镇	1924	通航	—	6.7	0.27	上5.25 下6.25	1967年建二案抽水站时拆除
22	周圩闸	南通市如皋市长江镇张家圩	1924	节制	1	6.7	−0.3	6.1	1961年建永平闸时拆除
23	五总涵闸	南通市通州区十总镇	1924	节制	1	3			旧称石港涵洞,1975年拆除
24	西被一闸	南通市区西公园大有坝	1925	节制	1	6.73	−0.48	4.3	1988年拓宽公路桥时,改建钢闸门
25	陆洪闸	南通市文峰街道	1926	节制	1	5	0.59	5	因下游打坝,已报废
26	东渐三闸	南通市通州区三余镇	1926	挡潮	3	13.9(2×4.2+5.5)	−0.7~−0.15	5.22	大有晋盐垦公司建,又称新三门闸,于1975年改为内河节制闸
27	西被二闸	南通市通州区平潮镇二坝桥	1927	节制	1	5.4	0	5.2	已报废
28	东渐四闸	南通市启东市吕四港镇	1927	挡潮	1	6.7	0.12	5.62	又称老大漾港闸,1964年建大漾港闸时拆除
29	三门闸	盐城市东台市老三仓河	1927	挡潮	3	8.15(2×2.50+3.15)	1.44	6.07	1955年拆除
30	管福清闸	南通市启东市近海镇	1928	挡潮	1	3.9	0.35	4.35	现为旱桥
31	西被三闸	南通市通州区五接镇顾二圩	1928	节制	1	5.5	−0.66	4.24	1966年增加下闸首成为东风船闸
32	环港闸	南通市如东县丰利镇	1929	挡潮	1	4	1.742	7.7	益昌盐垦公司建,1971年环港围垦后改为节制闸

(续表)

序号	闸名	现在所在河道或位置	兴建年代	功能	孔数	总净宽(米)	闸底高程(米)	闸顶高程(米)	备注
33	王家潭闸	南通市如东县苴镇	1929	挡潮	3	9.3(3×3.10)	2		1957年建掘苴河闸时拆除
34	周国贞闸	南通市启东市近海镇	1930	挡潮	1	5.2	0.89	4.82	20世纪70年代拆除
35	新街闸	南通市海门区三余竖河	1932	节制	1	5.7	0.3	4.3	1966年建三余套闸时拆除
36	下明闸	盐城市大丰区老斗龙港	1933	挡潮	8	23.5(7×2.50+6.00)	−2.47	4.5	1981年拆除
37	川东港闸	盐城市大丰区老川东港	1933	挡潮	4	10(4×2.5)	−0.31	4.17	1965年拆除
38	王港闸	盐城市大丰区老王港	1934	挡潮	5	12.5(5×2.50)	−0.35	4.15	1958年拆除
39	竹港闸	盐城市大丰区老竹港	1934	挡潮	5	12.5(5×2.50)	−0.3	4.5	1972年拆除
40	滥港闸	南通市通州区东社镇	1936	节制	1	4.4	−0.3	4	1950年因水系调整,拆闸建桥,称滥港桥
41	三里闸	南通市海安镇西三里闸村	1936	节制	1	7			1978年建海安船闸时拆除
42	夸套闸	盐城市射阳县旧夸套河	1938	挡潮	3	12.15(3.65+4.85+3.65)	−1.3	中孔4.80 边孔4.14	华成盐垦公司建,1952年建挡潮闸后拆除

江苏大有晋盐垦公司歇御港闸(南三门闸,1916年始建)

江苏大有晋盐垦公司环本港闸(中三门闸,1917 年始建)

江苏大有晋盐垦公司遥望港闸(九门闸,1918 年始建)

| 第二章 | 张謇与中国近代水利

江苏通海垦牧公司合中闸（七门闸，1921年始建）

江苏南通县城西被一闸（1925年始建）

江苏大有晋盐垦公司东渐三闸（1926年始建）

广东北江芦苞水闸（1921年始建）

江苏东台县斗龙港闸（1933年始建）

张謇经常巡视建闸工地。1916年4月10日,到大有晋盐垦公司"乘舟视新闸"[3-805]。1919年12月5日,与静轩(即章亮元,大有晋盐垦公司股东之一,参与公司的创办和建设并长期担任坐办)视环本港闸,作诗《蒿》[65-227]：

识土咸轻重,冬春海畔蒿。低红霜晚媚,浓绿露晨膏。

灶妪笼俱发,沙禽洒浴毛。蓬莱非异境,人外得名高。

这首诗反映了大有晋盐垦公司经过6年开垦后的情景。

射阳县原属盐城、阜宁二县东乡地,1942年4月21日正式建县。1916—1933年,在张謇等人推动下,在射阳境内废灶兴垦活动中,共成立大纲、华成、大祐、合德等大小公司43家,购买地主的荒滩、灶地进行垦植,共投资888.26万元,占地161.09万亩,已垦面积65.58万亩,分别占苏北沿海垦区总投资、总面积、已垦面积的25％、32.0％、33.9％。1920年4月6日,张謇从东台经盐城到阜宁鲍家墩华成盐垦公司,视察华成北闸(今临海镇双洋闸前身)建成时情况,亲笔题写了"华成北闸"4个大字,另注一小款"民国九年,南通张謇题"。题字后又到芦苇荡营去视察阜通公司和农事试验场,归来时写《初夏》诗一首[65-240]：

初夏去北闸,归时日正午。车汉衣襟湿,烈日胜炉熏。

风吹旱魃过,满目皆碱土。野旷牛羊少,荒凉穷丐多。

仆痛余亦渴,沟水皆咸卤。何年获收成,尚待天公许。

张謇的这首诗,在一定程度上反映了当时射阳境内盐垦区创业的艰难,并对盐垦事业寄予了深切的希望。

1921年4月27日,张謇视蒿枝港闸工地。同年12月18日,参加垦牧蒿枝港闸落成,午时行礼,海门、南通二县,吕四场知事与吕四、海门人皆会[3-899~913]。据有关资料记载,张謇兄弟共投资5.85万银圆建闸,并留有张謇当年所书的水泥石碑,碑的规格为1.80米×0.9米×0.4米,全文为——捐建者张詧、张謇,督建者江导岷,监工者王承泽、张景武。江导岷即江知源,时任通海垦牧公司副总经理,张景武为张謇的侄儿。

全国各地也相继建设了18座钢筋混凝土水闸。1915年广东省治河处聘请上海浚浦局瑞典籍工程师海德生进行水文、勘测、设计等工作[75-589]。1919年东江马嘶水闸施工,1923年竣工。于1921年开始建设北江芦苞水闸,最大分洪流量1 100立方米/秒,闸宽101米,分为7孔,中孔23米(未设闸门),两侧各3孔,每孔宽10米,设提升式平板钢闸门,用绞车启闭,1924年竣工。1923年开工兴建西江宋隆闸,1927年竣工[75-28]。1925—1926年,在珠江三角洲修筑较早、规模较大的堤围之一的桑园围下口建成狮颔口水闸(里海水闸),单孔净宽6.5米;龙江新闸3孔,中孔净宽9.3米,两侧边孔宽3.75米;歌滘水闸,单孔[112-20~21]。1934年在高要、高明县动工兴建阮涌水闸、西窦水闸,1936年竣工[113-160]。顺直水利委员会在

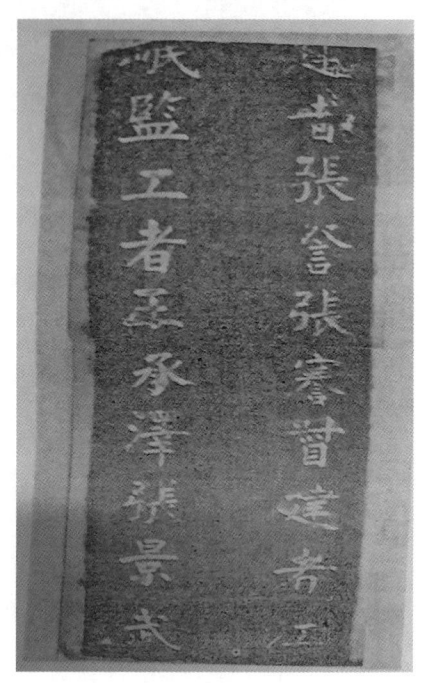

合中闸碑文(部分)

1923年修建潮门河上的苏庄闸,由39孔泄水闸、10孔进水闸组成,闸孔宽6米。1935年在天津杨村减河上建成龙凤河节制闸,有闸孔8个,全部采用钢闸门,闸门宽4米,高2.85米,采用手摇绞车启闭[110-377~378]。樊口民信闸位于湖北省鄂城、梁子湖通长江入口处,1924年动工,1926年基本建成。该闸由法国工程师设计,为5孔钢筋混凝土结构,共宽44米,闸门为木制悬吊式,高14.64米,闸门滨江部分为"人"字闸门,以洋松木板拼合,最大过闸流量377立方米/秒[114-5]。浙江省1931年在黄岩县动工建西江闸,1933年竣工,8孔,每孔净宽2.5米,打木桩1 600根,木质插板门。1932年动工兴建金清闸,1934年建成,

22 孔,每孔净宽 2.5 米,木板闸门,手摇机械启闭[77-440]。1936 年建长江太湖流域白茆河闸,闸身系钢筋混凝土结构,分 5 孔,每孔净宽 7.4 米,闸桥可通行 1.2 吨汽车,闸门为悬吊式整块钢木结构,用人力手摇机启闭。湖北省 1934—1935 年建湖北金水闸,是一座 3 孔水闸,每孔净宽 6.65 米[115-199]。我国其他地方修建的新型船闸,为导淮委员会于 1936 年在京杭运河上建造的邵伯、淮阴、刘老涧闸。这些船闸净宽 10 米,长 100 米,以木桩、钢板为基础,闸门为钢质双扇对开式,闸室为钢筋混凝土结构[116-312~313]。

由此可见,张謇引进外国专家和先进技术在苏北建成中国最早的一批钢筋混凝土水闸,促进了我国近代水利工程的进步。

3. 钢筋混凝土挡浪墙

通海垦牧公司的海堤是用土方堆积而成的,1905 年 8 月遭海潮袭击,堤岸被冲坏多处,尔后公司在最险处将堤身加高加厚,用石板护堤。1930 年,通海垦牧公司聘请于育之设计,南通祥兴建筑公司承建,兴办钢筋混凝土挡浪墙[117-118]。2004 年,南通市政府批准挡浪墙为南通市文物保护单位。

挡浪墙,在今启东市吕四港镇东岸建造。长 280 米,高 3 米,厚 0.2 米,每 4 米设一个 0.8 米×0.6 米长方墩(主墩),墩间墙中位两侧分别间隔设一个撑墩(副墩),墩底长、宽为 1.3 米×0.35 米,墩子(包括撑墩)与墙体统一布置钢筋(ϕ12 竹节钢),横筋间隔 0.15 米,竖筋间隔 0.2 米,统一浇筑,该墙虽经数十年风潮袭击,仍基本完好。钢筋混凝土墩木插板挡浪墙是与钢筋混凝土挡浪墙同时建造于同地的另一种型式的护岸挡浪墙。两段共长 760 米,分别建于钢筋混凝土挡浪墙两端。每 4 米设一个钢筋混凝土墩,滩面以上墩高 3 米,墩底宽 2 米,顶高 0.8 米,厚 0.6 米,成梯形,中心设 0.1 米×0.15 米插板槽,木插板用 3 副竖木与螺栓对夹栓紧,连成一体。在 1937 年大风潮中,该墙龙皇庙以东部分木插板全毁,以西部分受损较轻,后修复,1949 年又被毁,1950 年又修复,1951 年再次被毁。1952 年国家拨款 20 万元,将西端 500 米改建成桩石护坡,1990 年又改建成混凝土灌砌护坡。龙皇庙以东部分长 250 米,1937 年毁后未加修复,被废弃的一排钢筋混凝土墩子(原存 64 个,现存 59 个)至今依然屹立于海滩,成为重要的历史遗迹[118-99~100]。

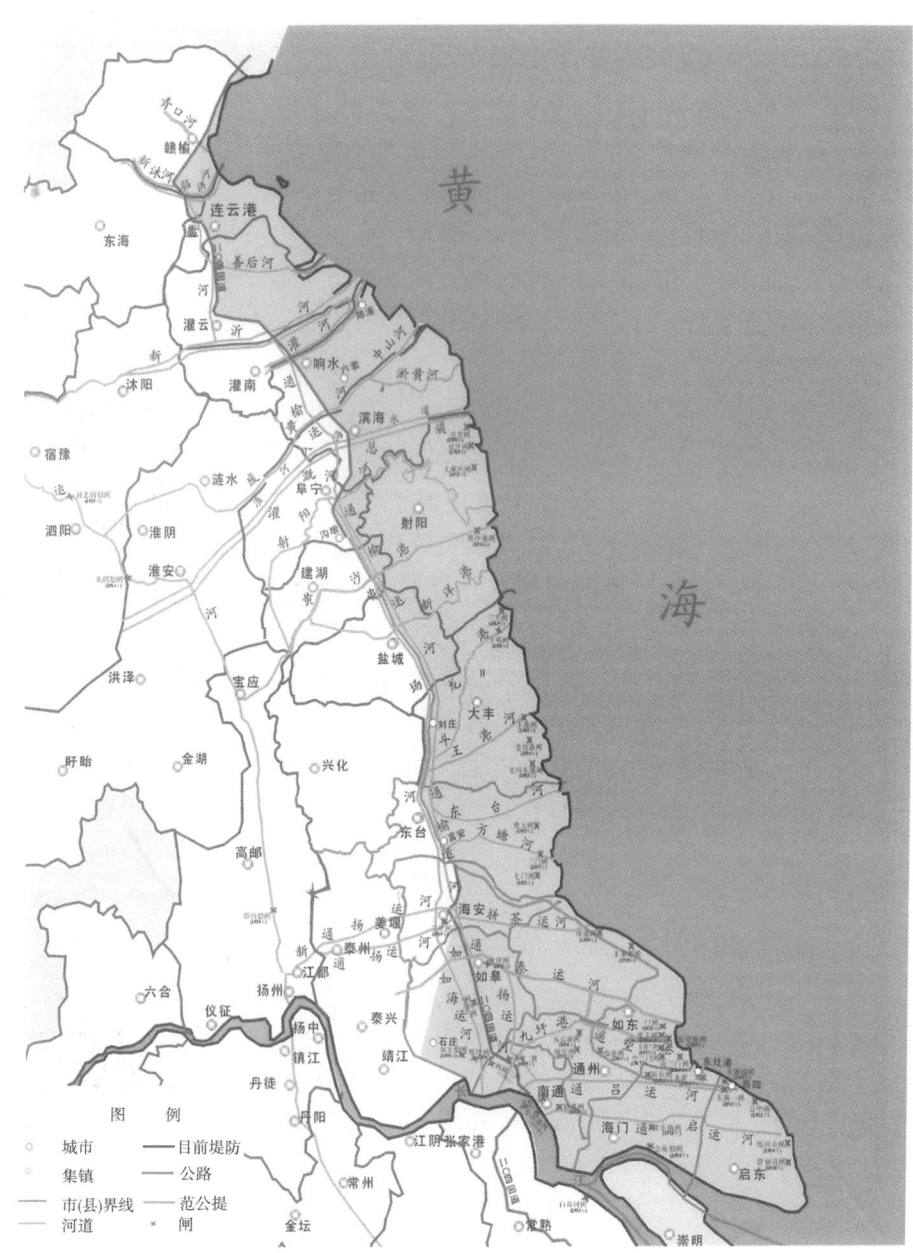

民国时期江苏钢筋混凝土水闸位置图

通海垦牧公司龙王庙海堤钢筋混凝土挡浪墙

1950年修复的钢筋混凝土墩木插板挡浪墙

第五节　张謇在全国水利局总裁任内的主要业绩

1913年冬,张謇提出《请设全国水利局呈》:"本年四月间,以淮河垫隘荡析为灾,曾奉命謇督办导淮事宜,继续辛亥年测量估工等事,一面筹集款项,并定期设局以进行。然各省内地及滨江、滨海关系农商之水道,与淮河情事相类,急需疏辟修治者甚多。各省绅士多以为言,或自远道具书陈说,大率谓导淮事宜则专员督办,而其他水道,情事相同,则竟略而不举,未免有偏枯之感。因由謇等集议数回,以为水利为农田之命脉,农田之利弊当为全国计,则水利之兴废亦当为全国计,庶几各省皆获衣被而无或遍畸。各国水道,既设专局,并且为常设之机关,稽之古训,正复相似。似我中国亦当设立全国水利局,而以导淮事宜属之,差为周遍。惟淮河情势尤亟,费巨工艰,自当先其所急。一面仍统筹全局,次第测勘,择要施工。"[7-254~255]

1913年12月21日,袁世凯任命张謇为全国水利局总裁。1914年1月10日,张謇上任,工作到1916年元月2日。2月16日,张謇提出《条议全国水利呈》,提出一宜导淮而兼治沂、泗二水;一宜穿辽河以达松、嫩二江;一宜设河海工程学校;一宜并立农业地产银行[7-302~307]。1920年12月,张謇在《为治串场河呈府院咨内务部交通部陆军部全国水利局》一文中说:"謇在全国水利局总裁任内,规画黄河、扬子江、珠江、松花江、辽河,外及于淮、扬、通南北串场河。"[7-512] 他创办了河海工程专门学校,要求各省设立河海工程测绘养成所和水利委员会。

一、淮河治理

淮河是中国7大江河之一,发源于河南省桐柏山太白顶,12世纪以前,淮河独流出海,沂、沭、泗河都是淮河下游的支流。1128年,黄河向南决口,夺淮700余年,到1855年再改道北归。淮河流经河南、安徽、江苏、山东四个省,流域面积26.7万平方公里。以入江水道计,干流全长1 000公里,流域面积18.7万平方公里。

1909年,张謇在《致端方函》中说:"承电设局导淮,命謇为总参议。"[8-251]他认为导淮必从查勘全流域和测量工作入手,设立江淮水利公司,在清江浦(今淮阴区)设测量局。从1911年2月开始,到1922年12月,先后测量6次,测量人员为通州师范学校测绘班培养的毕业生40人,以后又增加苏州土木工科甲班毕业生20人,测量河道85条,总长度9 715.0公里;其中苏境40条,总长度

3 122.4公里;皖境 16 条,总长度 4 037.6 公里;鲁境 29 条,总长度 2 555.0 公里。洪泽湖、高宝湖、射阳湖、微山湖等地地形测量 20 737 平方公里,其中皖境 10 253 平方公里。测量成果有 25 卷 2 143 本,图 4 504 幅;流量水位雨量图 805 幅,表 632 张[119-30~31]。这是江苏省近代第一次大规模的水利测量。

1914 年 4 月 27 日,张謇与荷兰工程师贝龙猛同勘淮河,由唐闸乘船(沿通扬运河、京杭运河)经海安、泰县(今姜堰区)、高邮、宝应,5 月 1 日至淮阴。5 月 2—3 日,计议与工程师分途进勘。5 月 4 日午后 3 时,张謇启行,到西坝公所,夜 11 时开船(沿盐河),5 月 6 日到板浦镇,5 月 7 日夜 9 时乘船行(沿古泊善后河)。令谈(觉民,又名礼成,江北运河局技正)、冯(振之,从 1924 年张謇撰写的《冯振之哀词》:"淮病不治治测始,庐江冯生学有技,左之右之为我以,更十八年未休止"[65-339]来看,可能为此人)迎贝龙猛工程师于陈家港。5 月 9 日(换车)于 11 日 9 时至燕尾港,渡灌河至陈家港,与贝龙猛工程师汇合,渡灌河到燕尾港,又回陈家港。5 月 13 日早 5 时启行(沿灌河),7 时过响水口(沿武障河),10 时抵武障坝,过坝 11 时行(沿盐河),14 日 10 时抵浦局(江淮水利测量局)。15 日勘惠济闸,16 日乘车到杨庄(淮沭河与盐河相交处北侧),尔后乘船(沿中运河)17 日到刘老涧,18 日到宿迁,至耀徐(耀徐玻璃公司)勘总六塘河头,19 日连夜行,住杨庄,20 日乘船(沿二河)于 21 日到高良涧,石堤工甚伟。22 日乘船到老子山,侯工程师自蒋坝来,23 日经龟山至盱眙。24 日乘车,于 25 日到临淮(今凤阳县),易乘火车到蚌埠,复易小轮至怀远。登荆山、涂山,旋回蚌埠。26 日乘火车由津浦线至浦口。至江宁晤冯(国璋,时为江苏都督)、韩(国钧,时为江苏巡按使)。回即行(乘船沿长江),27 日午后 3 时至天生港[3-769~771],见后图。

1914 年 5 月 1 日,张謇在《致季叟沄函》中说:贝龙猛"工程师偕本局技正杨豹灵,由南路至云梯关、海口,会于灌河口,计第三日必至八滩。上下约十五六人,拟借尊处两三宿"[8-444]。

查勘结束后,于 6 月撰写《复勘规画导淮豫计之报告》,贝龙猛复测局员前测之点是否确当,提出治理规划[13-309~315]。11 月撰写《淮与江河关系历史地理说》,总结自夏禹治水以来四千余年治淮历史,指出"中国地理但有平面开方图,而无水准高下图。河,淮地势之高下若干,言治水者亦只凭流向之目验以为准,自较仪器测量者精粗有别","是为淮计,必使与河画分,复古代二渎之旧。此为上流受水言也。若为下流泄水计,则海口、江口均低于淮河之底,清江浦分局测量图固已明载高下相差之丈尺。是即画半分入江海,亦非绝不可行之策。而吾前所主张七分入海、三分入江者,其理由所在,更论次如左:甲,复淮、沂、泗之故道而使入海。乙,定沂、泗、沭入海之支路。丙,定淮水入江之支路。丁,以上所言,为治淮为重,故专就淮论,若溯泗而上(即今通山东之运河),过山东南旺镇以达天津,所谓元时会通河者,为腹地交通计,亦不可不治"[13-324~326]。

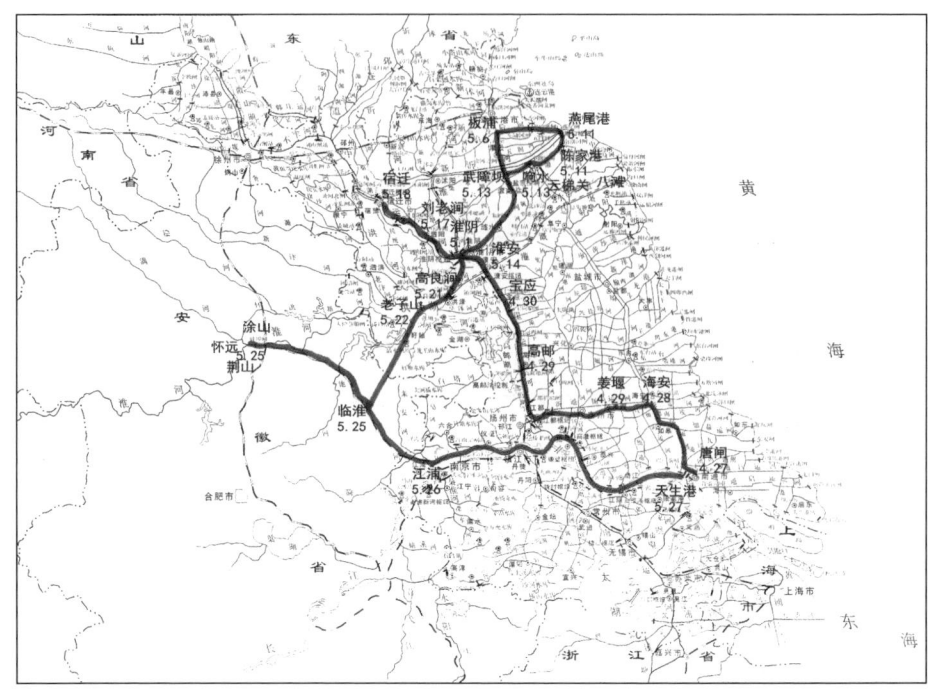

1914年张謇查勘淮河流域路线图

二、黄河等5条大河治理

1. 黄河

中国第二长河,发源于青海省巴颜喀拉山北麓的约古宗列盆地。流经青海、四川、甘肃、宁夏、内蒙古、陕西、山西、河南、山东等9个省(自治区)。干流全长5 464公里,流域面积79.5万平方公里。张謇在担任全国水利局总裁期间,曾派全国水利局副总裁潘复到黄河主持河道整治工程[8-524~525]。张謇用政府的名义,将负责山西河套地区垦务水利颇有成效的王同春聘请为高级水利顾问,共谋富民强国之策[120-57~59]。1914年12月9—18日,王同春到南通,与杨豹灵等赴大有晋垦牧公司,视察垦地及海岸工程[3-779~780]。

2. 长江

世界第三长河,中国第一大河,发源于青海省唐古拉山脉主峰各拉丹冬雪山。干流流经青海、西藏、云南、四川、重庆、湖北、湖南、江西、安徽、江苏、上海

11个省(自治区、直辖市),支流伸展到甘肃、陕西、河南、贵州、广西、广东、福建、浙江8个省(自治区)。全长6 363公里,流域面积约180万平方公里。1914年6月,张謇在南通召开规模较大的水利学术讨论会,邀请中国河海总工程师贝龙猛及荷兰、瑞典、英、美等国的水利专家共商南通沿江保坍方案,针对荷兰工程师奈格主张筑楗,美国工程师平爵内主张修堤,会议商量,并由张謇决定,南通沿江保坍工程采用既筑楗、又修堤的方法[98-95]。

3. 珠江

中国七大江河之一,主要有西江、北江、东江三大支流水系,以西江为源,干支流流经云南、贵州、广西、湖南、江西、广东等省(自治区)。西江的二级支流左江上游在越南境内,全长2 214公里,流域面积在中国境内为45.37万平方公里。1914年,广东大水后,省内各界公推代表联合旅京同乡向当时政府请求派员疏治粤河。是年12月,北洋政府在广州设立督办广东治河事宜处(简称治河处),这是第一个在广东和珠江流域设立的专门水利机构,掌管珠江流域及韩江兴利除害事宜,任命原海军大臣谭学衡为督办。1915年1月30日—2月11日,谭学衡与上海浚浦局瑞典籍工程师海德生,乘江汉炮舰由甘竹上溯到梧州的油炸滩和主要支流及各河口,进行江河流量等6个方面考察,海德生提出了以2年为期,组织专人进行测量和工程规划。1915年3月起,柯维廉就任广东治河正工程师后,即按计划开展测量工作,提出督办广东治河事宜处第一期报告书(西江流域)。这是最早的河流防洪规划性质的技术文献,也是珠江流域早期重要的文献之一,以解决流域防洪问题为重点,结合水利综合开发利用,其内容大致在建议、设想、轮廓规划阶段[106-4~6]。该机构名称几经变化,现为水利部珠江水利委员会。

4. 松花江

中国七大河之一,黑龙江在中国境内的最大支流。松花江在隋代称难河,唐代称那水,辽金两代称鸭子河、混同江,清代称混同江、松花江。松花江流经吉林、黑龙江两省;流域面积55.72万平方公里,涵盖黑龙江、吉林、辽宁、内蒙古四省区;年径流量762亿立方米。松花江有南北两源,北源即发源于大兴安岭支脉伊勒呼里山的嫩江,南源即发源于长白山天池的西流松花江。从南源算起,松花江长度为1 927公里;从北源算起,松花江长度为2 309公里。

5. 辽河

中国七大江河之一,发源于河北省平泉市七老图山脉的光头山,流经河北、内蒙古、吉林、辽宁四个省(自治区)。全长1 390公里,流域面积21.9万平方公里。

1914年,张謇撰写《疏浚辽河沟通松辽之说帖》和《沟通松辽筹备航业密呈》,提出"一面从事疏浚辽河,一面计画沟通松辽","果使辽河与松、嫩二江舟楫通行",并利用已测绘东线资料,再派员测绘中、西线,经比较后确定方案[7-412~413]。1924年,张謇说:"因时局纷扰,经费困难,淮河、松辽,尚无实行施治之日。"[13-596]

三、创办水利学校

1. 河海工程专门学校

1914年张謇任全国水利局总裁,更加感到技术人才的缺乏。7月和11月,撰写《请设高等土木工科学校先开河海工科专班拟具办法呈》[7-353~354]和《拟请拨款即设河海工程学校并分省摊筹常费办法呈》[7-409~410],提出借用江宁省前谘议局为校舍,财政部拨款2万圆,常年经费3万圆,由直隶、山东、浙江、江苏四省负担[7-409~410]。由于张謇四处活动,反复呼吁,校址、经费、师资等问题终于逐一解决。张謇聘请黄炎培为筹备主任,沈恩孚为筹备副主任,许肇南为校主任(1919年底改称校长),李仪祉为教务长,又聘请外国工程专家及国内名人任教,分赴冀、鲁、苏、浙4省招收学生,经费也请4省负担一点。1915年3月15日,以培养导淮人才为宗旨的我国第一所高等水利工程学校——河海工程专门学校在南京开学,张謇参加了开学典礼。由于办学经费筹措困难,校舍一直采用租借办法勉强维持,1915—1927年共12年半时间中,因房主需要和学校扩建等因素,先后共搬迁6处校址[121-1~6]。

1921年11月2日,张謇在《致王瑚函》中,请王省长"查照原案,向直、鲁、浙三省催收应解之款"[56-943]。1922年,张謇在《复河海工程学校学生自治会函》中说:"仆观沈校长数月以来,为谋校舍之奔走,亦至劳瘁,其来通就商共计,即三数次。"[56-1143]1924年张謇在《河海工程专门学校第四届毕业生演说》中,要求"诸生毕业后,当以办事为目的。果有事,则本廉谨、忠实之道以相始终,俾本校益增荣誉"[13-597]。1925年为校长人选《致陈蓉青函(时任中国水利局副总裁)》《致河海工程毕业同学会函》[56-1138~1139]。1952年国家集中南京大学、交通大学、同济大学、浙江大学等著名高校的水利系科,在南京成立了华东水利学院。1985年9月,经上级批准,学校恢复"河海大学"校名。

2. 河海工程测绘养成所

1915年8月,张謇撰写《拟请申令各省速设河海工程测绘养成所呈》,指出"而河海工程非先测量,则规画估计无从措手。故目前第一救急办法,惟有仰乞申令各省急设河海工程测绘养成所,以储治水第一步之人材"[7-463],并主持制定《河海工程测绘养成所章程》十八条和课目表,公布施行[34-152~153]。江苏、浙江、湖北、黑龙江、新疆等省(自治区)纷纷响应,1915年2月筹浚江北运河工程局总办马士杰,在高邮设立江苏省河海工程测绘养成所,附属于运河工程局,办至1919年筹浚期满,本科、速成两班先后毕业3期、2期,学生共126人,大多在运河局工作[122-15~16]。

四、要求各省设水利委员会

为兴修水利,1914年江苏巡按使韩国钧分别在江都县、吴县设立筹浚江北运河工程局、江南水利局[116-669]。1914年12月21日,张謇在《为拟订〈各省水利委员会组织条例〉呈大总统文》中说:"为水利系农政根本,谨拟简易办法以利推行事……自奉令设立全国水利局,凡关系较巨之工程,自应由局统筹利害,以收挈领提纲之效。惟是全国水道支分派别,其仅属一省或数县、一县之范围者,势不能坐待中央之规画……谨拟定水利委员会组织条例十四条,缮具清折,呈请鉴核。"[7-407~409]一年内有直隶、黑龙江、新疆、湖北、安徽、江苏、江西、云南等省成立了水利委员会或水利分局。

1914年11月,张謇见袁世凯称帝的野心日益暴露,部中规划无法实施,上书辞去农商总长,袁世凯不允。1915年4月21日,又《呈总统袁世凯文》,"恳免去部职,专任局务事"[7-454~455],获得批准,请假南归。11月1日,又呈《请准并局辞水利总裁呈文》[7-474~475],不允。四次上辞呈,于1916年元月2日,得政事堂电,许解局职并参政[3-800]。

第六节 长江治理

张謇的晚年正值民国时期,他在实施苏北沿海近代化社会第一次大开发中,认识到"水利为农田之命脉"[7-255]。50年的钻研生涯,20年的测量实践,使他对中国水利设施、河流利弊了解得比较清楚。他先后提出长江、淮河等治理设想是高瞻远瞩的。张謇治理长江,力主从下游开始,在南通县实施了筑堤护岸工程,并促使民国政府成立扬子江水道讨论委员会、扬子江下游治江会,开展长江治理工作。

一、力主治江从下游开始

1921年9月7日,江苏省省长王瑚致张謇函说:本年(1921)夏秋之交,雨量过多,因之长江流域,若鄂若赣若皖各省之沿江各县,水量中满,盈溢成灾,尤以吾苏受江水涨满之患为甚,江南太湖暨淀泖诸湖,因沙洲变迁,深溜迁窄,宜浅不灵。江北运河受淮泗沂诸水,因江水高抬,南流不畅,虽半由于河湖各下游久不疏浚,淤垫为患,而长江水位较高,倒灌顶托,亦有以致之。沿江区域之破圩坍地,更难以数计也。此长江之不治,关于苏省农田水利者一,沿长江一带,自吴淞以达汉口,除沪宁间已有铁路稍助交通外,自宁至汉,商货之运转,行旅之往来,多半依赖外国商船,为输送机关。又因流沙淤垫,吃水稍深之轮舶不能通行,转运停滞,受损甚巨。虽云中国国民不注意于航业,致受外人挟制,而沿江各地,因交通未得极便,商业故未能发展,莫由引起国人注重航业之心,亦有以致之,此长江之不治,关于苏省暨上游各省交通者又一也。近阅全国水利局杨技正豹灵调查长江报告书,知外人研究有年。八年(1919)冬,英国商会联合全会在沪开会时,镇江商会代表满斯德提出设立整理长江委员会议案,一致通过。九年(1920)冬,该会又议决先设一技术委员会,计划将来委员会办理各项工程之方针及办法。上海浚浦局总技师海德生曾有建议及委员会之组织。交通部航政司顾问海军部顾问戴乐尔亦有对于长江之论文发表,而外交团行将提交意见,要求政府举办矣。查整理长江纯为内政,关于既重要如此,时机又迫促如彼,若待外人提出要求,或竟越俎设立,非特国体攸关,授人以柄,而吾国偌大之天然利权,从此被外人挟制,无可换回,贻害于将来之农田水利商业交通,诚非浅鲜[123-10]。

1921年10月,张謇借助政府聘任的治江总工程师英人柏满的治江之议,海关巡港等司所测之长江图表,在《复王瑚函》中提出了"治江三说":(一)为治全江计,"由公呈明政府,集合湘、鄂、赣、皖、苏五省明达水利之士绅三数人,合设一长江委员讨论会,即以江宁(南京)为会所。江宁,下游也,治江当从下游始","由湘、鄂、赣、皖四省遴选优秀青年四五十人进河海工程专门学校学习,培养水利专门人才"。(二)为江苏计,"上游自江宁至武进为一段,其必应治者,江宁龙江关以下江流逼而南,不即设治,下关市场必有忽然塌陷之一日,丹徒城外日涨,江流逼而北;不即设治,南失轮步之利,北坏诸洲之田"。(三)"下游要处江阴、南通为一段,海门、崇明为一段。今年暴风淫雨,同时连作,江、淮、沂、泗大涨,海潮大上。此二段最处下游故受害尤烈","不即设治,江南北塌地滞航,害无已日","为治而先下游,其必自此段始","最近英人鲍惠尔计画浚治长江,即有江流之害以江阴至南通一带为最甚,施工当自江阴以下最大流量处始之议"[56-937~942]。

1922年10月,张謇在《复杨地三函》中说"治水先下游,为千古不易之说"[56-1093]。

二、扬子江水道讨论委员会

在张謇"治江三说"的影响下,1922年1月24日,大总统徐世昌令:"特派高凌蔚(时任内务部总长)为扬子江水道讨论委员会会长","派张謇、孙宝琦(时任税务处督办)、李国珍(时任全国水利局总裁)为扬子江水道讨论委员会副会长",在内务部署内设立扬子江水道讨论委员会办公处所[56-1028]。

扬子江水道讨论委员会以"消弭水患,发展航业"为宗旨。1922年3月4日,召开了第一次会议,拟定设置扬子江技术委员会,隶属扬子江水道讨论委员会,执行一应技术事务。技术委员会设会长(后称委员长)一人,由内务部土木司司长陈时利充任,委员6人,分别为全国水利局技正杨豹灵,内务部技正周象贤,海关巡港司额得志(英籍),浚浦局总工程师海得生(瑞典籍),内务部咨询工程师方维因(英籍),以及全国水利局佥事沈豹君。[124-7~8]

扬子江技术委员会进行测量,到1925年5月,"测量成绩,已刊布第二期。自吴淞上溯之测线,已过武昌流量测站,本年有兼及镇江之策画"[56-1343]。

扬子江水道讨论委员会技术委员会成立后,于上海设置测量处,1922年7月1日,聘美人史驾培为测量总工程师。8月成立汉口、九江两个流量队精确水准队,12月成立地形队、水准队,同年造利农、利商二艘测轮,1924年再造利湖、利江二艘测轮,供测量使用。1925年4月组建三角洲测量队。

1922—1929年,进行了吴淞口至宜昌、城陵矶至磊石山、汉口至潜江、宝塔洲太平支线的精密水准测量工作。1925—1926年进行汉口至郝穴间的三角洲测量工作,作为河道测量的依据。

1. 河道的地形测量

① 1922年4月至1923年4月,进行镇江至南通段两岸地形测量,实测面积860平方公里。

② 1930年前,汉口至吴淞口之间碍航浅滩共12处(以通过4.7米吃水之轮船为准),即汉口沙洲(今天兴洲)、湖广沙、萝卜洲、鸭蛋洲(今罗湖洲)、得胜洲、戴家洲、江家洲(今新洲)、张家洲、马当(今骨牌洲处)、姚家洲(今培文洲、官洲处)、太子矶及崇文洲。1922年10月至1928年4月进行多次测量,完成工作量见表2-18;

③ 1924年3月至1925年3月,进行鄱阳湖口至黄金嘴地形测量,实测面积982平方公里。

④ 1924年长江大水,湖北省金水流域肖家洲官堤溃决,江水倒灌,至流域内嘉鱼、蒲圻、咸丰、武昌四县遭受水灾。1926年2月—1927年4月,测量区域为鲁

湖、黄塘河一带,共测地形 320 平方公里,为扬子江进行农田水利工程测量之始。

2. 水文泥沙测验

为了整治航道,除进行河道测量外,尚在长江中下游及支流观测水位。1922 年 9 月至 1924 年 6 月在汉口、吴淞间设水尺多次。1925 年撤销,1929 年又恢复。

1922 年 9 月—1924 年 6 月,于扬子江干流、汉江、洞庭湖"四水"、松滋河、虎渡河、藕池河、安乡河、华容河、陆水、金水以及鄱阳湖水系等共 35 处设断面进行流量测验,各处共测流量 2 550 次,其中松滋、华容 2 处仅测 12 次(最少),禹观山测 149 次(最多)。

为了解中下游干支流含沙量变化,1929 年 1 月至 1931 年 8 月,在汉口、九江、湖口、尺八口、枝江、城陵矶各处碍航浅滩如崇文洲、姚家洲、戴家洲、湖广沙、萝卜洲等处以及湖阴、南昌等进行含沙量测验,共进行 1 011 次[125-41~43]。

表 2-18　1922 年至 1928 年长江河道洲测量情况

测量内容	地点	测量次数/面积	进行时间
江床断面测量	张家洲	17 次	1922 年 10 月—1924 年 5 月
	张家洲下游	30 次	1922 年 10 月—1925 年 5 月
	戴家洲	18 次	1922 年 10 月—1924 年 11 月
	戴家洲下游	18 次	1922 年 10 月—1925 年 4 月
	巴河	18 次	1922 年 10 月—1925 年 4 月
	鸭蛋洲	27 次	1922 年 10 月—1924 年 4 月
	泥矶	23 次	1922 年 10 月—1925 年 4 月
	汉口	32 次	1922 年 10 月—1925 年 12 月
滩涂地形测量	牧鹅洲、萝卜洲、鸭蛋洲、江家洲、张家洲、戴家洲	2 670 平方公里	1923 年 10 月—1928 年 4 月

1926 年夏,政府特派张孝若为扬子江水道委员会会长。张孝若后来在书中回忆道:"我父认为全部浚治和下游保坍有很密切关系,就写了一篇东西给我,告诉我江流的历史,指导我应抱的方针,都是有经验很贯彻的话。他写成后,不到两天就得病逝世,这算是我父的绝笔了。"[44-262]

张謇在《致张孝若函》中说:"扬子江(水道)讨论委员会,非小事也,况为之长,人将视焉,不可以慢易。

"求地形今昔之沿革、江流今昔之变迁,当稽古书、古图,推由古至今之所以变,计由今往后之所以设防。宜有海关历年测载之图记,作一变迁比较表,日玩索之。工程宜求世界最新、最精之程式。宜咨询蜀湘鄂豫赣皖苏宿儒故老明于江流利害之历史者,宜虚心听受。治水议论,宜平心折衷。

"南北岸大三角测竣后,如何治法,宜以图寄美、德、英著名老工程专家费礼门、安格斯、柏满三君评论。计画大较本清康熙帝法,裁弯取直。裁弯则去小存大,弯之角度必准九十度至四十五度之间,则水道直。直则流速,猛刷沙多,底易深。施楗以夹之,则直不至变,地亦不易变。此其要也。南通正当下游中权之要点,三角测完后,首宜注意江流取势,非乾巽即乙辛,其间即辰戌,此时未可猝断,以顺水流势为主。江面以三英里①宽为准。

"湘、鄂、赣、皖、苏五省入江之大水口,如湘之藕池等三口,鄂之襄樊等口,赣之九江口,皖之芜湖、秋浦、裕溪等口,苏之上新河、下关、瓜洲、丹徒、江阴、浒浦、浏河等口,皆须测度规画,使之相容相受。此与航路无关,然治江大方针,即灌溉、交通二者而已。水口之工,宜由会会同内部令各地自为之,土地权所在也。

"宜谋完备发展河海工科大学,将来基本在沿江涨地。近则由会岁分二三万圆助之。[56-1408~1409]"

三、扬子江下游治江会

1921 年 10 月,张謇与王清穆(时任太湖水利工程局督办)发出《致长江下游九县各公团函》[56-942],筹建治江会。1922 年 4 月,张謇《与王清穆筹备浚治扬子江下游启》中指出:"浚治将奈何? 计惟有束水归漕,使有定轨以正其流向,使江心未现之暗沙,冲刷务尽,则容量既增,水不平溢,而两岸隐现之沙洲,多半成田。"[34-229~234]并在《致王瑚函》中说"开会期,经九县协定四月十二日"[56-1040~1041]。

张謇会后发表《告扬子江下游治江会九县父老书》,提出"顷者四月十二日,于沪开扬子江下游九县治江成立会",被推为临时主席。"江欲治,必须工;工欲施,必须款。款何出? 出于因治江而出之地。"[34-231~234]1922 年 9 月,张謇发出《敬告治江会代表书》,要求各县尽快筹集测量费[13-515~516]。1923 年 10 月 23 日,治江会继续在上海召开大会,推张謇为会长,王清穆、韩国钧(时任江苏省省长)为副会长,并通过组织法大纲。

1925 年 5 月,张謇在《致郑谦(时任江苏省省长)函》中指出:"治江问题,关系国权省政,经费有无,应由省主。"附去浚治长江计划文牍汇刊[56-1343~1344]。

张謇的治理长江设想在新中国得到逐步实施。在海门县青龙港护岸工程

---

① 注:1 英里=1.609 344 公里。

施工技术成功经验的基础上,1954年起,实施南京下关、浦口护岸工程,采用相同的整治方案,到1957年完成三期工程,护岸6 549米。工程经过多年来较大洪水的考验,江岸稳定,尔后各地沿江坍岸地段陆续开展护岸治坍工程。到1987年,江苏省共建护岸工程240多公里,筑丁坝230多座,抛护块石1 900万吨,共投资2.7亿元,使原来一些剧变河段逐步得到初步控制[116-129~138]。

长江河口原属典型的江心沙多岛型潮汐河口。自20世纪60年代初期围垦通海沙,使徐六泾断面从15.7公里缩窄到5.7公里后,成为现代长江河口区的起点,为三级分汊河口,有入海口门:南、北支,南、北港,南、北槽。据历史测图表明,长江主泓出徐六泾后,经历了四次较大摆动,第一次从1860年到1900年前后,由白茆沙北水道转到南水道;第二次从1920年到1954年,由中水道到南水道;第三次从1980年到1990年,从南水道到北水道;第四次1997—1998年,长江发生了连续大洪水后,主线又逐渐从白茆沙北水道转到南水道。

根据长江河口区的河势,1997年9月,在北京举行"长江口深水航道治理工程汇报会",会议确定了"南港北槽"的治理方案,确定在航槽两侧建筑导堤和丁坝,以发挥"导流、挡沙、减淤"功能,并依靠疏浚成槽的工程设计指导思想。1997年底,经国务院批准的本着"一次规划、分期建设、分期见效"的原则,工程分三期实施,使航道水深分阶段增深到理论最低潮面以下8.5米、10米、12.5

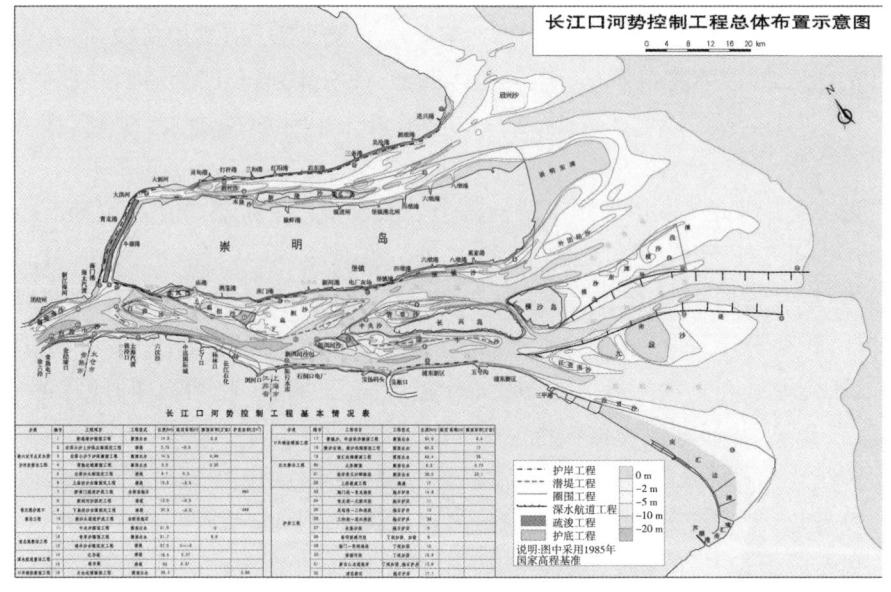

长江口河势控制工程总体布置示意图

米,航道底宽 350~400 米,可满足第三、第四代集装箱全天候通航和第五代集装箱及 10 万吨级散货船候潮进出港的要求。1998 年 1 月 27 日开工建设一期工程,2000 年 7 月 20 日通过交工验收,实现了 8.5 米目标水深的全线贯通。2002 年 4 月 28 日二期工程开工,2004 年 12 月 10 日二期工程完工,2005 年 11 月 21 日二期工程通过国家竣工验收,并宣布 10 米水深的航道延伸到南京。2006 年 9 月 30 日,三期工程进行开工仪式,2011 年 5 月 11 日竣工验收,达到水深 12.5 米,一条高等级的出海通道呈现在世人面前,长江黄金水道的优势得以充分发挥。

2008 年 3 月,国务院批复了水利部长江水利委员会编制的《长江口综合整治开发规划要点报告(二〇〇四年修订)》,由国家有关部门和南通市、海门区分别实施了白茆沙头部固定工程和新通沙围垦工程,建成苏州港太仓港区和南通港通海港区,成为国民经济可持续发展的新的增长点。

第七节　淮河治理

张謇从 1904 年提出《请速治淮疏》起,先后担任导淮总参议、江苏运河工程局督办等职,从事治淮 22 年。《张謇全集》1~6 卷有水利类文章共 632 篇,其中淮河水利就有 427 篇,约占总论著的 67.6%,涉及治淮论题有复淮、治淮、导淮、垦淮、淮款等。从"全量入海"到"江海分流",从"三分入江,七分入海"到"七分入江,三分入海",是不断发展前进的。

一、淮水对京杭运河的影响

由于黄河的多次泛滥、淤积,淮河流域的地形和河道发生了很大的变化,打乱了淮河水系,留下了一条高于地面的废黄河,将淮河流域分割为淮河和沂沭泗两个水系[94-833~834]。

1. 1848 年的洪灾

淮河干流经安徽省到江苏省进入洪泽湖。1848 年六、七月间,江、淮、海同时异涨,为近年来所未有。昭关坝于 8 月 23 日起放水数日,水已消动。自扬州而上,为扬粮厅汛,运河水深溜逼,断续平堤。8 月 30 日寅刻,忽起大西北风……积涨弥漫,复何堪此搏击……自车、南、中、新四坝齐开,近又启昭关坝,水始递消……查运河附近各湖,早已连为一气,重以洪泽湖东注,万派奔腾,来势最为汹涌。又各坝减水,亦为江海大潮倒漾擎托,疏泄不灵,中满必将四溢。

三沟闸志桩积水二丈二尺四寸,询之乡民船户,皆称运河从来无此大水。1885年以后的130多年间,流域内发生波及二省以上的洪水20次,平均6.5年一次,洪水冲刷京杭运河大堤[126-752~753]。

2. 1921年的洪灾

1921年桃、伏、秋三汛雨量之大,为从来所未有,淮、沂、泗、汝、睢诸河同时盛涨,江水、海潮亦同时大上,尤为百年所仅见。高邮、宝应、江都、兴化、泰州、东台、盐城七县变为泽国[7-598]。

由此可见,淮河上游的洪水对京杭运河及下游地区影响较大。

二、治理规划

1904年张謇在《请速治淮疏》中指出:"上年淮北水灾,连及安徽之凤、颍、泗,江苏之徐、海、淮、扬,凡七府。灾民极贫户口几四百万,次贫倍之。恩赈、官赈、中外义赈。合计近六百万。""入海之路早经淤断,入江之路,自郑州决口后,黄河潴蓄于淮北者经年,诸湖淤垫益甚,形如盘碟矣。非大治淮水,上自颍凤,中贯泗徐,下澈淮海,穿辟大河,使水有顺轨安流之势不可。然计路六百余里,历二十余州县,计工巨而需费繁,约略估计,多须千万,少亦六七百万。官为筹办,上也。官若不能,由督抚敦请正绅劝集资本商办者,次也。"[7-73~74]

1906年12月22日,张謇撰写《复淮浚河标本兼治议》,发表在《东方杂志》1907年第三期,文中指出:"今若复淮,而畅清口以泄洪泽之水,则洪泽之湖田出;迤南诸湖,不受洪泽之逼,则迤南诸湖之湖田出。至于高、宝、江、泰,漕堤无涨决之患,海、赣、沭、安,低田有泻潦之区。南则溯淮而上,而凤、颍、盱、泗安,北则溯河而上,而徐、邳、桃、宿亦安。犹止利于治本者也。"[13-110]

1907年6月中旬,张謇在《代江督拟设导淮公司疏》中说:"窃自上年某月臣到任后,即访知淮北灾情重要,仰体朝廷抚字之仁,设法筹赈。"并指出:治淮"所虑需本至千万,实为非常之举,必予以特别之补助,相当之利益,乃有人敢于承任。所谓特别之补助者,国家止收其垦熟后之升科,而宽免其涸出时之缴价。所谓相当之利益者,凡淮水所及湖、河涸出之地,悉归公司营业"[7-135~137]。尔后又撰写《议办导淮公司纲要》,从宗旨、界域、量势、计工、筹款、度偿、定限七个方面阐述公司职责;从六个方面阐述治淮兴利的举措,国家第一,苏皖省督抚第二,地方农商业第三,公司第四,颍、凤、泗、徐、淮、海之贫民第五,扬州运河第六[13-140~144]。

1909年张謇在《致端方函》中说:"承电设局导淮,命謇为总参议。"[8-251]他认为导淮必从查勘全流域和测量工作入手,设立江淮水利公司,在清江浦(今淮安市)设测量局。

1912年12月22日,张謇撰写《代苏皖二督关于导淮兴垦亟应筹备呈》,提出:"德全(程德全,时任江苏省都督)、文蔚(柏文蔚,时任安徽省都督)协议,拟请大总统迅赐任命督办一人,不拘本省、外省,苏皖省各会办一人,以便酌设导垦总局,规画一切进行,及访聘工程师、募集外债诸事。"[7-251~253] 1913年11月14日,在《为设导淮总局并颁发关防事与熊希龄(时任国务总理)等呈大总统文》中说:"窃自本年三月奉令'任命张謇督办导淮事宜,此令'""惟须先就京城暂设总局,乃有议借之主体[7-262]。"由时任江苏省议会议长的许鼎霖及柏文蔚为会办。

1913年5月,张謇撰写《治淮规画之概要》和《导淮计画宣告书》,提出了"江海分流"的设想——"淮水宜三分入江,七分入海"及入江、入海的路线——"沂泗分疏"。"惟去害在导,兴利在垦,二者均非借债不行。然欲达借债之的,必先筹还债之方。还债为何?不外垦利。垦利为何?不外以将来涸出之地,与淮有关连沿湖、沿河之地,一一厘正缴价升科为抵注"[13-241~248]。

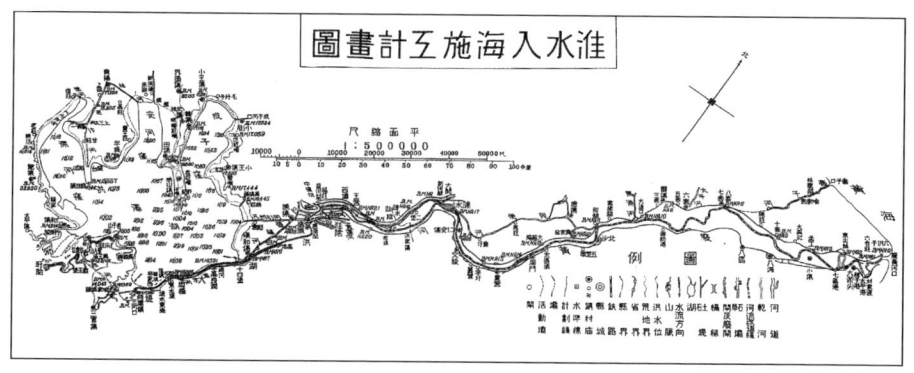

淮水入海施工计画图

1914年1月30日,张謇以农商总长兼水利局总裁的身份,代表中国政府与代表美国红十字会的美国驻华公使芮恩施订立募集借款草议,借款2 000万美元,用于导淮。但在协议条款中有争议,协议未能正式签订[8-436]。

1918年,张謇撰写《江淮水利计画第三次宣言书》,分析淮水、沂泗、沭水的现状,提出"施工计画",苏、皖两省估需3 000万圆,两省应合作治理[13-390~396]。

1919年2月,张謇在《江淮水利施工计画书》中说:"今言治淮,不外入江、入海,或分入江海之三问题耳。全部入海,则工程太大,且下河灌溉之水,来源不易,难望成立。""全淮入江,设遇江、淮并涨之年,必仍泛滥为淮扬患,决无疑义。"提出的水量分配方案为"拟以最大水量百分之五十六,即每秒七千立方公尺,由三河、高邮湖经归江各坝入江;百分之二十四,即每秒三千立方公尺,由张

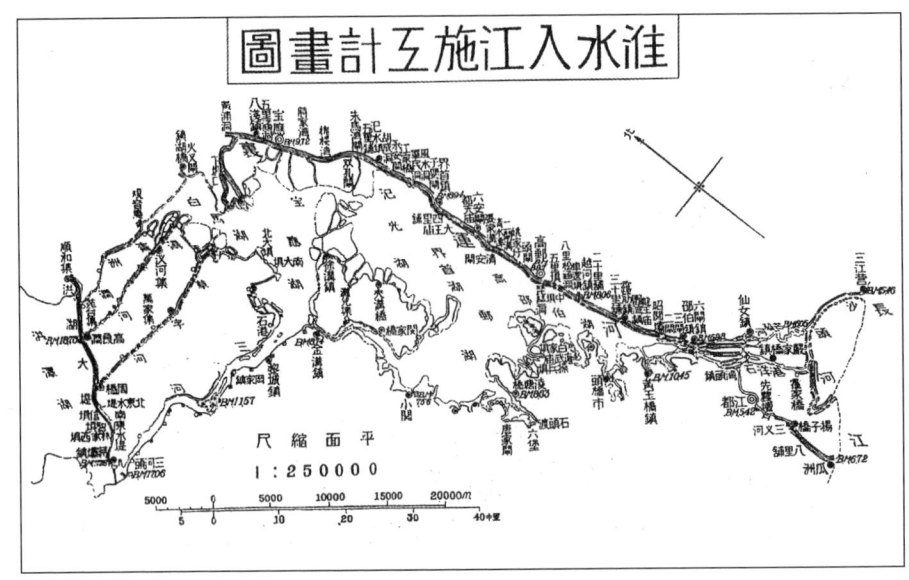

淮水入江施工计画图

福河、废黄河入海;以百分之二十留存洪泽湖"[13-397~401]。

1921年10月,张謇在撰写《淮沂沭治标商榷书》中说:"今年淮水入江者多,拟先分其一部分,由王家港、斗龙港、新洋港、射阳河四路疏送,以减临涨时高、宝二城之险。"治沂"先拟筑堤浚底,为第一步之进行,使得通行无阻。平均河宽十丈,深六尺",治沭"拟先通后沭河、蔷薇河",筹款"今之政府,库空如洗,债积成台……故欲兴办巨大之水利工程,非自筹经费不为功。"[13-487~490]

1912年至1919年,美国先后派工程师詹美生、塞伯尔、费礼门来淮河查勘,他们的主张不尽相同,张謇总结各家治河理论,"统筹全局,蓄泄兼施",于1922发表《敬告导淮会议与会诸君意见书》,"由是言之,费氏计画固节用而工捷,而实地之障碍未易去除。寨氏之工用,亦节而捷矣。但来水之量数与实际不符,根本上已不能适用。无已,惟有仍取江海分疏之策。"[13-503~507]

三、江淮水利公司测量局

1911年,张謇议设江淮水利公司测量局,首先进行沂、沭、泗诸水道测量,为江苏实施河道新法测量之始。其测量方法,作业规范,已运用国外先进的技术和仪器,是江苏境内水利测绘的一次技术革新,是向全世界测量技术迈进的一个关键转折。

1. 建立测量专业机构

1909年，张謇以导淮之事辗转无效，议设江淮水利公司，先行测量。1911年，江淮水利公司测量局成立于清江浦（今淮安市淮阴区），由如皋市沙元炳任局长，主持测量工作。

早在1906年，张謇为培养水利测绘人才，于南通师范学校附设测绘班。毕业生43人，在完成南通地籍测量后，全部进入江淮水利公司测量局组成10班。每班平均4人，另有测工6人，响导1人。内部还有局长、局务主任、测务主任、计划员、监视员、制图员、书记员、会计员等。1911年3月，出发百余人，先以江苏境内之淮沂沭泗为限开展测量工作。9月，清江发生战事，测量工作中辍。1912年4月恢复三个班续测，6月又增加到10个班继续进行。

1914年江淮水利公司测量局改组江淮水利测量局，直属全国水利局。沈秉璜为主任。1923年10月，江淮水利测量局更名为全国水利局导淮测量处，1925年奉军扰浦，遂迁驻扬州。1926年6月终止测量。其测量范围之广，人员之多，时间之长，为过去所未有。

2. 编订测量方法和细则

自黄河夺淮后，淮河失去其原有入海通道，灾害频仍。为解决淮河洪水出路问题，众说纷纭，计议不断。原因是未知地势、水情和河流分布等关系。张謇以科学技术为手段，获取所需基本资料，释"数十年空言之消"，乃亲自制定《江淮水利公司第一节办法测量案》10条，举办测量。

淮河流域面积约为27万平方公里，淮河干流全长1 000公里，主要支流百多条，总长万公里。全面施测，时长费巨，因此张謇等人决定先办预测，一俟工程确定，再予详测。确立淮河、沂泗、运河为受水三方，云梯关下废黄河、灌河口、瓜州三江营六合口，中运河及洪泽、骆马、青伊、白马诸湖为潴水与过水之四方。须了解"河面之宽狭，岸坡之缓急，滩脚之远近"。"治水从下游始""淮不治，江北且不治"。依"水性就下"规律，极要在于各河底高下、底与地平、底与岸高之关系，坝闸涵洞之关系及水位、流速、流量，以别各河道利害，港口宣泄优劣，潴水面积、容量，工程实施难易。测量局据此编订《测量之主要》《测量之方法》《规划之路线》等几种技术法规，规定了测量路线、内容、方法、制图和限差等，具有技术设计、规范（细则）和图式的雏形，为嗣后各水利机关制订部门或流域性测量规程起了良好的作用。

3. 建立淮河流域废黄河高程系统

清代，江北境内没有统一的高程基点，无法确定各河、各地区的高低对比关系。江淮水利公司测量局测量初期，水准标高是以淮阴码头镇东南惠济闸假定高程40米为起算点。1911年3月实测废黄河口大淤尖镇西永丰闸潮差4米余。1912年4月1日实测黄河口之中等潮位。接着确定以1912年11月11日下午5时之废黄河口低水位为基准面,称"废黄河零点",又称"江淮水利局零点",1916年改用经多年观测的平均海平面为新零点,确立了"废黄河高程系统",统一计算各河湖水面及底高。1949年后,于1956年建立全国统一的"黄海平均海水面高程系统",但由于历史上的基本数据均为"废黄河零点",因此至今仍未统一黄海零点,黄海零点与废黄河零点并存互换使用,还将持续一段时间。

4. 引进西方测量仪器和方法

张謇认为:"古制图之法略,而测量之器不精,方里山川,辄不足恃。"[21-365]今之测量,"一必定经纬线;一必用三角测;一必用五千分一比例"[13-316]。从前不能制造测绘仪器,后来张謇组织10个班测量淮沂泗水道,从国外购置一批经纬仪、水准仪、六分仪、流速仪等主要测绘仪器,使水利测绘手段、技术随着军事测绘步入先进行列。在沂沭泗河道进行的水准测量,采取沿河两岸布测,每200米为一点,每五里闭塞一次,测记河道水深、水面、水势涨落、水流土质、河湖大势沿革等信息。

第一,地形测量。于河道两岸外各500米进行,详测桥梁坝闸等水工建筑物,市镇村落测定外围位置,其细部从略。平面图比例尺采用1:2万,因废黄河最宽河段有10余公里,其他河道一律为1:1万,图幅为57.6厘米×57.6厘米(即1:1万图为10里×10里)。图之方位依河势顺纸而定,于图中绘方向矢,并规定各种注记定式。桥梁坝闸测绘平视、前视两种分图,比例尺为1:200。

第二,横断面测量。五里施测一个横断面,仿照日本九头龙川图式(正射投影)。横断面图比例尺:纵1:200,横1:1 000;纵断面图比例尺:纵1:250,横1:1万。同时测记流速、流量。

第三,湖泊测量。为淮河下游湖泊水深测量之始,环湖施测三角锁、水准。测深时逐次设标,测深点用六分仪测量方向依子午或卯酉定点位,两标之间用小船游行,约每100米间距补测水深。各湖以最高水位为水准基点,计算面积、体积。比例尺为1:2.5万。

5. 健全的制度,保障了测量工作顺利开展

除制订技术规约外,江淮水利公司测量局尚有岗位责任、工作报告、假日、财务、行政、赔偿、甄别等多种制度。

各人职务,由上级领导指定,不得借故推诿,按岗位勤奋尽责。监视员每月值班20天时间,随班检查测量方法、成绩,解决技术问题,保证成果图质量。测

区确定后,各班必须服从,不得自己选择。测线所经之处,不得扰累居民,交际务须公正谦和,不得有非礼举动。处众辑睦,谦让互尊。损坏测具,由班公共赔偿。每年暑寒两次公假,平时各员不论职务高低,有事必须办理请假批销手续,并找人代理。请假逾10天,一律扣薪、逾一月辞退。甄别每日一次,三月汇核,功过准其抵消。赏则记有功、奖励、升班三数,罚则有记过、罚薪、降班、开除四类。各类规定简单、具体、明确,突出质量优劣、成绩多少、工作勤懒、行为检疏。

6. 成绩

自1911年3月起,至1912年底,两年内凡江苏北部境内淮、沂、沭、泗相关之河流,均择要测绘,计3 000余公里,测线6 000余公里。分为分图、总图。分图注明各河之高低、曲直、广狭状况,其比例尺为1∶1万、1∶2万;总图以注各河之位置关系,比例尺为1∶20万、1∶40万、1∶80万。嗣后继续测绘主要湖泊及安徽境内淮河干支流与山东境内沂沭河上游各水道,至1926年6月停测。先后六期,总计完成图表5 991幅(原测与复制约各占一半),又25卷、册,2 143本。如表2-19[119-28~31]。

表2-19　江淮水利测量局测量成绩统计表

水系	河流/湖泊	长度/面积（公里/平方公里）	卷	幅	表	施测时间	备注
淮河	张福河	37.3	1	16		1911.3—1911.6	河道两岸地形测量
	头、二、三、四河	35.8				1911.3—1911.6	各500米1∶1万
	成子河	12.0				1911.3—1911.6	
	安河	26.7				1911.3—1911.6	
	罗家河	18.9				1911.3—1911.6	
	鲍家河	13.8				1911.3—1911.6	
	淮河	28.8		148		1911.3—1913.1	盱眙—五河
运河	运河	511.2	4	185		1911.3—1913.1	瓜林—黄林
	民便河	19.2				1911.3—1911.6	
	武障河	7.5				1911.3—1911.6	
	盐河	174.5	1	19		1911.3—1911.6	
	射阳河	271.3	1			1912.3—1913.1	泾河闸—海口
	建港河	54.7	1	16		1912.3—1913.1	

(续表)

水系	河流/湖泊	长度/面积（公里/平方公里）	卷	幅	表	施测时间	备注
运河	车逻河	248.2	1	16		1912.3—1913.1	车逻坝—斗龙港口
	丞河	61.0		3		1912.3—1913.1	
	不牢河	72.0	1	3		1912.3—1913.1	
沂河	废黄河	463.9	1	590		1911.3—1914.6	1∶2.5万 2 097平方公里
	沂河	155.5	1	28		1911.3—1914.6	
	马港河	25.9	1	2		1911.3—1911.6	
	太平河	35.4				1911.3—1911.6	
	车轴、烧香、砂礓河	181.4	3	8		1912.3—1913.1	
	总、南、北,六塘河	136.0	2	36		1912.3—1913.1	
	灌河	72.6	1	9		1912.3—1913.1	
	一帆河、民便河	53.0		3		1912.3—1913.1	
沭河	大沙河	152.1	1	14		1912.3—1913.1	
	朱稽、青口河	92.5	1	8		1912.3—1913.1	
	前、后沭河	55.3	2	18		1911.3—1911.6	
	官田、港河、五龙河	105.9	1	2		1911.3—1911.6	
	洪泽湖湖区	2 435 平方公里		279		1913.2—1914.6	1∶2.5万
	高宝湖湖区	1 900 平方公里		380		1913.2—1914.6	1∶2.5万
	射阳湖湖区	796 平方公里		13		1921.1—1926.6	1∶2.5万
	微山湖湖区	640 平方公里		189		1911.3—1914.6	1∶2.5万
	苇荡营	955 平方公里		311		1921.1—1926.6	1∶2.5万

(续表)

水系	河流/湖泊	长度/面积（公里/平方公里）	卷	幅	表	施测时间	备注
	运北一区	10 518 平方公里		51		1914.7—1916.12	1∶5万
	淮北一区	3 493 平方公里		164		1914.7—1916.12	皖境10 253平方公里 1∶2.5万、1∶5万
	三河及金沟图			3		1915.5—1916.12	
	淮沂泗沭图			4		1915.5—1916.12	
	江皖水道总图			39		1915.5—1916.12	
	废黄河调查报告图			1		1915.5—1916.12	
	三角、淮水成绩图			1		1915.5—1916.12	
	流量、水位、雨量图表			49	20	1911.3—1914.6	
小计	(41条)	3 122.4	24	2 608	20		
淮河	皖境干支流16条	4 037.6		1 462		1914.7—1926.6	
沂河	鲁境干支流18条	1 737.2		321		1915.5—1926.12	
沭河	鲁境干支流11条	817.8	1	128		1915.5—1920.12	
	流量、水位、雨量图表			756	612	1914.7—1920.12	
	干支总图、闭塞线等			100			
总计	(85条)	9 715.0	25	5 375	632	1911.3—1926.6	又册2 143本

资料来源：(1) 江淮水利公司测量局文案处．江淮水利公司测量局办法摘要．
(2) 沈秉璜．《张季子水利录》卷一、卷二．
(3) 江淮委员会．《导淮图案整理工作之经过》．

四、江苏运河工程局

1919年5月3日，奉北洋政府大总统令，特派张謇督办江苏运河工程局事宜，又令韩国钧会办江苏运河工程局事宜[7-486]。经过筹备，1920年4月1日，江苏运河工程局正式成立,设于江都县(今扬州市)城内。呈请中央派徐鼎康为参赞,常川驻局,沈秉璜[24-8]为秘书、工程科长。

张謇发表《运河工程局就职演说》《江北运河分年施工计画书》《运河工程局就职宣言》,他指出:"夫交通、灌溉既为运河之本能,而近日之运河,每至枯涸者,人皆归咎于雨量之少。其实,则坝闸废圮与启闭不得宜,为枯涸之一大原因。"闸坝工程"作用在蓄泄,其利益在交通",张謇由此提出了修旧改造计划,"中运河自苏鲁交界附近之台庄,至宿迁之漋流闸,河中石闸凡八。旧用正、越河制:正河有闸,越河有坝。欲增加泄量,则用越河,欲限制泄量,则用正河,盖越河大于正河也。今正河久废,即以越河为正河"。台庄、河清、河成、河定、惠泽、利运、漋流、亨济八闸,择要修理。闸旁越河,修筑滚水坝。中闸、民便闸、惠济均应修理,双金闸和盐河闸固应修理,并置闸门,以利启闭。在泗阳境内,添建闸坝各一座。"里运河"淮阴、邵伯之间,运河东岸,除下五坝外,计闸洞五十座,各加整顿,并改良闸门。西岸闸洞十七座,与东岸同样修理。金湾北闸,添建闸门,限制运水之分泄。于蝎虎河、凤凰河、新河三条河流,改建石滚水坝,坝顶仍加草坝,以时启闭。东湾坝、西湾坝、金湾坝、金湾西坝,先改建两座活动坝。高邮以下通湖口门,加砌石工。三河口南岸,建石滚水坝一座。疏浚有关河道,估需经费三百万元,工期三年。张謇说:"天下无不可成之事。事之艰难颠沛,对于个人,乃为磨练;对于事实,则为促进。若因艰难颠沛而不为,成于何望?况地方水利与人民利害有切身之关系者乎!走于兹事,可举本心之明,为诸君子言者,曰诚、忍、慎。以敷衍表面,为办事之手术,应酬人情,为避谤之方法,吾恶其不诚而不敢也。事机变幻,作辍无常,非礼动摇,怫然意懈,吾恶其不忍而不敢也。水利工程,含有慈善性质,旷时期,糜公款,顾一隅,戾全局,吾恶其不慎而不敢也。惟有一端发现,或款不时继,则必谢不敏。"[13-446~458]

1920年,张謇《与齐耀琳韩国钧呈大总统徐世昌文》二件,要求"为治运先须确定经费请将分年施工经费一百万元饬部列入九年度预算"。另《与韩国钧呈大总统徐世昌文》将《江北运河分年施工计画书》送呈[7-487~493]。

1920年,张謇、韩国钧在《训令技正冯德勋文》中说:"第一期所需经费业经电准江苏省省长及财政厅复称,'实已筹有八十万元左右,自可及早兴工以苏民困'""修建闸坝工程,正在筹备进行"[7-507~508]。

1921年在《训令工人总稽查杨懋荣等文》中,发出《管理河工工人暂行简章》共9条,设排长10人,司务10人,棚长40人,工人460人,卫士、公役各1人,明确职责[7-527~529]。

1921年,修改永安闸,共需工费15 000余元,兹已核定,以15 000元为准,由本局补助7 500元,其余之数由地方筹足。在《训令高邮宝应两县知事文》中说:"案查高界运河修浚各工,急须趁此冬令水落之际筹备实行先办切滩工程"。《与韩国钧致陆文椿文》中说:"所有漾流闸旁应先建设之临时草坝。"《训令总务科科长徐钟令文》中说:"自高邮北门挡军楼北首起,至马棚湾镇南止,共栽(杨柳)一万七千六百十六株。""仙女庙镇塘子湾至四摆渡一带纤道工程。""在双金闸上筑做束水坝两道",修整壁虎、拦江、金湾、褚山坝等[7-530~550]。

1921年夏秋,淮河洪水大发,洪泽湖水位大涨,最高水位达16米。上游来量巨增,下游宣泄无方,灾情严重。灾后派员测量估算,张謇与韩国钧在《与韩国钧咨江苏省长王瑚文》中提出了《办理运河善后各项工程经费预算折》,有9项工程:里运河东堤,自淮阴至邵伯长三百里,需修理约二百里;里运河西堤,需修堤约六十里;车逻、南关、新坝三座归海坝需修理;洪泽湖大堤一百二十里,需修理五百丈;新建双金闸;修复六塘河决口;苏郑格堤为邳县旧城之护堤,长十八里,需修复;中运河堤,自淮阴至黄林庄三百五十里,需修复。修复民便闸,共需洋一百万元。此9项工程先拨五十万元开工举办[7-564~567]。尔后,各项工程落实开工建设。"旋因省库支绌,仅商准筹拨五十万元先其所急,择要举办,业已次第告竣。迄今省款五十万元尚未解足,而用款已过此数,不得不动及局存款项,以应急需。"[7-644]

1921年6月,省长王瑚、督办张謇,会办韩国钧针对商会联合会请求停收二分亩捐的要求,撰写《江苏省长公署督办江苏运河工程总局治运工款咨文》,要求继续征收[7-521~522]。1922年,张謇、韩国钧又发出《训令江北各县知事文》,要求江北二十五县带征治运二分亩捐。二十五县为睢宁、沛县、邳县、丰县、砀山、铜山、东海、灌云、赣榆、阜宁、沭阳、萧县、宿迁、泗阳、涟水、兴化、盐城、东台、泰县、高邮、宝应、淮阴、淮安、江都、仪征。[7-596~597]

1923年1月,江苏省省长兼运河局会办韩国钧在江苏省议会开会期间,评议员都在南京,为出席便利起见,假江苏水利协会开会,讨论一切应办工程。3月,挑浚高邮救生港至宝应七里闸长30里的运河。5月,邵伯镇运河东堤李家巷口,筑做条石、混合土驳岸工程。10月,淮河运河文峰塔对岸修临河碎石坡工,11月,双金闸上旧钳口坝改为水泥碎石工,又做徐姓门首碎石戗坡。

1924年,工程处长负责挑浚宿迁、泗阳两县内运河,分75段,长6 100丈,用银九万余元。挑浚宝应西岸北闸引河,修宝应东岸朱马湾闸和高邮南关闸的下舌。修永高汛西堤迎湖碎石坦坡,改贾家港等处埽工为碎石坦坡。5月,江苏省省长兼会办韩国钧在江都开江北运河评议会,讨论一切应办工程。拆建宿迁运河西岸安家闸。1925年,修高邮西堤迎湖碎石工,并改建南新坝等处埽工为水泥胶砌碎石工[24-19~21]。

1923—1925年,张謇与韩国钧发文向北洋政府大总统、国务院、江苏省省长,报告灾情,请求落实经费。训令运河上游堤工座办万立钰、运河下游座办冯德勋,工程处处长王宝槐组织施工[7-657~808]。

1926年3月,会办韩国钧主席开评议会,讨论一切应办工程。续修高界西堤防护工程,购石料3万余元。淮安运河金家湾西堤修临河碎石工。5月,邵伯镇运河东堤黑鱼塘砌筑水泥碎石堤坡[24-21]。

1927年3月,督办局开评议会,会办韩国钧主席,讨论一切应办工程,先行办理邳宿泗三县运堤缺口善后土工。6月督办江苏运河工程局改组为江北运河工程局,归江苏省建设厅直辖。

督办局在1920年4月1日至1927年6月3日,总计收入银2 772 300圆有奇,钱38 300千文有奇。总计支出银2 658 600圆有奇,钱37 700千文有奇。收支两结,计存银113 700圆有奇,钱600千文有奇,移交江北运河工程局[127-1]。

张謇导淮数十年的奋斗理想,只有在中国共产党领导的新中国才逐步实现。1949—1953年,开辟新沭河和新沂河,建成洪水入海通道。1950年,水利部部长李葆华查勘淮河流域,向周恩来总理提出治理淮河的方案中采纳了张謇提出的"蓄泄兼施"的导淮论断。1950年10月14日,中央人民政府政务院《关于治理淮河的决定》中指出:"关于治理淮河的方针,应蓄泄兼筹,以达根治之目的。"[116-720]上游干支流上修建水库拦洪蓄水,中游开辟蓄洪区蓄洪分洪,下游开辟入江水道,开展入海水道研究。1951年,开辟至洪泽湖的高良涧至扁担港口入黄海的苏北灌溉总渠,设计排洪700立方米/秒[116-114~115]。到1987年,建设了正阳关以上的濛洼、城东湖、城西湖和以下的瓦埠湖4个蓄洪区,防洪库容65亿立方米。开辟濛河分洪道和21个行洪区,可临时滞蓄洪水量85亿立方米,建成大中小型水库5 332座,总库容405.28亿立方米[94-836~841]。1955—1987年,三次大规模治理淮河入江水道,设计行洪流量12 000立方米/秒[116-104~108]。1999年1月,淮河入海水道正式开工建设,2003年6月一期工程建成通水,设计行洪流量2 270立方米/秒,远期设计行洪流量7 000立方米/秒。

2020年10月20日,国务院新闻办公室举行治理淮河70年新闻发布会,水利部副部长魏山忠介绍70年治淮取得的主要成效。总投入9 421亿元,直接经济效益47 609亿元,投入产出比1∶5.2。已建成6 300余座水库,约40万座塘坝,约8.2万处引提水工程,淮河干流上游防洪标准超10年一遇,中游主要防洪区、主要城市和下游洪泽湖大堤防洪标准已达 100 年一遇,重要支流及中小河流的防洪标准已基本提高到 10~20 年一遇以上[128-第1、第2版]。

第八节　运盐河和串场河治理

盐是人们日常生活的必需品。早在战国时期(前 475—前 221),淮北沿海已有海盐生产,并渐次向淮南沿海拓展。民国时期对盐进行划区销售,两淮盐场的盐销往湖南、湖北、江西、安徽、河南、山东等省,共 283 县。为了将食盐运往内地,必须人工开挖河道,建成有京杭运河、运盐河(1910 年扬州到南通段改称通扬运河)、串场河、泰东河等。

一、盐运史迹

1. 食盐产地、产量

我国盐业资源十分丰富。开发利用的主要有辽宁、河北、山东、江苏、浙江、福建、广州等地的海盐;四川、云南等地的井盐;山西、陕西、甘肃、蒙古、新疆等地的池盐。此外,陕西、山西、湖北、河南等地的一些地区还有少量的土盐、岩盐出产。其中四川的井盐与两淮、长芦的海盐出产最旺,全国人口一半以上的食用盐依靠这三大盐产区供给。据估计,1935 年全国产盐区域约有 2 500 万亩,年产盐约 250 万吨,其中海盐产量最多,占全国比例的 88.6%。井池盐次之,膏土盐产量很少。淮北盐场产盐 45 万吨,占全国产量的 18%,淮南盐场产盐 7.5 万吨,占全国产量的 3%[129-66~67]。

秦汉时期(前 221—公元 220),海盐生产、农业种植业规模逐渐扩大。西汉吴王刘濞(前 215—前 154 年),立国广陵,煮海水为盐,开运河,推动了淮海盐业的制运。西汉武帝刘彻于元狩四年(前 119)为解决国家财政困难,大规模募民煮盐,并官发粮食和煮盐器具,两淮盐业得以迅速发展,以致"彭城(今徐州)以东、东海、吴、广陵"均有"海盐之饶"。嗣后,经过唐、宋、元时期不断发展,两淮成为全国主要海盐产区和国家税赋的主要来源。明、清时期,江苏海涂变化剧烈,盐场为追逐潮水而频频东移。明初起两淮盐场逐步由范堤以西迁至堤外,至清末已东距范堤数十里。清代,两淮盐业时盛时衰,旺产年份 40 万吨以上[70-4]。

西汉惠帝、高后时期(前 194—前 179),在今南通地区北部已开始煮海水为盐。到北宋开宝七年(974),有利丰、永兴、石港、丰利、西亭、金沙、利和、余庆等

8个盐场。元至元三十年(1293),南通地区有角斜、栟茶、马塘、丰利、掘港、石港、西亭、金沙、余西、余中、余东、吕四等12个盐场。清乾隆元年(1736),并马塘场入石港场,余中场入余西场。清乾隆三十三年(1768),并西亭场入金沙场,这时南通地区有9个盐场。1912年,两淮盐政总理张謇以金沙、石港两场额盐无多,分加吕四、掘港两场,余西场并入余东场,改称余中场(驻今余东镇),丰利场并入掘港场,取名丰掘场(驻今掘港镇),栟茶场并入角斜场,取名栟角场(驻今角斜镇),共4个盐场。1931年,将吕四场并入余中场,栟角场并入丰掘场。

1903年,张謇等人在吕四创办同仁泰盐业公司。

2. 食盐运道

——纲运

民国以前,淮南盐运往湘、鄂、西、皖(扬子四岸)历来采用纲运办法。纲运起源于唐代。其时将大量货物分批起运,每批编立字号,分为若干组,一组称一纲。后将这种成批编组运货方式称为纲运。唐广德二年(764),盐铁使刘晏兼办漕运,从扬州运米到淮阴,用船2 000艘,每艘装千斛,十船编为一纲,是为最早的纲运。以后官府运盐亦用此法。唐开成三年(838)七月,日本国圆仁和尚随遣唐使西渡来华,自掘港登陆,乘船由运盐河经如皋去扬州,沿河见"盐官船积盐,或三四船,或四五船,双结续编,不绝数十里,相随而行。"(圆仁《入唐求法巡礼行记》),记述的正是纲运食盐景况。宋代行官卖法时,运盐亦用纲运法。北宋庆历(1041—1048)时,提点铸钱沈扶将江西漕船编为10纲,运输淮南盐至虔州。后江西提点刑狱蔡挺制置盐事,增为12纲,每纲25艘,途中锁袱以行,至虔州乃发舱输官。其时押运之制:船由官备,夫征民充;每纲派一使臣部押(称纲官),统领军士若干(称舟卒),以舟卒(或民夫)任运输之劳。元代官卖食盐亦用纲运。元大德四年(1300)定两淮纲运法,于淮东设6仓,给雇纲船,设官押运场盐至仓。自二月春首冰融河开开始行运,至冬月河冻水涸攒运了毕,一年运额皆须在此9个月内完成。自明万历以后至清末,运盐之权归于专商,政府并不运盐,但纲运之名仍然沿用,商人运盐仍是按年开纲,分批掣验,起运开江。

——历代运道

盐为大宗笨重商品,历来利用水路运输(外江内河),以省费用。西汉初年,如皋蟠溪地区所煮海盐由运盐河经海陵(今泰州)运至广陵(今扬州)分销。此后历代大率因之,少有变更。唐代前期,南通盐区所产盐由运盐河经海陵至扬州出长江或入淮河转运分销。安史之乱(755—763)后,唐肃宗末年(758—761),因叛军史朝义兵出宋州,致使淮运阻绝,租庸、盐铁皆溯江而上,由襄、汉越商,以输京师。宋代,淮南通泰盐由运盐河经泰州至扬州,然后由漕盐运河至真州(今仪征),由真州转运至淮南、江南、两浙、荆湖四路分销。元代因之不变。明代沿宋、元之旧。惟明嘉靖十六年(1537)两淮巡盐御史陈蕙建江都瓜洲盐坝之初,曾于通州置仓筑坝设闸,掣验商盐入江开行,后仍徙仪征掣验商盐开江。

清仍袭明制,通泰盐由运盐河经泰州、扬州至仪征开江,转运湖南、湖北、江西、安徽四省。乾隆、嘉庆年间(1736—1820),通属各场运道里程如下:角斜场由凌河(现称北凌河),经海安到泰坝(在泰州)187里。栟茶场由北串场河(现称栟茶运河),经丁堰、如皋、海安至泰坝205里。丰利场由寿河(现称马丰河)、串场河(现称如泰运河),经马塘、丁堰、如皋、海安至泰坝275里。掘港场由串场河经马塘、如皋至泰坝共279里。马塘场由串场河经丁堰、如皋、海安至泰坝251里。石港场由东串场河(现称九圩港),经马塘、如皋至泰坝303里。因西亭、金沙、余西、余中、余东、吕四6场的运道经石港河、东串场河、串场河到丁堰,比从运盐河到南通城,经盐仓坝过闸或坝到丁堰近9公里,故均从石港河经马塘到丁堰。西亭场由石港河(现称亭石河),经石港、马塘、如皋至泰坝315里。金沙场由运盐河经西亭、石港、如皋至泰坝330里。余西场由运盐河经金沙、石港、如皋至泰坝340里。余中场由运盐河经余西、金沙、如皋至泰坝352里。余东场由运盐河经余西、金沙、如皋至泰坝380里。吕四场由运盐河经余东、石港、如皋至泰坝共448里。咸丰年间(1851—1861),太平天国建都金陵,淮南盐溯江西运航路梗阻。清政府为筹办军饷,督责两淮运司恢复运盐办课,乃另辟运道,自通泰各场南行渡江,由孟河、江阴等处进口,历常州、无锡至溧阳县的东坝,尔后起驳换船,直达芜湖出江,开行湘、鄂等岸。同治三年(1864)太平天国覆灭,淮南盐运输回复故道,由运盐河至泰州掣验后,其出江通道先在泰兴县的口岸,继移江都县的瓜州,后改仪征县的十二圩,遂为定制。1910年,张謇将通州到扬州的运盐河更名为通扬运河,通州至吕四段仍称运盐河。

民国前期,市境盐产渐缩。其运销江苏省内之外江内河食岸者一仍清制,先运至仪征十二圩扬子总栈,然后转运各岸。各场盐船皆沿串场河入运盐河行至泰州南门掣验卡。各场距泰卡水路里程为栟角场214里,丰掘场288里,余中场389里,吕四场457里。盐船经泰卡掣验后,继续沿通扬运河西行,经仙镇、六闸入仪河,计211里至十二圩,其运往湘鄂西皖四岸盐斤,均由十二圩溯江上行达岸。十二圩至各岸水路里程:由圩沿扬子江过洞庭湖至湘岸长沙2 470里;沿扬子江至鄂岸汉口1 600里,至皖岸芜湖315里;沿扬子江及赣江至西岸南昌1 440里;沿扬子江至江宁(南京)食岸155里。民国后期,市境处于战争环境,商人纳税后任其所之,听凭自由运销。1934年两淮盐场水陆运道见下图[71-160～169]。

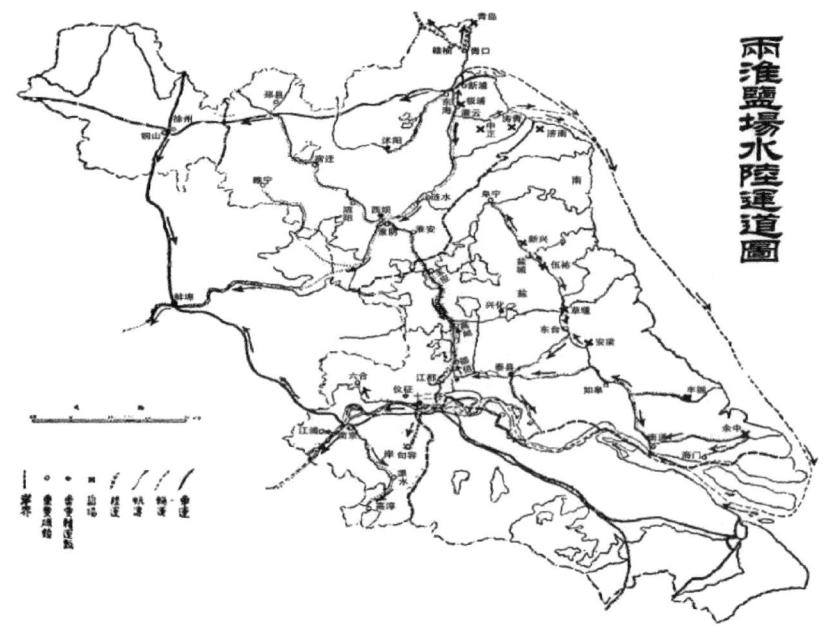

1934 年两淮盐场水陆运道图(复制)

二、运盐河

利用天然河道通航,源于远古,春秋时期(前770—前476)已有大规模船队在江河中行驶,传说春秋中期淮河上游已有人工运河。吴王夫差利用江南地势平坦、水量多的条件,将天然河道加以人工修浚,于东周敬王二十五年(前495),开通了从现浙江省杭州市至江苏省镇江市入长江的江南运河。当时这条运道可能有多条,经秦汉两代的航运实践,最迟在东汉已形成了江南运河。[94-982]有明确记载最早开通的人工运河是江淮间的邗沟,吴王夫差为了北上争霸,于东周敬王三十四年(前486)筑邗城(今扬州),向北利用一连串天然湖泊开运河至今淮安以北,沟通长江和淮河间的水运。经过隋、唐、北宋三代整治,形成北起涿郡(今北京),南至余杭(今杭州)的南北交通干线。元、明、清三代,京杭运河是国家的主干运输线路,政府投入大量的人力物力进行维修和管理,调整部分河段,开挖新的运河线路,到清康熙二十七年(1688)开凿成现在的京杭运河。从北京起,途经河北、天津、山东、江苏、浙江五省至杭州止的运河。京杭运河沟通了海河、黄河、淮河、长江和钱塘江五大水系,全长1 800公里[94-1033～1035]。

前179年至前141年,西汉吴王刘濞开挖运盐河,运盐河是中国最早开挖的第三条人工运河。

秦始皇二十八年(前219),开挖的灵渠沟通长江与珠江水系[94-1165]。三门峡运道因水势急湍,运舟至此经常遇险。西汉鸿嘉四年(前17),大规模开展人工除礁,在黄河三门峡河段开通航道[94-1446]。孙吴赤乌八年(245)开挖破岗渎,沟通太湖流域与秦淮河(今南京)[94-1335]。

运盐河段是从公元前179年至公元1704年经过7次分段开挖而成。1076—1936年又开挖各盐场的串场河,并进行疏浚,共有27次。中华人民共和国成立后又新开通吕运河、新通扬运河、九圩港,将各场串场河整理为一级河的有北凌河、栟茶运河、如泰运河,二级河有运盐河、团结河一段、亭石河、马丰河。

南通市境内原有角斜、栟茶、丰利、马塘、掘港、石港、西亭、金沙、余西、余中、余东、吕四等12个盐场,其名称最初见于唐开成年间(836—841)日本国圆仁和尚的《入唐求法巡礼行记》,有掘港场、马塘场,其余各场名称在五代、宋有关文献中出现。

1. **运盐河的开挖**

运盐河自京杭运河旁扬州市江都区湾头镇至南通市区木耳桥,全长212公里,其中南通段105.09公里。东段自东濠河中部向东北至吕四,全长89.7公里。1910年将扬州至南通段更名为通扬运河。运盐河是分段开挖而成,有7次。

第一次:为了便利运盐,公元前179年至公元前141年,西汉吴王刘濞开运盐河,从今扬州茱萸湾(今广陵区湾头镇)经海陵仓(今泰州市)到如皋县磻溪(今如皋市城东陈镇的汤家湾)。

第二次:10世纪初,运盐河又从汤家湾向东南延伸至白蒲镇,白蒲镇南有古横江。

第三次:后周显德五年(958),周世宗柴荣设通州后,下诏挖护城河——濠河,环绕老城区,全长10公里。为了漕运、盐运需要,又从濠河西北角向西北凿河40里,设任家渡,隔清水港(即古横江)接通白蒲镇。

第四次:因北宋983—1058年间古横江淤死,南岸与北岸相连。在北宋嘉祐年间(1056—1063)静海知县张次元从任口向北开运河接通白蒲。

北宋嘉祐(1056—1063)时,淮南、江、浙、荆湖制置发运副使徐的,调兵夫浚治泰州、通州、如皋各漕河,至此,该河就成为从扬州直达通州的盐运、漕运干道,由盐仓坝分别入长江和濠河。

第五次:南宋咸淳五年(1269),两淮制置使李庭芝始凿河40里,入金沙、余庆场(该场后分为余西、余中、余东三场),以省车运,兼浚他运河。

第六次:嘉靖十六年(1537),通州同知舒缨凿运河,达吕四场30里,统称运盐河。

第七次:康熙四十三年(1704),因余东场五里墩以东运盐河坍入长江,海门夏中书等开新运盐河,由余东场东向东北经现包场镇、六甲镇到吕四场[130-14~20]。

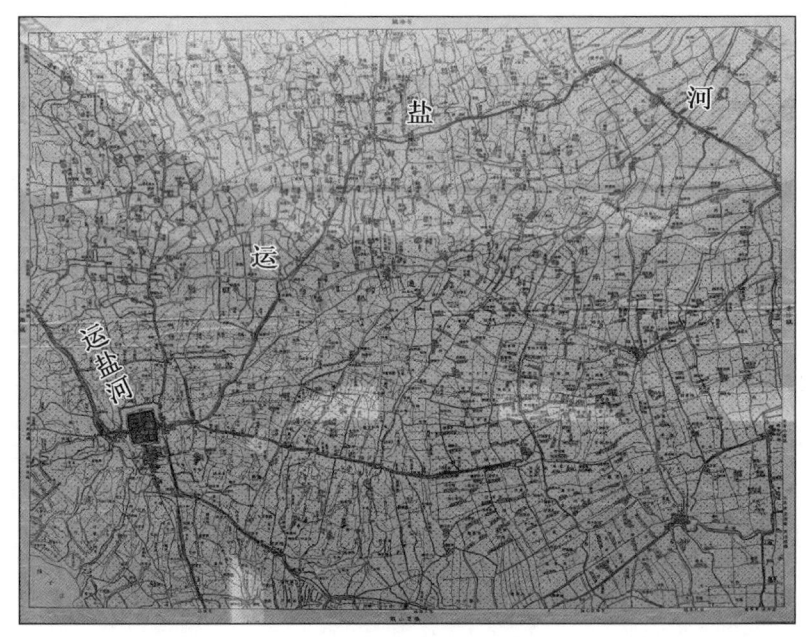

1916年南通县城图

时至21世纪20年代,通扬运河南通市区段留下了三里桥、十里坊、十八里河口等地标。中华人民共和国成立以来,通扬运河经过多次裁弯取直。从20世纪80年代有关地图量算,从海安县与姜堰区交界的白米镇到南通市区木耳桥全长105.09公里。从南通市区木耳桥到通扬运河沿线各镇的距离:平潮镇为18公里,赵甸镇为25公里,白蒲镇为32公里,林梓镇为38公里,丁堰镇为44公里,东陈镇为54公里,如皋县城为64公里,柴湾镇为69公里,海安县城为84公里,曲塘镇为97公里,到姜堰区白米镇为105公里。

运盐河从东濠河(现濠南路北侧中濠河)向东1公里的老王庙转向东北方向至龙津桥,折向东北到阚家庵(兴石河与团结河相交处西侧,兴仁镇阚家庵村)、西亭,折向东南经金沙、金余、余西、四甲到余东,又折向东北经包场、六甲到吕四,据1916年比例尺为1∶50 000的地形图量算,自濠河东流至龙津桥,向北经瘦子桥至阚家庵,长12.1公里;又经烂皮桥至西亭镇东,长8.0公里;自亭石河东0.9公里,向东南经三里墩至金沙,长6.9公里;又8.2公里至金余镇,又4.6公里至余西镇,又经头桥至二桥长6公里;又经四扬坝至四甲镇,长4.8公里,又经王灶河镇至余东镇,长9.3公里;自余东镇东向南1.7公里,又向东0.8公里再向北1.9公里,再向东南至包场镇,长11.1公里;又向东经十甲镇向南再向东至六甲镇,长7.7公里;又向东至吕四镇,长11公里;全长89.7公里。

2. 运盐河疏浚

清光绪二十九年十月初二日(1903年11月20日),张謇撰写《淮水疏通入海议》,建议疏浚"自江都仙女镇迤东,贯泰州、如皋、通州至吕四场,长五百五十里,世所称里河,亦名运盐河者,淮水之支流也"[13-70~73]。据《江苏水利全书》记载:1076—1936年,运盐河疏浚共有18次,建涵闸共有9次。

宋熙宁九年(1076),王子京修运盐河,自泰州至如皋170余里。

明成化十八年(1482),如皋知县胡昂浚运河,南至白蒲。

明天顺三年(1459),工部奏,国家大计,莫先于粮运,今闻通州以南,直抵扬州,河道淤浅,粮运难行,宜驰文于管河道官,令量起附近卫所府州县军民,设法疏浚,其水塘泉源,亦宜疏通,以济运河,从之。

明成化二十年(1484),巡盐御史李孟旸浚吕四场河,建西清闸。通州知州郑重于州西40里唐家坝,重建便民闸,又浚金沙、西亭场河。

明弘治二年(1489),巡盐御史张镇浚通州运盐河,自许家环至石港场七十里。

明弘治(1488—1505)中,淮南运使毕亨浚泰州至通州运盐河。

明正德十一年(1516),通州知州蒋孔旸修州西唐家坝两闸。

明嘉靖十九年(1540),同知朱应云建州西盐仓闸、州南芦团闸及唐家闸。

明隆庆元年(1567),通州知州郑舜臣筑唐家闸。

明隆庆二年(1568),凿通州吕四等场河,直通丁堰。

清雍正五年(1727),通州知州白映堂重建唐家闸。

清雍正八年(1730),浚扬州通州运盐河,共25 780丈有奇。

清雍正十三年(1735),通州知州张桐重建盐仓闸。

清乾隆十年(1745),总督尹继善题准各工,内续挑之江都、泰州、如皋、通州四州县内运盐各河,并通分司属之栟茶、角斜各场河,及通州城河任家港江口,共用银323 886两有余。于乾隆十九年(1754)具报完工。

清乾隆十二年(1747),浚通州运盐河及串场河。

清乾隆十七年(1752),通州城西盐仓闸改建滚水石坝,蓄泄淮水,附建耳闸,纳江潮,资灌溉。

清乾隆二十九年(1764),通州知州沈雯重建西盐仓滚水石坝,并修耳闸。

清嘉庆二十三年(1818),署通州知州俞颖达浚运河。

清道光十五年(1835),通州知州平翰开盐仓耳闸、唐家闸泄水,又浚通江姚港等 27 港。

清道光十九年(1839),通州人张曦修盐仓滚水石坝。

清同治四年(1865),如皋知县李振黉奉两淮盐运使司忠扎饬,筹款挑浚运盐河。

清同治十一年(1872),如皋知县周际霖奉两淮盐运使方拨款,挑浚运盐河。

宣统二年(1910),由于姜堰至海安官河水浅,轮船不便行驶,由姜堰商会丁植卿会同通州张謇出资雇工挑浚,阅三月始竣,将通州至扬州段更名为通扬运河。

1914 年,挑浚通扬运河,自泰县海安镇,向西至曲塘镇,约 30 里。

1925 年春夏间,泰县海安镇至曲塘运盐河水涸,农民自主挑挖,救济灌溉,旬日完工。

1935 年春,江北运河工程局挑浚曲塘至海安浅段,同时,江苏建设厅举办旱灾工赈,挑浚南通县盐河,自县城至吕四镇百余公里。

1936 年,南通县浚南运河,长 26 公里[130-15~28]。

三、串场河的开挖疏浚

1. 南通地区串场河开挖及疏浚

据《江苏水利全书》记载:1481—1873 年,共疏浚 16 次。

明成化十七年(1481),巡盐御史吴哲浚余西河。

明嘉靖中(1541—1560),御史朱廷石奏请通浚三十场河。

明隆庆三年(1569),运判包柽芳凿石港岸片,通石港场。

明隆庆中(1567—1572),开通州各场河,名串场河。

明万历二十年(1592),通州知州浚西亭石港河。

清康熙十年(1671),通州知州王宜亨浚余西河。

清康熙四十三年(1704),盐政寅着议于如皋县栟茶场小洋河建三孔石涵洞,泄范堤内积水。

清康熙四十七年(1708),开余中场南运河。

清雍正十年(1732)五月,总督尹继善奏,如皋丁堰至三岔河,水俱深通,岔河迤东,至掘港场 50 里,应请分段浚深,又如皋力乏桥至周子沟 37 里,入泰州新河口,至栟茶场新桥 39 里,盐河一道,应请加浚。

清乾隆元年(1736)十二月,浚通州吕四等场河 26 800 余丈。

清乾隆二十年(1755),盐政普福奉挑通属吕四余东两场绕河,及石港、栟茶等场灶河,用银 121 700 余两。

清乾隆四十二年(1777)十一月,盐政寅著奏,通属栟茶场之小洋口涵洞,不能畅泄入海,拟添建三孔石闸,嗣以土性浮松,改建三孔石涵洞一座。

清嘉庆二年(1797),吕四、余东二场河道淤浅,商人集资挑浚。

清嘉庆十八年(1813),商挑吕四、余东二场河道。

清道光十八年(1838),如皋知县范仕义浚龙游河,建宏济闸。

清同治十二年(1873),通州知州梁悦馨浚九圩天生等港,通州各盐场浚盐河[130-17~27]。

2. 盐城地区串场河开挖及疏浚

串场河是南北向纵贯盐城地区中部的人工运河,唐大历元年(766),黜陟使李承实任淮南节度判官时兴筑常丰堰 142 里,北起楚州沟墩(今阜宁县沟墩镇),南至海陵新城(今盐城市大丰区刘庄镇)。北宋天圣二年(1024),兴化县令范仲淹筑范堤,北起海陵新城,经虎墩(今大丰区草堰镇南)至小淘浦(今东台市安丰镇南)。初为筑堤时开挖的复堆河(在范公堤西侧),历经多次疏浚延伸,形成串场河。

串场河历史上是堤东各盐场转运食盐的主要航道,又是里下河地区各河泄洪入海的大动脉,兼供两岸农田灌溉水域。

南宋咸淳五年(1269),两淮制置使李庭芝开凿串场河。

明英宗天顺年间(1457—1464),疏浚串场河。

清康熙二十八年(1689),商挑浚白驹场至丁溪场 37 公里。

清康熙三十七年(1698),三十八年(1699),四十四年(1705),河道总督张鹏翮挑浚伍佐场至泰州坝段 120 公里。

清康熙四十五年(1706),都统孙渣济挑浚卞仓至盐城石𧿹闸段 21.8 公里。

清雍正七年(1729),郎中鄂孔再浚。

清乾隆三年(1738),疏浚至射阳河。

清乾隆三十一年(1766),浚富安、安丰、梁垛 3 场附近河段。

清嘉庆八年(1803),挑浚草堰南闸至海道口段 13.75 公里。至此,从富安向北至庙湾的 15 个盐场(富安、安丰、梁垛、东台、丁溪、草堰、白驹、刘庄、卞仓、伍佑、新兴、上岗、草堰口、沟墩、庙湾)都已串通,航船通达,所以定名"串场河",

又称"官河""串场运盐河"。

清道光十五年(1835),泰州运判朱沉浚泰东运河,由海道口至青蒲阁,长12公里,用民工5 000余人[111-37～38]。

清光绪十七年(1891),东台县知县王欣甫组织民工疏浚串场河。5月1日,张謇《为欣甫作富安串场河竣工喜示诸绅》[3-325]:

青蒲角头春水生,青龙闸外远潮平。
中间横绝二十里,空听万番龙骨声。

鼕鼓千村荷锸劳,添波几尺送盐艘。
农间二月连三月,麦颖初齐桑未高。

县官亦是耕田夫,入耗官仓出命舆。
尚恐涓埃了无补,不烦人号某公渠。

因人成事政初举,贪天之功时久晴。
正使诸君当汉代,纵碑衡碣尽题名。

四、现代运盐河和串场河的延伸

1958年起,南通市对河道按照受益范围进行分级划定,共分为五级。即一级河(干河),二级河(支河),三级河(大沟)、四级河(中沟)、丰产沟(小沟)。确定一级河有12条,为焦港、如海运河、九圩港、通扬运河、新江海河、新通扬运河、北凌河、栟茶运河、如泰运河、遥望港、通吕运河、通启运河。二级河105条,其中通扬运河、北凌河、栟茶运河、如泰运河为原运盐河、串场河改造而成,通吕运河、新通扬运河、九圩港、通启运河为新开河道。运盐河东段为二级河,为团结河阚家庵至西亭镇段,以东经金沙、余西、余东到通吕运河段仍称运盐河,原从运盐河到石港场的石港河更名为亭石河,为二级河,原从马塘场向北到丰利场的串场河定名为马丰河,为二级河。

——新开通吕运河

由于运盐河东段弯弯曲曲,河身狭浅,1958年11月起另行规划开凿成灌、排、航相结合的大型骨干河道——通吕运河,全长78.55公里。

1958年10月10日至1959年4月22日,实施第一期工程,由海门县出民工37 159人。开挖通扬河口至正场段16.87公里,完成土方5 633 214立方米。投工344 662个,实用经费1 185 535.84元。1958年12月1日至1959年4月

22 日。启东县出民工 91 137 人,开挖陶家店至吕四段 22.84 公里,完成土方 9 307 654 立方米,投工 5 045 172 个,实用经费 1 445 077.03 元。

1959 年 11 月下旬至 1960 年 4 月举办第二期工程,由启东、南通、如东、如皋 4 县出民工 36 434 人,开挖江边至通扬河口 3.68 公里,完成土方 4 918 945 立方米,投工 3 544 831 个,实用经费 2 227 659.67 元。1959 年 10 月 25 日至 1960 年 4 月 25 日,海门县出民工 28 830 人,开挖正场至二甲庙段 18.21 公里,完成土方 3 076 564 立方米,投工 1 689 542 个,实用经费 871 311.76 元。启东县出民工 26 473 人,开挖二甲庙至陶家店 14.02 公里,完成土方 3 218 816 立方米,投工 1 720 750 个,实用经费 798 153.22 元。

1963 年 12 月至 1964 年 3 月,举办第三期工程,由启东县出民工 22 625 人,开挖吕四至大漾港闸段 2.31 公里,完成土方 693 683 立方米,投工 450 324 个,实用经费 375 813.91 元。海门县出民工 3 463 人,开挖闸下游引河 0.62 公里,完成土方 11 807 立方米,投工 64 282 个,实用经费 80 866 元。

这次工程共组织民工 24.7 万人次,完成土方 2 700 万立方米。投工 1 285.9 万工日,实用经费 698.4 万元。

通吕运河开挖后,原运盐河仍起二级河作用的有二段:一是二级河团结河段,西起阚家庵,东至西亭镇东,全长 8 公里;二是仍称运盐河段,西起西亭镇东,经金沙、金余、余西、四甲、余东,然后折向北至通吕运河,全长 45.46 公里。其余地段有的降为四级河,有的填塞。

有些地段由于未能开挖到设计标准,加之河坡坍塌,故淤积严重。1975 年,南通地区革命委员会决定对城区通扬运河口至启东县吕四节制闸 73.24 公里进行整治。11 月初,南通地区通吕运河整治工程指挥部召开会议,动员南通、海门、启东三县组织 33.3 万民工施工(其中南通 18 万人,海门 7 万人,启东 8.3 万人)。于 11 月 15 日开工,同年 12 月 31 日完工,共完成土方 1 995.3 万立方米,投工 1 242.8 万工日,实用经费 907 万元。民工以完成土方定额工日按照后方同等工日的 115%～120% 记工分,参加当年生产队分配,并可得少量施工补贴和补助粮食[60-98～99]。

在入江口建南通节制闸。1959 年 10 月 16 日江苏省水利厅批准,成立建闸工程处负责施工,12 月 17 日起正式开挖闸塘,1960 年 2 月 18 日开始打板桩,7 月 25 日建成放水。该闸共 23 孔,每孔净宽 4 米,连同闸墩全长 105.6 米[60-141～142]。

南通港船闸位于南通节制闸西侧,1959 年 8 月下旬起开挖闸塘,12 月 13 日开始打板桩,1960 年 7 月 25 日拆坝放水。该闸上下游闸首及闸室净宽均为 12 米,闸室长 160 米[60-175～176]。

民工在开挖河道

1975年12月,南通地区革命委员会水电局革命领导组副组长孙学旺(右二)、海门县革命委员会农水办公室副主任张冲(左二),德胜公社革命委员会副主任蔡庆丰(右一)等在通吕运河整治工程海门段验收会现场

在入海口建大漾港闸。1964年2月11日,经江苏省计划经济委员会批准,由启东县人民政府组织实施,3月7日开始挖闸塘,3月27日开始浇底板,7月

28日竣工。该闸设5孔,中孔净宽8米,为通航孔,两侧4个边孔,净宽各位6米。2011年5月—2013年11月,在外侧新建大漾港新闸,设5孔,每孔净宽8米[131-63~64]。

2010年2月5日,江苏省水利厅批复实施通吕运河治理工程(海门、启东段),批复投资2 954万元,其中海门段2 567万元(其中省补助1 284万元)启东段387万元。主要建设内容为:整治长度35.65公里,其中海门段28.57公里,启东段7.08公里。

2011年4月12日至2012年5月12日进行疏浚,使用绞吸式挖泥船5条,6寸水下泥浆泵船36条,挖掘机7台。完成围堰土方31.1立方米,水下疏浚土方248.61立方米,堆土区1 638亩。实用经费2 502.88万元,比概算2 567万元节省64.12万元,其中中央和省补助1 284万元,其余由海门市投资。

2011年,水下泥浆泵船疏浚通吕运河

2011年9月30日,江苏省发展改革委批准通吕运河疏浚工程初步设计,核定工程估算投资8 939万元。主要建设内容为:疏浚通吕运河市区段河道总长16.237公里,其中南通节制闸至观音山正场界13.44公里,长江口至南通节制闸2.21公里,通扬运河末端0.585公里;新建节制闸下游分水岛侧及东侧护岸1.3公里;水文设施改造等。

2012年1月18日,省水利厅批复通吕运河通州段一期整治工程,批复投资

269万元。主要建设内容为：疏浚河道长7.25公里,对支河口200米范围内岸坡衔接处理;南侧岸坡防护0.806公里,采用灌砌块石重力式挡墙护岸。

2012年1月19日,省水利厅批复通吕运河通州段二期整治工程,批复投资2 573万元。主要建设内容为:疏浚河道长4.71公里,对支河口200米范围内岸坡衔接处理,南侧岸坡防护1.68公里,采用灌砌块石重力式挡墙护岸。

2014年5月30日,省发展改革委批准通吕运河通州段疏浚工程初步设计,批复概算投资6 631万元。建设内容为:疏浚河道12.97公里,新建南岸坍塌严重段护岸3.03公里[131-76～77]。

为了不影响施工期间的引排水和航运,这次施工,采用抓斗式或绞吸式挖泥船,6寸水下泥浆泵船挖泥,泥浆泵外送土方到陆上堆土区的机械化施工方法。使用机械施工作业情况见后图。

2011年,抓斗式挖泥配合泥浆泵外送土方

船只航行引起的波浪冲刷岸坡,造成通吕运河两岸的护岸工程坍塌。自20世纪70年代起,南通市区开始建直立式挡土墙,海门县有关单位建设码头时也建立直立式挡土墙,长8.61公里。

2013年6月18日,通吕运河航道整治工程施工图设计通过了省交通运输厅组织的审查。8月21日,江苏省交通运输厅航道局发出了《关于通吕运河航道整治工程施工图设计和补助经费的批复》,批复道:"经研究同意你处按照三级航道标准整治航道里程 58.178 公里,新建护岸 78 492 米,航道口宽不小于 70 米,最小弯曲半径 480 米。"

该工程由江苏省交通运输厅航道局补助经费总计 20 408 万元。挡墙采用 C25 素混凝土重力式结构,植物+自嵌块/互锁块挡墙结构,带翼板桩结构,矩形板桩结构等六种护岸形式。例如海门段新建两岸护岸工程长 48 516 米。总投资 19 252 万元,其中省补助 12 614 万元,其余自筹。2013 年 9 月开工,2014 年 12 月完工。2015 年 2 月 3 日至 4 日,南通市航道管理处在南通组织召开了交(竣)工验收会议,工程顺利完成。

通州区于 2013 年 10 月至 2014 年底实施金余大桥至海门界建长 13.345 公里直立式挡土墙建设。

2018 年,南通市委市政府决定在南通节制闸老闸的下游 100 米处兴建一座新闸,设 10 孔,每孔净宽 10 米,设计最大引水流量 650 立方米/秒,最大排水流量 1 300 立方米/秒,设泵站三孔,设计提水流量 100 立方米/秒,总投资 4 亿元,2020 年 6 月通过竣工验收。

——新开新通扬运河、通榆运河

新通扬运河河线根据 1958 年 9 月上旬江苏省水利厅在扬州召开的南通、扬州、盐城三专区水利座谈会确定。从江都县芒稻河起点至宜陵为直线,以后向东至海安又为一直线,两直线间用曲线连接,全长 88.96 公里。但在施工测量时,在白米河南通、扬州两专区交界处有一微小折角,南通专区范围内均为一直线,即白米至海安县凤山与通榆运河相接。该河为解决里下河地区灌溉水源和盐城等地区沿海垦区工农业生产和生活用水的大型引水骨干河道,兼有排涝、航运之利,在南通专区境内长 20.09 公里。

通榆运河在 1958 年江苏省水利会议上确定,海安县以南利用通扬运河,以北利用串场河拓浚。同年 9 月上旬,通、扬、盐三专区水利座谈会确定:海安以南,即海安至南通市要拉成一直线。即自通吕运河与通扬运河交叉处(即三里岸桥)向西北经如皋城至海安为一线。海安向北至东台县富安南边又为一直线,并与新通扬运河丁字相交于海安。根据江苏省水利厅 1958 年 11 月 18 日 [水办(58)43 号]通知精神,预将丁字交叉口与河中留三角洲布置为绿化区。该河在南通地区境内全长 78.08 公里。后实施时经南通专区再三考虑,因海安向南 69.28 公里,有通扬运河可利用,暂不开挖,仅施工海安向北 8.8 公里一段。该河在南通专区内可作为海安县贲家集抽水站的引水河道,担负着海安县北凌河以北地区的增加水源,改良土壤和改善水质等任务,也是里下河地区的航运主要河道,也可兼作排涝用。

通榆运河海安凤山至东台交界 9.2 公里段开挖工程由海安县动员民工 21 163 人,于 1958 年 11 月 25 日开工,至 1959 年 4 月 25 日完工,完成土方 197.8 万立方米,投工 1 150 488 个,实用经费 424 486.86 元。

新通扬运河海安凤山至白米河段 19.42 公里,开挖工程由海安县动员民工 35 533 人,于 1958 年 11 月 25 日开工,至 1959 年 4 月 27 日完工,完成土方 412.45 万立方米,投工 1 951 879 个,实用经费 711 074.75 元。

新通扬运河、通榆运河自白米河至海安凤山至东台县交界 29.89 公里整治工程(其中新通扬运河 20.09 公里,通榆运河 8.80 公里),由海安县动员民工 73 000 人,1978 年 11 月 18 日开工,至同年 12 月 12 日完工。完成土方 382 万立方米,投工 2 116 560 个,投资 2 474 882.64 元[60-105]。

1958 年 11 月 15 日,新通扬运河开工,自泰州赵公桥向东经姜堰北到海安,动员江都、泰县、海安等县民工 10.5 万人施工,于翌年 4—5 月中途停工,完成土方 831 万立方米,全线未贯通。1960 年初复工,由扬州、盐城、南通三专区动员民工 12.5 万人,开挖江都至泰州段,于 5 月竣工。完成土方 1 100 万立方米,基本开通。从 1963 年起,配合江都四个站的工程陆续经过 3 期施工,至 1980 年 2 月完成,先后经 5 期工程,总动员民工 60.3 万人次,完成了土方 5 195 万立方米,以及相关的配套建筑物,自流引江能力达到 550 立方米/秒[116-345~346]。

——新开九圩港

九圩港于南通市郊天生港西闸西乡出江,原系明隆庆元年(1567)涨沙形成的小港,长约 5 公里,因港口近九圩而得名。由长江边向北至南通县云台山与通扬运河相交(1954 年为了紧急排除通扬运河以南积水,曾自云台山至江边开挖一条新河,上游与通扬运河相连,并筑有滚水坝以限制底水流失)。然后在十八里河口,利用古横港遗留的河槽,接明隆庆二年(1568)开挖的东串场河。原河年久失修,河道淤浅弯曲,不通长江。

1958 年引江灌溉工程开启,南通专署水利局编报九圩港疏浚工程扩大初步设计,经江苏省水利厅批准兴工。该工程从长江边经过南通县云台山、刘桥、石港到如东县马塘镇与如泰运河相接。中部与通扬运河、团结河、江海河、九洋河、遥望港相通,形成主干分支脉络分明的新水系。河道全长 46.62 公里,动员南通、如东、启东三县 14.12 万民工,于 1958 年 11 月 25 日动工,1959 年 6 月 5 日竣工,挖土 2 133.63 万立方米,投工 1 284.77 万个,国家投资 418.75 万元。1986 年冬鉴于石港至马塘段淤浅,又动员如东、南通两县民工 3.05 万人,于 11 月 20 日开工至 12 月 28 日竣工,疏浚南通县石港自来水厂至如东县马塘镇 14.92 公里。完成土方 185.8 万立方米,投工 170 万个,投资 285 万元。

九圩港港口浅滩曾先后二次用挖泥船疏浚浅滩水下土方。1959年8月2日至9月5日,海鲸号机船疏渡港口浅滩土方146 495立方米,实用经费178 655.4元。1960年2月18日至3月7日,海虎号机船疏浚港口浅滩土方141 095立方米,实用经费115 444.9元[60-97~98]。

在入江处建有九圩港闸。1958年5月国家计委批准《九圩港地区排灌工程设计任务书》,6月开始筹备,7月20日开始挖闸塘,10月25日打板桩,1959年6月6日开闸放水。该闸共设40孔,每孔净宽5米,连同闸墩全长236.55米[60-139~141]。

九圩港船闸,位于九圩港闸东侧,1988年6月3日经江苏省人民政府批准立项,1991年10月26日开工,1993年12月28日通航。闸室净宽16米,长220米,设计年通航能力为170万吨[132-357]。

——通扬运河

通扬运河经1956年、1959年、1969年、1972年、1981年、1984年等年份不断拓宽浚深、裁弯取直。由海安、如皋、如东、南通四县动员民工356 791人次,共完成土方18 240 902立方米,投工10 170 125个,实用经费7 997 050元。通扬运河从扬州至南通全长212公里,南通市境内自海安县与姜堰区交界的白米镇至南通市区木耳桥,全长105.09公里[60-108~110]。

2009年12月31日,江苏省水利厅批复实施通扬运河海安段治理工程,批复投资2 975万元。主要建设内容为:河道疏浚整治19.2公里,疏浚沿线16处支河口3.2公里,新建镇区段护砌3.79公里,新建简易护坡9.93公里,新建维修排水涵20座[131-76]。

海安船闸位于海安县海安镇西三里的通扬运河上。1917年修建为三里石闸。1936年重建三里闸。1957年4月,改为套闸,1976年12月至1978年7月,将原套闸拆除,移位建海安船闸,闸室净宽12米,闸室长160米,设计年通航能力为300万吨[60-172]。

——北凌河

北凌河原称洋河,又称凌河,历史上是黄海涨落潮形成的港漕。1965年疏浚北凌河时,在北凌公社大场大队的北凌河中,出土古代沉船一艘,船长18米、宽4.5米、8个舱,经考古该船距今已有1 800年历史。西起串场河(现为通榆运河)的贲家集,东至海边的北凌新闸,全长49.04公里,从1955年到1979年,通过9次疏浚、裁弯取直等,先后动员民工251 036人次,挖土17 473 549立方米,投工8 609 965个,投资6 719 731.7元。形成现在的河道[60-112~114]。1995—2013年又进行了5次分段疏浚全河。护岸工程长37.19公里,总投资14 840万元[131-79~79]。

1963年8月23日建成北凌闸,设6孔,每孔宽4米。1978年下游港槽淤死。1980年11月8日建成北凌新闸后变成内河节制闸。北凌新闸设5孔,中孔宽10米,为通航孔,两侧各8米为泄水孔,两边各3米为自排抽排和鱼孔道[60-153]。

——栟茶运河

栟茶运河原名盐河,亦称北串场河。明洪武元年(1368)设角斜、栟茶盐场时开挖。明清曾两次疏浚拓宽。明嘉靖年间(1522—1566)以栟茶镇命名。西起海安县塔之里,接泰州市姜堰区东姜黄河,东经海安县仁桥、西场。如东县栟茶等镇至如东县小洋口闸入海,全长72.96公里,该河在通扬运河以东利用盐河,以西利用新开挖的南横干河。1954—1955年兴建小洋口闸,分期整治栟茶运河。于1954年冬开工,后经1955年、1956年、1957年、1968年分七期开挖、浚深完成。由如东、如皋、海安三县民工271 262人次,共完成土方12 763 181立方米,投工7 895 274个,实支经费5 170 351.06元[60-106~108]。

1991—2013年,8次分段疏浚河道,累计长度99.69公里,护岸工程33.82公里,总投资23 653万元[131-74~76]。

在入海口建小洋口闸,1955年2月开工,7月竣工。设9孔,每孔宽8米,西端边孔为通航孔。2002年2月至2003年5月又建洋口外闸,设7孔,通航孔净宽12米,其余6孔每孔净宽10米。两闸相距6.8公里,小洋口闸变为内河节制闸[131-60~61]。

——如泰运河

如泰运河西起泰兴县过船港,经黄桥、如皋城、丁堰、掘港到东安闸入海。西通长江,东入黄河,南通九圩港,北接丁堡河,与姜黄河、焦港、如海运河、通扬运河相交,全长135.51公里,该河由龙开河、小溪河、串场河、兵防港等河道,利用改造、拓宽浚深连接而成,以其起讫县名为如泰运河。龙开河相传为龙所开,明崇祯时《泰州志》有小溪河的记载。明隆庆二年(1568)开串场河。光绪年间《通州直隶州志》载:"隆庆中飓风作海溢,余西、余中江蚀河徙,……北凿河通丁堰"。明清两代为畅通盐运网络,曾多次疏浚串场河。如泰运河在南通市辖境内共分两段:东段自如东县东安闸起自如皋县丁堰镇66公里,基本利用串场河疏浚而成。西段自如皋城至如皋、泰兴两县交界处的界沟,基本利用小溪河疏浚而成,长25.18公里。分期整治如泰运河自1957年冬开始,后经1958年春、1958年冬、1959年、1965年、1967年、1987年分段开挖,1989年进行疏浚。由如东、如皋两县动员民工242 016人次,共完成土方26 074 369.6立方米,投工1 122 419个,投资26 437 811.63元[60-110~111]。

2009年11月22日,江苏省水利厅批准实施如泰运河东段(如东、如皋)治理工程,批复投资 2 462 万元,其中如东段 1 855 万元,如皋段 607 万元。主要建设内容为:整治丁堡河——东安闸段河道长度 52.55 公里,其中如皋段疏浚 11.45 公里,如东段疏浚 41.1 公里。疏浚沿线 10 处支河口 2 公里[131-76]。

在入海处建有东安闸,1958 年 12 月开工,1960 年 6 月 18 日因急于排涝,决定提前拆坝放水,有 9 孔,每孔净宽 4 米,其中通航孔 1 孔。2009 年 3 月开工建东安新闸,2010 年 8 月竣工,有 5 孔,其中通航孔净宽 12 米,其余为 9 米。东安闸变为内河节制闸[131-62]。

——马丰河

马丰河又名场河、寺河,明隆庆二年(1568)开挖,清乾隆十二年(1747)疏浚,从丰利场到马塘场,与串场河(现如泰运河)沟通。1956—1977 年三次拓宽浚深而成,以马、丰两镇首字命名,为二级河。该河南起如泰运河,流经马塘镇、丰利镇,接北岸河,全长 23.7 公里[133-47]。

——团结河

团结河西起九圩港,向东经金沙、三余等镇至团结河闸入海,全长 65.21 公里,其中利用运盐河 8 公里,其余利用滥港、翻身二河、南三门闸河等基础,裁弯取直,拓宽浚深,并开凿 16.9 公里新河而形成,1968 年、1969 年、1970 年分三期分段开挖,共完成土方 680 万立方米,动员民工 6.5 万人次,投工 400 万工日,投资 96 万元[80-60~61]。

在入海口,1971 年 6 月建团结闸,设 3 孔,中孔为通航孔,净宽 8 米,边孔净宽为 6 米。2009 年 3 月—2010 年 9 月,建团结新闸,设 3 孔,通航孔净宽 10 米,其余 2 孔,各净宽 6 米,团结闸变为内河节制闸[131-62]。

——亭石河

亭石河与运盐河金沙至西亭段一起,昔称"金石河",原是一条古老的出海通道,也称石港河。该河南起团结河,北至九圩港,全长 13.14 公里,流经西亭、石港镇。1969 年冬,疏浚团结河二期工程时,该河经西亭镇与运盐河相通的摇手弯道被废弃,改造西亭镇西首,顺直开挖长 450 米的新河至团结河[80-64]。

——串场河

新中国成立后,经过多次裁弯取直形成现代的河道。串场河北起射阳河南至海安镇与通扬运河相交处,全长 186.35 公里(其中盐城市 168 公里,南通市 18.35 公里)。串场河弯曲多变,特别在集镇处多大弯。1954 年、1959 年、1963 年、1965 年、1972 年、1973 年、1977 年、1978 年、1982 年、1984 年进行了疏浚裁弯,1955 年清除水下暗桩 585 根,保证了航道畅通[111-38]。

1954 年 4 月分别对梁垛至鳅渔港、安丰至三仓河和大尖三段(4.06 公里)

进行疏浚,动员民工4 432人,完成土方6.88万立方米。1958年开挖通榆河后,东台城以南串场河的地位逐渐为通榆河后所替代,串场河的作用,仅为调节补充通榆河水源,满足三座电力翻水站翻水需要。东台城以北的串场河仍起到通航和排水、引水大动脉的作用。1963年、1973年,对台城西侧的河段进行两次改道,主要是为了适应交通航运事业展的需要[134-82]。

——泰东河

泰东河西起泰州西坝,东至东台串场河海道口,长60公里。经过历代治理,至1987年,泰东河在东台境内从串场河起,经东台镇、台南、广山、时堰至溱东与姜堰市交界处,长25.6公里[134-81]。

参考文献

[57] 车吉心.《中国状元全传》.济南:山东美术出版社,2008年.

[58] 王鸿鹏,王凯贤,肖佐刚,等.《中国历代文状元》.北京:解放军出版社,2004年.

[59] 《南通市区水利志》编纂委员会.《南通市区水利志》.合肥:黄山书社,1996年.

[60] 南通市水利史志编纂委员会办公室.《南通市水利志》.合肥:黄山书社,1998年.

[61] 须景昌.《须景昌水利文选——水利春秋》.2000年.

[62] 李培林.《全球化与中国"新三农"问题》//张晓山.《全球化与新农村建设》.北京:社会科学文献出版社,2007年.

[63] 倪友春.《张謇盐垦事业评述》//严学熙,倪友春.《论张謇——张謇国际学术研讨会论文集》.南京:江苏人民出版社,1993年.

[64] 陈争平.《张謇的苏北盐垦事业:"公司+农户"的创举》.中国社会导刊,2006(18):50-52.

[65] 李明勋,尤世玮.《张謇全集:第7卷》.上海:上海辞书出版社,2012年.

[66] 邹迎曦.《盐垦研究》.北京:中国文化出版社,2008年.

[67] 景本白.《盐政丛刊》.北京:盐政杂志社,1921年.

[68] 庄安正.《清末民初苏北通海地区移民概况述评》.(台湾)东吴历史学报,第8期,2002年.

[69] 江苏省地方志编纂委员会.《江苏省志·人口志》.北京:方志出版社,1999年.

[70] 江苏省地方志编纂委员会.《江苏省志·海涂开发志》.南京:江苏科学技术出版社,1995年.

[71] 胡焕庸.《两淮水利盐垦实录》.中国地理学会编印,《地理学报》.民国二十三年(1934)第4期.

[72] 孔经纬.《东北经济史》.成都:四川人民出版社,1986年.

[73] 章有义.《中国近代农业史资料》.北京:三联书店,1957年.

[74] 孙家山.《苏北盐垦史初稿》.北京:农业出版社,1984年.

[75] 广东省地方志编纂委员会编.《广东省志·水利志》.广州:广东人民出版社,1995年.

[76] 福建省地方志编纂委员会编.《福建省志·水利志》.北京:中国社会科学出版社,1999年.

[77] 浙江省水利志编纂委员会编.《浙江省水利志》.北京:中华书局,1998年.

[78] 《上海市水利志》编纂委员会.《上海水利志》.上海:上海社会科学院出版社,1997年.

[79] 武同举.《江苏水利全书》(卷四十三).南京水利实验处,1950年.

[80] 喻文广.《南通县水利志》.南京:江苏科学技术出版社,1992年.

[81] 南通市档案馆,张謇研究中心.《大生集团档案资料选编盐垦编(Ⅳ)》.北京:方志出版社,2015年.

[82] 顾毓章.《江苏盐垦实况》.南通:张謇研究中心,2003年.

[83] 袁蕴豪,杨洪兴,黄颂禹.《海门人田精明》.长春:吉林文史出版社,2020年.

[84] 郭振民.《我踏金鳌海上来——张謇与海洋的故事》.北京:中国文联出版社,2002年.

[85] 杜渺.《试论张謇在射阳兴垦开发事业中的历史作用和现实影响》//严学熙,倪友春,尤世玮:《近代改革家张謇——第二届张謇国际学术研讨会论文集》.南京:江苏古籍出版社,1996年.

[86] 徐静玉.《淮南盐垦与苏北沿海农村的社会发展》//第四届张謇国际学术研讨会组委会主编:《张謇与近代中国社会——第四届张謇国际学术研讨会论文集》.南京:南京大学出版社,2007年.

[87] 倪友春,张林华.《再论张謇——中国资本主义与张謇》//严学熙,倪友春,尤世玮:《近代改革家张謇——第二届张謇国际学术研讨会论文集》.南京:江苏古籍出版社,1996年.

[88] 马万明,王思明,李群.《论张謇科教兴农及倡导"棉铁主义的"的实践》//崔之清,倪友春,张林华:《中国早期现代化的前驱——第三届张謇国际学术研讨会论文集》.北京:中华工商联合出版社,2001年.

[89] 徐纪嘉,何林池.《张謇与我国近代棉种改良》//崔之清、倪友春、张林华编:《中国早期现代化的前驱——第三届张謇国际学术研讨会论文集》.北京:中华工商联合出版社,2001年.

[90] 马万明.《张謇对中国农垦近代化的贡献》//严学熙,倪友春,尤世玮:《近代改革家张謇——第二届张謇国际学术研讨会论文集》.南京:江苏古籍出版社,1996年.

[91] 实业部国际贸易局.《中国实业志(江苏省)》(第五编).上海:民光印刷公司,1933年.

[92] 羌建,王思明,马万明.《略论张謇对我国植棉事业的贡献》//第四届张謇国际学术研讨会组委会主编:《张謇与中国近代社会——第四届张謇国际学术研讨会论文集》.南京:南京大学出版社,2007年.

[93] 俞力.《历史的回眸——中国参加世博会的故事(1851—2008)》.上海:东方出版中心,2009年.

[94] 《中国水利百科全书》编辑委员会.《中国水利百科全书》.北京:水利电力出版社,

[95] 周魁一,等.《二十五史河渠志注释》.北京:中国书店,1990年.

[96] 聂芳容,李朝菊.《丁坝对泄洪的影响及护岸效果分析》//水利部长江水利委员会:《长江中下游护岸工程论文集(第四集)》.1991年.

[97] 长江水利委员会.《长江中下游护岸工程40年》//水利部长江水利委员会:《长江中下游护岸工程论文集(第四集)》.1991年.

[98] 须景昌.《近代南通保圩和现代长江下游护岸工程》.《江苏水利史志资料选辑》,1993年第28期.

[99] 张謇研究中心,南通市港闸区档案馆.《特来克与南通保圩史料》.2009年.

[100] 宋希尚.《值得回忆的事》.台北:中外图书出版社,1964年.

[101] 宋希尚.《河上人语》.台北:中外图书出版社,1964年.

[102] 张翠萍,张锁成,杨莲达,等.《透水丁坝浅论》//《第三届黄河国际论坛论文集》.郑州:黄河出版社,2007年.

[103] 上海市农业局水文站.《上海市郊区海塘的保滩护岸工程》.北京:科学出版社,1978年.

[104] 赵渭军,余祈文,林炳尧.《钱塘江河口护塘丁坝研究进展》.北京:海洋出版社,2007年.

[105] 水利部长江水利委员会.《为进一步搞好长江中下游河道治理和管理工作而努力》//水利部长江水利委员会:《长江中下游河道治理和管理经验论文集(第五集)》.长江科学院院报,1993年.

[106] 水利部珠江水利委员会,《珠江志》编纂委员会.《珠江志》(第三卷).广州:广东科技出版社,1993年.

[107] 张义青,杜小婷.《丁坝的平衡冲刷及冲刷计算》.西安公路交通大学学报,第17卷,第4期,1997年.

[108] 梅素琴,方达宪.《丁坝基础冲刷防护措施在工程中的应用》.合肥工业大学学报(自然科学版),第24卷,第6期,2001年.

[109] 魏家屯.《浅谈丁坝在三屯河河道整治中的成功经验.水利水电工程设计,第23卷,第3期,2004年.

[110] 《中国水利史稿》编写组.《中国水利史稿(下册)》.北京:水利电力出版社,1989年.

[111] 江苏省盐城市水利史志编纂委员会.《盐城市水利志》.北京:方志出版社,1999年.

[112] 王绍良.《试析桑园围顺德段从开敞至封闭的演变》//中国水利学会水利史研究会,广东省水利学会,《珠江志》编纂委员会.《桑园围暨珠江三角洲水利史讨论会论文集》.广州:广东科技出版社,1992年.

[113] 黄敏.《西江干流堤防工程的发展》//中国水利学会水利史研究会等合编:《桑园围暨珠江三角洲水利史讨论会文集》.广州:广东科技出版社,1992年.

[114] 《长江志》编纂委员会.《长江志》.北京:中国大百科全书出版社,2006年.

[115] 长江流域规划办公室《长江水利史略》编写组.《长江水利史略》.北京:水利电力出版社,1979年.

[116] 江苏省地方志编纂委员会.《江苏省志·水利志》.南京:江苏古籍出版社,2001年。

[117] 朱今更.《张謇在启东的足迹》.苏州:苏州大学出版社,2019年.

[118] 启东市水利志编纂委员会.《启东水利志》.南京:河海大学出版社,1994年.

[119] 吴兴如.《清末民初淮河下游的河道测量》.江苏水利史志资料选辑,第26期,1992年.

[120] 袁明全.《河套引黄灌溉的开创者:王同春》.中国水利《水利史志专刊(七)》,1985年.

[121] 刘晓群.《河海大学校史,1915—1985》(第二版).南京:河海大学出版社,2005年.

[122] 廖高明.《江苏河海工程测绘养成所》.江苏水利史志资料选辑,1986年(第1期).

[123] 武同举.《江苏水利全书》(卷二).南京水利实验处,1950年.

[124] 潘允一.《民国时期水利机构》.长江志,1993年(第3、4期).

[125] 秦淦.《扬子江水道讨论委员会至长江水利工程总局期间河道测量概况》.长江志,1988年第2期(总14期).

[126] 水利电力部水管司,水利水电科学研究院.《清代淮河流域洪涝档案史料》.北京:中华书局,1988年.

[127] 武同举.《江苏水利全书》(卷二十一)//第三篇:《江北运河》.南京水利实验处,1950年.

[128] 魏山忠.《淮河治理70年取得的辉煌成就》.中国水利报(第1、2版),2020年.

[129] 丁长清.《民国盐务史稿》.北京:人民出版社,1990年.

[130] 武同举.《江苏水利全书》(卷二十五).南京水利实验处,1950年.

[131] 南通市水利志编纂委员会.《南通市水利志(1991—2015)》.北京:方志出版社,2018年.

[132] 梁炳泉,虞兴海,张贤江.《南通市交通史》.上海:上海人民出版社,1999年.

[133] 张振荣,等.《如东县水利志》.南京:江苏科学技术出版社,1991年.

[134] 东台市水利志编纂委员会.《东台市水利志》.南京:河海大学出版社,1998年.

第三章　张謇的社会责任与担当

张謇是一个在19世纪晚期和20世纪初期中国社会急剧转型时期身兼多种角色的人物,在各项重大的政治、社会和经济变革中,都可以看到他的身影。在投身各种改革活动中以及担任中华民国北洋政府时期农商总长等职期间,张謇提出了不少具有现代意义的思想创见,如"实业救国""棉铁主义""教育救国"等思想和主张,以"言商仍向儒"的志向进入商界。他创办实业的初衷,决非为一己之利,而是以此为凭借,振兴各项社会事业,以实践他的强国梦想。张謇一生创造了30多个"全国第一",促进了中国近代经济的发展。

第一节　创办新型工业

一、创造大生资本集团

1. 大生纱厂

1895年农历八月,南洋大臣、两江总督张之洞授意张謇在通州筹办纱厂。张謇办理纱厂的目的非常明确:"通州之设纱厂,为通州民生计,亦即为中国利源计。通产之棉,力韧丝长,冠绝亚洲,为日厂之所必需,花往纱来,日盛一日。捐我之产以资人,人即用资于我之货以售我,无异沥血肥虎,而袒肉以继之。利之不保,我民日贫,国于何赖?"[34-6]九、十月间,张謇开始了筹办纱厂活动,十二月,张之洞正式委任张謇"经理通海一带商务"[135-16],要求张謇邀集绅富,剀切劝导,厚集股本,早观厥成。但在筹建过程中困难重重,在经营方式上经历了"商办""官商合办""绅领商办"三个变化过程。

纱厂原定由张謇募集商人股本建成,厂址在通州唐家闸,纱锭2万锭,这完全是商办工厂。经张謇奔走努力,有广东人潘华茂(字鹤琴,上海广丰洋行买办),福建人郭勋(字茂之,买办),浙江人樊棻(字时勋,宁波富商,捐班知府衔),

通州人刘桂馨(字一山,花布商),海门人沈燮均(字敬夫,通州关庄布商,故海门厅岁贡),陈维镛(字楚涛)等6人愿意集股办厂。潘、郭、樊三人为"沪董",负责在上海集股40万两,沈、刘、陈三人为"通董",负责在通州集股20万两,共集股60万两,每股票100两,共6000股,官利(即按社会通常标准,不论工厂盈亏均须照付的利息)每年8厘。议妥后,于1896年1月,由通州知州汪树堂、海门厅同知王宾监订了合同,张謇咨呈两江总督转奏请清政府立案。这时办厂性质仍为"商办",由于当时主要通过两种方法筹集股金,一是请地方官府出面劝导,二是由各董事奔走游说。实践收效不大。

由于民间商人集股办法不成,张謇不得不另寻他法。此时官方有一批纺织机长期放在上海杨浦码头芦席棚中,是张之洞当年为建办湖北纺织官局购买的,已部分锈坏。继张之洞任两江总督的刘坤一命总办江宁商务局、署理江宁布政使桂嵩庆把这批机器贬价出卖。1896年12月6日,张謇与"通董"沈、刘、陈三人至江宁,与桂嵩庆签订合同,由中间人崔鼎(候选同知)将合同送上海,请"沪董"签字,将4.08万锭"官机"作价50万两入股大生纱厂,另筹商股50万两,是为"官商合办"。

商股虽减半为50万两,但计划股金仍无法全额集成。1897年夏,不得不再一次减少股份,将4.08万锭"官机"对半分开,由张謇、盛宣怀各领一半,将价值25万两的官机充为官股,商股亦减半为25万两。刘坤一还致函张謇,说明大生纱厂"名虽官商合办,一切厂务官中并未派员参与,诚如来示,事任绅董,实与鄂厂(指张之洞在湖北办的纱厂)情形迥不相侔"[32-18],这实际上可以看作刘坤一向张謇作出的书面保证,一般认为此时大生纱厂的创办进入"绅领商办"阶段。

1897年冬,大生纱厂厂址选在唐家闸,开始购备砖瓦木石等基建材料,到次年正月,厂房正式破土动工。1898年冬,大生纱厂厂房基本建成,机器也安装过半。1899年5月23日正式开车纺纱,当时仅开出9000锭,总计已用去资金19.0万两,而所收商股仅17.83万两,因此大生纱厂只有依靠借债的办法来筹措资金,维持生产。当年张謇采纳了沈敬夫的建议,采取"尽现有棉花纺纱,然后卖纱买花,继续周转,使纱厂勉强维持再生产"的方法到这年的十月,棉纱销路转畅,纱厂获得了利润,消息传开,临时筹借款项也就比较容易了[32-6~17]。用张謇自己的话来说,正是"千磨百折,忍侮蒙讥,首尾五载,幸未终溃"[34-6]。1964年,大生纱厂改制为江苏省大生集团有限公司,成为全国棉纺行业的"排头兵"企业,一直生产至今。

张謇主持建立大生纱厂是为了实现自己"救国救民"的政治理想,"即藉各股东之力,以成建设一新世界雏形之志,以雪中国地方不能自治之耻"[21-585]。

正因为如此,张謇在进行企业利润分配、资本积累比例和发展方向决策时,其考虑范围就决不局限于大生纱厂,而是着眼于利用大生创造的盈余促进整个南通地方实业的兴办,以及对教育、社会福利、社会公共事业的创办进行资金支持。这个办企业的宗旨,意在使南通整体现代事业借助大生之力得以发展。

大生一厂对南通经济、文化、社会事业的资金援助有三种方式:

(1) 无偿援助。资助对象和主要投资项目有:学校、医院、育婴堂等建设;马路、公路、河道的修筑与开通;主要的公园、剧场、俱乐部等场所。有研究指出,1926年前大生一厂利润分配中用于赞助公益事业的部分总计69.11万两,占实际利润分配总额的5.46%,这还不包括企业在其他费用中附属支出和无法明确计算的部分。

(2) 以入股方式援助。用企业自有资金或盈余,投股举办和发展其他企业,近10个工厂及通州大达小轮公司、唐闸地产公司、通海实业公司、通海垦牧公司,共有股份85万余两。

(3) 以账目往来形式,垫款、借款众多单位,帮助其建立和发展。例如自1907年起,通海实业公司欠款,常年在10余万两至30万两之间,直至1923年尚未还清。

从1926年的情况来看,大生纱厂为企业和公益事业垫款70.45万两,对企业借款112.46万两,以往来名义而被其他企业占用(不包括正常往来的应收款)111.82万两,尚不包括为大生副厂的垫款。以上合计占企业全部运营资金包括流动资金负债总数的45.42%。大生纱厂为南通地区的早期现代化作出了重要贡献[15-111~112]。

大生纱厂生产的棉纱样获得1915年巴拿马太平洋世博会金牌奖章[93-193]。

2. 大生分厂(又称大生二厂)

大生纱厂开车后运转顺利,获利颇丰。1903年,另一半官机顺利领来,资本扩充至113万两,1904年开纱机4万余锭,日产机纱104件,但仍不能满足日益扩大的市场需要。同时为了阻止别人在通海地区办纱厂,该年6月,张謇与其兄张詧、王丹揆、恽莘耘等人负责集股,在崇明外沙(今启东市)久隆镇南购地165亩,筹建大生分厂,即大生二厂。大生分厂原定资本80万两,开车前收到商股60.95万两,一厂拨入18.889万两。在开车前又向一厂借入20万两作为流动资金,开始准备设纱锭2万锭,后增至2.6万锭。1907年4月17日,大生二厂建成开车,建成后设立大生纺织公司,统一管理一、二两厂,并经商部批准,在百里之内由大生专利20年,他人不得建厂[32-43~44]。但大生二厂开车后其营运全靠调汇借贷,债息负担甚重,市场竞争又激烈,直到1935年,解散职工进行清算拍卖。1941年6月,为阻止日寇占为据点,由中共启西区委组织该厂工人拆除厂房。

大生二厂

3. 大生第三纺织厂

大生一、二厂的盈利和扩展,使张氏兄弟决定进一步扩张纺织工业,并于1914年开始在今海门区三厂镇筹建大生三厂,当时张謇正在农商总长任上,张詧负责集股。原定股金120万两,但在建厂过程中用款已超过原始股金,1920年续招新股,增加至200万两。1915年张謇派员到英国订购好华特纺机3.03万锭,"狄更生"式布机200台,1 000匹兰开夏式蒸汽引擎1台,锅炉4具,发电机1架,由于受第一次世界大战影响,这些机器设备在1921年春才运到。当年,以资生铁厂技工为基本力量,以南通纺织专门学校6名毕业生为骨干,完全用中国人自己的力量安装机器,于10月10日顺利开车。大生三厂设有专用运输设施,铺设了13华里轻便铁路,从厂内直接抵达青龙港,轮船通往上海,同时在青龙港建会英船闸,疏通河道38华里,北通四扬坝及大有晋垦区,重载货物可由港进闸直达厂区,垦区原棉也可通过河道运来[32-144~146]。1952年5月,改为公私合营大生第三纺织公司。1966年8月,改为国营南通第三棉纺织厂(简称南通国棉三厂)。2008年1月25日—28日,海门普降大雪,地面积雪厚0.17米,钟楼表面冻坏脱落。在维修"南通国棉三厂"厂牌时,发现内侧还有字,经文物专家勘察,决定将新厂牌除去,恢复张謇书写的"大生第三纺织公司"的牌子至今。2002年改制时,由香港华润纺织集团收购,改为南通华润大生纺织有限公司,2013年5月3日,大生三厂旧址被列为全国重点文物保护单位,多年来坚持筹集资金进行修缮。2003年4月2日注册为南通大生三棉纺织有限公司。

民国时期的大生三厂

现代的南通大生三棉纺织有限公司

4. 大生第八纺织股份有限公司

1920年,张詧、张謇、张树源、李耆卿等人又开始于南通城南江家桥筹建"八厂"。大生第八纺织股份有限公司原定股本130万元,但集股时国内纺织工业已不景气,不易集股,靠着将在建的厂房租给永丰公司所获的 20 万两押租,工厂方得以续建。"八厂"于 1924 年投产,有美国维丁厂纱锭 14 964 锭,后添置布机 400 台。1928 年由大生一厂收回自办,更名为"大生第一纺织公司副厂"[32-147~149]。中华人民共和国成立后改称南通二棉有限公司,2004 年并入江苏大生集团有限公司。中华慈善博物馆位于南通市崇川区,建在大生纱厂旧址。

1924 年大生八厂外景

5. 大生六厂

1914 年,第一次世界大战爆发,中国民族资本获得了一个短暂的迅速发展时机。大生资本集团的决策者们商定要从 2 个棉纺厂扩展到 9 个厂,拟再增设三厂于海门、四厂于四扬坝、五厂于天生港、六厂于东台、七厂于如皋、八厂于南通江家桥,另在上海吴淞设大生淞厂。1919 年,张謇、徐静仁、张作三、王敢(王己劲)、徐广镕等 7 人发起筹建大生六厂,初定股本 60 万两,由发起的 7 人各负责集股 5 万两,计 35 万两,另招南通钱业投资 25 万两。厂址选在东台县通往西溪的三里路旁,该地皮也已被大生购置,大批木料运往该处用于建设。1920 年,张謇派大丰垦植公司经理王敢及副手高孟启筹备建厂,同时由一厂垫款 13 万两,交由大生沪事务所吴寄尘订机。由于外汇暴涨,60 万两本金蚀去大半,又因当地劣绅暗中阻挠,甚至提出"拿干股"(不出股金,却坐享红利)的无理要求。1922 年发起人决定不办此厂,并把地皮和木料全部卖出。大生六厂所订购的 750 千瓦蒸汽引擎发电机到沪后,也押入上海银行结汇,直至 1924 年才由大生沪事务所吴寄尘赎出给八厂开车[54-32~33]。

6. 大生淞厂

发起筹建大生淞厂的有张謇、张謇、张作三、周扶九、徐静仁、吴寄尘等 20

人,按照公司条例定名为"大生淞厂纺织股份有限公司",并呈部立案注册,议定厂址在宝山县吴淞乡泗塘河东。终因集股困难,未能召开创立会,厂也终未建成[54-34~35]。

7. 大生织物公司

大生织物公司为专织线毯的工厂。1915年,由张詧、虞卜盘、许龟斋等人创办于南通唐家闸河东,占地十余亩,总理张詧,经理张翚伯。于5月19日注册立案。该厂创办时筹集资金800元,购置提花线毯机5台,利用大生各厂所产粗纱专织线毯,生产规模较小,采取边生产、边积累、边扩展的办法。第二年(1916)增加资本至2 000元,添置织机10台,产品日多。第三年(1917)又增资10 000元,购买织机30台,营业开始发展。1919年,股东会议决定加以扩充,资本逐渐增至2.2万元,并建造新厂,添置设备,工厂具有一定规模:有普通式房屋80余间;有上海中华织物制造厂制造的人力提花机60部,分四百钩、六百钩、九百钩三种;有打花板机2部,以及煮纱锅3口、漂洗缸66个等设备。创办大生织物公司是为了维持大生棉纱"土产土销"的营销方针,结果因其对大生各厂之纱销的作用并不大,遂于1932年停歇[54-44~45]。

大生织物公司

8. 南通绣织总局、南通绣品公司

南通绣织总局创始于1920年,是从事绣品生产和出口的机构,由沈寿任局长。1918年,张孝若出洋游历,了解到欧美各国皆喜爱中国绣品,乃于1920年在传习所之外设绣织局从事绣品生产,并在上海九江路22号南通大厦设南通绣品总公司(初称"福寿公司"),还在美国纽约第五街设分公司对美经营绣品。南通绣织局除了供应绣品外,还向苏州、浦东等地收购发网、花边等(张謇在南通设有蚕桑讲习所和发网补习班),绣品种类有中国字画挂屏、人像、浴衣、睡衣、舞衣、坐幔和"补字"(曾为明、清时期官吏衣服采用的服饰)等。

南通绣品总局

南通绣品公司的流动资金全部由大生沪事务所及淮海银行筹垫,部分向大生以外的友华、懋业及上海银行借贷,每年出口值20余万美元,但因开支巨大,运费捐税浩繁,无多盈余。1922年因美销呆滞,资金搁在成品上,无力缴纳美国所征收的关税,价值250 000美元之成品中有三分之二以上(价值170 000美元)为美国海关所扣押。因受关税壁垒之影响,南通绣品公司被迫停业[54-108～109]。

二、大生系统兴办的其他企业

1. 广生油厂

由于大生纱厂轧花厂所出棉籽很多,每年出售业务被上海商人操纵,致使大生利益外流。1901年,盛宣怀办的华盛纱厂准备与外商在通州、海门分别合办轧花厂、榨油厂,南洋大臣魏光焘认为这样做与历来签订的条约不合,令盛宣怀将所购的榨油机器并设于大生纱厂,不得与洋商合股,经华盛与大生协商,在大生纱厂附近筹建广生油厂。初步测算,共需资本5万两,除大生、华盛各认5 000两外,其余另招新股。后由大生纱厂投资,于1903年建成投产，1905年，华盛将股权全部让给大生。油厂总理由如皋在籍翰林院编修沙元炳担任，张詧、张謇任协理。广生油厂的产品主要是棉油、棉饼，每年略有盈余，尔后继续增加资本，到1914年，资本已达到30万两以上。1921年以后，广生油厂因资金周转不灵，两度由金融界维持。抗日战争期间，油厂曾被日本侵略军强占。1943年，日伪为实行政治欺骗阴谋，将广生油厂"发还"股东经营[32-93~94]。1951年苏北合作社联合社租赁广生油厂，4月1日定名为苏北合作社联合社第一油脂厂，现称南通油脂厂，一直生产至21世纪初。厂区保存完好，现变为文化产业园区。

广生油厂

2. 大兴面厂与复新面粉公司

大生纱厂初建时，动力自给有余，纱厂杂务董徐翔林等人于1901年集资2万元（到1914年实收42 700元，其中大生纱厂投资7 400元），在大生纱厂引擎间附近设立大兴面厂。由于小麦须从外地运入，成本高，机器陈旧，到1908年债达27万元以上，不得不宣告破产，将机件房屋作价10万元，另招新股4万元，于1909年成立复新面粉公司，总理张詧，协理张謇，经理徐陶庵。1914年增资7万元，添置设备，日产面粉1 300余袋，1930年资金增加到62.5万元。由于进口面粉削价倾销，苏北地区又遭水灾，致小麦减产，价格陡涨，复新因亏损过重，于1931年停业，由上海银行接管租办。1938年，日本侵略军侵占南通，公司受到很大损失，并被强迫交付"军管理费"，职工流离，机件被拆，到1946年才"发还"。抗日战争胜利后，由大生第一纺织公司经理张敬礼任董事长，将该厂租给束剑南、束铨保经营[32-95~96]。1954年复兴面粉厂实行公私合营，后改称南通复兴面粉厂，生产到2020年。现改为张謇学院。1958年1月，以该厂修理车间为基础，建立南通市粮食机械厂，主要生产油脂、稻米、面粉等粮油加工机械。

3. 大隆皂厂

1902年，张謇集股2万元，利用广生油厂的下脚——油脂，创设大隆皂厂，制造皂烛。实际上该厂的资金是由大生拨款，以往来的形式助成的。1907年因

复新面厂

亏损停业,所有呆账 25 382.423 两,合 35 253.36 元,由大生将其划归到通海实业公司作为亏除[54-51]。

4. 翰墨林印书局

为适应大生系统企业及文化教育事业对账略、说略、书籍、讲义和宣传品的编辑、印刷、发行需要,张謇于 1902 年决定集股 2.5 万两,创设翰墨林印书公司(简称翰墨林书局)。最初实收股金仅 590 两,营运资金全靠大生纱厂调拨,设备简陋,以石印为主,总理张謇,经理褚宗元。1904 年由大生纱厂投资 16 690两,购置铸字、印刷机械,正式建立机械印刷厂。到 1909 年,已拥有大小印刷机7 台,铸字机 4 台,职工 50 余人。1926 年后,该局在困境中惨淡经营,直到南通解放[32-97~98]。1951 年 10 月 3 日,与韬奋印刷厂合并,定名苏北南通专区公营合记韬奋印刷厂[54-52~53]。1956 年,全行业公私合营,由新华书店南通市支店统一管理。现原厂址已被拆除。

5. 阜生蚕桑染织公司

1903 年,通海一带农村植桑养蚕的副业逐渐发展起来,但由于捐税太重,商人无利可图。通州知州"念农业之不昌,而弃货于地之可惜"[5-52],请求清政府减免茧丝捐税,并请张謇出面集股筹建蚕桑公司。张謇与高清、魏诚经、龚璋、顾昌鼎等人拟定了公司章程,决定筹集股金 2 万元(实收 8 800 元),另由大生系统企业调集5.8万元,在唐闸创办阜生蚕桑染织公司,由高清任经理。计划分三步开展业务:第一步,设蚕桑学校,招工学习选种、育秧、栽桑、养蚕知识;第二步,造茧灶,设茧行;第三步,购置缫丝盆和织机。到1905年,公司用江阴式铁木丝织机,以自缫之丝试织了花色绸、绉,命名为"通绸""通绉",当年产绸绉4 300多匹,棉织品1万多匹。初起由于利薄,并不能多销,因而开业三年账面亏损2.1万多元。至1907年,欠大生一家已达3.9万余两。1909年,对借调通海实业公司的往来款58 000元,实行停利还本;并在蚕茧产地海门定兴桥设立烘灶,采取就地加工,降低了成本,当年盈利25 351元。1912年,经股东会议决,以后官利作为存款,

阜生蚕桑染织公司织机

停付股息,结欠实业公司52 000元缓还。至1922年,账面亏损43 760元,负债总额(利息除外)高达248 369元,而可抵资产仅有139 644元。6月24日,张謇招集债权人会议,以对折摊还债务,所欠实业公司款52 000元折作27 000元,以阜生全部房屋设备估值37 000元,由实业公司再拨付10 000元而受抵此项产业。此后一面生产,一面还债,计还去89 000余元,尚欠11 500元,先后由张謇、叶汇荃等以"维记""阜记"名义继续经营,终因产品滞销,资金短绌,续有亏损,乃于1932年清理结束[32-92~93]。因工房有空,工人俱在,吴莫阶表弟赵唯一于1933年从上海运来电机16台,加上阜生原有电机6台,建立华美通织绸厂,织造人造丝产品,所织绨葛多销售通沪一带。吴莫阶任经理,赵唯一任副经理,另招股东,房屋生财照付租金,营业尚算顺利,直到1938年侵华日军占领南通才告停业[54-59]。

6. 颐生酿造公司

张謇初创通海垦牧公司时,曾划出部分土地种植大麦、高粱,在垦区设立颐生酿酒公司,酿制高粱酒,最初的生产设备和营运资金是张謇、李审之等人拼凑起来的,1905年酿造公司的厂房被特大台风和高潮冲毁,张謇命大生系统各企业垫款3.2万元,张謇的妻子徐蒨宜以私蓄2万元投资,在常乐镇新建厂房,公司初建时虽有几个大股东,但实际管理始终由徐蒨宜负责,1930年5月变为张家独资经营的企业[32-96~97]。1938年侵华日军侵占海门,生产设备受到严重破

坏,1944 年停产。1951 年恢复生产。2004 年 1 月改制为南通颐生酒业有限公司,一直生产至今。

颐生酿造厂

7. 资生冶厂

张謇对工业在中国富强进程中的地位高度重视,对于机械工业在工业中的地位和作用,他说:"中国兴工业而不用机械,是欲驱跛鳖以竞千里之逸足也。用机械而不求自制,是欲终古受成于人"[34-92]。张謇知道,机器制造业不像轻纺工业那样能够很快获得利润,他根据张謇的主意,先办与铁工相近的食锅冶造,企图以冶业的利润来支持机器制造业的发展。因此,1903 年先集资 2.1 万两,创立资生冶厂,1905 年建成开工。这一年大生纱厂盈利 48 万两,于是就从纱厂利润中拨出规银 22 万两筹建资生铁厂。两厂统由张謇任总理,对外有时统称资生铁厂。实际上,资金、厂房、经营管理都各自独立,开办时冶厂经理为卢仲良,铁厂经理为包达三。

资生冶厂 1905 年农历正月开工,最初因所铸铁锅不适应通海一带民间的需要,销路呆滞,后来通过改进,逐步打开销路,逐渐转亏为盈,直到 1909 年才实收股金 44 800 两,到 1928 年冶厂略有节余,才续招新股,并将余利 2.5 万两转作股本,资金总额达 7.5 万两。抗日战争时期,冶厂遭日军掠夺,损失很大。1940 年股东要求退还股金 50％作为"生活费",实退 54 670 元。1941—1942 年,由王丽生增资伪中储券 3 万元,又得到张敬礼(张謇之子)等人投资,连同原来结存物料,合计资金伪中储券 9 万元,以"资生新记"名义经营。不久,仍由董事会收回。从"新记"所得盈利中提出 45 330 元,补退股本伪中储券 10 万元,继续经营,直到南通解放[32-72～73]。1951 年改名地方国营南通资生冶厂,1966 年定名南通冶厂,一直生产至今。

资生铁冶厂

8. 资生铁厂

资生铁厂于 1906 年建成,开工时有工人 70 多名,一年以后增加到 200 多人。主要设备有:车床 20 台、辊床 1 台、锤床 1 台、冲床 2 台、钻床 12 台、螺旋绕床 3 台、水汀锄头(空气锤)2 台、600 匹马力蒸汽机和卧式锅炉全套,小型发电机 1 台,铁炉、红炉等等。开工初期,年产铸件 300 多吨,锻件 200 吨,原料钢铁大部分向上海洋行购置,焦炭由江南制造局代办。资生铁厂建厂后的主要业务包含:承包商办铁路苏路南段(上海南站至枫泾段)修建 37 座铁桥,制造铁篷车 4 部,运石车 10 部;还承包了苏路北线清江浦到西坝间铺轨工程,后来这段铁路未建成。而资生铁厂暂存于清江浦和浦口两地准备架桥、铺轨用的大量器材,却在辛亥革命后损失殆尽,致使资生营运资金趋于枯竭。仿造日本式轧花车 1 000 多部,为大达内河轮船公司制造 10 多艘内河小轮和机动渡轮,仿造国外织布机、开棉机、经纱机、络纱机等纺织设备;为垦区试制抽水厂,建办通明、皋明两小电厂;为大生系统储栈制造机动驳船等。资生铁厂初创时,企业管理依靠账房先生,而技术则掌握在"老轨"(机工)和包工头手里。包工头开价大而交货迟,加上原材料依靠向上海洋行购进,营业虽有开展,但成本很高,历年盈亏互见,很不稳定。

1912—1918年,由张謇之子张敬孺兼任经理,1918年冬由宋仲刚代理。由于成本高,大生系统各厂都望而却步,各厂宁可自己扩建机修间,而不求资生,这就使资生失去了业务上的基本对象。到1930年,张孝若决定资生铁厂停歇,主要机器设备拨归大生一厂[32-73~77]。

9. 颐生罐诘公司

颐生罐诘公司是利用吕四海产为原料的一个罐头食品厂,是张謇命大生纱厂杂务董徐翔林主办,地点设在通州大生纱厂附近,创建于1906年,主要业务为在吕四渔场设站收购海产品,加工煮成熟菜装听出卖。

颐生罐诘公司原议集资2万两(规银),后实收2万元(银圆),购买日本式旧封听机将产品装成听。由于那时中国还没有铁制罐头工业,所用马口铁空听必须经过日商转运到南通,成本很高;同时由于设备简陋,没有消毒防腐装置,加以技术不精,封固不密,所出产的成品容易变质,不能久搁,以致形成亏蚀。

至1907年,通海实业公司成立,颐生罐诘公司已经破败,仅两年即亏本停办,所有呆账485.675两,合674.55元,由大生划归通海实业公司作为亏除[54-72~73]。

10. 大昌纸厂

大生纱厂有大量的飞花下脚,这是很好的造纸原料,用它来造纸,既可为大生纱厂提供包纱用纸,又可为翰墨林印书局提供文化用纸,变废为利,降低产品成本,可谓一举两得。1908年,张謇、张詧、潘振东、施元升等筹设大昌纸厂,初议集资2万元,分作2千股,每股10元,实收股本1.1万元。盘下南通竹园纸坊的旧式生产设备为基础,准备逐步加以完善。大昌纸厂成立不久,适逢纱厂的飞花下脚涨价,大大提高了造纸的成本,而纸厂又正处初创时期,尚在土洋并举阶段,所出成品质地厚薄不匀,且粗纸居多,尚不能以质优价昂的飞花作为主要原料,因此仅用了大生纱厂的飞花下脚几个月,便和纱厂解了约。大昌纸厂因受手工操作的技术限制,所造细纸质量太差,销路不广,为大生纱厂生产的包纱纸也因质量太低,不符合使用的要求,而开办费已超过了原始资本,平时流动资金只得依靠多方举债来勉强维持,这样又背上了沉重的债息。因此,大昌纸厂开张不久便宣告停歇,所有呆账687.243两,折合954.50元,划归通海实业公司承受了结[54-73~74]。

11. 大达公电机碾米公司

大生系统各厂集中地唐家闸,历来水陆交通便利,为苏北棉、麦、稻疏通的集散地。张氏兄弟看好粮食加工的前景,又有大生纱厂多余电力可资利用,于是在1912年集资1万元,在唐闸兴建厂房、堆栈,购置碾米机,开设大达公电机碾米公司,代客碾米,由张詧出任经理。由于管理不善,营业一直没有起色。1938年南通沦陷,该厂物资损失极大,后以"大达公同记"名义设立门市部,零售大米及磨麦轧面,维持职工生活。后又集资100万元,兼营榨油,改称大达公同记油米厂[32-199~200]。1956年实行公私合营,1962年合并为国营南通第二油米厂。

大达公电机碾米公司

12. 南通通明电气公司

1916年,资生铁厂主持人张敬孺与广生油厂经理沙元炳商议,筹办电气照明事业,分别在南通和如皋建立通明、皋明两个电厂发电照明。1917年筹足资金6万两,购买设备在南通城设立通明电气公司,南通城闸两处基本上有了照明用电。总理张詧,经理张敬孺。1920年增资15万两,实收117 480两。1929年向国民党政府备案,取得南通城区和唐闸20里内的供电专利权20年。1933年,以股息增资为20万元,以添购200匹马力发电机为主,并迁装唐闸的原有设备,在南通城西建立通明发电厂。1934年天生港电厂建成,电力资源丰富,1935年天生港、通明两厂达成协议,通明本身不发电,全部用天生港电力供应用户[32-201~202]。1953年,南通市人民政府决定,通明电气公司与天生港电厂合并,改名为天生港电厂营业供电办事处,现称天生港电厂有限公司。

南通通明电气公司

13. 皋明电厂

1916年,张敬孺在如皋创办了皋明电厂,托沙元炳主持招股,动用资生铁厂款近6万两,开车不久即因电费收入不抵成本,经营失败;后改组为耀如电灯公司,资生铁厂仅能收回1万余两的票据一张[54-81]。

14. 大生第一纺织公司电厂

1920年春,由大生一厂投资72 700两,张謇、张詧、徐静仁各投资5万两,准备在天生港建立6 000千瓦的发电厂,向德国订购3 000千瓦汽轮发电机2台,向英国订购水管锅炉4座。1921年,开始动工兴建厂房,但当年遭受水灾,次年大生纱厂转入逆境,经济不能周转,厂房被迫停工,到沪机器不得不转让给戚墅堰震华电厂,糜款75万元,未能完成。自上海银团接管了大生一厂之后,1931年大生董事会和银团协议,由一、副两厂筹垫资金17.95万元,不足之数另向银团筹借,在天生港重新规建大生电厂。在1934年12月1日正式投产发电。最初用户为大生第一纺织公司一厂、副厂,继有通明电气公司、复新面厂等陆续订约购电,天生镇、平潮镇、芦泾港、姚港、陈家桥等处亦先后通电。1949年农历正月初四,南通解放,电厂接受军管。1952年实行公私合营,并请上海私营新通工程公司以及外厂技工安装瑞士造7 000千瓦汽轮发电机一台,于9月投产[54-35~37]。

15. 通燧火柴公司

1911年前后,日本和德国出产的火柴几乎控制整个中国火柴销售市场。当时一位名叫杨德清的商人,曾在南通试办火柴制盒工场,屡败不挠,因资金短绌,杨德清向张氏兄弟建议,在南通创设制造火柴的全能工厂。1917年,张氏兄弟乘大生纱厂获利丰厚,决定由大生纱厂垫款,交杨德清,利用一部日本式火柴制盒旧机,在天生港搭棚招工,用本地白杨树试制盒片,初名通燧梗片公司。1918年,购置日本与德国的制梗、制盒机各1部,并聘请德国技师齐克菲主持工务。1919年集股10万元,在天生港创立通燧火柴梗片公司,总理为张謇,经理杨德清仍援例申请北洋政府准于专利20年。火柴厂产品行销苏北各地及南京、芜湖、安庆一带。1922年,杨德清经营不善,以致亏蚀,决定撤换经理,由淮海实业银行贷款维持,最终将全部资财抵押给淮海银行,无力赎回,宣告停业。1928年淮海银行高级职员习鉴清向该行承租经营,按产量付给租金,改称通燧振记火柴厂,亦仅能勉敷开支。1932年后,全国火柴业成立联营处,产额按设备分配,成本有所降低,营业开始好转。1933—1936年先后扩建厂房,增添设备,雇用男女工300多人,日产安全火柴360大箱[32-200~201]。该厂在中华人民共和国成立后称通燧火柴厂,生产至今。

通燧火柴公司

三、在外地办厂

1. 耀徐玻璃公司

20世纪初,我国内地玻璃工业是一片空白,香港亦仅能制造玻璃器皿,山东博山亦只能用土法制造零件,而门窗、屏镜所用平片玻璃全靠进口,即此一项我国每岁溢出之银约计不下200余万两之多。为此我国许多有识之士认识到必须设厂自制玻璃。这既开发利用了我国的资源,又能摆脱洋人的挟制。

1904年,时任浙江洋务局总办的许鼎霖(久香)到宿迁县考察,得知当地产的硅砂为上等玻璃原料,即有开办玻璃厂之意。遂与张謇、李伯行(名经方,李鸿章之子)、陈润甫、袁海观、丁衡甫、余寿平、黄以霖(伯雨)等协商,募股投资筹办耀徐玻璃公司。6月23日张謇赶到上海,"与衡甫同在久香处,订宿迁玻璃厂公司集股章程",[3-584]由张謇牵头报商部核准立案,许鼎霖担任经理主办,先集股本银50万两,选购砂地3 000余亩,清政府准予专利20年。1905年4月20日,张謇到宿迁,21日"与久香同至河北看玻璃厂基",[3-605]又一起到徐州、山东邹县视察煤矿。察知宿迁地处京杭运河旁,水陆交通便利,又距峄山窑窑甚近,煤炭、石灰足供炼制,无业之人亦多,工价尤廉,遂选址于六塘河上井龙头地。5月1日,"至宿迁,复视厂基工程。"5月3—4日,经白马涧、三台、嶂山、房山、高流、孟家冢,查看玻璃砂地[3-606]。为解决机器设备和技术问题,托在英国留学的金拱北、金仲廉兄弟调查欧美各国制造玻璃之方法,找到英国人福斯德发明一种专利制玻璃的机器,用人工吹筒,工效快,费用省。并开具详细的价目单预算表。经股东会决议后邀请福斯德来华洽谈。诸发起人中,惟李伯行娴于英语,福斯德来华的事宜遂由李氏与之详细研究。彼此磋商均无异议后乃于1905年9月订立合同,采用福氏机器设备并聘请其为工程师负责技术指导。合同规定投产后,每日出平片、滚片玻璃15万方尺,出瓶罐3万只,经过两年多的努力,1907年,底玻璃厂终于竣工。

1908年1月,工厂开工试制,经排除故障,反复试验,所产玻璃平面尚能洁净。但是,福斯德做出不利于生产的决定,致使装机生产进程推进不了,仍指派洋匠4人前往宿迁装机,与福斯德的账务结清而了结。

外国专家拂袖而去,公司面临着创办以来最大窘境,尤其是在资金上感到艰难。工厂在定机开办之初集股本尚不足银50万两,购福氏机器一项连同运费即付出银近30万两,建厂房、楼房、仓库、职工宿舍,又费银10万余两,尤其是在两年时间里,福斯德试机验料教习艺徒,每日要耗煤40吨,每吨价10元,共耗费28万元之巨,此时玻璃厂筹办四年用款已达银百万两,尚未获得分毫效益。但为了发展中国的玻璃工业,张謇与许鼎霖等人磋商决定另聘国外工程师韦斯汇来指导,以图改良与振兴玻璃工业。韦斯汇欣然应邀来华,经过详细察看发表意见说:"这里的机器可称先进灵妙,砂质纯洁,只是平片熔炉实在不合用,须另行建造,器皿熔炉耗煤太多更须改造。"几位发起者研究了这个意见,提出因目前经济困难所以不能并举,只能先购平片熔炉,韦斯汇表示同意,经过改造调理,玻璃生产迅速搞了起来,随后张謇与许鼎霖等直接筹款垫还银子8万两,并由他们主办的赣丰机器饼油公司等垫支银子20万两。由于筹集了相当的资金,更换了部分机器设备,引进和改良了技术,1909年便投入了大规模生产,日产玻璃7 000块,有50多个品种。所制造的窗片玻璃、帘板玻璃、型板玻璃等产品都很精良。厂里有艺徒500余人,当地直接或间接赖以维生者,不少于5 000人。许鼎霖和张謇等又在"耀徐"厂附近创办了永丰面粉公司,各行各业也随之兴旺发达,井头镇蔚然成一小城市也。经南洋劝业会、江苏物品展览会和巴拿马万国博览会审查合格,获得优等奖章、奖状[136-105～108]。

耀徐玻璃公司是我国首家玻璃制造企业,其投资金额之大(130多万两),规模之宏伟,设备之先进,员工人数之多,涉及面之广,在当时可称得上是一座先进的大型企业。无奈它生不逢时,外受洋人之挟制、内受军阀混战之影响,再加上经营管理不善,不几年该厂即告停产。嗣后全国工商会议决议,请政府咨请江苏省政府,招商承办或租或买,并请妥为保护奖励,以期迅图复业。但由于战乱连绵不断,政府无力顾及,迨至抗日战争初期宿迁沦陷后,其房屋机器,竟全部被日伪拆除殆尽。虽然工厂遭到了破坏,但为以后宿迁玻璃工业的发展打下了基础,提供了极其宝贵的技术资料和人才资源。中华人民共和国成立后重建了江苏省玻璃厂、宿迁市玻璃厂、宿迁市玻璃纤维厂等,为我国的玻璃产业发展作出了新的贡献。2018年7月,笔者在宿迁市水利局帮助下,找到该厂遗址,位于如今运河北路288号,建为国家大型企业——江苏苏华达新材料有限公司和宿迁华毅镀膜玻璃有限公司。

2. 镇江开成铅笔厂

镇江开成铅笔厂,即镇江中学的小笔铅公司,为张謇与许鼎霖等于1904年创建,后因经营不善而停歇。大生方面的投资未能收回,后归通海实业公司,于"呆账拆除"项下销去[54-348]。

3. 赣丰饼油公司

赣丰机器饼油公司由许鼎霖、张謇、沈云霈等12人发起,集资30万两,于1905年3月呈奉商部批准立案,厂址设在新浦盐河旁,在上海盐码头设立驻沪总账房以便转运货物及收股付息各事。1906年5月订立《赣丰饼油公司条规章程》,该章程规定"不得附入洋股以符洋人不得在内地建厂约章"[137-23]。许鼎霖任经理,聘请英国人负责技术工作。投产后获利甚多,同时也促进了赣榆县和附近山东数县油料作物的种植[138-112]。

4. 江西瓷业公司

瓷器是中华民族的伟大发明,它的产生和发展丰富了人类文化的内涵。千百年来,瓷器采用手工作坊式生产方式,沿袭家庭和师徒式教育传授制瓷技术。中国瓷业要与洋人争夺市场必须引进国外先进的技术,实行工厂化生产,以便利用机械生产瓷胚,逐步取代手工操作,节约成本,提高劳动生产力,建造煤窑取代柴窑,减少树木柴的需要量。1906年,上海道台瑞澂邀请张謇集股兴办江西瓷业公司,开始为官商合办,成为"半拉子工程"。1909年10月,张謇与瑞澂筹划江西瓷业公司。是年12月3日,张謇"至苏州,为瓷业公司开股东会也"[13-692]。次年,张謇与瑞澂等人创办的江西瓷业公司在景德镇成立,同时在饶州(今鄱阳高门)设立分厂,创办中国陶业学堂,现为景德镇陶瓷学院[139-39~40]。

5. 大维股份有限公司

1911年,张謇经营的大生系统企业拥有纱锭6.68万枝,已成为国内最大的民族资本资团。湖北的布、纱、丝、麻四局尽管经营不善,此时仍拥有约9万枝纱锭,为国内最大的国家资本纺织集团。四局由张之洞于1894年2月开始逐步建立,1902年,张之洞将四局租赁给广东商人韦应南的应昌公司,租期20年。1911年农历三月,湖广总督瑞澂决定收回四局,另行招商承租。5月25日,张謇带领有关人员附"江裕"船去鄂,5月29日至汉口,宿刘聚卿参议处。与湖北有关官员谈租约之事。6月3日,定租厂约稿于交涉使署,6月5日正式签约。尔后,大维公司对其全面检修,到10月1日才正式开工,10月4日晚,张謇到武昌大维纱厂,10月7日,大维纱布厂开工,普宴武昌诸官。10月8日,普宴武汉诸绅,与刘厚生订定大维办事人权限职任。10月10日下午八时,登船返回[3-719~728]。

10月10日,武汉爆发辛亥革命,湖北省都督黎元洪成立军政府,响应起义。当时军政府从纱、布两局运走了不少物品,据官方调查,"由军政府经理处取支官布六千匹,棉被六百余床,棉花一百三十余包,其他损失计不下白银一万余两"[3-719~728]。此数目与大维公司所报数目稍有出入,至大维公司来呈,据称调查军政府取用除布、纱、卷花大数相同外,其余棉花累七百包,棉被二千六百条,另弹花五千余万,各项损失总计价值约为116 000两。

1912年2月22日,在张季直总理复黎副总统电中明确表示:"查大维公司向公家租办,订立合同以十五年为期,预缴租金五万两,虽系前清政府之事,但契约性质不因政府改革而失其效力,文明各国,同此法律。大维合同未经期满,似无由他商接办之理"[140-281~289]。大维公司租营四局共计80余天,正式开工9天后,由于黎元洪等人徇私舞弊,被楚兴公司非法剥夺了经营权,张謇向内地发展实业的计划也随之受阻。

6. 福民、利民公司

1912年张謇与皖籍绅士徐静仁[名国安,安徽省当涂县(今马鞍山)人]商议,筹集资金,由徐静仁出面开发当涂(现属马鞍山市)铁矿资源,同年先后在姑山、南山二处创建福民、利民二公司,初时资金100万,后渐增至200万,到抗战前包括向日本人借的款在内,资金共达300万元,矿区面积有2 067亩(不包括以后修筑铁路、便道码头所占面积),其中福民公司所属小姑山92亩,利民公司所属包括扇西山378亩,小凹山263亩,妹子山160亩,南山474亩,栲栳山580亩,戴山120亩。两公司主要股东是张謇、徐静仁,为两公司的总代表是刘厚生、徐静仁,具体负责开采事务的是刘楷堂工程师。首聘请瑞典铁矿专家丁格兰技师主持和开滦矿务局联合勘探。公司总机构设在上海公共租界民裕里127号,后移至上海静安寺路同益里24号。公司的矿权于1916年正式取得。一战结束后,铁价大跌,且国内无甚销路(当时近处只有汉阳铁厂及上海铁厂,仅需少量矿砂),当涂地区的矿砂产大于销,只得远销日本,这样就不得不受日商制约。1918年3月15日,徐静仁同日本小柴商会代表小柴英签订了矿砂售日合同。合同规定,自开采之日起5年之内每年交售日本18万吨,合计90万吨,日商预付定金90万元。此合同由政府认可,也由此欠下日商一大笔借款(日商声称至1938年本息已达220多万日元),抗战时期,日本侵略者以借款要挟,强迫福民、利民公司以矿产入股。抗战胜利后,又被列为敌产而没收,福民、利民公司遂亡。徐静仁、张謇等曾打算筹款1 000万元,建小型铁厂,终因困难重重而未果[141-625]。

7. 东明电气股份有限公司

1913年,上海人姚祥堂在东台招股筹建荣泰电气股份有限公司,耗资5万元,在东台镇玉带桥南建厂,因资金见绌,未购置发电机组。1917年,张謇收购该公司,委托大丰盐垦公司经营,更名为东明电气股份有限公司,增股1万元,购75匹马力柴油机和40千瓦发电机各1台,于当年12月20日发电,每晚开机7小时,解决了东台城大街与一些用户照明困难。后因资金亏蚀,几经转售,增加商股,改为商会经营。当年老电厂厂房和机组至今犹存,被盐城市列为文物保护单位,是东台城可供参观的珍贵遗迹之一[142-69]。

8. 与富安镇崔叔侯合营米厂

1918年,张謇考虑富安镇临近棉垦区,准备在富安镇办轧花厂,就与当地士绅崔叔侯合营了一所米厂,名达富米厂。厂址在该镇西盐坝,资金主要是张謇的,有购自上海兴样机器厂的24匹马力柴油机1台,带动4部砂砻子,有米斗2只,每天开机10小时,可碾白米1万斤。雇有职工2人,机工3人,杂工20余人。开业时张謇亲自到富安主持,各界热烈欢迎。这天,唱学戏、放焰火,热闹非常。该厂一度营业兴旺,后因张謇与崔叔侯意见不合,将资金抽走,转投裕华公司,米厂就由崔叔侯独营,到1925年关闭[142-69]。

9. 中国铁工厂股份有限公司

1922年,张謇、聂云台、荣宗敬、徐静仁等实业家,在上海吴淞兴办中国铁工厂股份有限公司,专门制造纺织机、织布机与摇纱、并纱、打包各机,以及纱锭、钢辊等一切配件,以及其他各式机器工具等。工厂地址在上海吴淞蕴藻浜,设事务所于上海四川路112号,负责人韩强士。当年铁工厂原动机器装置完毕,6月6日正式开工制造锭子、油管及已承订之榨油机水管等机件。张謇对中国铁工厂的筹办极力提倡、支持,并认股款5万元,先缴3.3万元,短缺之1.7万元以后缴足。该厂于1932年毁于"一·二八"淞沪抗战[54-349]。

10. 大陆制铁公司

大陆制铁公司为张謇、张詧、周扶九(江西省吉安人,扬州八大垣商之一)等人组织沪上有关商户所创办,呈北京农商部核准立案。大陆制铁公司组织之始,先代南京新丰公司办理静龙山铁矿,并准备即以此矿的矿石为原料,设立小规模之制铁所。岂知发掘半年,此矿量薄质劣,完全失败,大陆制铁公司不得不另觅其他相当之矿为原料。那时,江西吉安、永新两地有煤铁矿发现,先经商人张择、屠寇请领,大陆制铁公司与之商明:派英国矿师煤铁专家墨司格雷夫前往调查这两个矿是否适合开采,如确实有开采的价值,再行筹划开采办法。当时,江西人士认为张謇招有外股(有外商参加),引起非议。张謇乃通电江西南昌督军、省长、实业厅、省议会、矿业维持会、商会,并转各报馆、各团体,反复说明情况[54-89~90]。并在1919年11月7日发表的《大陆制铁公司通电》中说"棉铁为国家基本工商业,十年以前,国人留心者鲜,謇与前农商次长刘垣讨论有年,曾著《棉铁世界》一书,冀唤起国民之注意。近年,謇在苏省,对于纺织、植棉汲汲进行,略著成效。惟铁业尚无萌芽,私心引以为憾。又鉴于凤凰山之纠葛,知不由华商自设制铁所,恐长江流域铁矿将尽落某国人之手,不揣绵薄,冀组织公司为国人倡"。并一再强调了"今此铁业,尤愿从诸君后稍效愚诚,以完棉铁并峙之希望"[8-726~727]的心愿。

11. 张謇与汉冶萍公司

汉冶萍公司是张之洞在武汉创办的,1896年,因资金困难,张之洞被迫将汉阳铁厂交由盛宣怀官督商办。辛亥革命期间,汉冶萍公司总理盛宣怀遭革命派打击而遁逃日本,孙中山及南京临时政府欲与日本合办汉冶萍公司,张謇坚决反对。1912年2月7日,张謇在《致孙中山黄兴函》中指出,"盛于汉冶萍,累十余年之经营以有今日。国民政府对于该公司当始终扶助,不能因其为盛所经营,而稍加摧抑。即盛宣怀之私产,亦当通饬保全,以昭大公。至中日合办之说,则万不可行,未可因其以借款之故,稍予通融。此则区区之愚,愿两公熟思而深虑之者。謇忝任实业,于此事负完全责任,既有所知,不敢不告"[8-316~317]。值此危难时刻,盛宣怀及董事会推荐张謇主持汉冶萍公司。尔后在股东大会上委任张謇为总经理,经理为李维格、叶景葵,董事赵凤昌等[8-334]。张謇未实地到汉冶萍公司上班,但与两位经理经常在上海办事处共同签发文件。例如:1912年12月6日、9日,分别发出《与李维格等致交通部电》《与李维格等致叶恭绰函》,商定有关合同[8-350~351]。盛宣怀回国后,张具书辞职,仅为股东之一[8-368~369],任职至1913年4月14日。"张謇设法保护汉冶萍的主要原因是对实业的责任感,同时棉铁主义对他的影响以及他对日本的高度警惕是重要原因"[143-128~143]。尔后张謇仍关心汉冶萍公司的发展,1926年还与李维格、叶景葵合作撰写《汉冶萍之新计画》,提出"在长江下游适宜之地另建新厂,每年炼铁十六七万吨"[13-643~647]。

张謇1905年在镇江创办镇江大照电灯厂,1919年在天生港创办大山砂石公司,在城郊创办大润灰厂,1921年在上海创办中华国民制糖股份有限公司,1922年在南通创办宝昌纱厂,1924年在南通创办河口大生窑业公司等[46-333~334]。

大生系统到1921年已成为一个庞大的企业集团,一、二、三产业全面发展,所控制的资金总额达2 480余万两。张謇提倡的发展纺织业在全国得到普遍响应,纱锭从1913年的81万锭,到1932年发展到459.9万锭,用棉8 706.04千担。并带动有关工业的发展。

附录一:通海实业公司

1907年8月31日,大生纱厂举行第一次股东会,决定把大生纱厂改为股份有限公司,另外成立一个"通海实业公司","所有实业各公司欠款,应作为通海实业有限公司之股本,另立名目,即归独立,不再与大生牵涉"[32-101],从大生纱厂历年公积(至七届止)及当年(第八届)余利中提出60万两作为通海实业公司的股本,每股5两,计12万股,另发股票给大生纱厂股东。这样就产生了名义上管理各企业投资的通海实业公司,大生纱厂的股东也就成为通海实业公司的股东。股东会推张謇为通海实业公司总理,张謇仍保留实业坐办的职权。通海实业公司借了资生铁厂一间空屋,设立了一个"办事处",账目由资生铁厂职员兼管,实业公司办事人为蒋德纯(暇堂),另雇2人负责管理房地产。1908年9月24日召开了通海实业公司股东会,选举了何景岸、宣子野、高立卿(因江杏村坚持不就,以次多数票当选)为董事,张作三、林兰荪为查账。

通海实业公司成立后,由于各企业经营情况不好,公司的投资没有收益,除第一年度发过股息外,以后再也没有发过。通海实业公司的欠款也从来不能收回,所欠大生巨款也无法了结。1937年,在上海大生沪事务所召开了通海实业公司第二次股东会,推出徐静仁、赵叔雍、陈葆初、任祖芬、张敬礼为检查人,意欲对公司进行整顿。30年间,通海实业公司共投资收益55万余两,但除第一年度分给股东12 000两外,大都拨抵了收不回的呆账[54-101~105]。

附录二:大生沪事务所

为便利在上海购买设备,所有内销与外销货品的接洽、运输及银根调剂,大生纱厂在上海设立大生沪事务所,其沿革如下[54-43]:

大生沪事务所沿革

时间		名称	主要事项	负责人职称及姓名	职能	备注
清朝	1897冬	通州大生纱厂账房（大生上海公所）	四马路广丰洋行内设"账房""大生上海公所"	"坐号"：林兰荪	业务中心：采办物料、购运原棉并承办南通实业各方面的大型建筑、包工人员往来住宿	林兰荪在职时间（1897年起至1912年去世）
	1898年		小东门"通州大生纱厂沪账房"			
	1901年		法租界日昇里自购楼房在天主堂街			
	1907年		分厂落成与正厂成立大生纺织股份有限公司，沪账房改名"大生沪事务所"	所长：林兰荪		
中华民国	1913年至1920年	大生沪事务所	附设"大生公司"，专营机器进口业务，在九江路22号自建四层大楼"南通大厦"办公	所长：吴寄尘	兼营置备布机厂布开盘，调度银根，内外销货的接洽、运输，兼为张謇私人接洽交往政经新闻界人士办理私人杂务	吴寄尘继任（1913—1935）
	1921年		附设"大孚经纪号"在华商纱布交易所出面售纱			
	1922年		正式成立大生第一、二、三纺织公司的三个董事会于大生沪事务所		盐垦、纺织先后失利，为大生及所属企业调度头寸、寻觅新债主，极力维持局面	
	1930年	大生纺织公司沪事务所	迁至南京路保安坊四楼办公，改称"大生纺织公司沪事务所"		南通土布滞销，在通工厂只负责生产和粗纱的本销，大生营业重心移向上海沪所统一安排中支纱与棉布的外销	
	1933年		陈果夫任江苏省省长，省财政厅派张世枃为大生公司监理员，驻在沪事务所与董事会常务委员会合组办事，成为最高管理机关			

(续表)

时间	名称	主要事项	负责人职称及姓名	职能	备注
中华民国 1935年	大生总管理处	董事长张孝若、常董吴寄尘相继去世，徐静仁任董事长，改称"大生总管理处"。江苏省政府派洪兰友、任祖芬为大生第一公司官股董事，陆子冬为大生第二公司官股董事，来"整理"大生	主持人：徐静仁	工厂只管生产，凡进出货、人员任免、工薪增减以及原属工厂行政的职权统一划归总管理处	张孝若任董事长（1929—1935）1935年二厂清算拍卖
1938年	大生花纱交换处	3月18日日寇由狼山附近江岸登陆，南通沦陷			
1939年		日寇占领工厂勒令停工，实行军管		与伪商统会进行花纱交换，为日寇军火及纺织需要，掠夺棉花提供原料	
1943年		3月2日汉奸陈葆初就大生总管理处组织"大生花纱交换处"			
1945年	大生纺织公司临时管理委员会	抗日战争胜利后，国民政府经济部派大生官董洪兰友、陆子冬至通分别为董事长及常务董事，成立"大生纺织公司临时管理委员会"，接收"大生总管理处"及各工厂	监管会主任：陆子冬；副主任：严惠宝		
1946年	大生上海联合事务所	张敬礼、张文潜分别任一、三厂经理，"大生总管理处"改称"大生上海联合事务所"	所长：吴芳生	大生派上海事务所业务组人员于1948年5月在香港筹备成立"南生行"外销纱布	吴芳生任职时间（1946—1951）
中华人民共和国 1949年		南通解放			

(续表)

时间		名称	主要事项	负责人职称及姓名	职能	备注
中华人民共和国	1951年	大生第一、三纺织公司上海联合事务所	吴芳生退休，徐润周继任所长，改称"大生第一、三纺织公司上海联合事务所"，10月沪所人员整编	所长：徐润周	1951年3月10日上海工商局登记证：0122626，大生管理重心北移，上海设"驻沪临时办料组"	吴芳生任职时间（1946—1951）
	1952年		12月25日申请撤销，1月26日老闸区同意撤销，7月3日登《解放日报》正式宣布撤销		2月11日考勤簿签到截止	
	1953年					

1920—1930年大生沪事务所使用的"南通大厦"

四、大生集团衰落原因初析

大生一厂从1889年开工到1921年间,处于发展时期。张謇在筹建大生一厂时,实收商股只有19.5万两,厂房及配套设备用去19万两,收购棉花等流动资金以3个月周转一次计算需36万两。在这种情况下,依靠借债的办法来筹集资金,当时借款月息利率最高达1.2分。在纱厂开工获利丰厚的吸引下,股东们从观望态度转变为积极扩大企业规模。实收资本到1921年达250万两,纱锭从2万枚增加到了6.5万枚。1900—1925年,大生一厂收益分配情况见表3-1,1900—1921年是上升期,1922年是转折点,陷入困境,1925年7月,由中国、交通、金城、上海四银行和永丰、永聚钱庄等大生债权人组织的联合接管机构,以大生负债过重而清算和接办了大生各厂。究其原因,有高额股息、盲目扩张、与外商竞争中失利、接受苛刻的贷款条件累垮大生集团等四个方面。

表3-1 1900—1925年大生一厂收益分配情况表

年份	实施资本数	收入	支出 总支出	官利	调汇利	利息占总支出的占比	盈(+)亏(-)
1900	51.94	29.86	22.02	4.06	1.55	25.5	7.84
1901	56.95	36.42	25.82	4.44	1.91	24.5	10.6
1902	78.75	46.43	27.73	4.62	3.39	28.9	18.70
1903	113.00	63.82	38.31	4.64	6.07	28.0	25.51
1904	113.00	73.75	51.24	9.04	8.22	33.7	22.51
1905	113.00	100.72	52.41	9.04	8.18	32.9	48.31
1906	113.00	104.86	64.84	9.04	15.25	37.5	40.02
1907	113.00	61.66	56.07	9.04	12.39	38.2	5.59
1908	113.00	68.85	52.96	9.04	10.55	37.0	15.89
1909	113.00	79.56	58.82	9.04	10.70	33.6	20.74
1910	113.00	61.91	55.40	9.04	10.81	35.8	6.51
1911	113.00	67.03	53.42	9.04	10.18	36.0	13.61
1912	113.00	79.26	53.11	9.04	9.73	35.4	26.15
1913	113.00	85.95	55.72	9.04	9.99	34.2	30.23
1914	113.00	90.34	62.12	9.04	12.21	34.2	28.22

(续表)

年份	实施资本数	收入	支出 总支出	官利	调汇利	利息占总支出的占比	盈(＋)亏(－)
1915	200.00	75.60	62.10	9.04	13.63	36.2	13.50
1916	200.00	79.35	89.06	16.00	19.76	35.8	－9.71
1917	200.00	189.43	123.25	16.00	26.30	34.3	66.18
1918	200.00	183.98	133.61	16.00	34.87	38.1	50.37
1919	200.00	417.76	166.32	18.00	39.87	34.8	251.44
1920	250.00	359.46	169.06	20.00	44.59	38.2	190.40
1921	250.00	270.30	201.19	20.00	58.48	39.0	69.11
1922	250.00	189.22	228.82	20.00	100.27	52.6	－39.60
1923	250.00	68.36	105.67	20.00	17.06	35.1	－37.31
1924	250.00	82.04	100.15	20.00	26.75	46.7	－18.11
1925	250.00	148.90	173.05	20.00	54.03	42.8	－24.15
合计	250.00	3 114.82	2 282.27	312.24	566.74	38.5	832.55

备注：根据《张謇全集⑤》中第二届至第二十八届账略统计，利息占比由笔者计算。

1. 不论盈亏皆付的高额股息

"官利"不是官方所付利息的意思，而是中国近代很多公司对固定股息的专称。股东向企业投了资，不管企业是亏是盈，企业都必须付给股东固定的利息，这是一种与真正意义上的股份制不同的投资方式。当时中国一些大企业的股息连五厘都不能正常保持，张謇为了争得他所期望的特定范围内的资金，不得不采取高股息政策，其集团内不少企业的招股章程里约定不论盈亏，皆付股息八厘[144-104~105]，如果延付以供周转得利上加利。从表 3-1 中可以看出，官利和调汇利占总支出的比例从 1900 年的 25.5% 到 1922 年上升到 52.6%，造成 1922—1925 年连续亏损。

2. 超过自身能力的盲目扩展

张謇有宏伟的目标，一心想把南通建成全国的模范区。他主导的一系列城市建设、公共交通、教育和文化事业、慈善与公益等活动都需要大量资金投入，已远远超过大生集团的资金承荷极限。张謇不完全习惯遵循现代企业合理的规章制度。例如：为了创办大生三厂，他一次即从一、二厂调拨公积金各 20 万两。大生八厂创办之始资金极端短绌，竟从一厂强行抽拨 80 万两作为"收并"资金。为了筹办中比航业贸易公司，一次即截留大生一、二两厂余利 72 万两。

张謇耗用了大量精力,但公司由于种种原因,还是中途夭折。至于属于大生系统的十几个盐垦公司,资金周转拖欠纱厂的债务也达130多万两。这些扩张项目严重抽空了作为大生系统台柱子的一、二两厂家底[145-257~258]。

3. 与外商竞争时失利

一战后,日本等国对中国纺织业投资量加大,对中国的棉纺织市场形成严重的冲击。据统计,到1925年,华商纱厂共有69家,纱锭数为203万枚,占中外纱锭的57％。而此时日本在华纱厂共有45家,纱锭数为133万枚,占中外纱锭的37％,主要在上海和青岛[146-117]。

1922年,纱业危机降临之际,当时的北京政府无所作为,1922年12月,上海华商纱厂联合会向北京政府国务总理、农商总长递交了《恳请暂停棉花出口并免花纱布税厘以维实业而利民生》的呈文,要求暂行禁止国棉出口,暂行免征花、纱、布税厘,允许对花、纱、布税厘实行记账放行。但北京政府财政空虚,政府职员薪水来源缺乏,这一要求遭到了国会议员们的反对,也遭到各国公使团尤其是日本公使的反对。结果,联合会的请求化作了泡影。资本雄厚的日本棉商,反而在中国大量搜购华棉运回国内,仅1922年8月至12月,日商就从中国搜购走棉花13万担。鉴于纱布市场供过于求,各地华商纱厂还纷纷呈请北京政府禁止增设纱厂,如天津、无锡等地纱厂都相继向北京政府提出申请,要求20年内禁止在当地增设纱厂。对于这类无须政府直接买单的申请,北京政府往往予以核准,但核准令也往往是一纸空文。如对于武汉华商纱厂的申请,1924年5月北京政府农商部给予了"姑即准予在武汉附近限制添设纱厂"的批复,但到同年9月,日商就在汉口申新纱厂隔壁设立了拥有24 800枚纱锭的泰安纱厂。开业那天,据说北京政府还派了一个部长担任剪彩。北京政府这样无所作为和本末倒置的作为,使其在纱业危机中丧失了政府扶助保护民族工业的应有职能。民族棉纺织企业由此在纱业危机中陷入了孤立无助、备受摧残的境地[147-115~116]。

早在1905年前后,日本商人已在营口仿造通州大布,而日本政府又减免从日本运往东北三省的棉布出口税及运费,支持日商争夺通州大布市场。虽然通州大布声誉素著,在东北有广阔的市场。但在日本政府支持的日商棉布竞争压力下,遭受严重打击和排挤。1923年以后,通州大布在东北的销量锐减,大生纱厂在本地销售量也随之受到影响[32-116]。同时受"棉贵布纱贱"的影响,大生纱厂的收入大为减少,详见表3-1。

4. 接受苛刻的贷款条件,累垮了大生集团

第一次世界大战结束后,美、英、日等国支持直、皖、奉等各系军阀连年混战,加上自然灾害频发,造成农村破产。1922年便出现棉贵纱贱、比价大变的局

面,整个大生系统突然陷入逆境,大生一厂出现连年亏损,这一年大生一厂结亏 39 万余两,二厂结亏 31 万余两,一厂借入款达 709.8 万两,二厂借入款达 125.6 万两。大生被迫接受苛刻的借款条件。例如,1922 年 2 月,一厂与中南、盐业、金城、大陆四银行订的 30 万两借款合同,规定以一厂全部固定资产 500 万两作抵押,押款按抵押品实价的 6% 用款。这 30 万两一日不结清,工厂的机器、厂房、生财一日不得拆卸、翻造、迁移,更不得用以向其他银行抵押。对这样的条件,张謇曾说:"苛虐束缚,孰甚于此。"尔后,无论是大生纱厂的资金运用权还是资金来源,全部被银行控制。1925 年 7 月,大生各厂被上海银团接管控制经营[32-219~226]。

五、对当代开发的启示

张謇当年创新及开放的实践和经验教训引人深思,给人启迪,这对当前中国的改革开放仍有借鉴作用。

1. 各级政府要支持民营企业发展

回顾中华人民共和国成立初期民营经济发展历程,呈"马鞍形"态势,两头高,中间低,后来,党和政府对民营经济采取鼓励的政策,民营经济迅速医治了战争创伤,恢复到战前水平并取得新的发展。1956 年起,国家对个体经济进行社会主义改造,实行了限制、改造、利用的政策,到 1957 年,仅存的个体经济生产总值只占当时国内生产总值的 1%。此后 20 年,人们认为社会主义的优越性在于"一大二公",致使民营经济处于被排斥之列,不仅使其丧失了发展机遇,还极大地拉开了我国与发达国家的差距。1978 年党的十一届三中全会,确定了解放思想、实事求是的思想路线,在党和政府政策支持和引导下,民营经济得到迅速发展[148-867]。

但民营企业发展在市场准入、审批许可、军民融合等方面仍受到一些不利因素的影响。

2018 年 11 月 1 日,习近平总书记主持召开了民营企业座谈会,并发表重要讲话,提出减轻企业税费负担,解决民营企业融资难、融资贵问题,营造公平竞争环境,完善政策执行方式,构建亲清新型政商关系,保护企业家人身和财产安全等六个方面,支持民企发展。

在经济全球化的大形势下,各级政府要引导民营企业的创新发展,支持民营企业走向更广阔的世界舞台。

2. 民营企业家发展规模要量力而行

民营企业家大多都有一段白手起家、艰苦创业的历史,创业的艰辛磨砺了他们在市场经济海洋中搏击的才干。就大多数民营企业而言,规模有限,科技人才匮乏,产品科技含量低,成本居高不下,开放合作不足,管理上存在家庭化倾向。与此同时,民营企业又想拓宽领域,出现融资难、融资贵的问题,除向银行贷款外,还以高于银行利率向民间融资。民营企业家要吸取大生集团由盛转衰的教训,根据企业的财力许可,确定融资规模和发展方向。

第二节　近代农垦第一人

隋唐以后,我国人口增加,河流上游种植范围扩大,在当时生产条件下,刀耕火种使水土流失情况加重,在大江大河的河口形成平原,劳动人民迁移到沿海地区,围海造田,为我国增加了巨大的土地面积。[149-34]张謇采用资本主义股份制方式,于1901年创办通海垦牧公司,对江苏沿海开发有重大的示范作用,开创了中国近代垦牧第一滩。据笔者调查核实,到1936年,在现204国道苏北段长405公里(东台市富安镇以南为范公堤)以东区域,总面积1 702.17万亩,共有98个垦植公司,实收资本3 559.68万元,围地503.33万亩,已垦193.63万亩,详见第二章第三节表2-5。其中属于大生系统有17家,张氏家属参与的有10家,张謇朋僚及大生系统股东职员参与的17家,共计44家,共收资本3 094.80万元,占地面积434.3万亩,已垦面积157.93万亩,分别占总数的44.9%、86.9%、86.3%、81.6%,为苏北沿海众多垦植公司中实力最强的农垦集团。

一、大生系统的垦植公司

以下为参加淮南盐垦公司管理处的17个公司。

1. 通海垦牧公司

张謇借鉴资本主义经营模式,大胆尝试,以招股集资方式在中国历史上成立了第一个股份制农业公司——通海垦牧公司。一面引进湖北、安徽、浙江等地人投资入股;一面发动当地富豪绅士投股,筹集原始资本,实行股份有限公司经营,成立董事会、监事会等近代资本主义组织。公司位于南通县吕四场东,北起吕四场的丁荡,西至二补界河,南至海门厅的南半洨港。行政区域属南通县海门厅。1900年11月15日,江知源(即江导岷,字知源,安徽婺源人)、章静轩(字亮夫,浙江宁海人)、洪俊卿来测量海滩[3-492]。洪俊卿为土地勘查委员会所指派的测绘人员[150-816]。三人是公司初创时期的主要负责人之一。

1901年6月16日,张謇发表《通海垦牧公司集股章程启》,由张謇、汤寿潜

(浙江名流,清政府内阁中书)、李审之(当地士绅)、郑孝胥(两江总督刘坤一的幕僚)、罗振玉(教育家,江苏师范学堂监督)等共同署名。"股本以规银二十二万为准。每股规银一百两,共二千二百股"[34-25~33]。最早的股东除这几个人以外,还有张詧、刘聚卿、刘厚生、蒋雅初等,都是官僚、地主和封建性的富商。此外苏松、狼山两镇兵营报案的滩地有2.39万余亩,兵营自身缺乏资金围筑,即以报案缴价银两作为52股加入公司股份。1911年3月31日,召开第一次正式股东会时,实收股金209 180两,其中较大的股东有26人,投股1 725股(蒋雅初_{内有代表}500股,刘聚卿410股,刘厚生_{内有代表}143股,张詧99股,张謇86股,刘一山_{内有代表}79股,江知源_{内有代表}48股,李仲台_{苏营代表}44股,张右企_{内有代表}40股,张作三_{内有代表}37股,刘子环2股,朱阆樨_{内有代表}10股,江易园10股,陆漱霞30股,徐申如30股,叶玉昆22股,王希成_{内有代表}22股,张亮侪20股,张佐虞20股,张剑秋15股,高立卿10股,严仲和_{狼营代表}8股,曹秉仁2股,束劭直4股,刘逢贤2股,仰玉符_{内有代表}32股)[152-168]。

由于资本不足,公司便将围好的一部分地招佃耕种,佃农向公司租地,每亩交顶首6元,到1917年,共收39.4万余两,佃民投入开沟挖土的劳力折算银圆16.2万余元,累计投资达130万元。占地123 277亩,已开垦91 762亩,其中牧场堤、第一堤、第二堤、第三堤、第四堤属南通县境,面积49 822亩,第五堤、第六堤、第七堤属海门厅境,面积41 940亩。建海复镇、东元镇。公司设有垦牧小学,总公司有高等小学1所,即通师第二附属小学,各堤建初小,共计8所,海复镇还有1所慕畴女子小学,一律不收学费。此外总公司还设有轧花厂和电灯厂。电灯厂除供总公司外还供海复镇、通师二附小和东兴镇(先为中央镇)照明。其他社仓、保甲、义园等等,统由公司建设,后改由地方统一管理。唯有安全保卫工作,由实业保安队专司其职,公司实有队员60名,枪支俱全[82-85]。

2. 大有晋盐垦公司

大有晋盐垦公司由张詧发起筹建,1913年10月19日,在大有晋公司股东大会议案会上,张詧报告创办公司之缘起时说:"去冬,余东垣商积丰顺无力经营出售垣产,由鄙人纠合同志三五人,筹款十万元,集此公司,开始购办。此因金陵荡连类而及者也,后因余东德长厚、余西裕和祥相继并入,不能不筹统一办法。而原议之合同及股本不敷支配,故拟扩充股本,改前议合资公司为股份有限公司,惟荡地必须规划培养,其道不外开河开渠,建堤建圩,则工程一部分占款甚巨,所以邀集诸君共议进行方法及修正原订章程。"出席会议的股东有刘聚卿、张佐虞、王已劲、江知源、徐静仁、章静轩、束劭直(时张謇于9月10日起赴北京就任工商总长,为张謇先生的女婿)、韩奉持、徐陶庵等34人。选举总理张退庵,协理刘聚卿先生、徐静仁先生,监理江知源先生,查账张燧澄先生,赵子美先生[152-3~6]。

大有晋盐垦公司

3. 大豫盐垦公司

大豫盐垦公司的发起人张謇,联合原有垣商和地方民灶人等,于 1916 年开始创办。1917 年,正式成立大豫盐垦公司,集股 150 万元,每股 500 元。至 1925 年,另招新股 20 万元。南自遥望港起,北经长沙镇范公堤外折向西北至丰利场止,西与民地分界有西沿竖河,东止于海。1920 年,总公司设于掘港,下设中一、中二、中三、南一、南二、南三、北一、北二、北附、南附、中附、西一、西二、西三、西四和南附东区、北附东区,共大小 17 个区。1940 年划如皋东部地区设如东县。在各分区办事处所在区都设有小学,其中南一、中二区各有 2 所,南一区还设有高小,佃农子弟均可免费入学。在公司境内,有大豫、兵房、大同 3 镇,后又增加丁店镇、北坎镇、长沙镇、南坎镇。在大豫镇总公司内还办过轧花厂(宽皮辊机 16 部)、油米厂(二三十油箱、二三台碾米机),都用机器带动,并有电灯照明。另在南一区设有消费合作社和医院,还有一个织布厂(工人约 30 名,铁木织布机 20 张)。并仿垦牧之制,于交通要道丫子河北四管上设一巡房,常驻巡警二三人,后该地即称为"兵房"[82-94~95]。

4. 华丰公司

华丰公司成立于 1915 年 9 月,由绍兴人邵铭之创建。公司总投资 40 万元,分为 800 股,每股 500 元,购掘港场地 2.528 万亩,付地价 19.944 万元。东与大豫公司南一区、南附区相邻,南隔遥望港接石港区,北与西与原民地俗称老圩接壤。1925 年以 6 万元的代价,从大豫公司购地 3 000 亩,共计有地 2.828

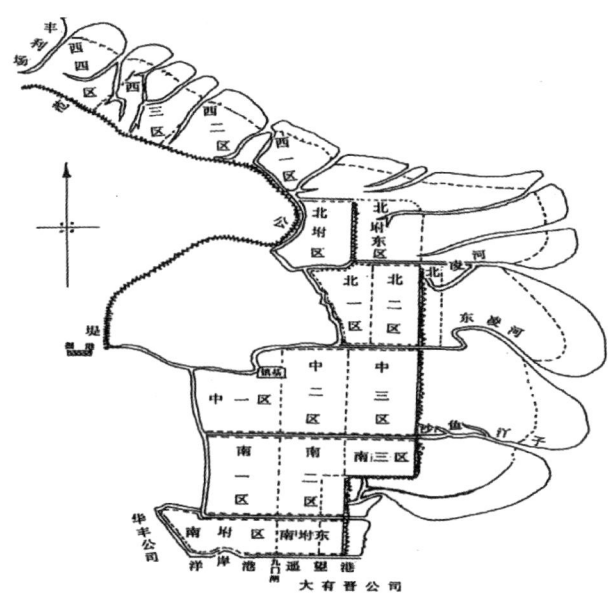

大豫盐垦公司垦地图

万亩。公司全境除在大豫的部分地外,共分 3 个区,即第一、第二、第三区。地势北高南低,未能采取分级排水措施,而在三区中设一土坝调节,每次发水北部要开,南部要堵,经常吵闹。华丰公司办事处所在地一区四圩,形成一小镇,当地人称四圩镇。有小学一所。各区内分设匡、排、塸,一如大有晋公司之制,每塸 20 亩,根据地形,采取东南向。第一区西边,第二区北边,和二区、三区之间开有干河,直出遥望港,在干河口,接近遥望港处,建有南洋闸,群众称这为华丰闸,总计各种工程费用 13.2 万余元。因遥望港水位高,宣泄不畅,时有外水顶托溃涝,更谈不上降低地下水位,乃补贴大豫工程费 1.2 万元,借助大豫丁店河,以济向遥望港排水不足之苦,于二区之南三区之中,向东另辟一河,与丁店河相接,华丰水利可谓基本解决。可惜的是,华丰地居内地,东有大豫为屏,无海潮之虞,省了建堤经费,本是好事,可是麻痹了思想,忽视了防止西水。1921—1922 年大水,地全被淹没,损失严重,导致公司入不敷出,负债 14.7 万余元。

佃农承佃,每亩顶首 8 元,每塸 160 元,可以欠,开始交 2 元挂个号,就可领种塸地。佃户 1 100 余户,其中本地人不少,是各大公司中,本地人较多的公司之一。海门人习于种棉,本地人习于种稻,初稻棉比例和人的比例相似,后以棉为主。租额原为四六议分,后亦改为三五、六五。1919 年已将垦地分给股东,每股30亩,股东领地后,转交公司代管。至此,公司实有土地3 300余亩。经理陈东声曾说,现在圩堤已加高加固,基础稳固,维持现状,尚无困难。不过公司摊派较多,浚河修桥、警卫枪械、巡逻打更(设有更棚查贼),以至建庙烧香、搭台演戏等等都要收费,佃农负担较重[82-99~100]。董事长陈炳镛,经理陈东声。张謇为筹集遥望港闸建设经费,曾同他们面谈过[8-758]。

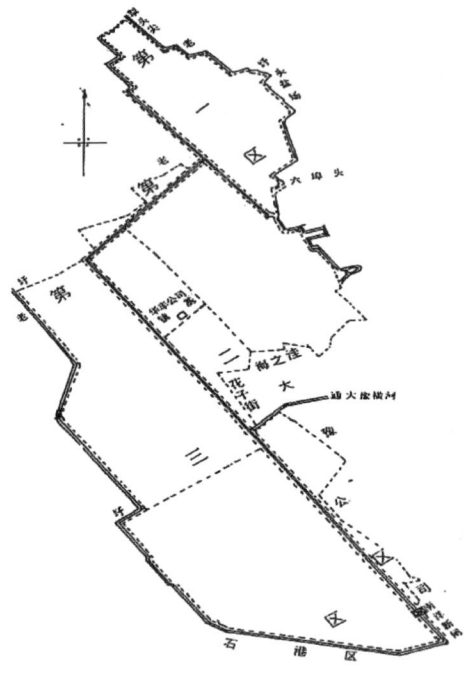

华丰公司垦地图

5. 大赉盐垦公司

大赉盐垦公司由张謇、张佐虞等发起,于1916年正式成立,位于东台县角斜、富安两盐场境内,分为南区、中区、北区、北附区、富元区、富亨区、富利区、富贞区,共计8个区,原属角斜、富安二场。公司创建之初,集股20万元,每股1 000元,共200股,分期分批建设,共筑元亨堤、利贞堤、北区堤,总计长30里,结合开元亨界河、利贞界河和串场河建大码头闸2座、七孔闸1座、三孔闸1座、涵洞4座。但外港淤塞严重,必须年年疏浚,后来在北弶港另建1闸,水利才有所好转。累计投资112万元,占地20.79万亩。公司办理事处设于北区西部,亦称六排公司,在北区西北角富元区内,建有通泰镇(现称新街镇)。公司西堤是沿海围垦区南北往来的主要通道,路旁还有由小店开始聚众成集的半面街,其河东有一初级小学,称"大赉一小",后迁新街,在陈家店有完全小学"大赉二小"[82-103~104]。

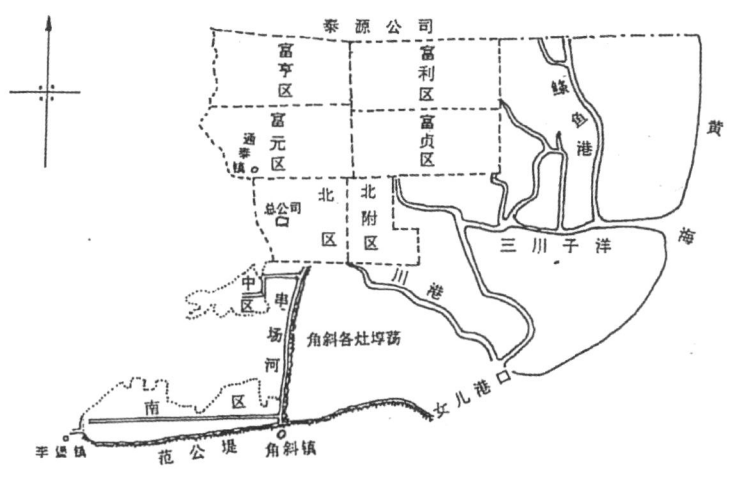

大赉盐垦公司垦地图

大赉盐垦公司全体人员合影

6. 泰源盐垦公司

泰源盐垦公司为韩国钧、马隽卿所发起创办,成立于1920年。土地原属安丰、梁垛两场,规划面积30万亩,实领18万亩。南与大赉公司相邻,北接东兴公司,西距三仓河镇三四里,东止于海。全境共分6个正区(一至六),以及3个附区(一、二、三)。区内规划与大豫、大有晋等公司基本相同,堤田面积较大,每埝50亩,每排12埝,每匡4排。原定股金80万元,实收70万元,共700股,每股1 000元。当年开始放垦植棉,讵知当年即遭海潮淹没,全部失收。不得已举债度日,负担过重,乃将已垦地2万亩,售出1万亩,偿还债务30万元,余1万亩由股东分领,自行经营,其余作公司维持之用。公司沿海滩涂伸展甚速,大有后望。公司办事处设于东台陆子苴。外有十几户人家的四组镇,二区与一、二、三附区之间,有干河出行船港。三、四区与五、六区之间,亦有干河出竹港。西部在陈家花行与民地之间,有竖河与三仓河互相贯通。行船港、竹港苦于淤塞,排水不畅,再加泰源地势稍高,水常倒流入三仓河。公司办事处下设14个组,各组均有房屋三五间,管理先生1人,员工一二人,负责议租收租和管理夹在其中的盐场。公司总办事处设在安丰,分垦和盐两部,在三仓也有办事处。公司开办收地时,因地价低,与当地盐民矛盾尖锐。约在1921年左右,盐民烧了三仓办事处,公司打死盐民二三人,引起群情激愤,准备再砸总办事处,经安丰场署调解,一面抚恤死者家属,一面增加地价,始得平息。公司的特点是:垦地范围内,盐场仍继续煎盐,造成农田与盐场夹花;埝田面积大,而埝沟宽仅1米、深0.67米;再加土质沙,甚易淤塞,因此都使土壤改良比较缓慢[82-105~106]。

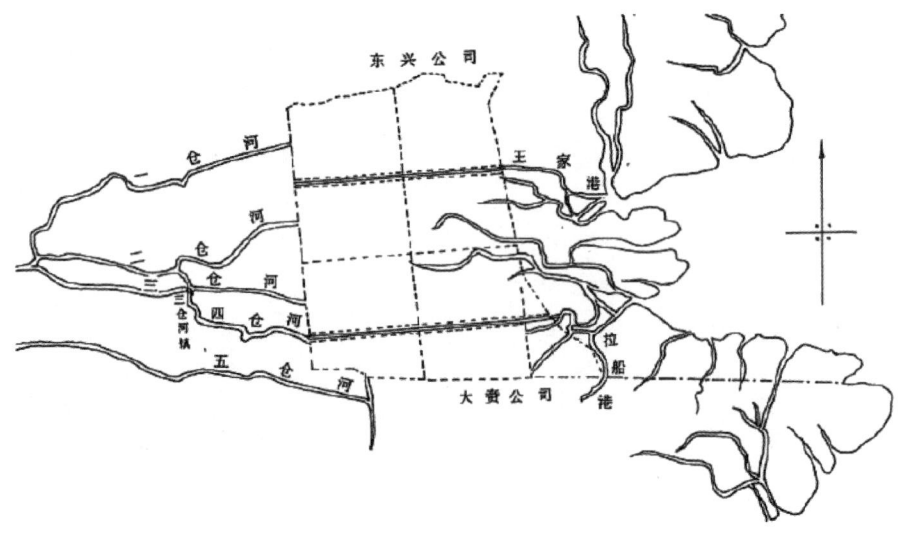

泰源盐垦公司垦地图

7. 通济盐垦公司

初由潘家镢绅董涤青、常卜平等18人赴通请愿,要求开垦荡地(大部在何垛场东部),由张謇出面创办,1919年9月成立。总办事处设于东台,在潘家镢、华家镢、大桥、竹港、王港有分支机构,实收股金23.81万元,每股100元。累计投资55.16万元,收购土地8.81万亩。另外,曾因土地纠纷,与华泰公司合并,改称中孚公司,后又分开,恢复原名。起初分散开垦了3.795万亩,因无统一水利工程建设,丰收无望,只好复荒,改以产盐为业。有盐灶40副,年产盐2.5万担左右。所购土地,逐渐出售,其中抵给大生纱厂的就有3.6337万亩[82-107~108]。

8. 遂济盐垦公司

遂济盐垦公司位于东台丁溪场,成立于1919年8月,呈请农商部注册。为张謇所发起,董事长为李师广,总管理处理事为李师广、周孝伯,经理先为汪子坚,后为孙子递。公司资本总额14.65万元,分作2930股,每股50元,原规划购荡地15万亩,后实领3.8万亩,已垦1200亩,累计投资38万元。1931年12月29日,遂济公司股东会借南京保安坊盐垦联合会开会,将董事会改组为遂济盐垦公司整理委员会,选出朱警辞、茅友仁、袁亦齐、张砚耕、章初白、周渭滨、董涤青等7人为整理委员,章初白、周渭滨、董涤青为常务委员。经过整理后,所存荡地及荒地、埠场地共计1.3万余亩,其草地多属下段,外无堤防,年遭潮没,租息甚微。盐垣现有煎灶15副,年可产盐2000余桶。1934年,遂济公司遵照《公司法》修订章程,选出董事7人(张敬礼、朱警辞、茅友仁、董涤青、吴和卿、周渭滨、章叔淳)组成董事会。至1942年盐垣现有煎灶15副,年产盐2000余桶,盈余17375.238元[54-208~209]。

9. 通遂盐垦股份有限公司

通遂盐垦股份有限公司位于淮南小海场,办事处设小海场。于1919年3月集股开办,呈部立案注册,以收买小海场境内垣产场办理煎盐开垦事务为主。初议招集股本40万元,分800股,每股500元。由股东会选举董事7人成立董事会管理公司一切事务。公推常务董事1人,常驻公司指挥监督,并执行一切日常事务及保管一切财产、账目、簿据事宜,并选举监察2人负责监督董事会及常董和公司一切事务,稽核审查一切账目财产事宜。1925年6月16日召开公司创立会议,发起人张謇在会上声明,开办初并认股2万元,后因"投资者多,尽数让出",于今创立会议,"发起人得以交代数载经营卒底于成",今日起可与公司脱离关系。创立会上选出首届董理:董事7人为于香谷、张佐虞、江知源、刘翰怡、张謇、沈铭竹、董涤青。张謇为董事长,于香谷为常务董事,监察为蒋育民、束劭直,经理为沈铭竹。通遂公司原规划30万亩,后实领11.4万亩,已垦1.46万亩,并将熟田与草地分与各股东执管[54-210]。

10. 大丰盐垦公司

大丰盐垦公司位于东台县草堰场的盐灶区,南以小洋河、东洋河与原小海场为界,北至斗龙港下游与伍佑场分界,西以斗龙港与原刘庄场分界,东迄于海。面积包括滩涂共 110 万亩(营造尺)。草堰场最大的垣商周扶九和刘梯青等,一再敦请并推戴张謇、张詧出面组建大丰盐垦股份有限公司,终于得到两张的同意。周扶九的带头,垣商相继跟上,进展十分顺利,初规划资金 160 万元,每股 1 000 元,很快招足,后来扩充到 200 万元,也迅速完成。1917 年筹建,1918 年正式成立开工,当时各垣主都以地作价入股,现金不过 50 万元。全公司规划围垦 56 万亩,已围 27.9 万亩。建设南北向干河 3 条,即东子午河、中子午河、西子午河,东西向干河 5 条,即一、二、三、四、五卯酉河(其中五卯酉河未开),还有大海堤,南自一卯酉河东部起,北至五卯酉河南岸。在围垦区内划分为 37 个区,即裕丰、仁丰、同丰、益丰、鼎丰、德丰、恒丰、和丰、祥丰、祥附、方丰、阜丰、泰丰、福丰、成丰、广丰、晋丰、厚丰、永丰、吉丰、元丰、定丰、顺丰、余丰、正丰、利丰、盛丰、隆丰、庆丰、乐丰、兆丰、久丰、安丰、时丰、年丰、瑞丰和丰余区(五卯酉河北规划中有两个正区、四个零区未定名,统称丰余区),一个正区内分 9 匡,每匡 6 排(或 5 或 7 排),每排 20 墡,每墡 25 亩(非正区匡、排、墡都不等)。该地交通、排水两便,是富有代表性的各盐垦公司规划的基本模式。

1918 年,张詧(二排左六)与大丰盐垦公司员工合影

该区全境计海堤 51.6 里,内堤 292 里,干河 320 里,匡河 2 200 里,涵闸 35 座,马路 900 里,桥梁 690 座,外有各区房屋 800 余间。所用经费:收购土地 159.716 万元,水利工程 120 万元左右,房屋建设 23 万余元。资金远远不足,只好举债兴办。公司累计投资 572.1 万元。

大丰盐垦公司总公司原在西团镇,1931 年大水后,迁至裕丰区中匡,工程办事处驻小泡港(即现在的新丰镇),益、仁、同、裕、鼎、德、阜、万、和、泰、福、恒、成、祥等各分区均有办事处。治安保卫较严,实业保安旅部即在新丰镇,重点区均派兵驻守。境内有新丰、大中、南阳、金墩4镇,大中集原打算作为大丰的中心市镇,建于阜、万两区之间卯河上,后因东部售与裕华而西移现址,现为大丰区政府驻地。公司各区均设有初级小学,后在各镇增设高小,又后在大中、新丰两镇扩建初中。为了培养师资和农业技术人员,在总公司曾开设师资训练班及农垦训练班。总公司与各区、各镇及裕华、西团等地,均架设电话线路。1932年,大中集与外地电报亦通。境内还有私营汽车行,可通各区与裕华、通遂、西团等地,在新丰与西团之间,还有班车往来。大中集还有小轮船(水小时暂停)和邮政班船,直达东台。交通之便,居各大公司之首[82-109～113]。

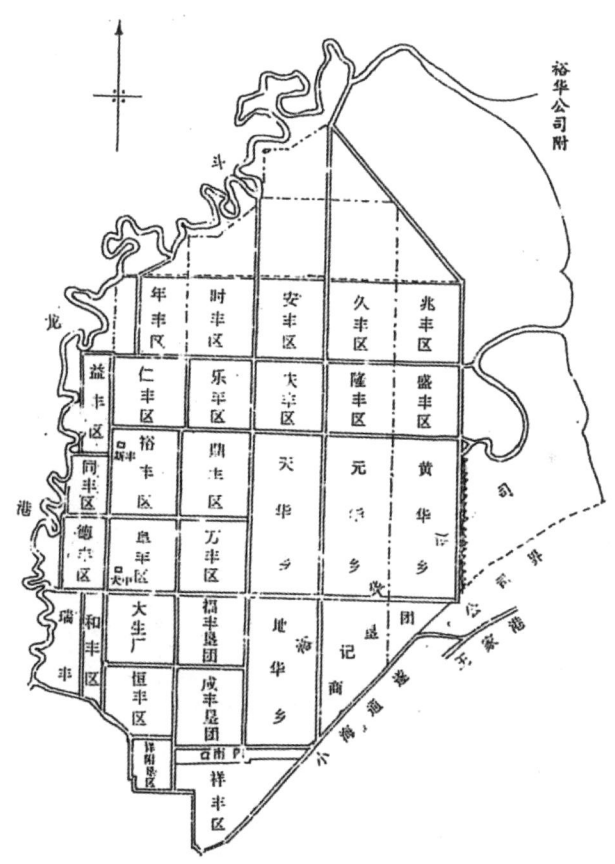

大丰盐垦公司垦地图

大丰盐垦公司因欠债较多,1922年将8个区售于裕华垦植公司,1926年将祥丰区北段售于成丰垦区团,1927年将泰丰区及恒丰区北段交大生纱厂自管,成立大生泰恒棉场,1930年将元丰、吉丰、余丰三个区抵卖给上海银行,成立了商记垦团[82-109~113]。

11. 裕华垦植公司

裕华垦植公司创办人陈仪(1883—1950),浙江省绍兴人,在他的军旅生涯中,张謇曾先后为之荐于张作霖、孙传芳。陈仪后来成为国民政府陆军上将,并担任浙江省省长、福建省主席等职。[150-26]1921年因遭受虫灾,收入甚微,大丰公司负债已达100万元,张謇就动员陈仪参与黄海边的农垦建设。裕华垦植公司即是于1922年以120万元的代价,购买大丰公司永丰、顺丰、利丰、厚丰、定丰、正丰、晋丰、广丰、元丰、吉丰、余丰11个区的荡地共27万亩成立的。

其兄陈威(又名公孟)具体负责公司管理。原定资本250万元,分1万股,每股250元,两期缴纳,收第一期后,第二期未收,实有资金125万元。因资金不足,无法交付大丰地价,退还大丰公司元丰、吉丰、余丰3个区,实际收购8个区,计22.7万亩。

裕华收购后,全境分为4个乡,即天华乡、地华乡、元华乡、黄华乡,每乡约有土地5.7万亩。所有海岸及其南、北、西三周围堤,在大丰已建基础上加高培厚。例如1924年,两公司合修海堤,裕华标准,顶宽6米,外坡4米,内坡2米,高3.5米;而大丰顶宽3.2米,外坡3米,内坡2米,高3.2米。西部防洪大堤,加高至2.5米,宽4米,并将二卯酉河北岸,作为格堤,加高加固,万一海堤冲破,还可保持一部,并于地华乡东南角加建地东闸(两门,每门宽4米)。原大丰规划的区界未变,区内南北分排、东西分堘不分匡,堘田每堘亦25亩,东西向,是根据日本农学家认为的北温带农作物行向与光照关系,东西向较南北向为优观点而设计的。该公司对科学相当重视,设有气象站(在裕华镇)、化验室(在公司办事处)、诊疗所(在公司办事处)。公司办事处设在天华乡天福村,有初级小学1所。与大丰交界处卯酉河北岸,建有裕华镇。地华乡东南角,建有通商镇。在裕华镇东侧,还建有扬水厂,动力机200马力,戽水机两台,可灌可排,但因淡水不旺不能灌,以邻为壑不能排,形同虚设[82-116~117]。

12. 泰和盐垦公司

泰和盐垦公司位于盐城伍佑场东南角、斗龙港下游北岸,规划面积60万亩。因伍佑场灶亭是商本灶置性质,灶民拥有荡地使用权,虽有金宝元、金树滋、洪筱之等当地著名垣商积极响应加入,仍遭到土著的抵制,最后实收17万亩。其中成片的只有11万亩,是伍佑场公署将斗龙港口未曾分配的新淤由灶董柏万选、李清华等出售给泰和的,当时称出卖灶尾。即使如此,一些灶民中的头面人物,还以传统新淤应派给现煎灶户为口实,纠缠数年始息。

公司分盐区、垦区两部,盐区在西,垦区在东。发起人岑春煊(字云阶,曾任两广总督,张謇 1906 年 12 月 23 日为他撰写《代岑粤督拟淮北工赈请拨镪余疏》[7-123~127])、朱庆澜、周孝怀、张佩年等。由周孝怀(常务董事)负责筹划,张佩年具体负责开垦。于 1919 年正式成立,1922 年施工放垦。原计集资 150 万元,实收 121.7 万元,排水工程完善,开河所出之土,即建堤筑路,路旁植树,葱茏满目,亦为其他公司所少有,当时群众称誉说:"裕华桥、大丰路、泰和水道泰和树。"公司办事处,先设于伍佑镇,后盐务办事处仍设于伍佑,垦务办事处和总办事处移设于基区和均里。

佃农承种堁田,每堁顶首 240 元(每亩 4 元,每堁 60 亩),不收写礼。总公司内设有医务所,有中西医师各 1 人,为佃农治病,不收药费,这是沿海棉垦区所独有的。在和均里设有初、高两级小学,泰顺里设有初小,教育质量尚佳。由于公司负责人管理较严,估租、收租较狠[82-119~121]。

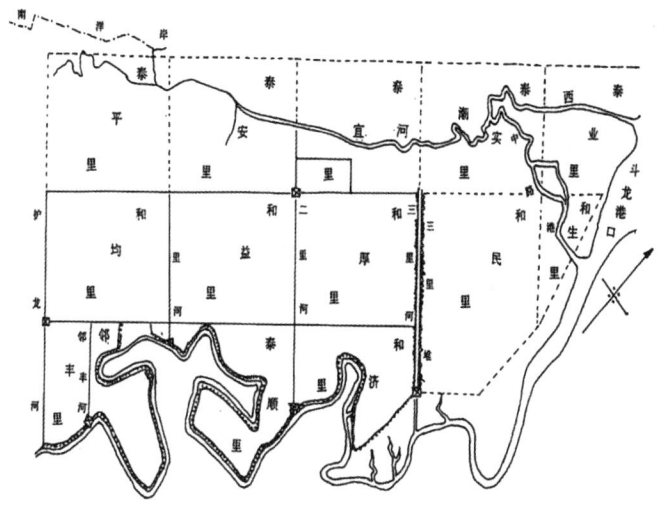

泰和盐垦公司垦地图

13. 大祐盐垦公司

大祐盐垦公司位于伍佑场东部海边,南与泰和公司相邻,北与西接近新洋港,东至海。公司发起人张謇,董事长张孝若,经理束健南,成立于 1918 年。实有面积 10 万余亩,股本 80 万元,每股 1 000 元。分灶区与垦区两部,灶区在东,垦区在西,中有新运盐河相隔。盐区办事处设在南洋岸,有盐灶 200 余副,占地 4 万余亩,年产盐 1.5 万~2 万担。垦区全境,自北向南,分为 3 个区,第一区除有西附、北附两个小区外,还有慰农仓(东仓)雇工耕种,友耕仓(西仓)和地主一样收额租。至第三区也有一西附小区。此外,一区内还有陈氏家祠地 1 000 余亩,族人七八户,公司开办时,以陈良玉为首,坚决不肯出售。公司开河欲穿过其地,陈良玉带动族人坚决不让,公司起诉未能获胜,后由陈氏独立经营。垦区办事处及总办事处,设于第一区。公司垦地接近新洋港,排水建设顺畅,东有新运盐河,宽 6 丈,深 5 尺,北通新洋港,长 4 200 余丈,一区二区之间有干河,东出运盐河,二区三区之间也有干河,既东出运盐河,又西出新洋港,堪称便利。在各区四周有大堤,高 5 尺,顶宽 1 丈 5 尺,就当地地势而言,足以防御海潮和西水。各出水口,建有东西南北闸 6 座,宽 1 丈 5 尺,深 5 尺。佃农承领公司土地,每亩顶首 5 元。租额与其他盐垦公司惯例相同。已垦地 2.461 0 万亩,其中 2 万亩分给股东。有课耕团(1 000亩)、怡福堂(2 500亩)、束家仓(450亩)等大小仓房 10 多家。经理束健南颇有创新意识,在垦区试栽桃、李、苹果、葡萄等果树。根据南通农学院在垦区试种甜菜(糖萝卜)的成果,详谈了盐碱地试种甜菜,建设制糖厂的意向。这在沿海垦区,利用当地条件,开展多种经营之举,是绝无仅有的。惜乎抗战开始,一切皆成泡影[82-123]。

14. 大纲盐垦公司

大纲盐垦公司位于射阳河南岸,西北端隔陈姓民地与合德公司相邻,东北部与合顺仓及原阜宁县界为界,南与南十灶地为邻,东尽入海。公司于 1916 年创议集股,发起人为张詧、张謇、周扶九、余寿平、沈涛园、徐静仁等,1919 年正式成立。总理张詧,协理余寿平。原定资本总额 120 万元,实收 113.33 万元。公司收买新兴场北部灶荡 60 万亩,当时不知该地灶亭大都为商本灶置(即在建灶时向盐商借资作资本,名曰"课本",并报财政部及运署)的灶亭,其性质与大丰收购草堰场的商亭不同,供煎草地为灶民所有(使用权),并且财政部及盐运署都有花名在册,收购时只向垣商洽购,不顾灶民之愿

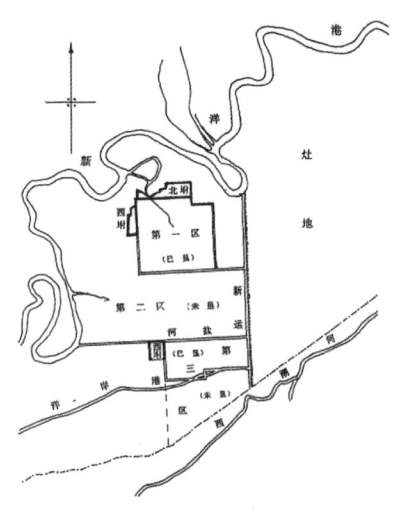

大祐盐垦公司垦地图

否。签约成交后,北七灶、四移煎的灶民群起反对,在渔湾大塘聚集千人之众,抬菩萨、架大炮,去上岗打宋姓盐商(安徽盐商私将北七灶 33 个灶户卖给公司)。公司开垦种了棉花,灶民不准收,说田是他们的公司草荡,灶民仍去割草。公司栽树,灶民就去拔掉。涉讼多年,损失严重,最后部分转让给马玉仁,大部较好土地还给灶民,公司实得东部较差土地 16 万亩。开垦工程无力进行,又售地一部,因

此实有土地只13.906万亩,勉强维持开垦了北附、大兴、大元、大亨、东附5个区,共1 500埦,每埦20亩,其中北附区建有大兴镇,公司办事处即在该镇之西1里。各区都建有圩堤,并开卯酉河贯通大兴、大元、大亨、东附4区,在北附东沿,向东北沿陈姓民地开河,建大纲北闸,出射阳河,东附区则紧靠射阳河,建有东附涵洞。佃农承种公司土地,每亩顶首5元,春熟三七议分,外加芦草100斤,秋熟原为四六议分,后亦改为三五、六五。1933年丰收,共得租花3 000担,约值4万余元。公司常年开支约1万元,负债15万元,只能勉强维持[82-125~126]。

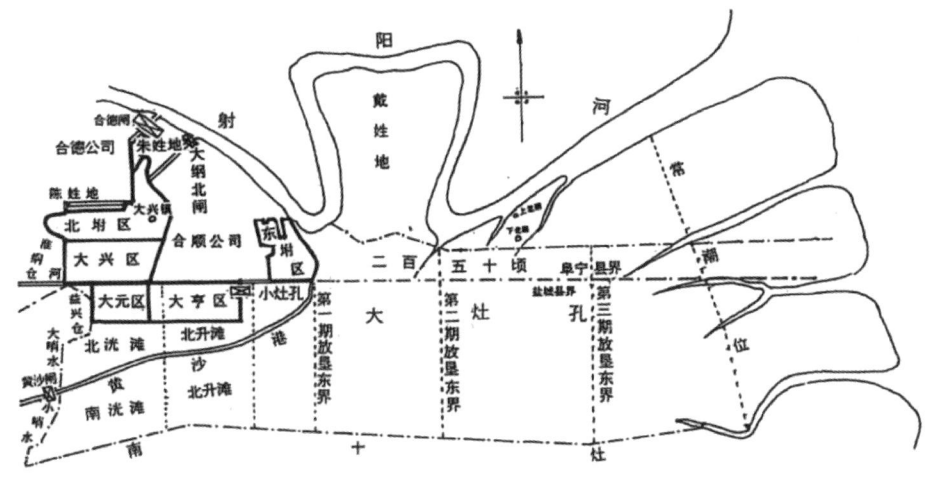

大纲盐垦公司垦地图

15. 合德垦植公司

合德垦植公司成立于1918年10月,由束勖严(束勖直的弟弟,曾在大生二厂、大生实业武装队任职)、邵子中等人创办。资本总额前后共70万元,垦地面积4.25万亩,位于射阳河南岸,四周都与民地相接。所有土地本来都是民田,土质较佳,公司以每亩10元的时价将其收购。因离海较远,潮汐罕见,无防潮大堤,只为防止西水筑有小圩,初高仅1米,1921年、1931年的大水受损以后,加高至1.67米。且以邻近射阳河的优势,水利工程费用不高。这是合德公司土质优、工程建设费用省、得天独厚的有利条件。但遇到射阳河潮水顶托,西水灌注,公司之水亦难排泄,受涝而歉收的情况也不止一次。

公司全境分为北一、北二、北三、北四、北五、北六、北七、北东、北西、北外、南一、南二、南三、南四、南五、南六和南二附区、南六附区、东附区、祥和区等,共20个区。区内分排,排内分埦,每埦25亩,共计1 700埦。区的周围有区河,相当于大丰公司的踎河,与排河、干河相通。所有南区与北区之间,有东西向的干河,干河东首折向东北,沿东附区左侧,直出射阳河,河口建有合德闸。全境堤长 8 700 丈,河长 12 520 万丈。闸 3 座。公司办事处设于北六区中南部,周筑土围,警卫森严。北六区西南面与南一区西北角,建有合兴镇。射阳河因可通 2 000 吨上下的海轮,与上海往来甚便,成了附近诸县货物的集散市场,当时在棉垦区是最为兴旺的市镇,有"小上海"之称。

佃农承种公司土地,每埫顶首 125 元,可分期缴纳,租额与其他大公司相同,但不是贫困生活无着者,不愿远道而来,因此顶首欠缴数甚巨,平均每埫只缴 50 元左右。公司境遇虽好,负债依然不少。1924 年股东会决定,出售垦地 1.5 万亩给大生纺织公司,得价 30 万,清理了债务,其余按股金每 20 元分地 1 亩。大股东独设一仓自管,中股东数家合设一仓,共有生记、肖记、暇记、亮记、隆兴、同兴、大有、崇厚 8 个仓;小股东则委托公司代管。公司对外仍用合德公司之名,对内则改为合德善后办事处,专办河闸桥路教育田赋等事宜。1929 年善后办事处又改称合德业主联合委员会。

经理邵子中在合德公司管理经营 10 多年,富有经验,但思想十分保守。公司年有盈利(特殊灾年除外),享有"南有垦牧,北有合德"之美名。1933 年左右,山东等地种植金字棉,产量明显提高。农民自发引种,但栽培技术不熟,种植密度过高,结铃不多。邵子中不但不加引导,反将棉株悬于大门之上,来人即指棉痛骂,不许再种,可是农民是清楚的,不是不种,而是越种越多,二三年即全部换种金字棉。[82-127~129]

16. 阜余公司

阜余公司位于阜宁县海河镇之西,1917 年成立。创办人为大有晋盐垦公司股东之一的章亮元(字静轩,浙江省宁海人,清末民初陆军少将[150-1020])。总公司即设于海河镇之北,股金 60 万元,计划收购土地 30 万亩,但在收购时,不是循序渐进,而是贪大求快,四面出击。待若干地块成交后,夹在中间的地主就奇货可居,高抬地价,甚至故意作梗,坚持不出售。结果实收 5 万余亩,却星罗棋布,不能连成整块,水利工程无法规划建设,最后勉强分为隆裕、新裕、海裕、量裕 4 个各不相连的管理区,垦地不足 2 万亩,耗资高达 130 万元,负债 70 万元,所收土地平均每亩 26 元,高出当地时价一倍以上(合德公司 1919 年成立,比阜余晚 2 年收购的土地,平均每亩 10 元,而且土质还比较好)还不能连片。承种公司土地,每亩顶首 4 元,起初佃户中海门人多,后连遭水灾,海门人走了,反过来本场人多,或各居一半。作物稻棉都有,棉花四六议分,水稻则对半分收。土地比较瘠薄,佃农普遍先用风车戽水洗盐或做生泥改良,产量仍然平常[82-130~131]。

17. 华成盐垦公司

华成盐垦公司位于庙湾场东部，创立于1917年，创办人冯国璋，当时冯国璋为江苏督军。面积75万亩，已围40多万亩，自南向北分第一、第二、第三、第四、第五5个乡，每乡8万亩，南三乡又各分为3个区，北二乡各分为2个区，共13个区。在5个完整的长方形乡之外，东有盐区15万亩，北有北余区6万亩，西有西余区2.7万亩，西南有试验区1万亩，东南11万亩已售与南通大学，西余区及西一区6 000亩拨给阜宁县教育局，另在二垛有飞地1.2万亩(480垛)。公司实有土地60多万亩，东建海堤，高3米，底宽30米，面宽1.33米，长60里，是垦区最大的海堤工程。区内乡与乡之间有三丈河，深2米，四乡与五乡之间，有民便东河，宽2.4米，深2.67米，民便东河之口和大喇叭港各有一闸。现大喇叭港已淤塞，幸有东西两河较大，排水尚属通畅。全境共开大小河道261公里，建三孔闸、四孔闸、五孔闸、二孔闸和一孔涵洞共10座。总公司设于公司西南射阳河边的千秋港，其中盐务办事处则设于总公司西北第三乡之西的鲍家墩。公司开办时，有盐灶470副，1933年仅存38副，年产盐量不过1万多担，而供煎草地(包括未垦地)不下20万亩。当时匪患较重，公司保卫有士兵120余人，每月饷糈1 200余元。

1918年，冯国璋入京代理总统，敦请张謇主持整顿。9月21日，朱子桥、张佩年、周孝怀来说华成事。9月25日，华成公司各股东集于沪开创立会[3-850]。张謇在会上发表的《华成公司成立会宣言》中说，收买民荡，并将阜宁学田20万亩作股加入公司合垦。冯公先垫款六万六千余元，为收地之用。定股额为一百二十五万元，以二十五个发起人支配，人各担任五万元。一年以来，由朱、管、束、诸分任收地集股、规模粗具……开成立会[13-382]。冯国璋的僚属故旧不能称职者200余人，都遣至公司作客，月给生活费2元闲养，时人遂呼之为"眼镜公司"(眼镜两片价2元)。由章静轩带同人员至鲍家墩，一面指挥测量，一面着手收产[13-389]。各项工作已见端倪，积极准备放垦，其时通海人怕北方困苦，不愿前去，乃于海门特设招佃处，招至一定人数时，由公司雇船直接送到垦地，并在垦地每户建草房两间，到达垦地即能安家，月给口粮2斗(每斗老秆40斤)以维持生活，即在中五区就来了这样的佃农1 000多人。开垦时公司还雇牛户代耕，并发给农具种子，区内灶户不愿转业务农而需遣散者，每灶发给遣散费50元。因此开支浩繁，又难支撑，朱庆澜(字子桥)集资接办，又增加沪股数10万元，前后共计资本总额250万元，筑堤建闸，增开垦地，颇有起色。1919年5月15日，总理张謇、协理朱庆澜在南通召开股东会，本届开会为公司第一届，分给股东每股熟田六十亩之期[34-193~194]。不料1920至1922年，连续3年灾歉，收入无几，佃农不支,弃地他迁,公司日困。1926年朱庆澜即离公司而去。1927年由张民抚接办,疏浚河道,增放垦地。其时放垦之处渐少,通海人迫于生活,公司顶首又较低,来者渐多。不幸1930年惨遭匪患。1931年三分之一被西水淹没。1932年起开始好转,收租花3 000余担。1933年增加垦地10万亩,当年约得租花2万担。不幸的是1939年大海潮,所有棉田被淹,死佃农100多人。

佃农承种公司土地,所需顶首按土质分为三等:一等地每亩2元,每埭50元;二等地每亩1元;三等地每亩5角。手续费一律每亩3角,每埭7元5角。与一河之隔的合德公司相比,顶首数一等地只合德的五分之二,二等地只五分之一,三等地只十分之一,而租额与合德相同。这是贫苦农民乐于前往,公司业务好转的一大幸事。

在公司中北部建有一镇,名八大家,生活用品、生产用具基本俱全。特别在收花季节,厂商前来设秤收花,农民忙了一年,至此出售棉花,添置用品,妇女买布制衣,颇为热闹。公司在八大家设药室,内外科西医各1人,有西药房配药,在八大家公司办事内有中药店,有老中医1名(卞淦金)。公司境内有电话,并与外界相通,境内电话总机设在三区。在八大家、千秋港、中五区和三区,各有小学1所,不收学费。其中三区是完小,6个班级,有正规的篮球场、足球场,学生体育活动还发服装,教师10余人,其中大学毕业2人,高师毕业1人,是垦区绝无仅有的。在公司西南角有试验场,试验改良土壤、种植棉花外,还作机械化试验,有耕翻、播种、收割等机器多种,可惜不适于垦区而都锈损。

华成盐垦公司是江苏沿海棉垦区的第二大公司(大丰第一),有60里防海大堤,居垦区各公司之首。不过西堤仅高3尺,1931年西水越堤入田,淹没三分之一,同样西堤高3尺的合德公司,早在1921年受淹,已有教训在前,一河之隔,何以视而不见?治安保卫,拥兵120余人,每月饷粞1 200余元,1932年竟遭匪患,数年经营产业荡然无存。遂耗资15万元,于民便河口及大喇叭港各建一闸,其中大喇叭港闸二三年即告淤塞报废,这些可作经营管理者戒[82-131~133]。

二、张氏家属参与的垦植公司

1. 同仁泰盐垦公司

1903年,张謇与发起人汤寿潜、刘澄如、徐显民、袁树勋、李审之等诸君集股本规银10万两,购吕四场李通源盐垣,创立新型的同仁泰盐垦公司,累计投资21万元。这是中国大地上第一个采用资本主义管理方式组建的股份制盐业企业,张謇亲自出任总理。公司成立后,张謇用自己的"盐法论"对企业进行整顿与改良。盐产量从 2 万桶发展到 5 万桶。

同仁泰盐垦公司有田 3 万亩,其中 2 万亩到 1932 年已分归股东自理,仅余 1 万亩,外加供煎草地 4 千亩。制盐分灶煎与板晒两种,最盛时有灶 356 副,年产盐 5 万桶。日后因煎盐成本过重,改用板晒。1906—1918 年共生产板晒盐 15 万多桶[71-229~230]。

1932 年,股东会决定结束业务,盐业另觅商人承办,垦地分配给股东和职员。大生系统经营的同仁泰盐业公司至此完结。

同仁泰盐业总公司设在吕四镇,原房屋 39 间,1942 年被日寇拆去建碉堡,公司只好迁往吕四南门,到 21 世纪初拆除。

吕四同仁泰盐垦公司

三甲盐场原为同仁泰盐业公司的板晒场,为南通市境内现存盐场中历史最早、制盐方法最古老的民营盐场,颇为中外盐业史研究者关注。盐产量:1959 年为 1 948 吨,1966 年为 1 714 吨,1978 年为 3 893 吨,1981 年为 3 262 吨,1990 年为 1 568 吨,2003 年为 2 000 吨[153-191~199]。该场所产板晒盐,其质量胜于煎盐而差于滩晒盐,民国期间销路颇畅。在 20 世纪 70 年代板晒盐遗址尚有 70 公顷,有晒盐板 6 000 块。根据国家现行标准属于三等盐,不宜食用。但吕四及近场区有一定销路,色味独特,现在尚有 14 公顷产盐,有 7 户盐民在生产,多用于腌制榨菜等。遗址尚有废弃的滤塔(木塔),存卤井、卤池、回卤缸及挑卤木桶,挑盐竹篮等。

同仁泰盐垦公司采用板晒法制盐

三甲盐场卤池

三甲盐场存卤井

同仁泰盐垦公司遗留的存卤木桶

三甲盐场晒盐池

2. 大生泰恒棉场

大丰公司因与大生纱厂的债务问题,从1927年开始,将泰丰区及恒丰区北段计3万余亩交大生纱厂自管。到1933年,大丰公司已累欠大生纱厂债务100余万元,无法还款,遂将此3万亩以50万元卖给大生纱厂。大丰公司又将阜丰区的325亩以7 600元卖给大生纱厂。大生纱厂又投资60万元,单独成立大生泰恒棉场,自负盈亏。场部设在阜丰区(今大中镇东南),马遵汉管理其事[154-21]。

3. 德生仓

德生仓在合德公司西北角,于1928年由张敬礼创办,在合德公司北开垦面积2 000亩[82-143]。

4. 大有晋仓

大有晋仓位于阜余公司北部。章静轩创办的阜余公司因欠大有晋公司23万元借款,于1933年将土地面积1.2万亩[82-141]划抵给张謇,大有晋仓据此而建。

5. 南通大学基产处

南通大学基产处是张謇、张詧两兄弟以私资46万元向华成公司购买,捐赠给南通大学为基金的,面积10万亩,全境自北向南分3个区。总办事处设在二区大廪基;三区办事处设在小廪基,有小学1所;一区未垦。在小廪基东南角有通兴镇。经理张景武因急于求成,在土质尚未培植至可垦之时即行放垦,垦后返盐严重,大面积复荒,荒后复养,养后复垦,这是佃农所不能承受的。只好将一部弃地他迁,一部调至小廪基另行开垦。顾毓章踏看复荒之地全部生长着花冠草,土层甚薄,离满足复垦要求还有数年,一着不当,业佃均受重大损失。时有垦地约3万亩,均在二区、三区。丰收之年,对大学可支援二三万元;一般年岁,除维持本身开支外,所余无几[82-135]。

6. 阜通公司

阜通公司位于华成公司之北,办事处在五垛,地属阜宁县苇荡右营,创办人张詧,成立于1919年,面积约2.45万亩,资金12万元。初垦时按月发钱维持佃户生活,由于水利工程没有搞好,由垦务河绕到废黄河,入海排水不畅,连年歉收,张詧要求本地人出钱加股垦植。本地人不肯,又逢瘟疫发生,死佃农不少,公司失败[82-135]。

7. 大纲苇右荡分区

大纲苇右荡分区为1930年由张謇在北双洋河北的原阜宁县苇荡右营兴办的垦区,占地并垦植3 300亩,资本2万元,并参加由季河清发起联合组织成立的兴垦会,统一水利建设,辟五丈河入海,取得了农业丰收。1939年大海潮,一片汪洋,土地受淹,海门人都弃地而走[82-136]。

8. 新南公司

新南公司位于废黄河之北,新农公司之西,北与新通公司相邻,西至太平河大朱庄、口门庄,东至李家圩。1920年,由张謇、许泽初(南通农校毕业的高才生)等创办,原定资本60万元,每股500元,实收49.635万元。最开始在李圩代垦公众草滩1万亩,后见李圩等地荡地面积很大,土质亦佳,乃扩大成立新南公司,围地面积4万余亩。另有堤外地数万亩,乃收购李圩、张圩、康家滩、许庄、马庄、大沟、沈庄、大朱庄、口门庄等全部或一部民地而成。但其中有富裕地主不愿出售,土地不完全连片。辟有子午、卯酉两干河,并建有陈家港三孔闸,因距灌河较远,泄水不畅,未大规模放垦。全境初分大、小二区,辟417塥,每塥25亩,承佃不取顶首,租额对外来植棉者优待为四六议分,对本地非植棉者对半平分。

公司办事处设于庄圩,几次被匪所占,损失严重,垦务亦无法进行。半数地出售,其中有3万亩给新农公司,许庄、马庄、大沟口门庄等为棉产合作社所购[82-137]。

9. 新通公司

新通公司位于陈家港之南,新南公司之北,面积约13万亩。1918年正式成立,资金除土地之外,前后共14万元。早在1909年藩台提倡开垦时,由当地王庚斋(联哉)、季子云等人报领23万余亩。1910年藩台发给垦照,限期4年垦熟升科,但报领人无力纳税,延至1917年才定案升科、发给执照,名为新溢地。1918年在报领区内,康家庄、蔺家庄有从原有土地上接涨而成的后尾地2万亩,以"子母相生""孳息应属原有物"为由强行占去。1919年因西北部新溢地8万亩,介于阜宁、涟水两县之间,界限不明。盐商知之,即向财政部纳科申领晒盐,另行成立庆日新公司。新通公司一再呈控无效。1925年庆日新公司出钱1.5万串,立契为庆日新公司所有。前后两次失地10万亩。

1918年公司成立时,本地人以土地为股本,另集通州股6万,藉以筑堤开河建闸。西北部的海堤高6尺,南部亦有大圩,高4尺,中部有子午、卯西二河,宽均5丈,亦名五丈河,出陈家港。海堤东北角建一三门闸(后报废,石工露于地面,土人称之为旱闸)。并在当地建立办事处,先垦三余、隆兴两区约2万亩,因排水不畅,高地植棉、低地长芦苇。1922年7月1日大潮,全部被淹,地成赤卤,垦务基本停顿,年仅收草息三四千元,维持日常开支,无力缴纳课税。至1931年,县政府强令征收,无法遵办。1933年,逮捕经理迫缴,最后以1万亩先行升科而罢。事后阜股力谋整顿,改组董事会,推举南通张孝若为董事长,实际负责人为阜绅解斐青、季景范等,决定通阜双方增资 4 万元,重修水利,开垦植棉。讵知张家圩业主以前康蔺两姓为据,强行占地,纠纷又起。至 1933 年末已,该公司土地南部 3 万亩为老滩,多年生长芦苇,土质肥美,开垦植棉,颇有后望[82-137~139]。

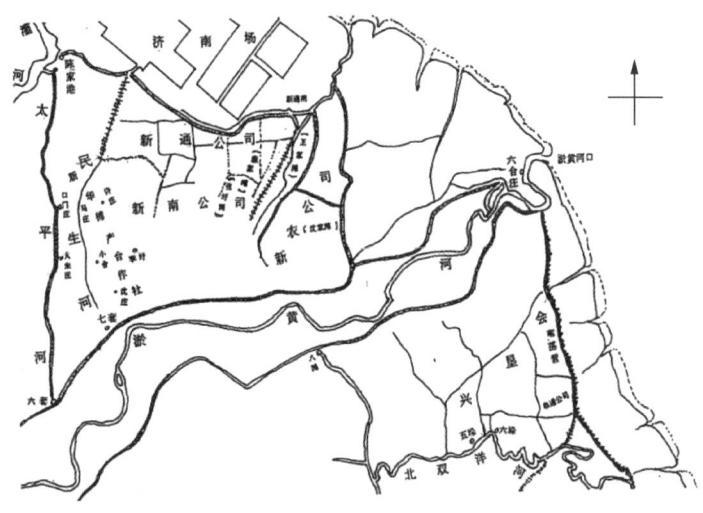

淤黄河南北各盐垦公司垦地图

10. 淮丰垦植公司

淮丰垦植公司位于原灌云县第一区。有新南公司兼管而不另设办事处,创办人张孝若,成立于 1919 年。资本总额原定 20 万元,分 2 000 股,每股 100 元,实收 805 股,计 8.05 万元。面积 1.3 万亩,辟围埝田,每埝 50 亩,全部放垦,土质黏重,含盐量不甚高。本拟招海门人植棉,有供给房屋种子的规定,但海门人不愿来,乃改招本地人,以种植大麦、小麦、大豆、芝麻、绿豆等为主,每亩产量麦 1 石、大豆 8 至 10 斗、芝麻 5 斗、绿豆一石左右。租额对半均分[82-140]。

三、张謇朋僚及大生集团股东、职工兴办的公司

1. 正丰仓

位于角斜场,面积 5.4 万亩,投资 10 万元,1923 年由董涤青(通遂盐垦公司股东)创办,负责人彭献如[82-141]。

2. 华泰盐垦公司

1919 年由汪大燮(字伯唐,浙江省钱塘人,曾任国民政府外交总长、国务院

总理等职。1903 年 6 月 27 日,张謇在日本横滨访时任大清留学生监督的汪先生[3-554])创办,办事处设于潘家镢。资金 31.35 万元,共收 314 股,每股 1 000元,分三期缴纳。土地面积 3.57 万亩。因收购土地纠纷,曾与通济公司合并,改称中孚公司,后又分开,但所收土地零星分散,无法统一,水利不兴,开垦了600 亩,旋即荒废,完全以盐为主[82-108]。1926 年张謇逝世后,汪大燮与熊希龄、梁启超、庄蕴宽等有祭文致哀,同时汪先生个人还撰写有挽联[150-19]。

3. 通兴公司

通兴公司位于盐城北洋岸,创办人韩奉持(1908 年 4 月 19 日,张謇先生为盐业与教育事宜赴江宁。4 月 1 日晚,复至许太守处晚膳,同坐者叶翰甫、毕如臣、周健南、韩奉持四人。定通、如、海食岸,及通、泰场加牌价法。为朋僚)[3-658]。1919 年向南通淮海银行借款 10 万元兴垦,面积 5 000 亩,1925 年失败停业[82-145]。

4. 益兴仓

益兴仓位于大纲盐垦公司大元区之西,面积 1 300 亩,1929 年由朱警辞(通遂盐垦公司股东)自合顺公司分股独立[82-141]。

5. 众志堂

1921 年,由束勖严兴办众志堂,投资 6 000 元,面积 3 000 亩,在射阳县合德镇[83-145]。

6. 庆余堂

1920 年,由大生纱厂工务科科长秦亮夫兴办庆余堂。投资 50 000 元,面积4 300 亩,在射阳县合德镇[82-143]。

7. 同仁堂

1920 年,由束勖严兴办同仁堂,投资 40 000 元,面积 4 490 亩,在射阳县合德镇耦耕村[82-143]。

8. 耦耕堂公司

耦耕堂成立于 1919 年 1 月,创办人秦亮夫和蒋暇堂(蒋德纯,大生纱厂早期股东)[150-348],故称"耦耕"。资本股金 12 万元,每股 1 000 元。收购民地 1 万亩,分为 400 塅,耗资 7.7 万元,外加开垦工程费 3.3 万元,共 11 万元,尚可维持。1920 年放垦,不幸 1921 至 1923 年连续 3 年遭风雨虫灾,歉收受困。1923年冬,所有土地全部分给股东,每股得地 80 亩,委托耦耕堂代管。由于垦地土质较好,紧靠射阳河,排水方便,每年可种两熟,产量较高,加之生产条件的改善,七八年来均有余利。不过外围堤低,1931 年西水全部被淹。佃农承种土地,原按四六议分,其中三成归股东,一成用作管理及保卫费用,六成归佃农所有。

全境分甲乙丙丁4个大圩,其中甲圩土质最好,种植棉花,培壅成本较低,农民收益较高,再加一年可种两熟,粮食可以自给,开支较少,进入其境,即见其生活明显不同[82-130]。

9. 恺谊堂公司

1919年,由朱子桥、张佩年兴办恺宜堂公司,投资60 000元,面积8 900亩,在射阳县千秋镇[82-143]。

10. 习善堂公司

1919年由周孝怀、张佩年兴办习善堂公司,投资15 000元,面积2 100亩,在射阳县千秋镇[82-143]。

11. 北合德、中合德

合德公司创办人束勖严借合德公司之名,1918年在芧荡营洋口区购地5 000亩,称为"北合德";于芧荡营南港区购地6 000亩,六垛购地4 000亩,合称"中合德"。三处统称北合德,实际并非合德公司的分支组织,而是独立经营的,与合德公司本身无关[82-128]。

12. 新农公司

新农公司成立于1925年,创办人殷汝耕(浙江省平阳人,张謇先生之友。张謇先生逝后,段先生和新南公司经理许振先有唁电至通,尔后又参加葬礼并撰写挽联[150-926])。收购废黄河以北新南公司已围地3万亩和堤外沈家滩民滩地约8万亩,但公司在收购沈家滩时,遇地主玩卖空田,一块田重复出售数次,实际面积不足。中部地势比较低洼,因水利建设未能跟上,泄水无路,每多溃涝,所有土地,全部抛荒,设办事处于废黄河南八滩镇,坐收草息而已。据说该公司原定资本60万元,实际支出20余万元,地近套子口,购地时有的摊主坚不出售,地权不能统一,工程受阻,实际形成半途歇业状态[82-136]。

13. 慎行庄

民国初年,由白俊卿(直隶宁河人,曾任海州、连云港镇使,与张謇有交往)创办慎行庄,投资13.7万元,已垦面积1万亩,以种植禾谷为主。[82-144]张謇逝世后,白俊卿先有唁电致张孝若,后赴南通参加张謇的葬礼,并撰写挽联、挽幛[150-196]。

14. 新灌垦植公司

1922年,由马隽卿(泰源盐垦公司创办人)兴办新灌垦植公司,投资20万元,占地50 578亩,已垦2 000亩,在灌南县[82-140]。

15. 大屯垦植公司

大屯垦植公司位于原灌云县第五区,为民国初年冯国璋等私人经营。名曰公司,实际无正规的公司组织。面积5 000亩,全部开垦,以种植禾谷为主[82-140]。

16. 海赣垦牧公司

1904年由沈云沛(江苏省海州人)、许鼎霖创办海赣垦牧公司。创办之前,沈氏到南通向张謇登门求教,并在南通住了很长一段时间。而后申请创办海赣垦牧公司,开发赣榆县鸡心滩。海州的燕尾滩,总公司设在海州,总账房设在上海,以便收股付利。公司集资25万元,占地3 500亩,已垦2 000亩,将筑挡潮堤高1.5~3米。以干河、支河为经,沟洫为纬,形成河网,在河流入海口建石闸控制,便于排水挡潮。

商记垦团及其他大丰分出单位

商记垦团是上海银行于1928年接收大丰公司抵债的元丰、吉丰、余丰3区土地4.3万亩,并自行组织垦团而成立的。负责人赵汉生,经理汪育三。办事处设于原大丰公司东南角的通商镇通遂公司办事处内,后在二卯西河东坝头自建房屋,移往东坝头。接收时还不能开垦,经过蓄淡养草,土地逐渐肥沃,于是增加投资,开挖河沟,建闸和涵洞(即北边5米宽的三中闸,东边2米多高的大涵洞)等必要的水利工程。按大丰原制,将土地划分为匡、排、塍,不招佃承垦,而底面一起零售(也有部分整批出售,如南通李伯韫在余丰区买了4 000亩),每塍价400元上下(根据土质,甲等每亩16~18元,乙等14~16元,丙等12~14元)。由于稍有资金的农民不愿受公司议租的压榨,而是向慕有底权可以自由处置的土地,乐以高价购买,因而土地不久就出售一空,公司收回了全部资金。另有余田作员工酬红,如汪育三一人得了40塍,最后根据时间长短,每个长工给3至5塍。这是垦区唯一加工变卖土地的垦团。其他大丰公司抵债或出售独立经营的单位,如祥附垦团、成丰垦团、通泰银团、兴丰银团以及瑞丰、同丰等,除减少一些不必要的开支外,其余无大变化。通泰银团则当时尚未开垦,只收草息[82-118~119]。

淮南盐垦各公司联合机构一览

成立时间	组织名称	概况	地址	负责人
1922年	盐垦管理处	大生系统为了"统筹全局,规划复兴",成立"南通实业总管理处",下设"纺织管理处"及"盐垦管理处"(负责规划南通系统各公司经营方针,指导垦植,统一调度金融,使事权统一,工作较易开展)	南通城南	主任:江知源

(续表)

成立时间	组织名称	概况	地址	负责人
1924年二月初三	南通实业总务处	纺织管理处、盐垦管理处合并后改称。为各实业公司董事长联合办事机构,办理各公司一切计划整理及稽核统计事事。1924年秋进一步精简收缩,改称"南通实业事务所",1926年张謇病逝后宣告结束	南通	主任:吴寄尘;副主任:江知源、章静轩
1927年7月	淮南盐垦各公司联合	由各公司董事会推举1~3人为委员组成。"联络各公司对内对外应行之事",并"协助政府推行种种改良盐垦、促进生产之计划"。	上海	朱庆澜、韩国钧为正、副主席委员(后为冷遹、张敬礼)
1928年	通泰各盐垦公司董事会联合会办事处	为了各公司股东、董事、办事人员业务上接洽方便而成立的联络机构,主持办理股东登记、调查统计、财务规划、应付债务等事务	南通	
1947年4月20日	淮南盐垦十六公司总管理处	1946年苏北解放区已进行土改,各盐垦公司从法律到事实上已不复存在。1947年在上海以"淮南盐垦各公司联合会"名义召集各公司股东联席会议议决成立,下设总务组(张仲俨、张密庵为正、副组长)、业务组(朱警辞、朱可亲为正、副组长)、稽核组(李亦卿为组长)、设计组(沈介山为组长)。1949年通、沪先后解放而不复存在	上海	主任:张敬礼

第三节 开拓城乡交通

中国是世界上较早开展航海活动的国家之一,船舶从独木舟发展到依靠风帆人力的帆船,在商代前就已出现帆船。1403—1431年,郑和七次下西洋创造过世界航海史上的辉煌。尔后统治者出于政治上的考虑,长期处在自我封闭的状态,直至清代中叶,禁海迁海政策使原来处于世界前列的中国航海事业不进反退,东西方的差距愈来愈大。

近代交通设施为公路、航道、铁路三者,而航道限于水,铁路耗资多,唯公路易举而效速,且具有普遍性、深入性,能配合建设。张謇也认为:"路政关系地方甚大,其利之最著者,尤在行旅、商业二项。"[13-240]他根据自身企业的发展,实施水运、公路、铁路、电话等工程。

一、水运

1. 大中通运公行

四扬坝位于运盐河与海门的川洪河(今青龙河)交汇处,是通州东乡农产品,特别是棉花的转运中心。由于长江与内河水位高低不一,因此在四扬坝筑有土坝以保持内河水位不受长江水位的影响,但船只到此必须过坝。张謇在建成大生纱厂、创办垦牧公司以后,便在1902年集股2万两在四扬坝开设大中通运公行。购地160亩,开河5道,建坝1座,桥梁6座,栈房18间,七星绞关(牵引船只过坝的工具)2只,驳船16只,办理过坝驳货、仓储及内河驳运业务,年有盈余[32-71]。

大中通运公行原始资金中,除大生纱厂拨给(后转通海实业公司账上)外,有张敦裕堂(张謇老家的堂名)及蒨记(张謇妻徐蒨宜的私蓄)股份3 500元。大生分厂成立后,张氏兄弟为扩展大中通运公行(以下简称"大中公行""公行"),又分别以张敦裕堂、张尊素堂(张謇家的堂名)名义投入数千元为存款,此外也有一些小的股东。以后,张家收买兼并了一些小股东的股票,并且张家在大中公行的股息和存息年有增长,从此大中公行也就由张家主宰了。公行原欠通海实业公司16 400余两,后采取停利返本的办法陆续还掉了一部分,最后所欠2 143.724两,原以驳船6只作抵,至1935年这些驳船均已破旧无用,乃将所欠2 143.724两列入"亏除"项下销掉,表示业已亏去无可取偿了。公行在四扬坝原有市房一百余间,根据张謇在他的分家书上所写:"四扬坝先后新造之市房皆为贷人之资,不得认为己有,须逐步拨还货方为实在之产。"可见这并非张家私产,而是大中公行所有。这些房子在抗日战争期间,一部分被日寇及土匪拆除,大部分则被大中公行职员徐为权、卞金飞二人拆的拆,卖的卖,留下不多,故大中公行在抗日战争期间停歇[54-154~155]。

2. 大达内河轮船公司(大达小轮公司)

1895年,张謇在通州(南通)筹办大生纱厂时,就为解决工厂原材料及产品的运输问题向两江总督刘坤一提出创办轮船运输公司的申请,直到大生纱厂建成投产后的1900年,方获批准,允许大生纱厂自行办理轮船运输业务,并准于立案。1903年3月,大生纱厂为运输需要,租用小轮一艘,拖带木船,行驶于通州的唐家闸至吕四之间,货运之外,兼搭乘客。然后与如皋绅士沙元炳(翰林院编修)议设轮船公司,初创时定名为"通州大达小轮公司"(后改称大达内河轮船公司)。集资12万两,其中大生纱厂投资1.85万两。公司由张謇任总理,首任经理顾莼溪,仅数月病故,即由沙元炳任经理。正式开辟通州至吕四的航线。1904年又开辟通州到海安、通州到扬州的航线,各条航线沿途停靠站点均仿效长江大轮设置"洋棚"办法,招当地乡绅承办代理处,负责当地业务。

张謇在开辟内河航线的过程中,因影响盐运使和盐商控制的木船运输业的利益而受到百般阻挠。但是,用轮船发展水上运输,毕竟是大势所趋,张謇据理力争,几经周折,终于得到两江总督的支持而取得胜利。1912年,张敬孺(张謇之子)继沙元炳任公司经理。到1918年,蒋叚堂接任经理,这时公司经营内河航线有10条。

(1) 南通—吕四线:经西亭、金沙、四扬坝、包场;
(2) 南通—掘港线:经石港、马塘;
(3) 海安—大中集(现盐城市大丰区大中镇)线:经东台、西团;
(4) 南通—镇江线:经如皋、海安、泰州、仙女庙、扬州、瓜洲;
(5) 镇江—清江浦(现为淮阴)线:经扬州、高邮、宝应、淮安;
(6) 泰州—阜宁线:经兴化、沙沟、益林;
(7) 泰州—盐城线:经溱潼、东台、白驹、刘庄;
(8) 泰兴—盐城线:经泰州、兴化、冈门;
(9) 邵伯—盐城线:经兴化、沙沟、冈门;
(10) 盐城—阜宁线:经草堰口。

这时公司拥有小轮20艘,拖船15艘,小轮吨位为3吨至5.5吨不等。时速20~30华里,轮船大都是资生铁厂承造。但是好景不长,1927年,军阀孙传芳欲从苏北溃退时,强征船只,公司受到很大损失,客货运量大减。1933年,股东会议决定停业,组织保管清理处进行清理,由职工自行维持,运营了数年。抗日战争期间,公司船只大部分损失。抗战胜利后,将所有三四只小轮船与镇江的镇通、镇泰两家小轮公司联合经营,不久即宣告结束[32-64~66]。

3. 天生港大达码头

1904年,张謇向清政府请求把通州天生港开放为通商口岸,未准。他又以"通州天生港南滨大江,北达内河,一水可通,进出货物,为类甚繁""起下货物,若无趸船、木步,势均不便"[34-93]为由,由大生纱厂垫款(后转通海实业公司账)在天生港建"通源""通靖"两个趸船码头。码头包括"趸船"和"浮水码头"两部分,"通源""通靖"都是趸船的名称。趸船"通源"是用帆船改造的,计长52.28米,宽8.99米;趸船"通靖"是"威靖"兵轮改造而成,计长70.93米,宽10.06米。浮水码头用铁浮筒12只,浮筒上浮木步两座,木步有外木步和正木步。通源、通靖两个趸船码头统称为"天生港大达码头",原属"通州天生港大达轮步公司"经营,1914年由于管理失职,码头设备被潮水冲坏,张謇建议股东增资抢修,遭到股东的拒绝和非难,股东们提出退股要求,于是张詧、张謇于1915年筹款退还了外股,并扩大修建了"通靖"趸船。从此,天生港通靖码头与通州天生港大达轮步公司,从资金到业务都分了家,后者经营航运业务,主要办理客票、水脚、代客过僎、报关、出租临时堆栈及押汇等,而前者则在通州天生港大达轮步公司的客票和货单上附收一笔码头租费。但在管理上,两者都属于"上海大达轮步公司"[54-147~148]。

1938年,日伪在上海成立上海内河汽船株式会社(即上海内河轮船股份有限公司),经营客、货运输及码头、仓库等业务,垄断长江流域的航运。原有大达内河轮船公司经营的部分航班也被该公司所垄断。日本投降后,1945年9月,经天生港大达轮步公司、上海大达、大通联营处、江苏第四交通管理处多次商洽,确认天生港码头为日军非法侵占,不属敌产范围,决定由天生港大达轮船公司收回并恢复营业[132-108~116]。

天生港大达码头

4. 通州大达轮步公司和上海大达轮步公司

1802年,英国出现轮船。1810年,外国轮船开始在我国航行,垄断我国的海运业达60多年。1872年,官商合办的轮船招商局成立。1905年,张謇在上海筹建上海大达轮步公司,打破外企和官商在上海对航运业的垄断,在江苏航运史和中国交通史上均有开创性影响。

① 外企在上海兴办近代航运业

1802年,英国人薛明顿(Willian Symingtom)首先将蒸汽机引擎装配帆船,在运河中试航成功,成为最早以机器驱动的轮船。1810年英国为平衡白银收支差额,采取垄断鸦片产销手段,由东印度公司在印度种植鸦片,向中国输出鸦片,换回茶叶、白银。19世纪20年代,轮船开始在中印航线上出现。到1939年,走私鸦片到中国的主要洋商有颠地、怡和、旗昌、考瓦斯吉、马凯、弗巴斯、鲁斯唐姆吉等53家,共有轮船99艘,20852吨位[48-26~36]。

第一次鸦片战争后,1842年8月29日,英国强迫清政府签订《南京条约》,共十三款,开放广州、福州、厦门、宁波、上海为通商口岸;割让香港岛;夺取我国沿海贸易权、协定关税权、吨税自主权、引水权、内地税自主权、租界权、领事裁判权、片面最惠国待遇等种种特权。

1843年11月17日,上海开埠。1844年,进口外船44艘,载重8584吨,其中英国占70%,美国占20%。英国怡和公司开设广州至香港航线;1860年,有两艘轮船从事上海至香港航运。1862年3月27日,美商旗昌洋行在上海成立轮船公司,经营我国沿海和长江航线。1872年12月,英商太吉洋行在上海成立,经营在华一切航业[48-41~82]。

1896年4月,日商大东汽船株式会社(大东新利洋行前身)在上海成立,依照《马关条约》派轮行驶上海、苏州。次年增开沪杭航线,运送日方邮件,受日本政府补助[48-113~114]。1907年,日本的日清汽船株式会社在上海成立,将大东新利洋行及经营长江航业的日本邮船公司、大阪轮船公司等合并,拥有轮船24艘,共52700吨,参与长江线竞争[48-129]。

据我国海关统计进出各口岸船舶吨位,1874年为9305801吨,沿海贸易7562824吨,对外贸易1742977吨;轮船为8085716吨,帆船为1220085吨。其中英船4738393吨,美船3184360吨,中国船494237吨,余属日、德、法、挪等国。[48-85]中国船运量仅占总运量的5.3%。1903年为57290389吨,沿海贸易40993285吨,对外贸易16375104吨,轮船55930221吨,帆船1360168吨。其中英船28122987吨,日船7965358吨,美船559686吨,中国船9911209吨,余属德、法、挪等国[48-124],中国船总运量仅占17.3%。由此可见,外企垄断了中国的航运业。

1845—1925年,列强在上海创设租界,占地98 585亩,建立统治机构,排斥中国政权。其对华的资本输出,除路、矿和政治借款外,大多集中在租界区域里,工厂、商店、银行、船坞以及市政工程等,直接利用中国的廉价劳动力和原料,剥削中国劳动人民[20-36~38]。华中、华南是中国人口稠密的工商业区域,交通也比较方便,消费洋货数量很大,因此不仅洋货进口价值大,入超也最巨,上海成为中国对外贸易的最大港口。详见表3-2[20-49]。

② 官商合办的轮船招商局

中国近代航运事业(指使用轮船)的发生和发展,不是从沙船主或帆船主蜕变而来,而是最早由少数买办商人集资购买或租用轮船,雇佣外国人出面或与外国人合资,以外国人名义悬挂外旗,从事江海航运。这些轮船公司规模很小,拥有的轮船不过一二百吨。这种怪现象,乃是半殖民地半封建中国的特殊产物。

表3-2　1871—1931年若干年份五大港口及其他港口在中国对外贸易总值中所占的比重(全国各海关总计为100)

年份	港口名					
	上海	广州	汉口	天津	大连	其他
1871—1873	64.1	12.7	2.7	1.8	—	18.7
1881—1883	57.1	11.8	4.2	3.1	—	23.8
1891—1893	49.9	11.6	2.3	3.1	—	33.1
1901—1903	53.1	10.4	1.8	3.6	—	31.1
1909—1911	44.2	9.7	4.4	4.5	4.9	32.3
1919—1921	41.4	7.2	3.9	7.4	13.1	27.0
1929—1931	44.8	5.0	2.4	8.4	15.0	24.4

从19世纪70年代初起,李鸿章就争辩说:"仅有枪炮和炮舰,不能使一个国家强大;要使用它们和使它们运行,还得靠制造业、矿业和现代运输业的支持;工业将创造这一伸张国力的新财富。""1872年3月,李鸿章倡议建立一个官督商办的轮船招商局"[6-407~412]。12月16日,轮船招商局正式成立,局址设在上海永安街。它的成立,宣告了中国近代航运业的诞生,打破了外国轮船在中国的垄断。李鸿章委托朱其昂招集商股,招得47.6万两。委托唐廷枢、盛宣怀等为招商局总办,规定该局资本为100万两。1874年,轮船招商局股本收足100

万两,并自保船险,有轮船7艘。1877年2月12日,招商局收购旗昌洋行,总价银222万两,有33艘轮船。总吨位超过外国的怡和、太古,居于首位。另开通上海至烟台、天津、牛庄、汕头、香港、广州线,沪甬、长江线以及日本的长崎、横滨、神户线,菲律宾的吕宋线。在国内外重要港口19处,先后设立分局。

由于轮船招商局把应该用于扩大再生产的财力,投资织布业、铁矿、银行等,而不增加船舶吨位,1883年起又落后于太古和怡和,见表3-3[48-112~138]。

1911年,全国近600家大小轮船公司,合计总吨位147 200吨,其中轮船招商局占35.1%,居国内同行领先地位。从表3-3可以看出,仅太古和怡和两家外企就有227 260吨,超过了我国的总和,外企仍垄断着我国的航运业。

表3-3 1873—1911年若干年份轮船招商局与太古、怡和轮船数量比较

年份	轮船招商局	太古洋行	怡和洋行
1873	6艘2 990吨	4艘4 347吨	7艘3 364吨
1877	33艘22 494吨	8艘6 893吨	9艘5 191吨
1883	27艘22 957吨	20艘22 151吨	15艘13 651吨
1894	26艘22 900吨	29艘34 543吨	22艘23 953吨
1911	29艘51 702吨	60多艘130 000吨	41艘97 260吨

③ 张謇带头创办民营航运业

长江口地区,一向有小帆船航行。1858年,第二次鸦片战争后,英、法、俄、美等国迫使清政府签订《天津条约》,我国丧失内河航行权。行驶长江的外商轮船也开始在通州停靠装卸客货。我国的民营轮船公司首先从经营内河航运开端,逐步成长起来。1890年,由外轮公司华人买办在香港成立汕潮揭轮船公司(开始用英商名义),资本5万两,购置小轮4艘,行驶汕头、潮阳、揭阳,航程540海里。

1900年,张謇向上海慎裕号商人朱葆三、潘子华组织的广生小轮公司包租了一艘"济安"小轮(后改名"大生"),往来于通沪之间。同年7月,正式由通沪两地集股创建大生轮船公司。这一时期,停靠的轮船仍停泊于江中,客货均由大小木船(大的称划子,小的称舢板)转运,不仅效率低,而且不安全,严重影响运输事业的发展。张謇决定建设通州大达轮步公司和上海大达轮步公司,通过实地考察、落实地址、筹集经费,于1904年呈交《请设上海大达轮步公司公呈》。"窃绅前开办通州大达轮步公司,于光绪三十年(1904)六月咨呈声明,俟上海船步相有定处,再将坐落一并续报。""伏查上海滨临黄浦一带,北自外虹口起,南

抵十六铺止,沿滩地方,堪以建步①停船处,除招商局各码头外,其余尽为东西洋商捷足先得,华商识见短浅,势力薄弱,不早自占地步,迄今虽欲插脚而无从。每见汽船、帆舶往来如织,而本国徽帜反寥落可数,用为愤叹。惟念自十六铺起至大关止,沿滩一带,岸阔水深,形势利便,地在租界以外,尚为我完全主权所在。屡闻洋商多方觊觎,意在购地建步,幸其间殷实绅商产业居其多数,未为所动。值此日俄战事未定、外人观望之际,若不急起直追,我先自办,将来终为他族所有。因此推广租界,借端要索,利权坐失,后患何穷! 兹议约结同志,筹集开办经费,先就十六铺迤南老太平码头左右,购定基地,建筑船步,并造栈房,以立根据而固基础。""务冀华商多占一分势力,即使洋商少扩一处范围。""以商界保国界,以商权张国权,道在于是。"[7-72~73]呼吁中国有识之人,共同开发黄浦江畔的深水岸线资源,以保国权,"实业救国"思想彰明较著。

1905年,张謇与上海李厚祐(字云书)在上海筹建上海大达轮步公司,由张謇任总理,李厚祐任副总理,王震(字一亭)任经理。公司在十六铺建造码头,购进"沙市"轮(后改名大安)和"大和"轮行驶在通沪线和上海到扬州一线,打破了外企、官商对上海航海业的垄断,成为清末在上海仅有的5家轮船公司之一、江苏省首家民营航运公司。其余四家为英国太古洋行、怡和洋行,日本日清轮船公司,中国官商合办的轮船招商局[48-201]。

大达内河轮船公司

---

① 注释:"轮"为轮船,"步"为浮桥码头。轮步公司即经营轮船航运,又经营码头业务的机构。

公司成立后,遭到英商祥茂轮船公司不择手段的打击、排挤。祥茂公司于1908年11月22日夜间,在江阴东侧小孤山江面,用自己公司的泰宁轮拦腰直撞大达轮船公司的大新轮,造成108名中国乘客冤死长江的空前惨案。受害者诉讼一年多时间,在大达轮船公司强烈要求及国际舆论压力下,英方不得已做出审判裁定,赔偿人命及财产损失78 062两白银。可结果只赔偿了47 569白银,且分三次赔付。1916年,在中国土地上横行霸道的英商祥茂公司,将包括三条轮船在内的所有资产,以100 500两银子的代价,全部卖给大达轮船公司,最终落得倒闭的下场[155-33～35]。

1910年,上海大达轮步公司已拥有轮船4艘,资本为39.7万元,有沪通、沪扬、沪启、沪崇4条航线。其中上海到扬州口岸线全长295公里,沿途停靠海门的浒通港,常熟的浒浦口,南通的任港、天生港,如皋的张黄港,靖江的八圩港,泰兴的天星桥、口岸,江都的三江营,扬州的霍家桥等处。

张謇将两公司实施江河联运,沟通苏北腹地。沪扬航线沟通腹地可分为三段:上段霍家桥可经京杭运河沟通淮河,中段可经口岸贯通苏北里下河地区,下段南通各港可经运盐河、串场河衔接苏北东部地区。便利苏北和洪泽湖以西、皖北一部分地区的农副产品与上海的"五洋"百货交流,商旅往来。仅沪扬线每个航次要运载粮食四五千包,鸡鸭五六百笼,蛋品七百篓左右,棉花、生猪及土特产运往上海,乘客五六百人,对促进当地工农业生产的发展,具有重要的作用。

上海十六铺码头

辛亥革命后，上海大达轮步公司与通州大达内河轮船公司及所有码头实行统一管理。1920 年，改称大达轮船公司，由张謇的儿子张孝若任董事长。1924 年，大达轮船公司有轮船 10 艘，包括"大吉"(1 456 吨)、"大豫"(1 445 吨)、"大庆"(1 405 吨)、"大和"(1 001 吨)、"广洋"(653 吨)，及"储元"、"储亨"、"元达"、"亨达"、"利达"等 5 艘小轮。1931 年，公司下属"大吉""大德"两轮连续发生失火焚毁，公司蒙受重大损失。股东追究责任，改组了董事会，上海杜月笙势力乘机打入，杜的门生杨管北任经理，张孝若被安排为挂名的总经理。至此，大达轮船公司的实际权力已经不在其创始人张氏家属的掌控之中。之后几年中，大达轮船公司勉力经营，利润大不如前，但尚能基本自给，这在大生系统企业中是不多见的。[32-66-69]

大生号轮船　　　　　　　　　大安号轮船

在张謇创办上海大达轮步公司取得成效的影响下，从 1914 年起，虞洽卿创办的宁绍商轮公司、三北轮埠公司，张本正、苏培信等创办的政记轮船公司，中国著名的实业家、教育家和社会活动家卢作孚创办的民生实业股份有限公司等民营轮船公司相继成立。据上海航业公会 1934 年调查，1912—1926 年间成立 20 家，1927—1934 年成立 34 家，连前延续下来的共 59 家。轮船公司资本在 100 万元以上的仅 5 家，招商局 840 万元，三北集团 300 万元，政记公司 250 万元，宁绍公司 150 万元，民生公司 100 万元。[48-201] 这些小型轮船公司，尽管和封建势力、帝国主义相勾结，仍然很难发展，有人形容 19 世纪末期 20 世纪初期苏沪杭一带内河小轮公司的命运时说，"少者三月，多者两年"，小轮公司就要倒闭。这种情况，自然就说不上发展了[20-152]。

抗日战争时期，大达轮船公司不少船只被国民政府征用，又遭日本劫夺。到抗日战争胜利，也仅剩"大庆""大豫"两轮，与大通公司联营，勉强支持残局。1949 年 5 月新中国成立前夕，大达轮船公司的"大达"轮前往香港。1949 年，张敬礼兼任上海大达轮步公司董事长。1951 年 2 月 25 日，召开临时股东会议，议将大达轮在香港交长江轮船公司。1953年,参加公私合营长江航运公司(后改名为上海轮船公司),张敬礼任筹委会副主任。十六铺码头发展为上海客运中心之一。2002年,上海市调整城市总体规划,将客运码头搬到了吴淞口,十六铺码头区改建为娱乐休闲中心。

④ 三方货运量比较

1912—1928年,中国船货运量占全国货运量比重为17.3%~22.3%。1927—1936年,沪汉航线货运量外轮占68.2%,招商局占14.5%,民营航运公司占17.3%。

据海关统计,进出口船舶吨位,1912年为86 206 497吨,沿海贸易60 135 015吨,外贸26 071 482吨;轮船81 203 082吨,帆船5 003 415吨。其中英船38 106 732吨,日船19 913 385吨,美船715 000吨,中国船17 271 407吨,余属德、法、挪等国。中国船占比从1903年的17.7%下降为17.3%[48-141]。

又据海关统计,1915年全国轮船货运量8 238.1万吨,其中外国轮船公司运量为6 392.1万吨,占77.6%,中国轮船公司的运量为1 846万吨,占22.4%。到1928年轮船货运量增加到14 826万吨,增长80%,外国轮船货运量为11 522万吨,占84.3%,中国轮船运量为3 304万吨,占22.3%[19-169~171]。

1927—1936年,沪汉航线货运量总计为6 396 529吨,其中招商局924 069吨,占14.5%,太古、怡和、日清最大的三个外国公司为4 363 700吨,占68.2%,民营航运公司1 108 760吨,占17.3%,见表3-4[20-163~169]。在统治者的摧残及外轮处于优势的压力下,中国轮运业呈现了难以与外轮竞争的情况。

表3-4 1927—1936年若干年份沪汉航线货运量

年份	合计 载货量(吨)	合计 百分比	招商局 载货量(吨)	招商局 百分比	太古、怡和、日清 载货量(吨)	太古、怡和、日清 百分比	民营航运公司 载货量(吨)	民营航运公司 百分比
1927	1 095 792	100	23 776	2.2	977 647	89.2	94 369	8.6
1929	1 236 516	100	148 011	12.0	906 657	73.3	181 848	14.7
1931	916 594	100	161 936	17.7	631 161	68.8	123 497	13.5
1933	736 287	100	130 390	17.7	404 512	54.9	201 385	27.4
1934	1 003 027	100	176 880	17.6	647 088	64.5	179 059	17.9
1936	1 408 313	100	283 076	20.1	796 635	56.6	328 602	23.3

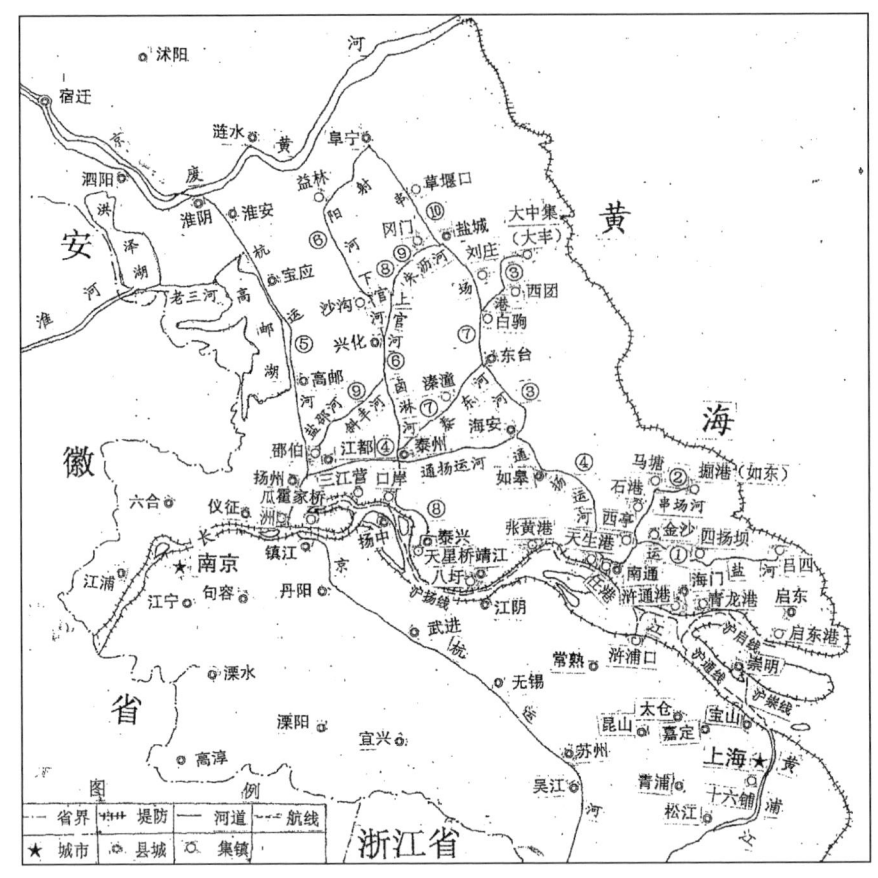

上海大达轮步公司、大达(内河)轮船公司航线图

5. 达通航业转运公司

20世纪初,通州的航运事业初步兴起,也开辟了好几条航线,但是由于轮船的航线和班期都是固定的,不能完全满足正在发展中的工商业的需要。因此,必须以木船运输作为辅助。1906年,张謇命大生纱厂职员宗渭川集资13 500元,在天生港成立达通航业转运公司,订造木质驳船50艘,以代大生各厂运输为主,并承运南京、镇江、苏州、上海一带货物。1911年,公司续招新股1 500元,添造船只,共有木驳70艘以上[32-69]。1922年,因奉直用兵,银根紧急,营业不振,各帮客货观望不前,转运客货寥寥无几,商业萧条。1927年公司的船只又因供军差受到很大损失。1929年左右为通海达通航业转运公司业务经营最顺利时期,船只增造达80艘,载货量约2 400吨。抗日战争期间遭到敌伪严重破坏,船只损失近半数。1942年卖出船只10余艘,发还原股本半数。1949年8月,该公司

参加木船公会集体经营,普通营业公司得 40%,船户得 60%,运公粮则公司得 25%,船户得 75%。每年大修由公司负责。1949 年后,在航务局登记,产权船户为 30%,公司 70%。到 1951 年,有帆船 1 艘经营长江航线,驳船 23 艘经营内河航线,载重量 500 余吨。1956 年划归南通市木帆船运输合作社[132-148~159]。

6. 海门大达趸步公司

海门大达趸步公司,是由大生一厂、二厂海门分销处于 1918 年兴办的,是一座木质结构的固定码头,建在海门宋季港。业务是以大生货物进出为大宗,目的是为大生货运缩短过驳时间,并保证安全。公司总理张詧,原始股金 5 万元,实际并未收足。后因宋季港涨滩而废[54-152~153]。

7. 惠通公栈

为适应交通运输和抵押汇兑发展的需要,大生企业集团在南通、海门及上海各地经营了堆栈业务。1913 年,大生董事刘一山、顾伯言等与张詧洽议集股 1.3 万元,分作 130 股,每股 100 元,在南通筹建一所新式堆栈。后靠大生一厂、大生二厂批发所往来及南通商界的投资,在南通城西丰乐桥购地 28 亩建成堆栈,命名"惠通公栈",由刘一山任经理。1917 年刘一山逝世后,因经营不善,惠通公栈于 1923 年闭歇[54-164]。

8. 南通大储堆栈打包公司

1917 年,张詧、张謇、吴寄尘、徐静仁、周扶九等和陈光甫(上海银行代表)合议发起建立南通大储栈。因当时棉花商贩掺水严重,有碍通花出口和厂用的质量,便兼办打包业务,由总商会附驻棉检人员作简单的原棉含水分检验,故定名为"南通大储堆栈打包公司"。初由大生纱厂、上海银行和周扶九三股合资 15 万两,每股 5 万两组成。1923 年,周扶九推股给上海银行,因此上海银行占了双股,南通大储堆栈打包公司变为大生纺织公司和上海银行两家合股经营。1926 年后归上海银行南通分行监理。

南通大储堆栈打包公司于 1919 年开业,根据经营业务下分三个部分:

其一为堆栈。分设:大储一栈,位于唐家闸。老栈地产 12.5 亩,新栈地产 28 亩,共有大栈房 74 间、中栈房 8 间、小栈房 10 间、打包间三层楼房 5 间;大储二栈,位于天生港;大储三栈,位于南通城西。有地产 18 亩、大栈房 42 间、中栈房 39 间、码头 1 座、石码头 1 座。其二为打包。附设于唐闸一栈,装设电动打包机一部,以代客捆打出口棉包为主要业务,棉花质量由商会派员抽验。其三为运输。备有"储元""储享"机动铁驳二艘,由上海大达轮步公司(1927 年改称大达轮船公司)代管。

另外,在海门县治所在的茅家镇设有"大储四栈",为大生第一纺织公司自置。

1930年9月至1933年12月底,海门大储四栈由南通上海银行接管经营,年有盈余。后因大生第一纺织公司结欠大生三厂款项,1934年12月8日一、三两厂董监联席会议决,大生第一纺织公司将自置的海门大储四栈计基地、建筑、生财、装修等项计55 465元划抵三厂债务,大致相平。自1936年6月起,海门"大储四栈"一切财权归三厂所有,成为大生三厂独资经营的企业。1949年11月,大储粮仓库成为海门县属粮食第一支库,1995年旧城改造期间排除,变为居民区。另在启东的久隆镇有大生二厂投资建立的"大储七栈",并拟在新港建立"大储八栈"未成[54-165~166]。

南通城区的大储三栈

海门县城的大储四栈

9. 上海大储堆栈股份有限公司

1918年张謇、徐静仁、吴寄尘、杨敦甫(上海银行代表)和华商纱布交易所部分棉商,以"挽回利权"为口号,议定集股20万两筹建"上海大储堆栈股份有限公司",1920年10月开业。上海大储堆栈股份有限公司的总理为张謇,经理由大达轮船公司鲍心斋兼任,协理由大生沪事务所沈燕谋兼任,业务主要由仓库

海门大储站原景(2013年徐德新绘)

主任及管栈员负责经营管理。由于实收股银仅 9.5 万两,而固定资产设备即投入资金 20.2 万余两,超过实收股金的两倍多,不足之数除以地契抵押外,均由大生垫借,最多时大生垫借 12.2 万多两,为实收股金的 1.28 倍,每年需支付利息一万八九千两。

1925 年,上海大储堆栈股东会议决人事改组,由沈燕谋继鲍心斋为经理,调大生沪事务所王象五任仓库主任。人事改组后,沈燕谋等人加强经营管理,改进服务态度,并与上海、金城两银行订立合约,凡大储栈所签发的栈单,可随时向两行抵押用款,加强了栈单流动信用,加速了货主资金的周转率,逐步取得了货主的信任,营业额逐年上升,扭转了亏损的局面。1935 年,为了适应需要,又向私营地产商租用西栈南首基地 3.477 亩,建新栈一所三层六库,仓容 4 549.76 立方,扩大了经营规模。1937 年 8 月 13 日,上海沦陷,大储堆栈栈屋被敌强制占用 8 年,直至 1945 年 8 月日寇投降,遭受严重破坏。抗日战争胜利后,大储堆栈又被国民党军队后勤部被服库及军董所劫收,经反复交涉,最后付出了一笔"迁让费",于 1948 年 2 月才得以收回东栈。至于西栈和新栈,直至 1949 年 5 月 25 日国民党军队溃退、上海解放后,始由人民政府查明产权,于 1950 年 7 月发还。人民政府为了帮助私营企业恢复生产,采取国营公司包租的办法,一次预付租金,予以大力扶持,使生产迅速恢复。1955 年 1 月 1 日,上海港务局正式批准了 20 多家码头仓库公司全行业公私合营,统名"公私合营上海港码头仓库公司"[54-167～169]。

二、公路

1905 年,张謇利用天生港至唐闸间疏浚河道的土源,修筑了江苏省第一条公路——港闸公路,长 5.76 公里,宽 6 米。公路建成后,还安排了巡警加以管护。1910—1913 年又相继修筑了城闸路(南通城至唐闸)、城山路(南通城至狼山)、城港路(南通城至天生港)[156-151～152],使南通一市三镇(唐闸、天生港、狼山镇)均有公路相通,促进了工商业的发展。由于规划科学,路线走向至今无大变化。

1921 年南通县道东北两干道通车摄影

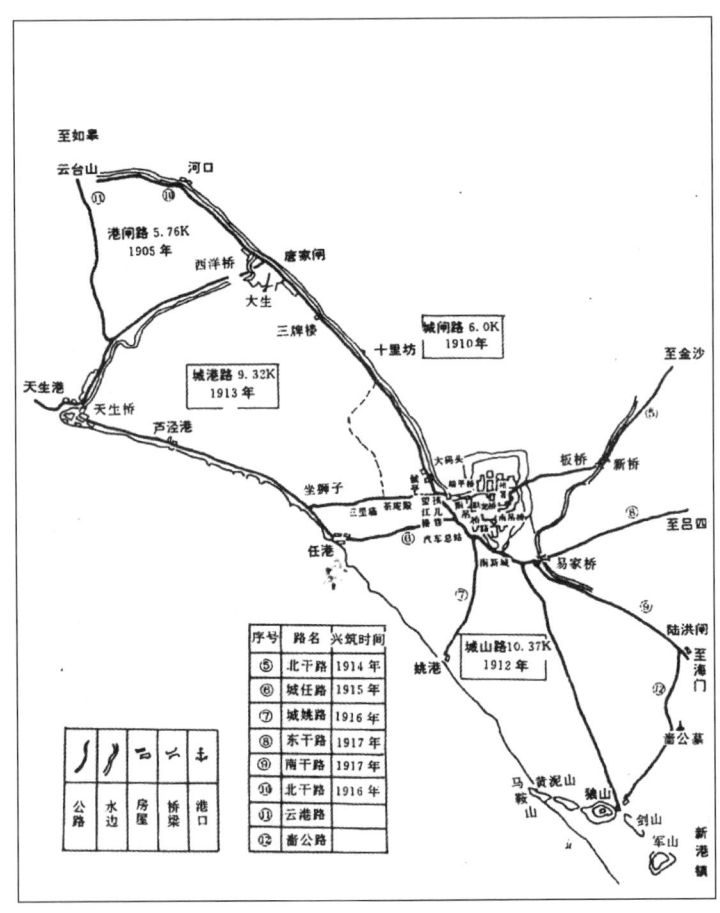

南通早期兴筑的公路

张謇在创办交通中,首先考虑到的是人才。因而于1907年在通州师范开设测绘学科,聘请日本教授执教,次年又增设了土木工科,培养出了南通第一代公路建设人才。1908年通州测绘局成立,张謇任局长。测绘局组织首届毕业的测绘学员测量辖区内的水陆交通线,绘制了交通图,为全面规划、修筑公路提供了科学依据。此举开我国公路测绘之先河,五千分之一图在全国首次被采用。

在测量的基础上,张謇全面规划县路。1920年3月25日,他向南通县署提交了一份《规画县路请公议即日兴修案》,指出"地方之实业、教育,官厅之民政、军政,机组全在交通"。规划内遵民国北洋政府道路修治条例,外采日本道路修筑办法,结合南通地势,将公路路线划为本干支干,正支副支[7-483~484]。该年3月,南通县政府颁布修筑道路的十条办法,责成各市乡董事迅速组织施工,干线支线同时并举,一律修治整齐,不容稍缓。1922年规划全部实现,共筑成公路500余里,占当时全省总里程的66.5%。修筑的干线公路为:东干路(又名中山路),经袁灶镇、余东镇到通海垦牧公司;北干路,经平潮镇到如皋县城;南干路,经川港镇到今海门区海门街道。五条支路——第一支路:由石港镇经骑岸镇、金沙镇到侯油榨镇接东干路;第二支路:由四扬坝经合兴镇到青龙港;第三支路:由三余镇经货隆镇接东干路;第四支路:由吕四附近的竖河镇接久隆镇;第五支路:由河口镇经北刘桥至石港镇。还筑了云港路、姜川支路、港闸路、城姚路、平潮第一、二、三、四、五支路等。

修筑公路时,按行政区划分,以区为单位包干负责。各区按公路两侧3公里以内的农户田亩数,落实参加筑路的人员及工日。线路上遇有沟河,视情况而定,有的造桥,有的埋设涵洞,有的填土整平。对拆迁的房屋,酌以补偿;占用的农田,贫困者给予补偿,富裕者有的主动让地相助。

张謇在"先筑路,后买车"的思想指导下,于1914年8月南通实业警卫团成立后,购小汽车一辆,此为南通输入汽车之始。1917年开办汽车客运,有客车3辆,运行于南通城至唐闸之间。1919年南通公共汽车站开办,总站设于西公园,狼山、唐闸、天生港设分站,是江苏汽车站之始。1921年,张謇创办了通如海长途汽车公司,公司设于南通西公园,如皋、海门设分公司,班车来往于如皋、海门、吕四等地。后来,私营车行相继成立,汽车大量进入南通。至1927年,南通汽车公司(行)发展61家,拥有汽车270余辆,公路运输盛况空前,当时在全国没有第二个县,使南通的声誉大大提高,参观考察者络绎不绝。

20世纪20年代初,南通的公路建设已初具规模,张謇为促进全省、全国的公路建设,通过多种途径,宣传筑路的意义,积极发展全国的公路事业。1920年,与韩国钧等人发起成立"苏社",5月12日在南通更俗剧场召开成立大会,江

1922 年，张謇创办的通如海长途汽车公司

苏省 60 个县的知名人士参加，到会社员 145 人，均是各县有社会影响的知名之士，会议一致推选张謇为会长。苏社以谋求江苏实业、教育、水利、交通发展为宗旨，苏社的积极工作，有效地促进了江苏的交通建设[151-155]。

苏社成立大会全体成员在南通更俗剧场前合影

当时我国处于军阀割据时期，国库空虚，交通阻塞，国计民生异常困难。张謇鉴于此，与旅居上海的社会名流黄炎培、王正廷、史量才等 67 人提出"裁兵救国，化兵为工，先筑道路，便利交通"的口号，并于 1921 年 5 月在上海成立"中华

张謇邀请苏社成员游览南通博物院时在中馆合影

全国道路建设协会"。张謇任名誉会长,王正廷任会长,张孝若任调查部主任。这是中国公路建设中最早的群众团体组织,同年9月得到北洋政府内务部批准注册备案。此后,全国有18个省相继成立了分会。在香港、南洋等地设立了办事处。次年,协会会员增至7万余人。协会成立后,积极开展工作,兵工筑路在全国展开,江苏、浙江、安徽、江西、山西、陕西、宁夏、北京等省市区的驻军纷纷派兵承担筑路任务,到1927年,全国兵工筑路已达3 196公里。协会卓有成效的工作,促使各地公路建设速度加快。从1928年到1937年,全国新建公路88 126公里,并以年均8 812公里的速度增长,全国和各省的公路主骨架开始形成,陆路交通条件发生了历史性的变化。

1922年9月13日,中华全国道路建设协会派张孝若以政府人员身份出席在巴黎召开的"万国道路协会"会议,缴纳会费100法郎申请为团体会员,此为中国道路团体组织参加国际道路学术团体之始。"协会的一切活动,不仅为当时国内公路界瞩目,而且也引起了国外的注意。"1923年,德国驻上海领事馆致函该会了解当时的筑路情况,协会将全国筑路情况函复该领事馆,对外宣传中国公路建设成就[157-826~827]。

江苏的公路从1905年南通的港闸公路起,到1927年底,全省修筑的主要公路40多条(段),总长762.5公里。1928—1937年的十年建设,使江苏公路具备了一定规模,全省公里总里程达到5 400公里(包括国道、省道、县道及垦区、盐区公路),其中1932—1937年修筑国道、省道39条,总长度2 754.46公里,完工1 868.24公里,见表3-5[158-48~50]。

表3-5　1932—1937年江苏省道修建情况一览表

名称	起讫及经过地点	总里程（公里）	完工里程（公里）	备注
六启路	六合、仪征、江都、仙女庙、口岸、泰兴、靖江、平潮、南通、海门、启东	328	56.01	土路、部分煤渣路面
镇沭路	六圩、江都、邵伯、高邮、宝应、淮安、淮阴、沭阳	251	251	土路
东口路	口岸、泰县、溱潼、东台	75	28	土路
通渝路	南通、如皋、东台、盐城、阜宁、灌云、东海、赣榆	405	276.47	土路
淮陈路	淮阴、涟水、新安镇、陈家港	141	73	土路
京建路	南京、秣陵关、禄口、溧水、洪兰埠、东坝、望牛墩,入安徽省	104	104	碎卵石路面
镇溧路	镇江、丹阳、金坛、溧阳	98	98	碎砖石路面
苏澄路	苏州、木渎、无锡、江阴	102.33	102.33	碎石、煤屑、弹石路面
宜熟路	宜兴、漕桥、雪堰桥、无锡、羊尖、常熟	105.11	105.11	碎砖石路面
虞苏王路	常熟、苏州、吴江、平望、王江泾,入浙江省	91	91	碎砖石路面
东环路	萧塘、上海、川沙、南江、奉贤、南桥	125	—	
镇句路	镇江、石马庙、东昌街、洛阳观、句容东门	40.6	40.6	弹石、碎砖石路面
沪太路	上海、余庆桥、顾村、罗店、浏河镇	37.25	37.25	煤屑路面
嘉罗路	嘉定、罗店	8	8	煤屑路面
浦定路	浦口、东葛,入安徽省	27	27	土路
松枫路	松江、枫泾,入浙江省	30	—	
平湖路	平望、震泽,入浙江省	23	23	土路
睢店路	睢宁、店埠,入安徽省	23		
武天路	武进、金坛、天王寺	75.43	75.43	碎石路面
溧天路	溧水、天王寺	20	20	碎砖石路面

(续表)

名称	起讫及经过地点	总里程（公里）	完工里程（公里）	备注
六滁路	六合、雷官集，入安徽省	22	22	土路
武宜路	武进、运河、漕桥	31	31	碎砖石路面
苏太路	苏州、昆山、太仓	52	52	煤屑路面
高毛路	高淳、毛家埠	18.5	18.5	土路
淞沪路	松江、颛桥、北桥，入上海市	19.18	19.18	碎砖路面
珠沪路	珠家角、青浦、七宝，入上海市	40	30	土路
洋睢路	洋河、睢宁	40	—	
启港路	启东惠隆镇、鸭头港	7	7	
如新路	如皋、新生港	28	28	
扬谏路	扬中、谏壁	25	—	
六划路	六合、划子口	21	21	土路,部分碎砖路面
泰仙路	泰县、仙女庙	34	—	
兴白路	兴化、安丰、白驹	48	—	
萧砀路	萧县王新庄、陈塞、砀山	60	60	土路
铜丰路	铜山、敬安集、丰县，入山东省	88.26	88.26	土路
敬沛路	敬安集、张集、沛县	28	12.4	
金塘路	金山、山塘镇，入浙江省	20	—	
崇陈路	崇明、桥镇、南北堡、陈家堡	42.8	42.8	土路
上宝路	上海、吴淞、宝山	20	20	
总计省道39条		2 754.46	1 868.34	

抗日战争期间，公路受到严重破坏，到1945年8月日本宣布无条件投降时，全省公路仅剩34条(段)，约876.64公里可以通车。1928年10月，国民政府铁道部议定的12条国道中有5条经过江苏境内，全长513公里。

1981年6月，中华人民共和国国家计划委员会、国家经济委员会和交通部制定国家干线(国道)共计70条，经过江苏的国道有10条(段)，扣除相互重复的线段，实际总长2 081.27公里[158-26]。从今上海市莘庄镇起的320国道时属江苏省。现将11条国道简介如下。

① 104 国道:自北京起经山东省济南市、江苏省徐州市后入安徽省泗县,南部由江北进入南京市,经浙江省杭州,到福建省福州市,全长约 2 420 公里。其中江苏段长约 368.33 公里,1926 年开工分段建设。

② 204 国道:从山东省烟台市起,经江苏省连云港、南通到上海市今上海西站,全长 1 031 公里。其中江苏段 572.9 公里、上海市段 41 公里,始建于 1910 年张謇建的城闸路,尔后陆续兴建其他路段。

③ 205 国道:北起河北省山海关,经南京到广州,全长约 3 160 公里。其中江苏段约 331.33 公里,联络大路和驿道于 1926 年修筑淮阳至泗阳众兴镇时开始分段建设。

④ 206 国道:起自山东省烟台市,经江苏省徐州市、安徽省合肥市到广东省汕头市,全长 2 375 公里。江苏境内长 60.96 公里,其中鹿庄经徐州至刘新庄 45.37 公里与 310 国道重复。徐州至贾汪公路始建于 1934 年,土路通车,为矿区道路。

⑤ 310 国道:自江苏省连云港起,经徐州、河南省郑州市、陕西省西安市到甘肃省天水市,全长 1 613 公里。江苏省境内全长 228.94 公里,其中与 204 国道重复 7.80 公里,实长 175.29 公里。1928 年 12 月,国道网规划制定江苏省第一个公路网建设规划,此为当时规划的 18 条省道之一。1930 年修筑墟沟至沭阳段,长 112 公里;宿迁至徐州段,长 133.5 公里,均为土路面。

⑥ 311 国道:起自江苏省徐州市(现为连云港市),经河南省许昌市,到陕西省西安市,全长 919 公里,该国道经江苏境内段全部与 206 国道重复。

⑦ 312 国道:起自上海市曹安路真北路口,经江苏省苏州市、南京市,安徽省合肥市、陕西省西安市,甘肃省兰州市,新疆维吾尔自治区乌鲁木齐市,到霍尔果斯口岸,全长 4 967 公里。在江苏境内段除去与 104 国道重复 7.11 公里,实际长 345.53 公里,上海市段长 37 公里,南京至上海段 1933—1935 年分段施工,全线贯通。

⑧ 318 国道:从上海市人民广场起,经江苏省吴江市平望镇、浙江省湖州市、安徽省安庆市、湖北省武汉市、重庆市万州区、四川省成都市、西藏自治区拉萨市至聂拉木县樟木镇友谊桥口岸,全长 5 476 公里,是中国最长的公路。江苏省境内段长 52.63 公里,上海市段长 71 公里,江苏段于 1934 年 1 月开始修筑吴江县平望至浙江省南浔公路,以后陆续兴建。

⑨ 327 国道:自山东省菏泽市 220 国道起,经济宁市到江苏省连云港市,全长 1 520 公里。江苏境内段长 53.4 公里,其中与 204 国道重复 21.38 公里,与 310 国道重复 11.98 公里,实长 20.04 公里,江苏段为 1929 年开始建设的。

⑩ 328 国道:起自江苏省南京市新街口,经扬州、泰州至海安接 204 国道,

全部在江苏境内,全长208.63公里。其中六合以南地段39.48公里与城市道路、104和205国道重复,实长169.15公里,1933年起开工陆续建设。

⑪ 320国道:从上海市莘庄镇起,经浙江省杭州市,江西省南昌市,湖南省株州市,贵州省贵州市,云南省昆明市、丽江,全长3 696公里。上海市段长86公里[158-26~50]。

三、铁路

中国的第一条铁路是怡和洋行等未经清政府许可而修建的,从吴淞到上海,长15公里,1876年通车。因受到官方和地方的强烈反对,为清政府收买后拆毁。此后"自强派"使朝廷认识到修建四通八达的铁路网,就能大大降低运输成本,不仅可以促进内地的发展,还可作为反对外国进一步侵略的必要手段。而帝国主义列强把对建设铁路的投资看成外国的政治影响和经济渗透的手段。到1911年,中国共完成铁路建设9 617公里,其中俄国在东北所修铁路就达到了2 425公里[159-93~95]。

19世纪末,列强纷纷在各自的势力范围内修筑铁路,除索取重利外,还掌控了铁路的管理运输权。1895年,张謇在撰写的《代鄂督条陈立国自强疏》中指出"若地势阻隔,不能相通,故必铁路成,则万里之外,旦夕可至;小民生业,靡不流通;朝廷法旨,靡不洞达;山川之产,靡不尽出;风俗之陋,靡不尽除。使中国各省铁路全通,则国家气象大变;商民货物之蓄息,当增十倍;国家岁入之数,亦增十倍"[7-19]。力主由中国人自己建造铁路。1898年,英国公使窦纳东向清政府请准由英商承造苏杭甬等五条铁路之权。英商怡和洋行据此与清铁路总办大臣盛宣怀秘密签订草约。1903年,清政府与英国正式签订借款合同,共借款290万英镑。1905年4月25日,沪宁铁路分成上海至苏州、苏州至常州、常州至镇江、镇江至江宁(今南京)各段,并同时开工建设。

1905年,英商培坎又来谋我浙赣路权。张謇、汤寿潜等向清政府建议拒绝向英国政府借款修筑沪宁铁路支线。当年7月24日,浙江省11府代表共160人在上海集会,商讨自办铁路问题,成立浙江省铁路公司,汤寿潜任总理,刘锦藻任副总理,由绅商两界集资筹建沪杭甬铁路。清政府为缓和各方矛盾,批准浙人自办铁路的要求,同时责成盛宣怀与英方交涉撤废草约。开工建设江(干)(湖)墅线,长16.35公里。1907年建成通车,这是浙江最早兴建和营业的铁路[160-9~10]。

1905年10月,张謇与王同愈等江苏在籍官绅18人联合呈文商部,以"窃维沪宁铁路物议纷起,或仿粤汉铁路收回为言,或援浙赣铁路自办为例,咸归咎于主办者之失计,而靡费之巨尤为各处轨政所无。沪渎传闻,指摘颇众,非复盈车藁苡之讹所能曲讳。绅等目击群情之汹汹。以苏省襟江带海,此项轨线关系非轻,如合同所载层层抑制,五十年后万无收回之望。为中国自削其主权,即为外人益固其基础。稍具天良,断难膜视"[7-97]要求商部派左参议王清穆为该路正监督,在籍前福建兴、泉、永道恽祖祁为副监督,综合路政,以清积弊。1906年5月25日,张謇"见苏路商办之俞(谕)旨,丹揆总理,謇协理,苏人请也"[3-629]。6月19日,江苏省绅商组建的江苏省铁路有限公司在上海成立,王清穆为总理,张謇、王同愈、许鼎霖为协理,租屋于大马路五福弄对门。张謇在成立会上发表《勉任苏路协理意见》并指出:"中国铁路必须中国人自办,其利害得失,诸君之所知也。"[13-103]对于资金来源,经奏请商部批准,以"商办铁路公司"名义,先招集股银1 000万元,分200万股,每股银洋5元。计划由绅商自由认购半数,另一半由官府摊购,发行股票。公司成立后,王清穆、张謇即聘请专家,商讨制定修筑全省铁路计划,分南北两线进行,北线由南通经清江浦(今淮阴区)、徐州至开封;南线由南京至上海,上海至枫泾,与浙江的杭嘉铁路连接。8月5日—14日,张謇带领技术人员到苏州,与当地名人吴作人等谈路事,实地考察苏(州)嘉(兴)线地形,"与陈飞青(留学俄国的铁路学校毕业生)、范冰臣(工程技术人员)二生勘路,由吴门桥至五龙桥、奠浪桥、瓜泾桥。自奠浪桥东觅乡民粪船乘而东,往返瓜泾十八里,幸日光不烈,有微风,强可忍耐"[3-632]。设铁路学校于吴县,资生铁厂于通州。9月27日,张謇与汉阳铁厂督办盛宣怀签订《购买钢轨等件合同》,商定贝色麻钢轨2 500吨及配套的鱼尾板垫板、螺钉、钩钉的合同,拟定单价,经运到上海船边交货,实数磅见照算[34-103]。

1907年1月21日,苏路于护军营侧行开工礼[3-639]。从上海南站至枫泾段,由江苏省铁路有限公司建设;枫泾至杭州闸口段,由浙江省铁路公司建设,全长125公里。张謇利用大生纱厂的盈利22万两,承包了苏路南段的沪嘉(兴)线修建铁路桥37座,制造铁篷车4部,运石车10部。1908年4月1日,沪宁铁路举行开车典礼,全线通车,当时全长311公里,上海到南京的火车需10个小时。

1907年9月,英国又对清政府施加压力,强迫清政府借款150万英镑,把沪杭甬路权出卖给英国。时任浙江省铁路公司副总工程师汤绪向公司力陈英国妄图夺取我国铁路主权的邪恶用心,并于14日开始绝食,以示自己与铁路共存亡的决心。29日,汤绪大恸身亡。由刘锦藻等倡议举办的浙江高等学堂学生邬钢、姚定生、叶景荣相继效法殉路。消息传出后,激起了江浙两省各界群众的愤慨之情,声势浩大的拒款风潮自此掀起。10月12日,汤寿潜、刘锦藻主持召开浙江铁路公司股东大会,决定在国内首次成立群众性的保路组织——"国民拒

第三章 张謇的社会责任与担当

商办苏省铁路有限公司股票

款会"。他们上书痛陈借款的危害,斥责清政府的卖国行为;宣布取消汪大燮等四人主张借款京官的浙籍;提出了罢市、抗租、抗旨等激烈口号;通电各省请求支援,公开向民间招股[160-10~11]。

1907年10月24日,王清穆、张謇等在《苏路公司致苏抚电》中说:"苏路奉旨自办,无须借款。前电帅座,转达外部,迄未奉部复。闻外部竟奏请以外交重大,速订合同。背旨弃路权,失民信,其何以国!"[8-220]10月30日,苏路和浙路联合发出《与王清穆等上外部邮传部电》《与王清穆等致端方电》[8-221~226]。11月2日,召开了苏路股东研究拒款方法会。11月13日召开了苏路股东特别会议,张謇在发言中说:"外部欲速路工之成,而为厚集款之计,亦应先商之两公司。今以强硬秘密之手段,迫我借款,而为之设辞曰'股款不敷'。故我股东今日当先预备对付第一层,则欲言拒款,必先集股。"[13-145] 11月14日,张謇等发出《与王清穆等致王文韶(王为浙江省仁和人,原任军机大臣)电》,"今日苏路股东大会抱定'坚拒外款,遵旨商办'为宗旨,公推中堂赴京代表",《与王清穆等致许鼎霖电》,"今日股东大会推公代表至京,为中堂之副。部许斡旋,督催速往"[8-223]。两人入京后,据理力争,亦归无效。由于爱国保路运动深入人心,江苏、安徽、福建、江西、广东、广西、湖南、湖北、四川、贵州、陕西、直隶等14个省48个府县纷纷向浙江省铁路公司出资认股。连学生、挑夫、僧道、优伶也节衣缩食,踊跃认购路股。到1907年底,认集铁路股款达2 300万元,为英允借款数两倍多,数额之巨,震惊朝野[160-11]。王清穆、张謇见人心可用,在上海愚园召开江苏铁路有限公司特别大会,号召追加认股,一呼百应,股东们争相报数,当场有1 300万元登账。众怒难犯,清政府无奈宣布将英国借款调作他用[161-8~10]。1909年8月沪杭甬铁路沪杭段通车。

陇海铁路原名陇秦豫海铁路,又名海兰铁路。它的修筑是从中间向东西两头展筑的,最先建成的是汴洛铁路(开封至洛阳)。1903年11月,督办铁路事务大臣盛宣怀代表清政府和比利时铁路合股公司特派全权代理、公司董事卢法尔在上海签订了《汴洛铁路借款合同》,款项为2 500万比法郎。1905年开始测量修筑,后因财政困难,又向该公司续借1 600万比法郎。整个工程于1908年竣工,1910年正式通车。

1906年江苏省铁路有限公司计划以清江浦为中心,修建清通线(清江浦至通州)、清徐线(清江浦至徐州)、清海线(清江浦至海州)三条铁路,1909年4月,邮政部奏请清政府,建议由该部主持修建开海段(开封至海州)。关于陇海铁路终端问题,张謇和沈云霈(1853—1919,海州人,时任邮传部右侍郎、代理尚书,统管全国邮政和交通工作)的意见是不同的,两人足足打了一两年笔墨官司。沈云霈提出,汴洛铁路东延到徐州后,经邳州一直往东,修到海州后,建三个海港码头,一在岗山头、二在东西连岛、三在燕尾港。张謇主张铁路修至徐州后,转而向南经清江浦,沿运河修至通州。张謇认为若将铁路终点南移,虽然路线比徐海线长两倍,修路费用较东西连岛多1 000万,但该铁路所过地区地域广阔,人口众多,物产丰富,决非沭阳、东海、灌云三县所能比拟,投资能很快收回。就当时苏北的经济情况而言,张謇的观点不无道理。然而陇海铁路是借助外资修筑的,由比利时铁路公司取得筑路权,成立了陇海铁路局。他们在比较了张謇和沈云霈的各自方案后,认为沈云霈的方案更可行,并对海州湾一带的水文情况进行了全面勘测,认为沈云霈在东西连岛建海港的规划可行[162-81~82]。

1911年,张謇被沪、粤、津、鄂四商会公推进京,于6月8日至18日在北京,13日,皇上召见,遂奉命与戴泽、盛宣怀议收四川铁路为国有的方法[3-721]。1912至1915年,北京政府推行把省办铁路收归国有化计划,三年内有川路、湘路、苏路、豫路、晋路、皖路、浙路、鄂路等8条[19-167]。1914年8月17日,张謇签发了《农商部为取消四川川汉铁路公司等事咨四川湖北巡按使文》《农商部为取消商办安徽铁路公司等事咨安徽巡按使文》,商办安徽铁路暨四川川汉铁路经由交通部先后接收,交割清楚。[7-361~362]。

当时北京政府答应将省办铁路收归国有后,将退还本金和股息,应退本金5 100余万元,利息1 700余万元,两项合计6 800余万元,但支付了本金一半及利息的三分之一后,就不予支付。北京政府的铁路国有化,影响了中国铁路建设的速度。

以运量多少而论,京奉(沈)路始终居第一位,京汉路由原居第二位,后让位于沪宁路,居第三,沪宁路后居第二。各路在这期间营业收入都有盈余,16年间营业收入119 213万元,营业支出64 606元,共盈余54 607万元,成为北京政府的财源之一。如表3-6:[19-167-168]

表3-6 1913—1927年铁路收支盈余表 (单位:万元)

年别	负债	收入	支出	盈余	年别	负债	收入	支出	盈余
1915	49 000	5 706	3 026	2 680	1922	75 246	9 957	5 666	4 291
1916	50 206	6 276	2 384	3 892	1923	82 989	11 941	6 172	5 769
1917	51 054	6 281	3 004	3 277	1924	84 286	11 851	6 738	5 113
1918	53 688	7 765	3 432	4 333	1925	90 000	12 457	7 040	5 417
1919	61 499	8 305	3 844	4 461	1926	90 000	9 934	6 929	3 005
1920	65 968	9 144	4 278	4 866	1927	90 000	9 951	6 696	3 255
1921	71 916	9 645	5 397	4 248	合计		119 213	64 606	54 607

第一次世界大战后,徐海段又开始筹备,1923年5月28日,张謇在《复孟森函》中仍力主陇海东端入通,"陇海铁道终点,国会苏省诸君以海州之东西连岛地势荒僻,港工巨大,合词请求交通部查照法工程师沙海昂原议,以崇明之大港为终点,垂询鄙见"。"若大港,地连平陆,建筑不如东西连岛之繁难,而路线所过,则由徐塘而宿迁,而泗阳,而淮阴,而淮安,而涟水,而阜宁,而盐城,而东台,而如皋,而南通,而海门,而崇明,纵横十二县,其间人口之多,物产之富,决非沭、东、灌三县所能比拟。一彼一此,以铁路营业互较,孰衰孰旺,不辨自明。"并测算长度、经费,"南线增于北线,为三与一之比;而经费增加,约为四与三之比。纵有出入,度不甚远。若大港建筑费以一千万元计,则与北线之用款总额且相等矣"[56-1171~1172]。6月中旬,张謇在《复张相文函》中说:"自辛亥后,謇于铁道主来不拒,不来不迎。今诸君此事之争,诚为大局。"[56-1179](张相文,江苏泗阳人,地理学家,时为众议院议员)。但由于比利时控制的陇海铁路局坚持原有方案,张謇已无回天之术。1924至1925年向比利时借款8 800万比法郎[20-表5-6],兴修徐州到新浦段。

张謇为发展我国铁路交通事业,呕心沥血,可谓功垂史册,他建造铁路的思想和首创精神在现代交通建设中仍有十分珍贵的借鉴价值。

大生三厂特有的轻便铁路

1915年,大生第三纺织公司开始筹建。大批物料源源从上海运抵青龙港,其时,境内水陆运输颇不方便。为解决煤炭和纺织品运输问题,1920年初,大生第三纺织公司在出资建造青龙港会云闸的同时,决定铺筑青龙港至第三纺织公司的轻便铁路。1921年6月,全长6.5公里的铁路筑成,线路占地80亩,成为全国最小最短的铁路。铁路位置见后附图。

轻便铁路所用的铁轨为25英寸工字钢,枕木用硬杂木,路轨距宽1米,火车牵引机头为蒸汽机车,备用两个火车头,一个停放青龙港,一个停放厂内终点站。小火车配有10节车厢,其中8节为货运车厢,2节为客运车厢,每节车厢装货5吨或载客50人左右。小火车时速15~20公里,每日班次不定,有时一天一班,有时一天两班或三班。小铁路年货物运输量在3万吨左右,主要货物种类:进口煤炭、原棉、建筑材料,出口棉纱、棉布等。

1922年4月18日,召开大生第三纺织公司创立会议,张謇在《大生三厂创办经过情形报告书》中说:"工厂营业,莫要于运输便利,茅镇为销纱之地,距厂十五里,无河以通之,不便孰甚。其时海门水利会倡议开河,而苦费用无着。本厂因势利导,允为垫款。己未(1919)十月兴工,翌年三月而河成,而滨河之马路亦成。近来本厂运纱赴市销售,一小时即可达矣。"因工厂锅炉需用河道蓄水和障拦泥沙,需再建船闸,当工厂厂房"建筑之初,闸工未竣,港道浅狭,黄砂、石子、水泥及各种材料到港者堆积如山,厂中待用甚殷,而转运不及。时闻欧美大工厂多获轻便铁道之利者,为促工程之速竣,利永远之转输起见,计议再三,不得已,遂有轻便铁路之敷设。每值冬令,潮小河冰,厂用煤炭物料,悉赖以装载"[163-351~352]。可见敷设轻便铁路,开始带有应急性质,建成后,以冬季发挥的作用最为明显。

修筑轻便铁路所需火车头、车厢和平板车、钢轨,均由大生沪事务所吴寄尘、沈燕谋经采,通过洋行向英国购买。总共购买了多少设备,已经无细账可查。现从十一届(1931年6月30日)账略保存的"水闸铁道表"中,可以看到这项固定资产为81 539两规银,其中铁道44 939两,车头二部18 599两,车辆11 453两,车房及码头5 311两,火车桥1 237两[164-362]。

管理这条铁路的机构归庶务科,称"铁路账房",共有职员4名。1925年时,司账卢秉三,绍兴人,25岁,月薪20元;司车周安寿,宁波人,27岁,月薪16元;正稽查周朴庵,杭州人,52岁,月薪23元;副稽查顾芝亭,江都人,29岁,月薪19元[163-686]。

第三章 张謇的社会责任与担当

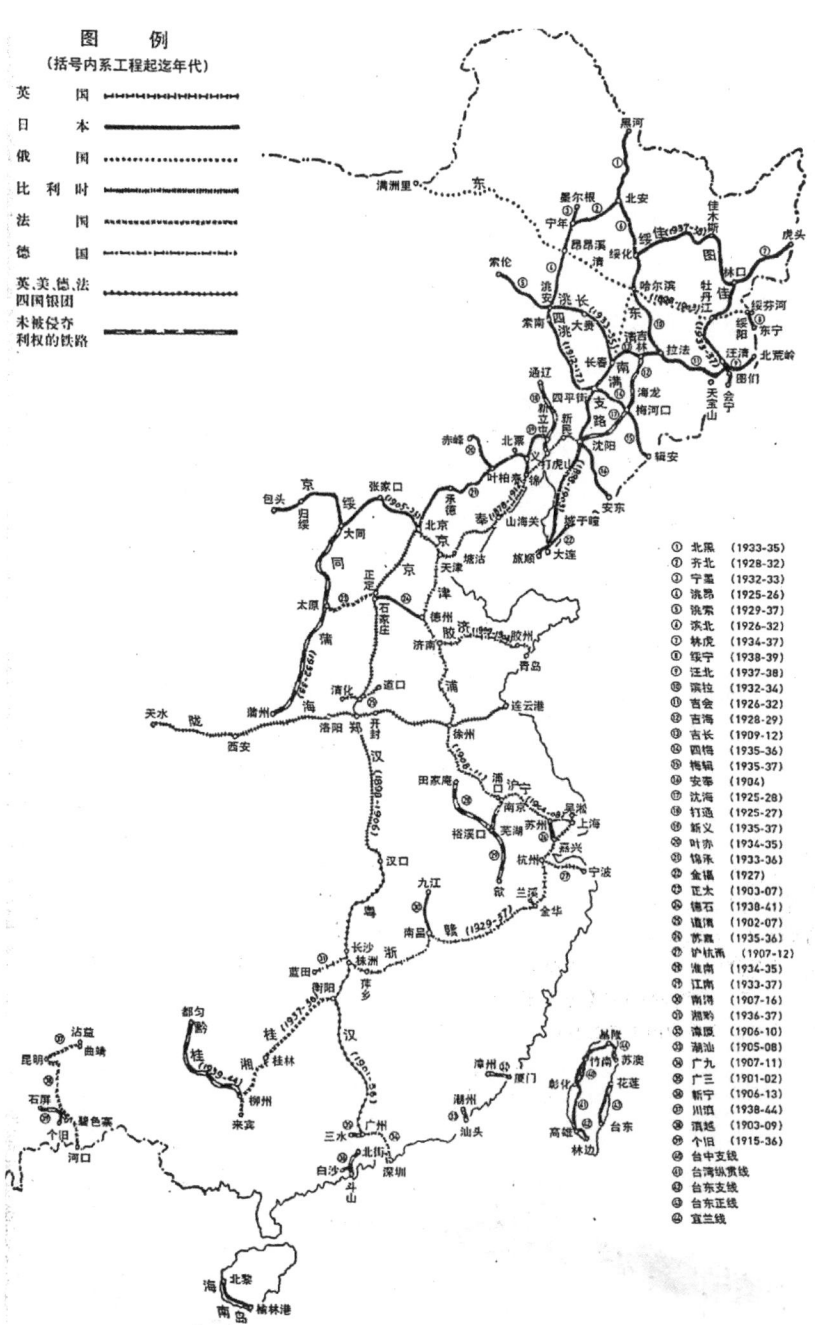

1878—1948年间帝国主义各国控制下的中国铁路

海门通棉三厂铁路桥

19世纪20年代起,澄通河段的主流由通州沙西水道改走通州沙东水道,长江主流动力轴线逐渐向南岸徐六泾一带移动,造成北岸通海沙、江心沙大大发育,上游径流进入北支的流路受阻,改为以崇明西沿流入为主,但因流线曲率大而泄流不畅,造成海潮力量加强,两股水流动力轴线在青龙港附近流路一致,导致北侧江岸大坍,江面宽从原来6公里缩窄到2.05公里。由于青龙港港口岸线多次坍塌,港口五次北移,从历史地图来看,青龙港的位置在1961年崇明县跃进农场北大堤内侧。小铁路也逐渐拆除,至1950年2月,铁路路基占地仅64.24亩。

1949后,由于大生三厂的棉纱、棉布由原来经青龙港发往上海方向改为发往南通,南通天生港发电厂于1957年8月13日向大生三厂专线供电,不需要大量煤炭用于发电,小火车就失去了存在的意义。适逢驻南通狼山部队打坑道需要铁轨,于1958年12月24日,将全长4.1公里的铁路路轨拆除,连同火车头全部支援中国人民解放军驻南通部队。1958—1961年,江苏省南通专员公署水利局在海门县三厂公社等20多个公社进行河网化试点规划及施工,将铁路路基下的涵洞洞身改建为青星河节制闸,净宽3米,木闸门人工启闭(目前仍在使用)。1974年,在疏浚青龙河时,将通棉三厂南侧和东侧的通沙河和铁路桥填塞。

建在青星河上的节制闸

四、南通大聪电话公司

中国的电话最早于1881年出现在上海租界内,后逐渐普及为市内民用,由英商东洋德律风公司经营。此后天津、汉口、青岛、北京、南京、广州等城市逐渐开设市内电话[19-31]。

张謇于1913年在南通创办大聪电话公司。原定资本2万元,因集股困难,由大生纱厂投资1 137两,并以存款形式代垫6 000元作为开办经费。当年1月起开始架设南通城厢和唐闸、天生港杆线,4月通话。1914年又由大生沪账房拨入存款4 000元,资生铁厂存款300元,大生系统的资金占60%以上。以后电话公司又借用大生系统企业的官利为营运资金,陆续向海门、吕四发展。1922—1937年,除城区及天生港、狼山、唐闸等地有总"分汇"(即中继线)外,在平潮、刘桥、四安、石港、掘港、西亭、兴仁、观永、竟化、三乐、金沙、骑岸、余西、余中、余东、三余、吕四等17个乡镇都架通了电话,还可接江苏、浙江、安徽3省大中城市的长途电话。抗日战争期间,各

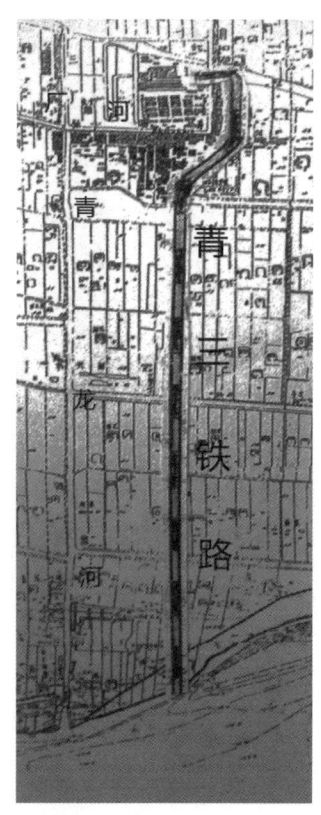

1958年青三铁路位置图

项设备和线路或被日军占用、或被拆毁,损失惨重。1946年以后电话用户增加,公司的业务和资金也相应发展和增加,到南通解放前,大聪公司总机共有750门[32-100]。1952年9月,大聪电话公司股东会议要求,经南通市人民政府批准,于1953年改为地方国营南通市电话公司,委托南通市邮电局代管,1954年8月由南通市邮电局正式接管,成为国营企业。

南通大聪公司架设的电话线

五、垦区交通邮政

垦区原先地广人稀,交通、信息都很闭塞,各公司在发展生产的同时,逐步构筑了四通八达的交通、信息网络,彻底改变了以往的闭塞局面。交通方面,至抗日战争前,淮南盐垦各公司总管理处所属的17个公司修筑了1 761.2公里长的公路,并开辟了内河航运。通海垦牧公司的汽车路总长100公里,汽车四面都可走通。这些公路当时在通海地区算是较好的路,路基高,即使田里有水,公路上也从不积水,晴天可两部汽车并行。公司还经常派人进行养护,补齐缺口、平整路面。大有晋公司"从三余镇到各分区都有公路相通",不过当时汽车费是很贵的,"从海复镇到南通,汽车费要十五六元"。除非不得已,一般人不乘汽车。但道路条件好了后,即使仍用佃农的传统交通工具——人力小车,也要比以前便捷得多。在南通境内及其邻县海门、如皋、崇明内之交通,"或藉长途汽车,或藉小轮,或藉人力,俱朝发而夕至也"。如三余镇"天天有一艘船开南通,途中要一天时间。坐船的人较多,佃农、生意人均有。船票价比汽车便宜,因此从三余到南通乘轮船的最多"。至抗战前夕,各大公司都通了轮船和汽车。据统计,1933年垦区南通、如皋、东台、盐城、阜宁5县拥有各类汽车已达2 183辆,占江苏全省汽车总量的10.5%。信息方面,至抗日战争前架设了631公里的电话线,邮政线路也逐步开通,大大改善了垦区的通信条件,南通境内邮政代办所"各乡场均有,计共百余,凡其间15里即有一所,故人民消息异常灵通。"通海垦牧公司开办初期就"通邮政,张謇及外地公司的信件是通过邮局送来的。职员在南通的家属的信件,特别是货物,可交给内河轮船码头转送。邮局送信需三天到,轮船一天即到"。大有晋公司所在地"交通不便,邮路不通,有了公司才开了邮路"。泰源垦植公司有邮局,从弶港、陆之苴到三仓竖起了木头杆子,拉了电线,可通电话。华成公司有专门的职员维护电话线路,当时公司与鲍墩、阜宁之间有国家电话,而华成公司本身也搞区域内的电话[86-239～241]。

第四节　改革教育体系

张謇在后半生的32年间,致力于兴实业、办教育,栉风沐雨,呕心沥血,披荆斩棘,探索、开创着惠民救国之路。

张謇关心全省的教育事业。1902年4月13日,张謇"同缪公(缪荃孙,时任清江南高等学堂监督)、黄麻明(可能为当时江苏江宁教育界的人士)相度惜阴书院(张謇曾求学过的书院),拟改为两县小学校。"[3-517]

1906年3月16日,张謇到江宁"诣建德(周馥,时任清两江总督)。以九事问,皆学务也"。尔后与江宁布政使恩铭等集众(两省人)议高等学校等事。3月19日张謇在扬州运署,与"一参将、一知府及张静生、方泽山而已。为扬郡定学校"。"今为订两淮自立一初等、高等、中学、寻常师范,府任立一中学,县各任一初等、高等小学"。3月20日,张謇同"张(静生,扬州商人,曾在海门县久隆镇开恒泰典),[150-619]方(泽山,扬州民意代表[150-147])与扬州学会诸君公宴于史公祠,遂为度中学、师范合建于省耕旧舍之计。"[3-624～626]

1905年3月30日,张謇为"龙门师范筹款五千圆,皆纱业认捐之罚款也。"[3-603]

一、首创民立师范教育

1902年二月下旬,张謇应刘坤一的邀请,到南京与著名学者、教育家罗振玉一起为刘坤一规划"新政"方略,起草《学制奏略》和《兴学次第》。张謇郑重建议尽早兴办师范学校。但刘坤一心有疑虑,不敢推行,藩司吴重熹、巡道徐钧树、盐道胡延同词以阻。张謇感到失望,只好自己回到南通,利用自己企业所得利润,创办了"通州师范学校"。因此张謇后来曾感慨地回忆道:"后之人知中国师范之自通州始,必不知自二道一司激成之也。"[3-517]

1. 通州民立师范学校

1901年,清政府已明谕各州县敬教劝学,允许借寺观作校舍。张謇邀集通州富绅沈燮均及几位好友罗振玉、沙元炳商议创办师范学校的具体事宜,具文报给刘坤一并转呈学部,说明创办私立师范的心迹及初步设想。1902年,张謇在南通城东南的千佛寺废址动工兴建通州民立师范学校,共占地41亩。通州师范开始招生仅限于附近各县,以后扩展到江苏各地和山西、陕西、甘肃、江西、安徽等省。学生由几十人增加到四五百人[54-268~269]。1906年,又增设了农、工、蚕桑、测绘等科,成为一所多学科的师范学校并设附属小学。据1922年统计,正科毕业生已有525人,简易科及讲习科毕业生有439人,工、农、蚕桑、测绘等科毕业生有95人。毕业后,在本省教育界服务的有805人,在外省服务的有20人。通州师范学校成为中国第一所民立师范学校。1958年附属小学改称南通师范学校第一附属小学。校名几经更改,2014年定为南通师范高等专科学校。

2. 通州女子师范学校

1905年,又以张氏所捐之产为基金,办了通州女子师范学校。后经南通县议决,改为县立。1924年,改为省立第四女子师范学校,为全国第一所设本科的中等女子师范学校,并设附属小学。1921年,江苏都督程德全以其成绩显著,准备将师范升为省立,张謇以私人所办为由,改名为代用师范,经费由省政府和私人各出一半。1924年春,大生企业亏损,经费渐绌,经江苏省农会提议改为省立[54-271~272]。该校几经变迁,1958年与通州师范学校合并,称江苏省南通师范学校,附属小学称南通师范学校第二附属小学,现称南通大学文学院。

女子师范学校

3. 三江师范

1902年,两江总督张之洞邀请张謇筹划三江师范,并设附中。所谓三江师范即江西、江苏、安徽三省合办,校址设南京,由杨锡候任监督校长。1905年,改名为两江师范,1914年8月在两江师范基础上筹备南京高等师范学校简称"南高师",1915年9月10日开学上课。张謇曾派他的学生江谦(易园)担任南京高等师范校长,并赞助经费4 000元。南高师最后一批学生17人于1926年毕业。1920年12月15日,东南大学筹备处正式成立,其教育科在南高师的教育和体育专修科的基础上组建而成。1927年6月教育行政委员会仿法国教育制度,颁行大学区制,江苏、浙江两省先试行。以东南大学为基础,将江苏的河海工科大学、江苏政法大学、江苏医科大学、南京工业专门学校、南京农业学校、苏州工业专科学校和上海商科大学、上海商业专门学校与主持江苏省教育行政的教育厅组成第四中山大学。1928年5月16日改称为国立中央大学,下设教育学院等。1929年7月5日,教育部令,停止"大学区制",中央大学为纯学术院校。1937年12月中央大学西迁重庆,附属实验学校迁安徽屯溪。1938年8月,中央大学教育学院改为师范学院,附属学校由安徽屯溪迁至贵阳。1945年9月,中央大学成立复校计划委员会,1946年5月始,全校师生分11批,分乘水陆空各种运输工具,陆续返回南京,11月1日开学上课,师范学院设教育、体育、艺术3个系和体育专修科。1949年8月8日,南京市军事管制委员会文化教育委员会通知,国立中央大学改名为国立南京大学。1949年10月,华东地区高校进行局部调整,上海国立师专、上海市立师专、上海市立幼专3校学生共300人并入南京大学师范学院有关系科。1950年9月,安徽大学艺术系并入。1952年7月,根据教育部全国高等院校院系调整方案,分别组建为南京大学、南京工学院(1988年改为东南大学)、南京农学院(1984年改为南京农业大学)和南京师范学院(1984年改为南京师范大学)[165]。三江师范附中先后更名为两江师范附中、南京高等师范附中、东南大学附中、中央大学实验学校、国立十四中、中央大学附中、南京师范附中(20世纪60年代至70年代名为南京鲁迅中学),1984年改为南京师范大学附属中学。

4. 母里师范

1919年,张謇在东台独资创办了母里师范,"母里"即"母亲故里"之意,此举是为报效母亲的故里,以培养师资,让母亲故里子女受到良好的教育,提高文化科学水平,校长由他的三兄张詧担任。校址在东台城东郊的王家舍,建有校舍百余间,从前到后共有六进房子,第一进是大门、传达室,第二进是办公室,第三、四、五进是教室,第六进是饭堂、伙食房。东西两旁是宿舍。教室、宿舍均有走廊相通,通行道路全是砖石铺成,雨天往来各室可不用雨具。饭厅内高悬一横匾,上书"来处不易"四字,取《朱子家训》"一粥一饭当思来处不易"之义,以教育学生。书法得体,笔力遒劲,未署名,有人说是张謇亲笔所题。校门口小河上架桥一座,溪流清澈见底,两岸垂柳覆荫,波光倒影,风景宜人。校舍东边辟有广阔的操场,有篮、足球架和单双杠等设备,供学生进行体育活动[142-68]。1920年4月18日,张謇曾巡视师范校地,以为地宜西溪[3-879]。

母里师范设预科班修业1年,本科班修业4年,预科班招收高小毕业生,毕业后升入本科,学生200人,每班40人。该校曾毕业初师、中师生各一届,造就和培养了一批人才。如1988年荣获苏联"各国人民友谊"勋章的我国外交部著名翻译家戈宝权,电机设计专家沈从龙就在家乡就读母里师范。

该校共办了9年,因经费支绌停办,停办后全部校产赠归县有。1934年,东台县立初级中学由魁星楼迁师范旧址开办。那时,母里师范是东台最高学府,也是革命的摇篮,不少爱国知识分子在这里受到马列主义熏陶,学校有地下党组织,有"C.Y(共青团)联合支部"。当时教师刘守铭、胡植斋等都是共产党员,他们经常与学生席地而坐,论述时事。中共南通特委书记黄逸峰(东台人)也常到这里发表演讲,并用上海定期寄来《国民革命》《红旗》等书刊给进步老师宣传马列主义。

1937年七七事变后,日本帝国主义疯狂侵略我国,1938年2月,日军侵占东台,3月25日下午4时左右,母里师范被日军纵火烧毁。

二、普及中小学教育

张謇创设师范学校的目的是普及中小学教育,给中小学校提供高水平的师资。1902年,张謇与社会名流范当世等共同创议,筹建通州公立第一高等小学校,报请江督核准后于1903年8月25日开工。1905年冬竣工,当年招生63人,编制一个班,后发展到6个班。1953年改校名为"南通市实验小学"[54-286]。为了使师范学校的师生有自己的实验场所,1904年,张謇约请通海五属(即通州、如皋、泰兴、海门、静海)绅士洽谈在城南水月阁设立"通海五属学务处",主要目的是筹办一所普通中学,并推动各县兴办小学。1906年3月,张謇与第一高等小学校长孙宝书(敬民)邀集通海五属士绅40余人,在五属学务处商议创建通海五属公立中学,经过两年多紧张施工,到1909年3月14日开学。当时该校设备完善,师资力量雄厚,培养了不少杰出人才。该校现为江苏省南通中学[54-264~266]。

张謇在1904年创办常乐镇国民初等小学,校址在关帝庙后厅两侧,后扩建校房于庙内西边,张謇任校长。学生主要来自海门县,也有少数来自外县,开办时有学生120人。1905年又在张氏家庙东侧创办张氏私立初等小学。1906年又在常乐镇南3里处创办张徐私立常乐第三初等小学。1907年,张謇儿媳沈氏

唐闸私立敬孺高等小学校

以私资创办张沈私立常乐第四初等小学校。1913 年在张氏私立小学后边创办张徐私立女子小学。1914 年张謇和邵夫人创办张邵高等小学校。1922 年张氏小学与张徐女校合并,校名沿用"张徐女校",为海门县第一所女子高等小学,学生有 200 人以上[54-287-297]。1918 年张謇以张敬孺之遗资 2 万余元创办唐闸私立敬孺高等小学校,1926 年更名为私立敬孺初级中学,1929—1930 年张孝若曾任校长。校名几度更改,现为"南通市第二中学"[54-267]。

张謇在通海垦牧公司及大生二厂附近创办小学 15 所[117-111],见表 3-7。

表 3-7 张謇在启东所创小学

校名	开办时间	地点
二堤	1901	垦牧总公司宅沟西侧
三堤	1902	三堤公司驻地
四堤	1902	四堤仓库
五堤	1902	重蔷仓驻地
七堤	1903	原仓主陈尔治宅东
六堤	1904	六堤仓东侧
久隆镇宅东小学	1904	现久隆镇医院对面
大生子弟学校	1905	原海神庙址
一堤	1911.7	施家仓北侧
大生乙种农校	1912	二厂纺布厂东头
兴培小学	1919.7	培根仓
垦牧小学	1919.8	东兴镇通沙河新南校旧址
垦牧高等小学	1920	东南中学四合院内
慕畴女子初级小学	1921	望稼楼西侧
二堤国民小学	1921	二堤

1909 年,张謇经考察路程,设想"每十六方里,设一初等小学,是为纵横四方里。以州境计,须六百所"[8-254]。到 1914 年,通州共办成 9 所高等小学,215 所初等小学,见表 3-8[14-73~91]。

表 3-8　初等小学校一览表（民国三年十二月制）

序号	市乡别	校名	所在地	创办年月	职员数	学生数	编制	历年毕业学生数	常年支出银圆数
1	南通市	市立第一初等小学校	学宫内	清光绪三十一年九月	3	75	●●复式	130	592
2		市立第二初等小学校	延寿阁	清光绪三十二年二月	4	69	●●复式	46	581
3		市立第三初等小学校	西寺	清光绪三十二年三月	3	53	●●复式	39	557
4		市立第四初等小学校	法轮寺	清光绪三十二年三月	2	30	●●复式	31	260
5		市立第五初等小学校	丰乐桥南	清光绪三十二年三月	3	75	●●复式	55	580
6		市立第六初等小学校	东门北街	清光绪三十二年十一月	2	52	●●复式	20	253
7		市立第七初等小学校	陆洪闸	清光绪三十二年三月	3	56	●●复式	24	332
8		市立第八初等小学校	察院桥北	清光绪三十二年八月	3	77	●●复式	15	436
9		市立第九初等小学校	凌石桥	清光绪三十三年一月	3	56	●●复式	29	354
10		市立第十初等小学校	狼山北	清光绪三十三年六月	2	38	●●复式	4	248
11		市立第十一初等小学校	东三里墩	清宣统元年	3	32	●●复式	18	226
12		市立第十二初等小学校	西十里坊	清宣统元年一月	2	21	●复式	8	212
13	南通市	市立第十三初等小学校	秦灶	清宣统元年九月	2	26	●复式	无	284
14		市立第十四初等小学校	西厢茶庵殿	清宣统三年八月	2	28	●复式	无	240
15		市立第十五初等小学校	梅观音堂	清宣统三年八月	2	15	●复式	无	224
16		市立第十六初等小学校	德兴镇	清宣统三年七月	2	18	●复式	无	204

（续表）

序号	市乡别	校名	所在地	创办年月	职员数	学生数	编制	历年毕业学生数	常年支出银圆数
17	南通市	市立第十七初等小学校	新港镇	清宣统三年八月	3	99	●●复式	无	320
18		市立第十八初等小学校	曹顶祠	中华民国元年八月	2	28	●复式	无	220
19		市立第十九初等小学校	山港	中华民国二年三月	2	18	●复式	无	204
20		私立明义女子初等小学校	城南大街	清光绪三十一年二月	2	31	●复式	39	360
21		施氏私立初等小学校	寺街	清光绪三十二年闰四月	3	84	●●复式	44	320
22		顾氏私立初等小学校	西厢北河梢	清光绪三十二年八月	3	45	●复式	10	200
23		张氏私立初等小学校	师范校西	清光绪三十三年六月	2	53	●复式	6	432
24		商业私立初等小学校	东门南原	中华民国元年一月	3	49	●复式	6	400
25		狼山僧私立初等小学校	狼山	中华民国元年一月	2	16	●复式	无	220
26	金沙市	市立第一初等小学校	北川门	清光绪三十一年二月	3	74	●●复式	58	420
27		市立第二初等小学校	三姓街东市	清宣统元年八月	2	52	●●复式	13	295
28		市立第三初等小学校	金余镇西市	清宣统二年二月	2	51	●复式	10	300
29		市立第四初等小学校	东市	清宣统三年八月	2	33	●复式	无	234
30		市立第五初等小学校	中市	清宣统三年二月	2	27	●复式	无	204
31		市立第六初等小学校	黑鹿灶下段	中华民国元年一月	2	30	●复式	无	365

（续表）

序号	市乡别	校名	所在地	创办年月	职员数	学生数	编制	历年毕业学生数	常年支出银圆数
32	金沙市	市立第七初等小学校	严灶中沙	中华民国元年二月	2	23	●复式	无	204
33		市立第八初等小学校	严灶上段	中华民国元年二月	2	32	●复式	无	298
34		市立第九初等小学校	八角亭	中华民国元年九月	2	31	●复式	无	214
35		市立第十初等小学校	黑鹿灶上段	中华民国元年九月	2	37	●复式	无	298
36		市立第十一初等小学校	碧塘庙	中华民国二年四月	2	24	●复式	无	204
37		市立第十二初等小学校	唐灶南段	中华民国二年四月	2	18	●复式	无	204
38		市立第十三初等小学校	唐灶北段	中华民国二年四月	2	34	●复式	无	242
39		市立第十四初等小学校	蒋顾灶南段	中华民国二年五月	2	20	●复式	无	204
40		市立第十五初等小学校	唐灶中段	中华民国二年九月	2	25	●复式	无	204
41		市立第十六初等小学校	南市	中华民国二年九月	2	37	●复式	无	204
42		市立第十七初等小学校	朱灶中段	中华民国二年十月	2	15	●复式	无	102
43		市立第十八初等小学校	顾灶北段	中华民国三年八月	2	21	●复式	无	194
44		市立第十九初等小学校	姜三官殿	中华民国三年八月	2	18	●复式	无	174
45		市立第二十初等小学校	贵木桥	中华民国三年八月	2	22	●复式	无	190
46		市立第二十一初等小学校	进鲜港	中华民国三年八月	2	16	●复式	无	192

(续表)

序号	市乡别	校名	所在地	创办年月	职员数	学生数	编制	历年毕业学生数	常年支出银圆数
47	金沙市	市立女子初等小学校	北川门	中华民国元年七月	2	37	●● 复式	6	640
48		高氏私立初等小学校	本市河南	清光绪三十一年二月	2	58	● 复式	28	400
49		张氏私立初等小学校	三姓街	清宣统二年八月	2	28	● 复式	20	130
50		季氏私立初等小学校	贵臣桥	清宣统三年三月	2	23	● 复式	无	140
51		季氏私立初等小学校	季拖桥	清宣统三年五月	2	27	● 复式	无	170
52		徐氏私立初等小学校	顾灶	中华民国元年六月	2	29	● 复式	无	150
53		张氏私立初等小学校	三里墩	中华民国元年八月	2	36	● 复式	无	200
54		徐氏私立初等小学校	唐洪灶	中华民国元年十月	2	43	● 复式	无	160
55		易氏私立初等小学校	顾灶	中华民国元年十月	2	21	● 复式	无	240
56		张氏私立初等小学校	太圣庙	中华民国二年五月	2	35	● 复式	无	180
57	四安市	市立第一初等小学校	本市	清光绪三十一年二月	3	56	● 复式	10	422
58		市立第二初等小学校	徐家桥	清光绪三十二年二月	4	92	●●● 复式	56	768
59		市立第三初等小学校	茶庵殿	清光绪三十二年三月	2	24	● 复式	10	252
60		市立第四初等小学校	阚家庵	清光绪三十三年二月	2	26	● 复式	16	248
61		市立第五初等小学校	陆观音堂	清宣统三年七月	2	20	● 复式	无	200

(续表)

序号	市乡别	校名	所在地	创办年月	职员数	学生数	编制	历年毕业学生数	常年支出银圆数
62	四安市	市立第六初等小学校	温家桥	中华民国二年二月	2	25	●复式	无	254
63		市立第七初等小学校	东白马庙	中华民国二年四月	2	20	●复式	无	230
64		市立第八初等小学校	韩家坝	中华民国三年八月	2	26	●复式	无	214
65		市乡合立初等小学校	李观音堂	中华民国二年八月	3	47	●●复式	无	335
66		姜氏私立初等小学校	姜家园	清光绪三十四年十二月	2	33	●复式	12	187
67	西亭市	市立第一初等小学校	本市河北	清光绪三十一年二月	5	122	单式	132	950
68		市立第二初等小学校	灰场边	清光绪三十三年二月	2	37	●复式	24	280
69		市立第三初等小学校	李双楼子	清宣统元年二月	2	42	●复式	15	310
70		市立第四初等小学校	西禅寺	清宣统元年二月	2	28	●复式	26	270
71		市立第五初等小学校	施家店	清宣统三年二月	2	25	●复式	5	240
72		市立第六初等小学校	陆扶桥	清宣统三年七月	2	41	●复式	2	220
73		市立第七初等小学校	草庙子	中华民国元年二月	2	36	●复式	无	200
74		市立第八初等小学校	潘观音堂	中华民国二年二月	2	19	●复式	无	200
75		市立第九初等小学校	孙和尚庙	中华民国二年二月	2	18	●复式	无	180
76		市立第十初等小学校	五总观音堂	中华民国三年八月	2	28	●复式	无	226

(续表)

序号	市乡别	校名	所在地	创办年月	职员数	学生数	编制	历年毕业学生数	常年支出银圆数
77	西亭市	市立第十一初等小学校	包家桥	中华民国三年八月	2	34	●复式	无	190
78		市乡合立初等小学校	华王庙	清光绪三十二年二月	2	29	●复式	33	280
79		王氏私立初等小学校	杨家桥	中华民国二年二月	2	27	●复式	无	200
80	平潮市	市立第一初等小学校	吕祖阁	清光绪三十年二月	3	71	●●复式	72	348
81		市立第二初等小学校	丹房庙	清光绪三十一年二月	3	38	●复式	21	342
82		市立第三初等小学校	五接桥	清光绪三十二年一月	2	16	●复式	21	74
83		市立第四初等小学校	新坝	清光绪三十四年八月	3	42	●●复式	16	348
84		市立第五初等小学校	天后宫	清宣统二年一月	3	107	●●复式	无	348
85		市立第六初等小学校	四十里	中华民国元年一月	2	18	●复式	无	192
86		市立第七初等小学校	云台山	中华民国二年二月	2	21	●复式	无	216
87		市立第八初等小学校	马观音堂	中华民国三年二月	2	21	●复式	无	216
88		市立第九初等小学校	东宏济寺	中华民国三年八月	2	18	●复式	无	186
89		市立女子初等小学校	火星殿	中华民国三年八月	2	23	●●复式	无	210
90	唐闸市	市立第一初等小学校	罗祖殿	清宣统三年一月	2	38	●复式	无	220
91		市立第二初等小学校	西河口	中华民国元年一月	2	27	●复式	无	240

（续表）

序号	市乡别	校名	所在地	创办年月	职员数	学生数	编制	历年毕业学生数	常年支出银圆数
92	唐闸市	市立第三初等小学校	白龙庙	中华民国二年六月	2	21	●复式	无	216
93	唐闸市	市立第四初等小学校	兴教寺	中华民国三年八月	2	15	●复式	无	188
94	唐闸市	实业私立初等小学校	本市河东	清光绪三十二年一月	3	56	●●复式	43	560
95	唐闸市	市立第一初等小学校	南市	清光绪三十二年八月	3	40	●●复式	10	412
96	唐闸市	市立第二初等小学校	陆家桥	清宣统二年二月	4	78	●●复式	13	456
97	刘桥市	市立第三初等小学校	戴家湾	清宣统三年七月	2	14	●复式	无	200
98	刘桥市	市立第四初等小学校	徐关帝庙	中华民国元年四月	2	18	●复式	无	212
99	刘桥市	市立第五初等小学校	三官殿	中华民国元年八月	2	21	●复式	无	200
100	刘桥市	市立第六初等小学校	沙家埭	中华民国二年二月	2	24	●复式	无	188
101	刘桥市	市立第七初等小学校	陆家桥	中华民国二年五月	2	13	单式	无	176
102	石港市	市立第一初等小学校	圣桥下	清光绪三十一年九月	3	60	●●复式	62	620
103	石港市	市立第二初等小学校	南市	清光绪三十二年七月	4	71	●●复式	66	600
104	石港市	市立第三初等小学校	南乡	清光绪三十四年二月	2	17	●复式	13	270
105	石港市	市立第四初等小学校	八总庙	清宣统三年二月	2	18	●复式	6	250
106	石港市	市立第五初等小学校	双龙镇	清宣统三年二月	3	34	●复式	13	380

（续表）

序号	市乡别	校名	所在地	创办年月	职员数	学生数	编制	历年毕业学生数	常年支出银圆数
107	石港市	市立第六初等小学校	五总埠	中华民国元年三月	3	34	●复式	无	400
108		市立第七初等小学校	丁家渡	中华民国元年八月	1	16	●复式	无	200
109		市立第九初等小学校	西市	中华民国二年八月	3	35	●复式	无	300
110		于氏私立初等小学校	南乡	清宣统三年二月	1	12	●复式	无	300
111		刘氏私立初等小学校	北街头	清宣统三年二月	1	24	●复式	无	300
112	观永市	市立第一初等小学校	太平寺	清光绪三十一年二月	3	43	●●复式	50	280
113		市立第二初等小学校	三圩镇	清光绪三十二年九月	2	25	●复式	16	200
114		市立第三初等小学校	杭家埭	清光绪三十四年一月	3	48	●●复式	8	320
115		市立第四初等小学校	北茶庵殿	清光绪三十四年十一月	2	36	●复式	4	180
116		市立第五初等小学校	永安镇	中华民国元年二月	1	20	●复式	无	180
117		市立第六初等小学校	洪济院	中华民国元年六月	2	26	●复式	无	200
118		市立第七初等小学校	大悲庵	中华民国元年九月	2	25	●复式	无	130
119		市立第八初等小学校	十六里墩	中华民国三年八月	2	28	●复式	无	172
120		李氏私立初等小学校	观音山镇北	中华民国元年二月	2	31	●复式	无	240
121		葛氏私立初等小学校	三官殿	中华民国元年二月	2	14	●复式	无	120

（续表）

序号	市乡别	校名	所在地	创办年月	职员数	学生数	编制	历年毕业学生数	常年支出银圆数
122	竞化市	市立第一初等小学校	张芝山镇	清光绪三十一年一月	4	106	●●● 复式	64	544
123		市立第二初等小学校	川港西市	清光绪三十二年一月	5	120	●●● 复式	36	500
124		市立第三初等小学校	小海镇	清光绪三十二年三月	4	104	●●● 复式	61	900
125		市立第四初等小学校	竹行镇	清光绪三十三年八月	3	49	● 复式	15	340
126		市立第五初等小学校	姜灶港	清宣统三年一月	3	73	●● 复式	无	500
127		市立第六初等小学校	复兴庵	中华民国元年二月	2	27	● 复式	无	220
128		市立第七初等小学校	皇经堂	中华民国元年二月	2	24	● 复式	无	220
129		市立第八初等小学校	朝阳港	中华民国元年八月	2	36	● 复式	无	224
130		市立第九初等小学校	大圩镇	中华民国二年三月	2	22	● 复式	无	192
131		市立第十初等小学校	新开港	中华民国二年八月	2	26	● 复式	无	200
132		市立第十一初等小学校	三合口	中华民国二年八月	2	25	● 复式	无	180
133		市立第十二初等小学校	天后宫	中华民国三年八月	2	32	● 复式	无	192
134		通海合立初等小学校	通海桥	清光绪三十二年二月	2	62	●● 复式	无	450
135		刘氏私立初等小学校	川港东市	清光绪二十九年一月	3	54	●● 复式	无	500
136		沈氏私立初等小学校	姜灶港西南乡	清光绪三十二年九月	3	92	●● 复式	55	460

(续表)

序号	市乡别	校名	所在地	创办年月	职员数	学生数	编制	历年毕业学生数	常年支出银圆数
137	余西市	市立第一初等小学校	北市	清光绪三十二年二月	3	65	●●复式	12	570
138		市立第二初等小学校	二甲镇	清光绪三十三年二月	3	90	●●●复式	33	675
139		市立第三初等小学校	东灶	清光绪三十四年二月	2	44	●●复式	36	374
140		市立第四初等小学校	五福桥	清宣统二年三月	2	26	●复式	9	334
141		市立第五初等小学校	北团	中华民国元年八月	2	19	●复式	无	240
142		市立第六初等小学校	河头	中华民国元年八月	2	26	●复式	无	276
143		市立第七初等小学校	西三甲南段	中华民国二年三月	2	25	●复式	无	246
144		市立第八初等小学校	西三甲北段	中华民国二年三月	2	33	●复式	无	313
145		市立第九初等小学校	南市	中华民国二年三月	3	63	●●复式	无	375
146		市立第十初等小学校	毕甲镇	中华民国三年八月	2	20	●复式	无	192
147		曹氏私立初等小学校	堤北西二甲	清宣统二年二月	2	28	●复式	9	240
148		顾氏私立初等小学校	河南西二甲	中华民国二年三月	2	34	●复式	无	160
149	余东市	市立第一初等小学校	本市西河边	清光绪三十三年二月	4	74	●●复式	11	550
150		市立第二初等小学校	包场	清光绪三十三年二月	3	46	●●复式	4	520
151		市立第三初等小学校	郁土地堂	清光绪三十三年二月	2	24	●复式	5	250

（续表）

序号	市乡别	校名	所在地	创办年月	职员数	学生数	编制	历年毕业学生数	常年支出银圆数
152	余东市	市立第四初等小学校	六甲镇	清光绪三十四年三月	2	36	● 复式	1	280
153		市立第五初等小学校	柴南沙	中华民国元年二月	2	37	● 复式	2	280
154		市立第六初等小学校	岸头镇	中华民国元年二月	2	41	● 复式	无	300
155		市立第七初等小学校	五里墩	中华民国二年二月	2	28	● 复式	无	280
156		市立第八初等小学校	二甲	中华民国二年四月	2	14	● 复式	无	280
157		市立第九初等小学校	头甲镇	中华民国二年九月	2	29	● 复式	无	210
158		何氏私立初等小学校	何家园	中华民国二年二月	2	25	● 复式	无	180
159	吕四市	市立第一初等小学校	北街	清光绪三十二年一月	3	49	●● 复式	34	600
160		市立第二初等小学校	七甲	清宣统三年二月	2	38	● 复式	无	311
161		市立第三初等小学校	南街	清宣统三年七月	2	31	●● 复式	1	496
162		市立第四初等小学校	廿八总	中华民国二年二月	2	24	● 复式	无	288
163		市立第五初等小学校	十九总	中华民国二年三月	2	22	● 复式	无	312
164		市立第六初等小学校	二补沙	中华民国二年五月	3	36	● 复式	无	200
165		市立第七初等小学校	二补东圩	中华民国三年八月	2	19	● 复式	无	212
166		市立彭鼎初等小学校	三甲	清宣统三年七月	2	22	● 复式	无	312

（续表）

序号	市乡别	校名	所在地	创办年月	职员数	学生数	编制	历年毕业学生数	常年支出银圆数
167	吕四市	市立女子初等小学校	中市后街	中华民国二年三月	2	59	●复式	无	605
168		袁氏私立初等小学校	十五总	中华民国元年一月	2	20	●复式	无	260
169	三乐乡	乡立第一初等小学校	油榨	清光绪三十二年二月	2	34	●复式	18	400
170		乡立第二初等小学校	镇场	清光绪三十二年二月	3	36	●复式	22	420
171		乡立第三初等小学校	袁灶港	清光绪三十二年二月	3	45	●复式	28	320
172		乡立第四初等小学校	大泽观	中华民国二年八月	2	23	●复式	无	260
173		乡立第五初等小学校	太平山桥	中华民国二年六月	2	35	●复式	无	200
174		李氏私立初等小学校	麒麟桥尹耕莘案	中华民国二年三月	2	23	●复式	无	220
175		吴氏私立初等小学校	马宗勋案	中华民国二年八月	2	13	●复式	无	200
176	三益乡	乡立第一初等小学校	富源镇	清宣统元年八月	2	53	●复式	10	500
177		乡立第二初等小学校	梁家店	清宣统二年七月	2	25	●复式	无	200
178		乡立第三初等小学校	石头镇	中华民国元年二月	2	28	●复式	无	300
179		乡立第四初等小学校	新河镇南	中华民国元年八月	2	27	●复式	无	206
180		梁氏私立初等小学校	梁家店	清光绪三十四年一月	2	24	●复式	11	230
181	余中乡	乡立第一初等小学校	通源镇	清光绪三十一年一月	2	24	●复式	24	280

（续表）

序号	市乡别	校名	所在地	创办年月	职员数	学生数	编制	历年毕业学生数	常年支出银圆数
182	余中乡	乡立第二初等小学校	合兴镇	清宣统元年三月	3	54	●●复式	8	500
183		乡立第三初等小学校	头桥	清宣统三年七月	2	26	●复式	无	320
184		乡立第四初等小学校	余中街	清宣统三年七月	2	29	●复式	无	250
185		乡立第五初等小学校	定海山	清宣统三年七月	2	32	●复式	无	230
186		乡立第六初等小学校	堤北大墩	中华民国二年三月	2	11	●复式	无	200
187		乡立第七初等小学校	二桥	中华民国三年八月	2	21	●复式	无	196
188		乡立第八初等小学校	龙游沟东	中华民国三年八月	2	27	●复式	无	148
189	骑岸乡	乡立第一初等小学校	南市	清光绪三十二年三月	3	95	●●复式	122	585
190		乡立第二初等小学校	十总店	清宣统三年三月	2	19	●复式	11	220
191		乡立第三初等小学校	二洮	清宣统三年三月	2	23	●复式	18	280
192		乡立第四初等小学校	沙家坝	中华民国二年九月	2	17	●复式	无	180
193		乡立第五初等小学校	新河边	中华民国三年九月	3	15	●复式	无	218
194		乡立第六初等小学校	张家沙	中华民国三年九月	2	18	●复式	无	218
195		乡立第七初等小学校	堤外四总庙	中华民国三年十月	2	13	●复式	无	194
196		乡立第八初等小学校	余田庙	中华民国三年十一月	2	16	●复式	无	194

（续表）

序号	市乡别	校名	所在地	创办年月	职员数	学生数	编制	历年毕业学生数	常年支出银圆数
197	骑岸乡	于氏私立初等小学校	西段九总	清光绪三十二年三月	2	37	●复式	35	260
198		陈氏私立初等小学校	西段五总	中华民国元年三月	2	42	●复式	16	260
199	白蒲乡	乡立第一初等小学校	南街泰山后	清光绪三十一年四月	2	72	●●复式	19	500
200		乡立第二初等小学校	五十里河东	中华民国元年四月	2	10	●复式	无	200
201		乡立第三初等小学校	五十里河西	中华民国元年四月	2	12	●复式	2	170
202		乡立第四初等小学校	张观音堂	中华民国二年七月	2	27	●复式	无	220
203	兴仁乡	乡立第一初等小学校	文昌宫	清光绪三十一年九月	3	55	●●复式	36	400
204		乡立第二初等小学校	东土山	清宣统元年十月	2	29	●复式	7	140
205		乡立第三初等小学校	草庙子	清宣统二年十月	2	26	●复式	无	180
206		乡立第四初等小学校	准提庵	中华民国元年二月	2	40	●复式	无	220
207		乡立第五初等小学校	东街	中华民国二年四月	2	24	●复式	无	220
208		成氏私立初等小学校	成家庙	中华民国元年八月	2	24	●复式	无	120
209	刘海沙乡	乡立第一初等小学校	南桥镇	中华民国元年二月	4	79	●●●复式	无	720
210		乡立第二初等小学校	土山	中华民国二年二月	2	45	●复式	无	380
211		乡立第三初等小学校	毛竹镇	中华民国二年八月	2	22	●复式	无	396

(续表)

序号	市乡别	校名	所在地	创办年月	职员数	学生数	编制	历年毕业学生数	常年支出银圆数
212	垦牧乡	乡立第一初等小学校	海复镇西市北	清光绪三十一年二月	2	48	●复式	10	128
213		乡立第二初等小学校	第一堤西圩中路东	清宣统三年七月	2	59	●复式	3	118
214		乡立第三初等小学校	第一堤西圩北岸台	中华民国元年八月	2	44	●复式	无	112
215		乡立半日初等小学校	第一堤西圩中路东	中华民国二年八月	2	14	●复式	无	48
统计	215				490	7 659		2 222	62 445

说明：

(1) 表中编制格：复式二字上有●符号者系指一学级，有●●符号者系指二学级，有●●●符号者系指三学级，其编制四学级者则注为单式。

(2) 表中历年毕业学生数，系指各校自开办起至中华民国第二学年度止所有毕业学生之总数。

到 1931 年，海门全县有初级小学 197 所，完全小学 26 所，私立初级小学 61 所，私立完全小学 12 所，在校学生达 2.24 万人[166-1150～1159]。其中张氏家族创办的有 6 所。

张謇以农垦收入办学校，以兴教办学促农垦。一是普及教育。垦区学校从无到有，第一步先普及初小，规定每堤或每隔一二里办一所初小，在此基础上每公司办 1～2 所高小，让垦区农民子女都有书读，启民智、长知识、兴农垦。大有晋盐垦公司办有重山中学。大丰垦植公司办了 2 所中学。二是师范教育。大丰在办了师资训练班后，办了 19 个初级小学，垦区学校数量是西部老区的 3 倍。三是专业教育。例如在通海垦牧公司办乙种农校。1921 年，张謇自己出资收买华成公司东南隅 10 万亩土地给南通大学农科，以培育农业技术人员并派往各公司及管理区。又将西余区 27 000 亩及西一区 6 000 亩拨归阜宁教育局管理，作为学地，资助教育。到抗战前，17 个农垦公司就办了 2 所中学，54 所小学。详见表 2-12。当时如此繁荣的垦区教育在全国实属罕见。

三、支持高等教育

创办高等教育是张謇教育思想的一个重要特色。1905 年，张謇向两江总督周馥建议在上海制造局附近创建工科大学，"棋劫将穷，河清难俟，权衡形势，而先其所至急,莫若仍就上海制造局相近,先建工科大学,即以已成之中国工学,为高等工学豫备,次第经营,四五年后即可希望成效之发生,有完全之工学。更三数年,各省热心从事工业之处,得有相助为理之人,不至如今日实业之摘填冥行,瞎骑盲进。其于国计民生,关系实重且要"[7-101]。张謇主张"以实业辅助教育,以教育改良实业。实业之所至,即教育之所至"[13-615]。这充分反映张謇在基础实业教育获得一定发展之后,更意识到应该使实业教育获得新的提高的想法。1906年,两江总督端方拟筹建南洋大学,并以此征询张謇的意见。而张謇认为,大学固然要办,但不宜仓促上马,而应讲求兴学的秩序,"大学之豫备在高等。目前只宜设法次第先立各科高等,不宜于高等之外,更有大学之豫备。高等之升途在中学,目前只宜督饬苏皖两省各府次第先立中学,不宜于中学之外,更有高等之豫备。"要设立大学,一是要有足够的生源,二是要有足够的经费支持。因此他建议端方,在正式创建南洋大学之前,宜利用江浙一带已有的各高等专科学校,先谋分科发展,然后再筹建南洋大学。"就江苏论,江阴南菁学校性质近文科,宜改设文科。旧学政衙门,废弃可惜,宜改设理科。江宁宜就制造局左近设工科,特设法科。苏州宜就昆山新阳有荒地处所设农科,就上海设医科。至安徽、江西,亦宜各设一文科,或更量设法理、高等一二科,以备三四年后升入大学"[8-191~192]。

1. 震旦学院

在筹划创办工科大学、南洋大学的前后,张謇还积极支持同道创办震旦学院。1903年3月,马相伯发起,商请耶稣会创办震旦学院于上海徐家汇,聘张謇为校董,马相伯自任总教习。1904年,耶稣会召安徽传教士南从周到上海任震旦学院总教习,但南从周任意改变学校章程,马相伯愤而辞职,全部学生20多人相继离校,震旦停办。1905年2月,张謇为震旦已散学徒筹款得万圆[3-603]。马相伯、严复等另筹办复旦学院,张謇参与筹办,助成其事。学校于该年9月4日开学。李向涣为校长,设董事会,聘张謇、李平书等为董事。改肄业期4年,前2年为附科,第1年以中文教授,第2年以法文教授,至第3年始设本科,教授法文、英文、文学、中外历史地理、哲学、经济学、法学、算术、物理、博学等,第4年分为文理两科。1908年,校址迁卢家湾,肄业期增为6年,预科、本科各3年[54-368~369]。此校今为复旦大学。

2. 南通私立农业学校

1906年,通州师范学校定农业为师范必修课,且在通州博物苑南建设农科校舍。次年,农科校舍落成,招收农业本科生45人,南通近代农业大学教育正式实施。1909年,学校添设蚕科,农业教育向多门类发展。1910年,张謇在通海垦牧公司二堤开办乾区乙级农学校,招收垦区学生。1911年初,通州师范在农科的基础上设立初、中等农业学校。1913年初,初、中等农业学校改名为乙种、甲种农业学校,校名定为南通私立农业学校。1907—1929年,农校规模随学制的提高而扩大,从初等农校、乙种农校、甲种农校到南通大学农科,校长为张謇。1928年起由张謇之子张孝若继任。农校共有农场五处,林场、牧场和苗圃各一处[54-253~254]。1946年在张氏家族的支持下重建了江苏省南通农业学校,该校现为南通农业职业技术学院。1952年全国高等学校院系调整,该校农科与江南大学农艺系、苏南文教学院农教系组成苏北农学院。1992年,该院与扬州师范学校、扬州水利学院合并为扬州大学。

3. 中国陶业学堂

张謇在兴办江西瓷业公司的同时,又在饶州(今鄱阳高门)设立的分厂内创办中国陶业学堂,由直隶、湖北、江苏、安徽四省协同出资。这所学堂是中国历史上第一所陶瓷专业学校。首任学堂堂长是举人徐凤钧。学堂的办学宗旨是:"养成明白学理、精进技术之人才,以改良陶业。"1911年,学校招收陶业本科一班,学制3年,招收的是15岁以上的高小毕业生;艺徒一班,学制5年,招收的是12岁以上初有文化的少年,生源来自协同出资的四省。张謇等人创办的中国陶业学堂在以后的几十年里,几度搬迁,几经更名,历尽沧桑,直到1958年6月,江西省人民委员会决定在原校基础上成立景德镇陶瓷学院,学校才进入平稳发展时期[139-40~41]。

4. 吴淞商船学校

1905年,张謇在《致唐文治函》中明确提出"公司附近,拟设水产、商船两学校"[8-146]。1907年,张謇在《致瑞澂函》中说:"承前监督袁咨请农工商部转咨沿江海十一省,合筹银十万两,就吴淞公地建设水产、商船两学校。""中国创办商轮局已数十年,而管驾、管机悉委权于异族,非特利权损失,且无以造就本国人才。际此商战竞存之世,欲藉以保主权而辅海军,非创设商船学校不可。惟各省现已解到之款,不过四万二千余两,且间有指明为水产学校经费者。兹拟移缓就急,先造中国商船学校。""除基址已于四月初一日开工填筑外,所有监造商船学校事宜,拟另派熟悉工程之员专司其事。"[8-216~217]1912年,吴淞商船学校在吴淞成立,推萨镇冰为校长,培养了不少航海人才。1911—1915年,共毕业学生72人[167-19]。1923年,上海达兴商船公司任用该校第一届毕业生郏鼎锡为"镇海"轮船长,他是第一个中国人所担任的海轮船长。第二年任用陈干清为"升利"轮船长[48-171]。1929—1937年,驾驶科毕业四届计75人,轮机科三届43人,两科合计118人[167-34]。由中国人自己培养的驾驶、轮机人员驾驶轮船,逐步夺回了我国航政主权,促进了中国航海事业的发展。

招商局开办初期,受海关及外商保险公司的干涉而制定的《轮船规条》规定:船长、大副、轮机长都要雇佣外籍人员,中国人员只能担任三副、三管轮职务。这一规定几乎维持了50年之久。[48-84]1908年,招商局任用的船长、大二副、轮机长、大轮、二管轮、三管轮全部为外籍人员,共175人。买办、副手、三水、二车、三车、四车、领港、管事、火夫、煤匠均为中国人,共2 254人[48-132]。

1928年,成立商船驾驶员总会,其前身是吴淞船校同学会,致力于收回航权、引水权、争取华籍驾驶员上船任职的权益,在高级船员团体中影响很大[48-184]。1931—1935年,发给船员证书1 166份,计驾驶员486人(船长172人,大副139人,二副132人,三副43人),轮机员680人(轮机长204人,大管轮145人,二管轮176人,三管轮155人)[48-204]。

该校几经变迁,现为大连海事大学和上海海事大学。

5. 江苏省立水产学校

张謇1905年开始筹建江苏省立水产学校,1912年凭借官费和江浙渔业公司的资助正式建成。先借上海老西门江苏省教育会作临时校舍,将该会三楼(三楼系大会堂)辟作教室,招收预科学生。又借小西门林荫里房屋六栋作为学生宿舍。于该年1月15日开学。1913年3月,吴淞炮台校舍落成,学校规模初具,乃全部迁入新校舍上课,校长张謇。江苏省立水产学校在抗战前培养过渔捞科学生21届、制造科学生20届、养殖科学生2届、远洋渔业科学生1届、航海科学生3届、渔网和贝扣职工科各1届。造就了各类水产专业人才800余名,为中国海洋及渔业的发展奠定了人才基础。1932年淞沪抗战中,校舍大半被毁,当年借上海康脑脱路(今康定路)春江别墅继续上课,一学期后又迁回吴淞复课。1937年"八一三"事变中学校又遭破坏,被迫停办。1947年6月,上海市当局批准恢复吴淞水产专科学校,一直到新中国成立后。"文革"期间,学校迁往厦门,更名为厦门水产学院。1980年6月在上海市军工路334号复校,1985年改称上海水产大学。2008年改称上海海洋大学。

6. 中国公学

1905年,日本文部省公布《取缔清国留学生规则》,东京8 000余名中国留学生罢课抗议,3 000余名留学生退学回国。回国的留学生募集经费,在上海四川北路横滨桥租民屋为校舍,筹办中国公学。张謇发起并联合各地绅民筹集资金,1909年在吴淞炮台湾为中国公学落实了新校舍。不久辛亥革命爆发,学校停办。1912年12月,以张謇为首的中国公学董事会多次上书北洋政府,要求继办中国公学。张謇先后撰写《为拨款继续办学呈大总统文》《为依案拨款呈财政部熊总长文》《呈财政部派员领收押产文》《与黄兴等呈大总统暨教育总长范财政总长周文》《董事会呈外交部文》[7-240~244]等,提取清末筹集的中国公学办学资金,创办成中国公学。该校培养了一大批杰出人才,如胡适、冯友兰、吴晗、何其芳、韩念龙等[169-278~279]。

7. 南通纺织专门学校

1912年,张謇为培养精通纺织机械工程的技术人才,决定在大生一厂附设纺织传习所,学生10多人,为试办性质。这年秋天,扩大规模,增聘日本籍教师四五人,其余大多为留美学生。所订课目,多袭美国费城纺织学校课程,改称南通纺织学校。纺校学制分为本科、预科。本科招中学毕业生,3年毕业;预科招高小毕业生,5年毕业。1913年,由大生一厂和张謇、张詧、徐静仁、聂云台等捐建校舍于唐家闸,改称南通纺织专门学校,校长张謇规定大生系统各厂每年按比例负担经费,该校成为全国第一所纺织高等学校。1928年,南通的农科、医科、纺织三所大学合并为南通大学,分设医科、农科、纺织科[54-257~258]。南通纺织学校历届毕业生散布在全国及南洋群岛,纺织工业界及学术界的有800余人,为中国纺织工业的发展作出了重要贡献。该校1952年并入华东纺织学院(现为东华大学),1985年后复建南通纺织职业技术学院和南通工学院。2014年,南通纺织职业技术学院改称江苏工程职业技术学院。

南通大学纺织科

8. 南通医学专门学校

1912年3月,张謇、张詧借南通南门外籍仙观西院(昭武院旧址),以私资创办南通医学专门学校。初创时设中医、西医两科,学制4年(预科1年,本科3

年)。张詧、张謇任校长,张孝若为"视察",下设主任 1 人,有教务会和学生自治会,教务会由全校教职员组成。为便于学生实习,还办了南通医院,三、四年级学生每日上午轮流至医院实习。医校教师多为医院各科医长和医生。医校常年经费 2 万多元,除每年收学费约 4 000 余元外,其余均由张氏补助[54-255]。南通医科大学现称南通大学医学院。该校部分专业 1957 年并入苏州医学院(现称苏州大学基础医学与生命科学学院)。

南通大学医科

9. 河海工程专门学校

详见第二章第五节。

10. 上海商科大学

1920 年 12 月,张謇、蔡元培、江谦、黄炎培等发起创立东南大学,张謇在《国立东南大学缘起》一文中陈述了创立东南大学十大有利条件,拟就南京高师地址及劝业会场建设东南大学[13-465~467]。第二年,东南大学的商科专业迁至上海,并组建上海商科大学。中华人民共和国成立后,该校改名为上海财经学院[169-279~280],1985 年改名为上海财经大学。

11. 扬州大学(两淮师范学校)

1952 年,南通学院农科迁往扬州,改为苏北农学院,南通师范学校的文史科并入扬州师范学院。1992 年 5 月 19 日,经中华人民共和国国家教育委员会批准,由扬州师范学院、江苏农学院、扬州工学院、扬州医学院、江苏水利工程专科学院、江苏商业专科学院联合组建扬州大学。

12. 暨南大学

1906年,时任两江总督的端方上书光绪皇帝,请求允许"南洋各岛及檀香山、旧金山等处侨民"回南京读书,以"宏教泽而系侨情"。经过筹备,校址被选在南京薛家巷妙相庵。该处地居南京城中央,鼓楼之南,唱经楼之北,西北紧邻金陵大学,称暨南学堂。

1906年,暨南学堂

1929年,国立暨南大学校门

1907年3月23日,暨南学堂正式开学。首批学生21人,全部是由爪哇归国的侨生,原籍大部分为广东。1907年8月28日,巴达维亚中华会馆董事潘立斋、梁映堂又护送10名侨生到达南京学习。1908年5月,南洋各岛第三批46名侨生抵达南京。1911年10月武昌起义后,学堂赶紧把学生送到上海避难,大部分侨生返回南洋,小部分参加了革命军,而暨南学堂也因此停办。民国初期,时教育界的知名人士和海外华侨强烈要求政府尽快恢复暨南学堂。拖到1917年11月1日,教育部终于批准恢复暨南学堂,并委派江苏教育司司长黄炎培为筹办员。1918年3月1日,暨南学校补习科正式开课。学校正式更名为"国立暨南学校"。

1918年4月14日,暨南学校学生十六人来,张謇在农校发表《本县农校欢迎暨南学校参观团演说》中说:"信用者,即忠信笃敬之意。"[13-370~371]

1922年3月,国立暨南学校校董会经北洋政府教育部批准成立。聘请教育界、侨务界、实业界的著名人士史量才、黄炎培、张謇等17人为董事。1923年,为了适应学生的增多,并创建大学部,暨南学校从南京迁到上海的真如。北洋政府教育部批准1927年6月,在赵正平和姜琦之后,郑洪年继任暨南学校校长。担任暨南学校校长后,郑洪年力主将商科改为商学院,并在此基础上增加农学院、文哲学院、自然科学院、社会科学院和艺术院五门,将暨南学校扩充为当时唯一的华侨大学。该校几经变迁,1958年,在广州重建暨南大学。

1918年4月,校董张謇先生(前排右三)与赴南通调查的暨南学生合影

2006年,暨南大学

四、重视职业教育

张謇创办大生纱厂等企业之后,就感到企业的发展离不开科学技术水平的提高,而科学技术水平的提高,主要取决于人才的培养,取决于文化程度和各种技能的提高,为此要办实业教育。并根据实业领域的扩展创办各类职业学校和培训班,提高了劳动者的文化水平,促进了实业的发展。

1. 唐闸实业公立艺徒豫教学校

1905年张謇组织大生纱厂、资生铁厂、广生油厂、复兴面粉厂、阜生蚕厂于唐闸河东合资筹建该校。张謇自任校长。此校为张謇创办的第一所职业学校[54-290~291]。该校几经变迁,1930年称唐闸私立实验学校。中华人民共和国成立后称"通棉一厂第一工人子弟小学"。

2. 苏省铁路学校

1906年6月19日,江苏省铁路股份有限公司在上海成立。8月11日张謇开始筹划于吴县创办苏省铁路学校,培养自己的铁路建筑和管理人才。1923年,将1911年在苏州建立的官立中等工业学堂和苏省铁路学校合并为公立苏州工业专门学校。1927年并入第四中山大学,1937年迁至上海租界区,1948年在苏州复设江苏省立苏州工业专科学校。现为苏州工业职业技术学院。

3. 商业学校及银行专修科

大生系统企业初步发展之后,为了培养企业管理和会计人员,1909年在通海五属公立中学附设了初等商业学校及银行专修科。1912年,初等商业学校改为乙种商业学校。1914年,又建立了甲种商业学校,即所谓商校。1927年停办。为后来大生企业创办淮海实业银行培养了专业人才。经过整顿,于1929年秋季招生,1937年校名更改为"南通私立商益中学"。抗日战争期间,受到严重破坏。1946年夏,由大生一厂及商会拨款筹备商校复校,1952年商校、通州女师、通师、崇英4所学校联合成立"南通市初级中学",1989年又改称为南通市启秀中学[54-278~280]。

4. 镀镍传习所

镀镍传习所是资生铁厂培养专业技工的机构。1913年创办,招收学生12人。镀镍并非铁厂主要工艺,当时社会上对此也无需要,因此没有发展[54-275]。

5. 女工传习所

女工传习所1914年创办,张謇聘请沈寿来南通担任所长兼总教习。沈寿是苏州人,清末著名的刺绣艺术家(曾在清政府农工商部绣科任总教习)。女工传习所起初附设在女子师范学校,后移到濠阳路。传习所第一期招生20多人,以后逐年增加,学制也逐渐完善。传习所设有速成班、普通班、美术班和研究班,速成班主要学习绣枕套、台布、服饰之类的实用绣品;普通班学习绣花卉、人物、飞禽走兽;美术班学习比较高级的艺术绣。在美术班毕业后,成绩优秀者进入研究班。沈寿主持女工传习所8年,培养150多人。1915年,沈寿绣的《耶稣像》在巴拿马世博会获得金牌奖章。1921年,沈寿病中回忆总结她的刺绣艺术经验,张謇亲自为她记录整理,写成传世之书《雪宧绣谱》[54-277]。

女工传习所的历史价值主要有三方面。一是创立了多层次工艺美术的办学模式。二是为我国培养了一批刺绣艺术人才。到1935年,各种班次的毕业生共15届,培养学生300多人。三是挽救了刺绣艺术新流派。1922年,在女工传习所的原址建立了沈寿艺术馆,成为南通市文物保护单位[46-286~287]。

1914年,女工传习所

6. 河海工程测绘养成所

详见第二章第五节。

7. 中华职业教育社

1917年,黄炎培与张謇等知名人士发起成立中华职业教育社于上海,并创办《职业与教育》杂志,宣传职业教育的意义、宗旨和实践经验。1918年又筹建中华职业学校,招收学生和工徒两种。学生酌收膳费,半日读书,半日工作;工徒均不收费,日间作工,夜间读书。

8. 伶工学社

伶工学社1919年创办,地址最初在南公园,张孝若任社长,聘请欧阳予倩任主任兼教务,并从上海聘请教职员。学校的戏剧课与文化课并重,4年毕业后服务2年。报名者200多人,经过考试录取30多人。学生中年龄最小的在10岁左右,最大的30岁。1920年2月,在南门望仙桥五圣殿修建新校舍。这年学成的戏有《打渔杀家》《捉放曹》等40出。1922年上半年,戏剧班分设两组,场面组学习文武场面,布景组学习图画。1926年9月,伶工学社停办。先后入社的学生约90多人,共学戏100多出。该学社是戏剧界公认的第一所戏剧学校[54-283~284]。

伶工学社旧址现被列为南通市文物保护单位,2010年开始修缮6个古建筑,新建仿古戏台及小剧场,2013年正式对外开放[46-081]。

9. 蚕桑讲习所和发网传习所

两所于1920年创办。蚕桑讲习所原定设本科、简易科两种,但入学的人数很少,未办成,改为招实习生。1922年建立发网传习班,传授线网编结技术,线网是出口花边饰物的半制品,技术简易,训练期仅半月。这两个训练班都是以农村妇女为招收对象[54-285]。

张謇还创办了其他各类职业教育20多所,如:1905年的工人艺徒预教学校,1906年的法政讲习所,1909年的巡警教练所,1911年的宣传讲习所,1912年的警察长尉教练所,1914年的贫民学校,1919年的工商补习学校、交通警察养成所等。

张謇创办职业教育,还吸引浙江、福建、江西、安徽、湖南、湖北、四川、贵州、云南、山东、山西、陕西、甘肃等13个省的学子来到南通学习,取得了很好的社会经济效益。

张謇从1905年起,就长期担任江苏学务会(后改称江苏省教育会)会长、副会长,1911年任中央教育会会长。他在开创教育事业方面的贡献是很大的,影响也是很远的,在当时可谓"发见于一隅而影响于全国",甚至引起日、美等国的重视,当时日本使者来华,也到南通参观访问。他创办的各级各类学校培养了数万人才,在南通地区各类学校涌现一批一流科学家,包括中科院院士、有机化学家袁翰青,中科院院士、地质专家马谨,中国工程院院士、光学和光电工程专家林祥棣,中科院心理所丁赞副所长,另外,河海工程专门学校首届毕业生须恺,1949年前任导淮委员会总工程师,1949年后任水利部技术委员会主任,汪胡桢任水利部副部长等。两江师范早期毕业生中的佼佼者有著名生物学家秉志,国学大师胡小石、陈中凡等。他们为国家的科研工作、教育工作、经济建设作出了重大贡献。

第五节　乡村建设运动

中国是个历史悠久的农业大国。道光二十年(1840)鸦片战争后,中国沦为半殖民地半封建社会。到19世纪末,农村经济凋敝和贫困落后的悲惨状况,引起了社会各界尤其是一些忧国忧民的爱国知识分子的关注。他们在全国各地以不同的实践方式掀起了一场轰轰烈烈的乡村建设运动。据统计,到1934年,"全国乡村建设的团体达600余个,这些团体在全国各地建立的乡村建设实验区、实验点达1 000余处"。"这些乡村建设单位和团体,其背景、性质、成分都比较复杂,有官办的、有民办的、有半官半民办的、有学校办的、有的甚至是个人办的;有的是政治机关、有的是学术团体、有的是私人团体。而从其经费来源看,有全靠官方资助的,有部分靠官方资助、部分靠自筹的,有到国外募捐的,有完全靠自己出资的。"[170-52~53]

社会发展的测度是一项比较复杂的社会技术,不过从发达国家的经验看,衡量现代化的一个非常关键的、也是比较容易把握的指标,就是要让农民不再是穷人,使普通的农民能够达到中等收入阶层的生活水平。近代中国社会的"三农"问题已从"土地、就业、生存"问题演变为"农村、农业、农民"问题,这是一个国内问题。在全球化和中国社会快速变迁的背景下,中国的"三农"问题不能够孤立发展。由此出现了新"三农"问题,即"农民工、失地农民、村落终结"问题。[62-20~24]"三农"问题的关键在于确保耕地面积,稳定粮食生产,保证人民健康生活。

张謇时代探索的乡村振兴之路,全国称为乡村建设运动,张謇称为"村落主义"。1913年2月27日,张謇在《致袁世凯函》中说:"謇自前清即矢志为民,以一地自效,苏人士嗤为村落主义"[8-364]。

张謇的"乡村建设"的思想是逐步形成的,他利用清廷将地方自治列为预备立宪必办之事的机遇,于1908年10月成立通州地方自治会。张謇认为"乡村建设"的经济基础是"实业",关键措施是"治人"。他提出的"以交通建设为先行""以农业为基础,以工业为主导,农工商协调发展"等观点至今仍有重要意义。晏阳初、梁漱溟、卢作孚等为探索振兴农村之路进行的乡村建设运动,均迟后于张謇。

在中国,农业是最基础的产业,农民是最大的社会群体。加强经济建设、巩固农业基础,和谐社会建设就会更加牢固。因此,张謇等开展乡村建设的经验具有现实意义。

一、张謇乡村建设的措施

发展地方事业,是张謇一生的追求和实践。1883年办理通海花布裁厘减捐;1884年提议平粜放赈,议立常乐社仓,筹办滨海渔团,为海门商定增设拔贡;1886年提倡改良和发展蚕桑事业;1888年恢复海门溥善堂;1893年为海门增定学额。1895年,其经营"乡里"的活动逐渐融入了更多的内容。

1. "乡村建设"的政治依据是"民治"

1908年,清政府顺应民意,颁布《九年预备立宪逐年筹备事宜清单》,将地方自治列为预备立宪必办之事。1909年1月,颁布《城镇乡地方自治章程》,强调

"地方自治为立宪之根本,城镇乡又为自治之初基,诚非首先开办不可。"[15-78]

张謇主张"民治"的目的,无非是在政府无力承担发展地方事务的条件下,使政府给予地方较大的自主权,从而最大限度地激发地方士绅建设地方的责任感和积极性,全面推进地方建设事业。

1920年,张謇在《苏社开幕宣言》中说:"江苏襟江带海,地处冲要,民国以来,常呈不巩固之险象,推究原因,实系只知治标不知治本。故治标而标日变,则治必穷。惟知治本者,标变而本不为所动,无有不治之理。治本维何?即各人抱村落主义,自治其地方之谓也。今人民痛苦极矣。求援于政府,政府顽固如此;求援于社会,社会腐败如彼。然则直接解救人民之痛苦,舍自治岂有他哉!"[13-461]搞好乡村建设可使民安居乐业,振奋民众精神,促进经济发展。

2. "乡村建设"的经济基础是"实业"

近代工商业者普遍认为,所谓"实业"即农工商等生产和经营性事业的总称。比较而言,张謇所认同的实业的内涵更为宽泛。在《记论舜为实业政治家》中说:"实业者,西人赅农工商之名,义兼本末,较中国汉以后儒者重农抑商之说为完善。无工商则农困塞,太史公知之,其《货殖传》引《周书》:'农不出则乏其食,工不出则乏其事,商不出则三宝绝,虞不出则财匮少。'四者民所衣食之原。"[13-82]张謇认为,举凡厚民生者,即其所从事的诸事都属于实业的范畴,而农工商等生产和经营性事业不过是实业中的主体。张謇还认为:"夫世界今日之竞争,农工商业之竞争也。农工商业之竞争,学问之竞争,实践、责任、合群、阅历、能力之竞争也。"[13-439]而"欲兴教育,赤手空拳,不先兴实业,则上阻旁挠,下复塞之,更无凭借"[13-125]。张謇认为,先有教育、实业和慈善三者的有机结合,才能把"地方自治"落到实处。为此,张謇认为,近代中国社会的转型,主要是将中国传统的以农业为本的社会转化为以工业为本的社会。同时,他也充分意识到,对农业的重视丝毫不能放松,中国社会以农为本的格局并不因此而有明显的变化。中国的农业还担负着中国工业发展的原料供应的责任,他真诚地希望中国农业在充分吸收西方近代先进技术之后能够达到一个新的发展高度。正基于这种认识,随着通海垦牧公司的成立与发展,张謇把中国传统的小农经济打开了一个口子,揭开了学习西方先进农业的序幕,走上集体经营、统一规划、统一生产、统一管理的农业科技之路。

张謇经营地方事业,"实业如农、如垦、如盐、如工、如商之物品陈列,教育如初高小学、如男女师范、如农商纺织医、如中学、如女工、如蚕桑、如盲哑、如幼稚园之成绩展览及联合运动,慈善如育婴、如养老、如贫民工场游民习艺、如残废、如济良、如栖流之事实披露,公益如水利所建各堤闸、涵洞、河渠、桥梁,如交通所辟县乡干支各道之建设现状"[34-218]。

张氏家属及亲友所创办的实业,工业有大生纱厂等 30 多个,分布在南通市、海门、启东、宿迁、镇江、上海、安徽省马鞍山、江西省景德镇等地;金融商贸 29 个,分布在南通、上海等地;交通运输 12 个,分布在苏北、上海等地;文化教育 42 个,分布在南通市、海门、南京、上海等地;盐垦公司若干;水利工程遍及现南通市全境和苏北沿海地区。

3. "乡村建设"的关键措施是"治人"

1901 年,张謇在《通海垦牧公司招佃章程》中即明文规定"劝之事"和"戒之事",鼓励读书,严惩各种社会恶习。认为"读书识字人少,容易闹事,读书识字人多,容易兴家"[34-37]。1909 年,张謇指出:"垦牧为地方实业之一端,亦即为地方自治之一部。""欲预备自治,必自其地其人始。欲自治其地其人,必自治治其地其人之人始。"治人包括两个层面:被管理者和管理者。对招来之佃,谋其治法有五:"一曰改良其性质;二曰革除其习惯;三曰督课其田功;四曰扩充其实业;五曰普及其教育。"可以增益垦地,扩张农业。对管理者而言,"治人"即要求他们"知法律"。"夫未预备自治以前数千年来,人人在专制政体之下,办地方公事者,于法律小有出入,犹得称之曰贤。今值预备之时期,不明公法,无以成立自治之机关;不讲民法,无以组织自治之团体;不研究诉讼法,社会何以得安宁?不陶冶习惯法,风俗何以臻良善?"主张在垦牧公司"设区裁判所一,以理民事讼狱之纷。其有关于刑事,非裁判所应干涉者,分送州厅处治"[34-484~485]。1911 年,他遵照《城镇乡地方自治章程》,在海复镇设立自治公所,编练丁壮,保卫治安,稍后把这支武装改整为保安警察。尔后在其他大型垦植公司推广,打击海盗土匪,确保人民安居乐业。1920 年,张謇又指出:"自治当从自重、自苦、立信用始。信用为吾人之自助。舍此,吾未见能自治。"他决心从"一人、一家、一村、一镇皆吾人自治之藉"[56-804]培养能够力行自治的新人。张謇还探索以生动活泼的形式启民众。他特别提出:"改良社会措手之处,以戏剧为近",主张实施戏剧的革新。"订旧从改正脚本始,启新从养成艺员始"[8-715]。张謇的"治人"措施虽始于垦牧公司,但其原则所体现的普遍性,足以鲜明地反映张謇的中心思想,"'治人'已经触及到改造国民性的深层次的问题"[15-82]。

二、张謇乡村建设的模式

一个区域现代化的成功,必须建立在相应的地方权威基础之上,否则阻力重重,以致事业失败。在这方面,张謇也许没有刻意去侵夺对南通地方的政治控制权,而是从建立地方自治会、商会、农会、警卫团来推进区域自治和现代化建设,实现了南通乡村建设,以至于把南通建成"中国近代第一城"。

1. 通州地方自治会

1908年4月设立调查选举局,7月由通州教育会劝学所、商会及地方绅董遵奉督抚札饬,试办地方自治。并按照《天津县自治章程》拟具草案,呈准施行。7月8日选举议事会议员,20日互选正副议长,8月10日选举董事会会员,10月1日通州地方自治会成立。综计议事会议员30人,董事会会员9人,选举张謇为议事会议长,知州琦珊为董事会会长。并推定户籍、财务、工务、警务各课员7人。其陆续筹办之事实,除内部开办如测绘局、法政讲习所、自治研究所、宣讲练习所、调查户口事务所清查公款公产事务所外,还办理谘议局调查选举、筹办市乡选举、县会选举,均先后办有成绩可考[14-163]。

1910年7月,划分通州全境为通州城、吕四镇、余东镇、余西镇、石港镇、金沙镇、西亭镇、平潮镇、刘桥镇、唐闸镇、观永镇、四安镇、竞化镇、兴仁乡、骑岸乡、余中乡、三乐乡、三益乡、白蒲乡、刘海沙乡、垦牧乡等21区。就通州自治公所召集各区绅董决定之。各区选出议事会议员共454人,最多的为竞化镇35人,最少的为垦牧乡12人;董事会会员106人,最多的余东、竞化镇为9人,最少的兴仁、骑岸、三乐、三益、余中、白蒲、刘海沙、垦牧乡为2人[14-165~166]。

通海垦牧公司地属通州、海门,治事之机关自宜合一,在海复镇适当之地,遵照城镇乡自治章程之规制,"两区之中应合设区裁判所一,以理民事讼狱之纷。其有关于刑事,非裁判所应干涉者,分送州厅处治。盖公司垦地特州厅之一区,以公司垦地视乡镇,乃乡镇之一大部。所谓自治其地,宜预为之筹备者此也。"[34-485] 1911年8月,垦牧乡自治会成立,设议员12人,董事会会员2人[14-165~166]。

1912年9月召开第一届议事会,并照章由县知事将本届应议事件提案交议。各议员先后提出的各项议案和人民请愿等共69件,可决35件,否决34件,毋庸提议案3件[14-168]。

自治会成立后,主要进行了测绘,清丈,以及建南吊桥路、望江楼路、西吊桥、三里岸桥、长江保坍工程。到1910年测得南通县全境面积为1 505.57平方公里,其中原田411.39平方公里,沙田297.13平方公里,灶田412.38平方公里,灶荡145.56平方公里,沙地110.20平方公里,民荡23.69平方公里,荒地0.37平方公里,墓地2.35平方公里,河道102.08平方公里,五山0.42平方公里[14-171~222](原稿面积单位为平方里,笔者以1平方里=0.202 5平方公里进行换算)。

2. 海门县地方自治会

1912年1月,由地方自治会选举民政长,首任民政长龚世清(海门人)。改衙署为行政公署,设总务、主计、学务、警务4课,改城镇乡为市乡。5月,县临时议事会成立,议员48人,议长张树典;推5人组成县参事会,会长由行政长龚世清兼任。1913年3月县民政长改称县知事,行政公署改称县知事公署,设一、二、三科。1914年,废除市乡,统称为区,设区董事会,全县辖10个区。1923年,恢复地方自治,废除区董事会[166-905～925]。

3. 通崇海泰商务总会

清末民初,中国政局变幻无常,但并未影响张謇与历届政权中枢的关系。张謇中年以后的主要精力均倾注于他的地方自治事业。为了使其地方自治有一个相对稳定的外部环境,他周旋于各派政治力量之间以求得局部的安宁。他对政治的认识和种种适应措施,均以其地方自治事业为转移,无论是赞同或反对,都和发展其地方事业相联系。他惧怕局势的动荡不宁。清末之际,他主张立宪,反对革命,寄希望于东南督抚们的支持和保护,以至提出东南互保的主张。辛亥革命爆发后,他赞同共和,是因为"舍共和无可为和平之结果"。即使在北洋军阀混战年代,他也不惜周旋于各派军阀之间。对各派政治力量采取平衡战略,也是为了维持南通一隅的平安。张謇自谓"介官商之间,兼官商之任,通官商之邮"。张謇为南通现代化进程贡献了积极力量,使南通区域具有较高的系统性、组织性、计划性和协调性[15-500～504],加速了南通现代化进程。

1902年,由张謇、顾逸梅、沈敬夫等组织"通州商务总会",会址设于南通城内东大街大圣桥,张謇任总理。1904年,因在海门、崇明设立了分会,改称"通崇海花布总商会"。1910年改称"通崇海泰商务总会",先后由张謇、张詧、江导岷、章静轩、徐静仁、高湘等分任正、副会长。1922年在桃坞路建成商务总会大厦。该大厦的建筑质量很高,中华人民共和国成立后一直是南通首脑机关所在地,现为南通市崇川区机关所在地。1927年,"通崇海泰商务总会"改组"南通县商会整理委员会",徐赓起任主席[54-338～339],至此,该会脱离了大生集团的掌控。

在通崇海泰商务总会大厦前合影

通崇海泰商务总会的范围涵盖南通、海门、如皋、崇明、泰县、泰兴、东台等数县,会员多达数万人。自成立直至20世纪20年代中期,该会正副会长职位始终由在张謇兄弟和其他大生企业领导人担任,其职能包括联络工商、调查商情、受理商事纠纷、保护工商业利益等,会长实际独揽大通海地区的工商管理大权。故商会虽在地位上较同级行政组织为低,而实际权力却足以与后者相颉颃(抗衡),在1895—1927年间,通海几县的行政权一直为地方官府所掌控。行政官员的任免虽事先多与张謇有过商讨,但主要还是由上级官府来定夺。就南通而言,除张詧在民国初年一度出任县知事外,张謇家族成员没有直接执掌过南通县印;地方军事权力方面,民初张詧一度出任县民军总司令,但平定地方后便迅速交权。总之,通海几县地方军政权力基本上一直掌握在官方之手,张謇并未抵制国家行政机能在南通的发挥。但地方上的亲民之官,例如历任通、如、海、泰各县的县长、警察厅长、局长和镇守使之类,到任之后的第一件事就是拜访张謇,甚至南通警察厅厅长办案亦常向张謇请示[15-501~504]。

4. 南通县农会

1908年7月,通崇海总商会总理张謇奉农工商部饬办农会,以便改良种植,发展农业。8月,邀集城乡绅农,拟定简章,选举总理,张謇得票多数。10月,选任员董,筹议进行。当择南门外东寺倒塌厢屋改建场所。部准借积谷等款为建筑经费,即于是月从事建筑。1909年3月,会场告成。计屋16间,需建筑费2 000元。即于会所前垦辟农场,收买隙地,迁葬荒塚,阅数月而场成,计面积30亩有奇,需费1 900元。10月,函催各区筹设农务分所。11、12两月,石港、骑岸镇、吕四、西亭、川港、金沙各分所先后呈报成立,并设保牛会。是月,狼山裤子港淤塞,当即筹款浚治,俾附近农民咸沾水利。以上会场、农场建筑费、垦辟费及购置器具,本会常费需4 548.85元,除收借款、会费计4 374元,计不敷174.85元,暂由干事长筹垫。1910年2月,开选举会,张謇仍当选。公议规定本会常费计1 440元。是月聘任技师,专任农场试验、规划分区、测量绘图。6、7两月间,余西、四安、刘桥、观永、三益、三乐、白蒲、兴仁等区,先后分别呈报开办分所。是年会中常费即以会费及特别捐助各款支拨。1911年,实行试验农作物,由种植以至收获,由收获以验成绩,另刊第一期报告。5月间,风潮为患。派员调查,计派急赈400余元。10月光复,农民一困于风潮,再困于兵警,会费遂因之锐减。是年会中常费,由总理干事长筹垫,藉以弥补。1912年,会同各分所筹办民团,以防匪患。秩序既定,议会成立,经议决于县款内按月拨助40元,农会之有基本财产自此始。是年刊第二期报告。1913年,农会改组,张謇当选为正会长,于振声当选为副会长。当拟暂行规章,呈请省长咨部备案。1914年取消自治,市乡农会遂连带为无形之消灭,缘市乡农会多附于自治机关。旋经县长委任董事,一面仍由本会函催各市乡董事继续进行。是年3月,延聘蚕桑主任,实行养蚕改良试验。先从南通市近城一带入手,出广告收买麦黑穗,每斤十文。自4月至5月,共收三千余斤,计支钱三十余千文。此举之目的有三:一来直接将黑穗拔起,即可免其传染;二来卖家询其面积若干,黑穗若干,损失金钱若干,则农民有所警惧,以引起预防之观念;三来卖之农民即告以日光消毒之简便方法。会事既不可停滞,经费尤急于筹备,经县长核定,由县公产内每月拨助80元。自1914年起,农会开展的工作有下列六项。

一、关于农事改良进行上之建议事项。

二、关于农事改良进行上之调查事项。

三、关于农事改良进行上之研究事项。

四、荒歉之岁共筹救济事项。

五、关于农事改良进行上之筹办事项。

六、关于农事改良进行上之其他必要事项。

以上六项固为本会所应进行者,然事有缓急,则进行有后先。南通现在农业之大缺点不在农民手术之不精、操作之不勤,而在病虫害之无预防驱除,作物种子不交换改良,买卖之无组合营业,市乡农会之无农学人才,田亩交涉之无完全契约。谨斟酌缓急,定为次序,分别列下,以便依次举行[14-35~37]。

笔者从东台市民间艺术家程可石先生处收集到张謇所主持由南通农校和农会编制的《改良植棉图说》六幅,宣传选种及拌种、分行及播种、除草及间拨、壅土及施肥、摘心及剪叶、收棉及留种等有关知识。经过十余年之努力,美棉才能在通海垦牧公司以及其后在淮南海滨地带相继建立的45个盐垦公司,特别是大生企业系统所属的16个大公司的新垦棉区推广开来。从而改变了华棉一般只能纺8~12支粗纱(即使质量最优的通州棉也只能纺12~14支纱)的局面,使中国棉纺工业有了纺制32~42支细纱的原料[89-426~427]。

5. **大生实业警卫团**

辛亥革命以后,张謇在大生纱厂和通海垦牧公司"巡丁""灶丁"的武装基础上,于1914年8月建立正规的"南通实业警卫团",令张謇之子张敬孺为团长,设团部于唐家闸。警卫团成立之初,仅两个营的建制,官兵人数不足200名。第一营营长江养吾(兼团教使官、江西人),第二营营长沈叔翘(海门长兴镇人),兵力分驻各厂、轮埠、垦区等地。随着工厂企业和盐垦区的扩展,大生系统的武装组织也随之扩大,并改称"通泰海实业盐垦警卫团"(简称"通海实业警卫团")。到1923年,这支武装的编制扩充到3个营,2个附属队——消防队、军乐队,官兵总人数近1 000人。武器装备除步枪外,还有格林炮6门,江防小炮艇3艘。防区由几个工厂所在地的城镇,扩展到淮南各垦区,遍及南通、如皋、海门、东台、盐城、阜宁等地[32-105~106]。

《改良植棉图说》——选种及拌种

《改良植棉图说》——分行及播种

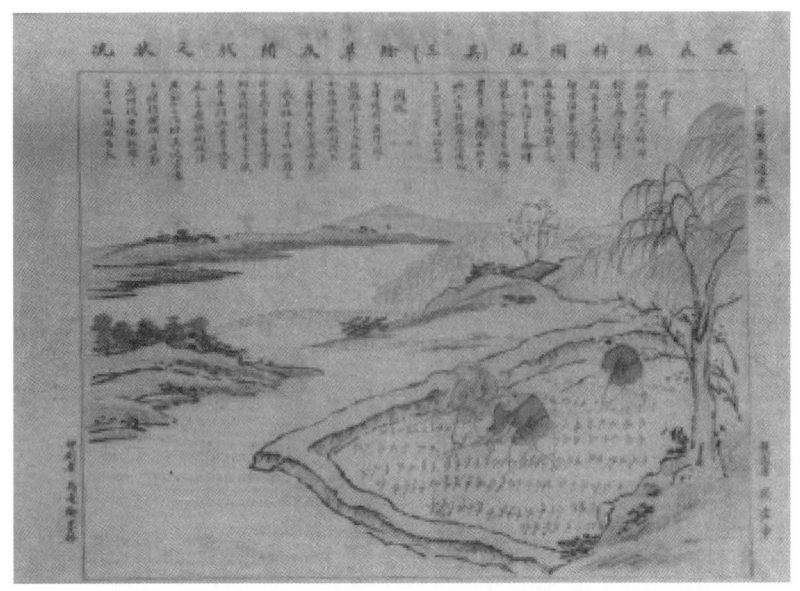

《改良植棉图说》——除草及间拔

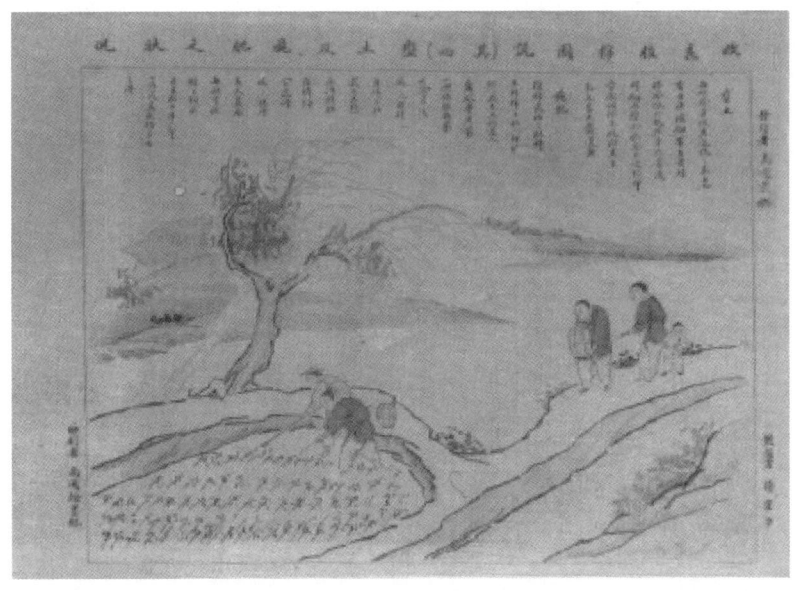

《改良植棉图说》——壅土及施肥

第三章 张謇的社会责任与担当

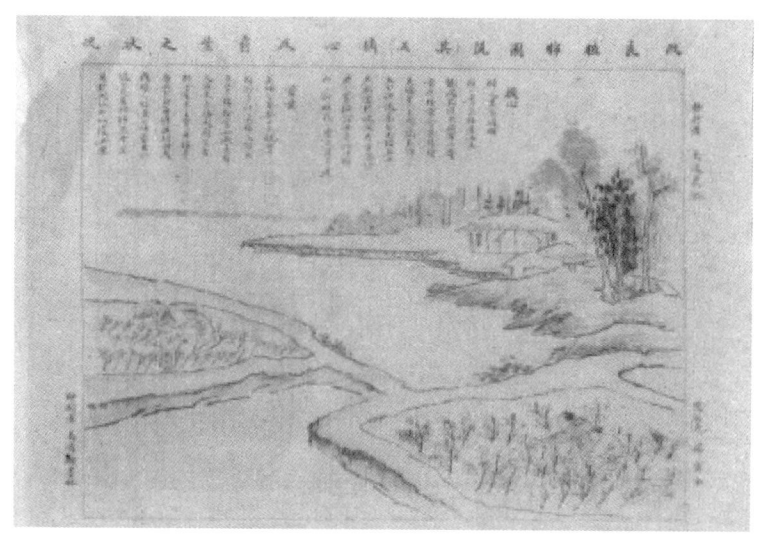

《改良植棉图说》——摘心及剪叶

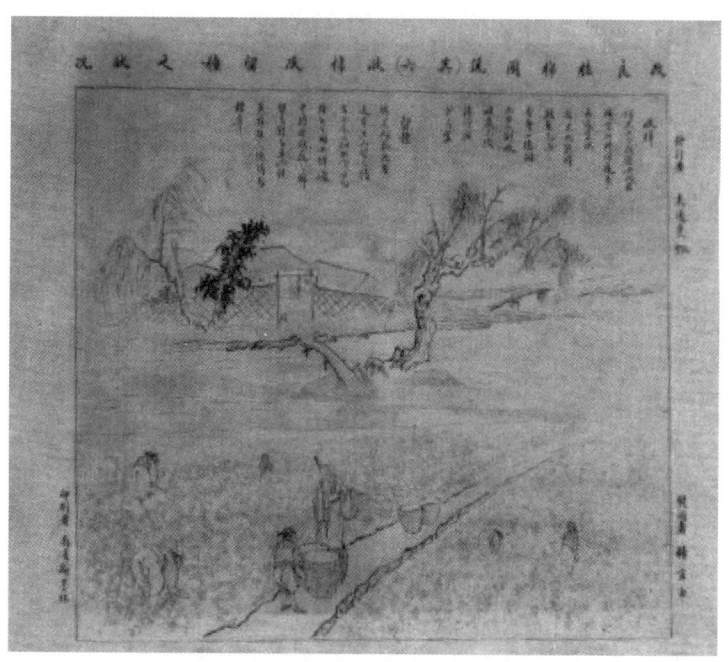

《改良植棉图说》——收棉及留种

南通实业警卫团团部

当时大有晋盐垦公司的实业警察有一个分队,队长恒尚英,每区驻士兵两名,其余士兵都驻总公司。开始时三余镇仅一个分队,刘启成到公司时仅20余人,后来增加到一个中队。警察局有10名警察,实际上也是实业警的一部分[38-170]。大豫实业队的中队长白云涛、领头董伯祥,两人原在张仁奎的第76混成旅分别当团参谋、团副官。当兵的大多来自山东、安徽、河南、天津等地[38-248]。大赉盐垦公司的实业警察有一个连,总共有50余人。具体分配:元区、董家仓和亨区各一二人,陈家仓一人,周家仓四五人。他们另有伙食房,伙食自理,兵源多是当地佃户。"二五减租"时该连还允许存在,与新四军粟裕部队矛盾不大。土地改革时该连才被缴了械,随即解散[38-271~272]。大赉、泰源垦植公司也有一个实业警察中队,各有50到70人,相当于一个连,是属于韩德勤的,用来保卫公司。1940年新四军东进后,泰源公司的实业保安队被缴械[38-298]。裕华垦植公司在办事处有实业队,士兵40余人[38-339]。泰和盐垦公司有警察署,有兵40~50人[38-370]。大祐盐垦公司在三区有兵16名,养兵是为了防海匪[35-380]。大丰耦耕堂、华成、淮丰等公司也有实业警察。

张謇创办实业警察乃欲求社会安定,维护地方治安。因此,俞廷栋(1919年生,原住垦牧一堤,中华人民共和国成立后曾任南通市委组织部部长)评价当时实业队"治军严",士兵"不吸烟不喝酒",主要"防土匪""抓小偷"[38-139],射阳县临海乡有人回忆:"本地强盗多,晚上不敢睡觉,几家人家轮流看夜。后来华成公司的部队把黄河北强盗头儿枪毙了,本处才太平些"[38-439]。后来"八大家有派出所、警察10名,华成范围内较安全"[38-445]。抗战前土匪抢劫很厉害,有一年栟茶海匪上岸到了李堡,李堡的守卫兵逃散到镇外棉花田里了。海匪进李堡后就逐户抢劫,群众损失严重。后来栟茶就请六排公司的实业警联合栟茶的士兵打海匪。他们冲到了3只匪船上,搜出17斤白银,还救出了被绑票的两个人[38-276]。

马玉仁(字伯良,1875—1940),是苏北盐阜、淮扬地区颇有影响的传奇式人物,他从农民、武夫、盐贩到哨长,然后升任团、旅、师、军长,职衔达上将军,身经百战。张謇在苏北兴起废灶兴垦浪潮时,他与三弟马玉怀(字叔良)于1915年在现射阳县兴桥镇创办马家公司,占地38 000亩。1920—1921年,张謇与马玉仁(时任淮扬镇守使)有多次函件往来,并在京口晤谈一次。如1920年4月,张謇在《致马伯良函》中说:"视垦至阜,道隔未克诣谭,弥用驰想。日内巡视各地,闻渐安谧,知军威所至,足慑群小之胆。钦佩!钦佩!"[8-747]抗战初期,马玉仁提出"保田保家,抗日卫国"的口号,打着"游击司令"旗号,到处招收人枪,先后招的兵有2 000之多,平常约1 000人,较有战斗力的是他的四个直属队(500人左右)。1939—1940年与日军作战20余次,其中比较激烈的有7次。第7仗在1940年1月3日,陈洋镇鬼子集中100多人,由少许"和平军"作向导,包围了安乐港司令部,企图将马玉仁的抗日部队一网打尽。马玉仁决定,由副司令计雨亭率司令部和一大队80多人转移至吴家墩子,兼防合德"鬼子",自己率3个大队180余人迎战日寇。战斗中负伤,因流血过多,无人医救,光荣牺牲。马玉仁殉难后,部队仍由其外甥副司令计雨亭继续领导。后来计雨亭的儿子计超(参加了中国共产党)受新四军委托,劝父投奔共产党。计雨亭经过仔细考虑,带领愿意参加共产党部队的人到东沟休整,成为一支抗日力量[171-20~66]。1950年1月25日,计雨亭以苏北行政公署生产救灾委员会设计部部长的身份来海门慰问灾区干群。

董季祥(1900—1959),原籍河南省永城县,因饥荒辗转来到阜宁,1925年,他找到堂兄董伯祥,进入华成公司实业保安队。董季祥带兵5年,训练有方,防区内未出重大事故,被提升为实警队的第三分队长,尔后在1938年初晋升为合德公司及各小公司的实业保安队大队长,拥有100多人枪。1941年秋,阜宁县长宋乃德带民运队干部从八大家到了华成公司,准备秘密地过射阳河,开辟新区。他们一行在中五区接见了董季祥,对他很客气,称他为董大队长。中共地方党组织领导人鉴于敌占区地下工作活动的需要,决定利用这支原系兴垦的农业资本家自卫部队,后为顽韩承认的游杂部队,要他们为抗日工作做点有益的事情,在特殊情况下,允许该部与伪军作一般性的往来。经指点后不久,董部就派人与伪七旅联系,并从射阳河北返回到射阳河南敌占区来了。从此,董季祥就和共产党秘密地建立了盟友关系,把这支原属游杂部队逐步改造成为名义上挂日伪番号,实际上为共产党所用的武装力量。此后,党组织调派盐东县敌工部的汪克(系董妻朱君的胞妹)到董部,进一步做争取和转化工作。为了加强领导,委派顾耐雨(中共地下党员,20世纪80年代任福建省政协副主席)直接介入董部,担任副大队长职务,使这支部队直接在党的领导下开展工作。该部支持共产党开辟敌占区工作,掩护新四军干部办事,刺探敌情报告,使抗日军民在与日寇、伪军较量中连连获胜。侵占合德的日伪军怀疑董季祥为内奸,欲派人搞掉他。为了合德公司实业保安大队的安全,1945年4月初,董季祥将部下全部人、枪移交给副大队长顾耐雨掌握,他自己则以往江南治病为名,悄悄地离开了合德公司实业保安队。1945年8月中旬,日寇宣布无条件投降后,合德公司实业保安大队所有武器弹药被逐项点交给射阳县第七区区长周公辅接收。1986年9月,中共江苏省委统战部发出86号文件,确认董季祥为起义军人,其所属的实业保安队全部按起义人员落实政策[172-138~149]。

1926年,张謇逝世后,张氏家属在政治上逐步失势,实业武装被政府当局控制,彻底改变了性质。1928年2月,"通泰海实业盐垦警卫团"接受了伍文渊师的编制,更改番号为"南通地方实业保卫团",以后又改编为"通海崇启实业公安特务一、二大队。"1929年再被改编为"江苏省通泰海启实业特务警察队",直属江苏省民政厅,并受驻地县政府监督。原辖两个大队,以后增添了一个大队,共辖三个大队。第一大队部驻海门,统率驻大生二厂、三厂、大有晋盐垦公司、通海垦牧公司各部队;第二大队部驻南通,统率驻唐家闸各公司、天生港各公司及大生副厂各部队;第三大队部驻东台,统率驻东台之大丰、泰源、大赉,盐城之大纲、大祐,阜宁之华成、合德等盐垦公司各部队。3个大队官兵总人数共889名。这支武装的经费,从一开始便由大生系统各企业供给。据各企业支出统计,辛亥以前每年不超过数千元,1920—1929年达12万至13万元,而到1930年其费用高达18万元。

抗日战争初期,"实业警"被鲁苏战区副总司令兼江苏省政府主席韩德勤整编为"苏北沿海实业保安警察第一、二、三、四总队",部队分驻南通、海门、东台、盐城、阜宁等地。1941年,实业警第四总队被日寇击垮。第一、二、三总队相继投敌被编成伪军[32-107]。

抗日战争胜利后,大生纺织公司在国民党江苏省第四行政区专员徐谟嘉的支持下,又成立"江苏省第四区实业保安总队",编成两个大队。1946年改为江苏省苏北沿海实业警察总队,共3个大队。该队经常被国民党政府指挥配合国民党军队向解放区进犯,第三大队杨衡甫部,侵占大中集,于1947年12月被解放军全部歼灭。到1948年,这个总队实际仅剩有第一、第二两个大队,官兵总人数为995人。1949年初,在人民解放军的强大压力下,该部队第二大队董玉葵率其残部从青龙港撤逃到江南;第一大队在中共地下党的策动下,放下武器,并由中国人民解放军改编。至此,大生系统的武装,走完了它的全部历史过程[32-108]。

三、近代各地的乡村建设运动

中国近代各地乡村建设运动,最具代表性的为:张謇在南通领导的通州地方自治会,晏阳初于河北定县领导的中华平民教育促进会,梁漱溟于山东邹平等县领导的山东乡村建设研究院,卢作孚于嘉陵江三峡地区领导的北碚峡防局。

1. 河北定县,米氏家族与晏阳初领导的中华平民教育促进会

米氏家族是河北定县翟城村一个名门望族,米鉴之在乡试不中的情况下,也不要其子米迪刚再参加科举考试,两人于1904年决定在家乡致力于经世之学,开始推行"村治"。"重点在于教育、社会习俗(禁吸鸦片,禁止缠足),以及地方治安。"米迪刚是留学日本回国的,把加强乡村机构看作是全国复兴的基础,他认为社级社区的机构(特别是强迫教育和农业信贷方面)足以形成一个乡村社会的新的基础。[173-352]

在米氏家族成功实践的基础上,教育家晏阳初(1890—1990)于1926年率领中华平民教育促进会成员(简称"平教会")及其家属来到河北定县农村安家落户。他要"以文艺教育治愚,以生计教育治穷,以卫生教育治弱,以公民教育治私。以此达到政治、经济、文化、自卫、卫生、礼俗'六大建设',以提高农民的智识力、生产力、强健力和团结力"。他们"认真进行了社会调查,扫除文盲,开办平民学校,推广合作组织,创建实验农场,传授农业科技,改良动植物品种,倡办手工业和其他副业,建立医疗卫生保健制度"[170-57~58],使翟城和定县成为吸引中外研究乡村社会人员的地方。但1937年抗日战争全面爆发,中断了他们的实验。晏阳初又在卢作孚的帮助下,于1939年在重庆北碚创办了中国乡村建设学院,继续培养乡村建设人才。

2. 梁漱溟领导的山东乡村建设研究院

中国著名的思想家、哲学家、教育家和社会活动家梁漱溟(1893—1988),还是中国著名的乡村建设理论家和实干家。1928年他到山东开始实践他的"乡治"主张,1931年在山东创办山东乡村建设研究院,并在邹平等县进行乡村建设实验。研究院的工作分为研究、实验、训练三大项。即"对于中国建设问题、中

国文化改造问题、社会改造问题,以及中国整个政治问题,都想加以研究。""第二项就是训练工作,训练到乡村服务的人。""第三项就是实验工作"。实验区的工作也有"地方行政改革的实验"、"地方自治"和"社会改进"三大项。乡村地方治安保卫组织的建立、梁邹美棉运销合作社引进美国脱字棉的成功,促使农民有组织地解决自己的问题[174-1010~1022]。

3. 嘉陵江三峡地区,卢作孚领导的北碚峡防局

中国著名的实业家、教育家和社会活动家卢作孚(1893—1952),也是著名的乡村建设理论家和实干家。卢作孚在实践中"明白了要办好教育,不能仰人鼻息,而要有充分的经济实力"。"峡区煤炭资源丰富",办实业应从交通着手,而发展内河航运则是当时一桩"投资少、见效快,于国于民皆急需的事业。"于是他在1925年10月创办"民生实业股份有限公司,1926年7月"民生"轮正式开航于合川至重庆的嘉陵江航线[170-12~13]。1927年2月15日,卢作孚被刘湘任命为江(北)、巴(县)、璧(山)、合(川)四县特组峡防团务局局长,该地属于"四不管"地区,"地势险峻,交通闭塞,贫穷落后,这里盗匪猖獗,老百姓深受其害"[170-14]。卢作孚作为峡防局局长,主要职责是清剿土匪,维护一方治安。他借此难得的机会来实现乡村建设的宏愿。他从清剿匪患、整顿治安入手,把经济建设放在各项建设的首位。卢作孚把采煤业作为峡区第一重要的产业来开发,并提出改进管理和生产技术的建议。为加速煤炭运输,主持修建北川铁路,建立北碚乡村建设实验区。卢作孚的"乡村现代化"的思想是逐步提高的。在1930年1月所写《乡村建设》一文中,他强调"乡村建设第一重要的建设事业是教育"。他通过乡村建设实践,特别是1930年6月出川到华东、华北、东北参观考察之后,思想意识有了一个很大的转变,也就是从以教育为重点转变为以发展工业农业生产为重点。1934年10月,卢作孚在《四川嘉陵江三峡的乡村运动》一文中,为其乡村建设设计了一个"现代化"的建设蓝图。卢作孚作为一个实业家来主持一地的地方建设,以民生公司的实力支持乡村建设,采取了以经济建设为中心、以交通建设为先行、以乡村城市化为带动、以文化教育为重点的建设方针,从而取得了与众不同的巨大成就"[170-76~108]。

卢作孚对中国西部工业发展的最大贡献是在抗战初期。他作为交通部常务处长,临危不惧,亲自指挥民生公司的轮船,在40天内将滞留在宜昌的几万中国各界的精英和10万吨机器设备(几乎包括了中国全部的航空工业、兵工工业和大部分的轻工工业的机器设备)安全转移到四川,并很快建立了一系列新的工业区。以重庆为中心的兵工、炼钢等行业,构成抗战初期中国工业的命脉。同时有30多家采矿、纺织、化工、建材、印刷等企业迁入峡区[170-221~222],中国西

部科学院、中国西部科学博物馆和一些学校的兴建又促成了峡区工业大发展,对峡区乡村建设的顺利进行起了很大的作用。

四、张謇的"乡村建设"与中国近代乡村建设运动比较

以上对张謇的"乡村建设"和近代各地的乡村建设运动作了简要概述,从中我们可以清楚地看到,他们在乡村建设运动中的想法和做法各不相同,但他们建设乡村、富民强国的爱国热情和良好愿望却是一致的。他们的乡村建设具有许多相近相似之处,主要有3个方面:

1. 通过普及地方教育来提高农民的知识水平

张謇认为:"察知强国必先智其民。智民必先普其学,普学以初等小学为最亟。"[175]据统计,他一生共创办各类学校400多所。梁漱溟认为中国是个农业大国,要改造中国,必先针对其"伦理本位,职业分途"的特殊社会形态,从乡村着手,以教育为手段来改造社会[170-58]。晏阳初和卢作孚也是重视农村教育的。

2. 强调发展生产

张謇采取以农业为基础、以工业为主导、农工商协调发展的方针,将南通建成"中国近代第一城"。晏阳初对农业的改良推广不遗余力,分为试验、繁殖、推广三步。试验工作由平教会进行,繁殖种子由县农场负责,推广事务由合作社办理。仅波支猪的推广全县每年增益40余万元[176-6]。梁漱溟于1932年在邹平县成立梁邹美棉合作社,引进美脱字棉。与本地棉相比,亩产花从35斤提高到45斤,售价从38元提高到46元,到1935年普及全县[176-16~17]。卢作孚以经济建设为中心,利用当地丰富的煤矿资源,由人工开采改为机器开采,筑铁路运煤来促进当地经济发展。

3. 重视社会治安

张謇比晏阳初、梁漱溟、卢作孚年长40岁左右,参加过科举考试,状元及第当过官,弃仕经商后实际上还身兼诸多官职。晏阳初从1916年至1920年留学美国,回来后即以上海基督教青年会为依托,从事平民教育推广工作。在1950年后担任联合国教科文组织特别顾问、国际平民教育委员会主席和设在菲律宾的国际乡村改造学院院长,对中国和世界平民教育以及乡村建设作出了贡献[177-37~39]。梁漱溟的乡村建设哲学思想的形成,曾经历复杂错综的演变过程。辛亥那年参加同盟会的革命组织,醉心于社会主义;以后三年闭户读书,皈依佛法;1917年起发表东西方文化及其哲学文章;1928年他的乡村自治思想的萌芽;1931年完成乡村建设的哲学思考[176-12~13]。梁漱溟在1949年后成为全国政协委员,被誉为"现代新儒学宗师"[177-37~38]。卢作孚从1915年当教师到1925

年两次自办教育受挫之后,决心按照孙中山民生主义学说,选择办实业和地方建设来振兴中华、振兴教育之路[170-11~12]。

不同的经历使他们在乡村建设中呈现一些不同之处,也有3个方面。

1. 建设的范围不同

张謇建设的南通县有2 100多平方公里,人口120万,惠及如皋、海门、苏北沿海垦区。晏阳初领导的中华平民教育促进会在定县开办440所"平民学校",其中直接管理的仅为20所,拥有60个村庄和集市镇的实验区[173-353~354]。梁漱溟得到山东省主席韩复榘授权管理的邹平县总面积约1 200平方公里,"是一个比较小的县,有16万人口,三四百村庄"[174-473]。卢作孚的北碚峡防局管理范围为39个乡镇100平方公里,人口1.6万人[170-14]。因此张謇要考虑的社会经济发展问题比其他三人要复杂得多。

2. 资金来源不同

张謇以大生集团公司为后盾,"益营盐垦、水利、交通、公益、慈善诸事。综计积年经费所耗,达百数十万,皆以謇兄弟实业所入济之。岁丰则扩其范围,值歉则保其现状,不足又举债以益之,俟有赢羡而偿其负"[7-524]。到1923年,20余年间在教育、慈善(医院、残废院、栖流所)、公益(气象台、博物苑)事项,"除謇自用于地方,及他处教育、慈善、公益可记者一百五十余万外,合叔兄(詧)所用已二百余万。謇单独负债,又八九十余万圆"[13-573]。累计约银洋280万~290万圆。卢作孚也是以民生实业股份公司为后盾,大力发展实业,成功创建了一个近代化的北碚城。而晏阳初和梁漱溟的经费主要靠政府支持和国外募捐。

3. 留给我们的遗产不同

晏阳初和梁漱溟留给我们的是论著的精神遗产;而张謇和卢作孚是中国近代既成就一番事业,又留下系统著述的实业家和经济思想家,留给我们的既有物质成果又有精神遗产。

中国科学社第七次年会1922年在南通召开,第十八次年会于1933年在北碚召开。总干事杨允中说:"峡区各项事业,经作孚先生之苦心经营,迄今可谓成功。江苏有南通,四川有北碚。南通之建设故是完备,如同北碚之精神上之建设,视之南通更为完备,且精神之建设较物质之建设尤为长久。"[170-343~344]当年张謇和卢作孚的乡村建设,远不如中国思想界、学术界的晏阳初、梁漱溟、陶行知、黄炎培等人搞乡村建设实验那样备受社会关注,在这方面的名气也没有他们那么大,甚至直到今天研究清末民初乡村建设运动的学者也往往忽略他俩。而实际上,张謇可以称为近代中国进行乡村建设的先驱。

第六节 大爱无疆

1913年4月,张謇写给其子张孝若的家书中曾特别阐明慈善公益事业的重要作用。"父十余年前谓中国恐须死后复活,未必能死中求活;求活之法,惟有实业、教育。儿须志之。慈善虽与实业、教育有别,然人道之存在此,人格之成在此,亦不可不加意。儿须志之。父今日之为,皆儿之基业也。"[56-1537]张謇生前共办慈善10项14处、公益7项12处。

一、抗灾救灾

江苏地处亚热带向暖温带过渡的气候带,降雨变率大,时空分布不均匀,汛期常伴有台风高潮,是自然灾害多发地区。张謇的预购防汛器材、暴雨降临水位暴涨前预降水位、派人上堤巡查防汛等做法在当前防汛工作中仍然使用。

张謇经历过许多自然灾情,从幼至老可谓生于忧患长于灾难,其人生的很多经历差不多都是在和灾难打交道。1911年10月31日,张謇在《华洋义赈会演说词》中说:"鄙人髫龄,闻先父母述道光二十八年(1848)之大水、咸丰六年(1856)之大旱,乡里被灾之酷状、一家处困之情形。先父母即以治河为地方水旱预备之要,常常申说。先父为乡里任治河事,盖二十余年,故鄙人于水利粗有所知。二十二岁(1874)时游淮安,见市有治河、治淮诸书,即购致之,加意讨论,并太息于曾国藩氏、左宗棠氏议治淮之不获施行。"[13-196]

1906年9月,张謇到沪,即闻江苏徐、海、淮、扬一带水灾甚重,安徽凤、颍、亳、泗一带灾状亦与徐、海、淮、扬无异。12月23日,张謇撰写《代岑粤督拟淮北工赈请拨镑余疏》,指出:"成灾在天,致灾在人。一缘于河淮之不治,一缘于官吏之丧心。""现在之赈有四:曰恩赈,曰官赈,曰义赈,曰工赈。恩赈,惟皇太后、皇上先后拨帑二十万;官赈,惟截漕之二十万,宁藩司限定每县止发四千;义赈,则上海中、外各绅商所筹劝已得者将近四十万,未得者无可豫计;工赈发表最后,现止十余万。"张謇提出将"赔款镑余一项,现存上海户部银行,尚有一百八十余万两。此项镑余,设非值镑价跌落之时会,皆外人橐中物也。今移以救淮北百万之灾民,修河、淮千里之水利,一若天适资之"[7-123~126]。

1. 苏北抗灾

1921年,"桃、伏、秋三汛雨量之大,为从来所未有,淮、沂、泗、汝、睢诸河同时盛涨,江水、海潮亦同时大上,尤为百年所仅见"。在桃汛期间,"令饬运河下游堤工事务所,将本年防汛应购防料提前赶办,以备临时工需。嗣据蚌埠、磴湾等处流量测员逐日电陈,水位又日渐增高,欲腾空湖面,使西来之水不致泛滥,自以提前启放江都境内之归江各坝为宜,遂于五月十二日,六月五日,七月十一、十三等日,先后启放东湾、新河、凤凰、金湾、拦江、壁虎等坝,照原定启坝水志已提前至一尺四寸之多,奈江潮顶托,虽各坝齐开,运河水势阻陁难消。伏汛防工极关紧要,七月二十九日,派本局参赞徐鼎康、工程科长沈秉璜率同技正陈丕平、冯德勋、王子尊暨工程测量各员,驻防高邮之御马头,省委淮扬道尹胡翔林亦即莅工"[7-598]。

8月20日,张謇从南通赴扬。21日,约同道尹、会办(韩国钧),"午后二时万寿寺集高、宝、江、兴、盐、东、泰七县会议。高、宝争开昭关坝,兴、盐、东、泰争不开昭关坝。"[3-908]当时泄水流量达每秒四千余立方公尺,下河七县已成泽国,极目无际。高邮、宝应复请开昭关坝。下七县守坝五六千人,卧坝上以死争。22日至高邮,则沿堤要求开昭关坝者殆万人。"至承天寺围寺数匝,有王鸿藻者,嗾人诘责,分起迭进,势非得请不已。张、韩告以必周视八县,权害之轻重缓急,不能即许开。而高邮人威胁无理已甚,卒以坚拒却之,而寺外呐喊声辄作如雷,自晚六时至寺,迄十一时始出。"[178-43]"二十三日,早行,一时至宝应,折回至邵伯镇,令下五县加夫百名,协助高邮防护。二十四日至兴化,二十五日至东台,二十六日至海安,一时至子石处(韩国钧家中)。自具函省长稿,决昭关坝不开。"[3-908]

"内务部派秘书李曾麟、技正周象贤,北洋政府全国水利局派技正蔡彬懿来工察看情形。""自宝之北田铺起,至江都之沙河坝止,计长两百十里,先后漫堤过水者二十二处,均经局员奋不顾身,日夜抢护,未遭决口之患"[7-599]。

2. 疏浚王家港

大丰县原属东台县,1942年正式建县。王家港即今王港河,因流经下游王家舍出海而得名。此河原系天然港道,明朝时称小海灶河,西起串场河东岸小海闸,潴于盐澳,东流于北胜团港,折而东南流于大庆港(即今小海河北街市),达于钩蛏港而入于海。是"输赋于色,载薪于团"的重要河道,历代进行了疏浚,现为盐城市大丰区8条入海干河之一,全长44公里。

1921年大水,张謇到各县视察,10月发表《筹治王家斗龙新洋三港商榷书》,"向所恃出海较大之路者,自北而南射阳、新洋、斗龙、王家港四口"。"王家港兼泄兴、东、泰之水,则淤而几塞。"而王家港上游"河底真高,均在零点(即海平面)相近。自马家湾以上,河底极平,微有东高西下之势。马家湾以下,则河底忽高四五尺不等。上游既平,下游反高,安得不淤不塞?"提出:苏北"治标急策,惟有先开王家港",并建议"港口应建闸"[13-491~492]。随即发函近百封,或阐明治河理由、或商计方略、或筹措工款,分别寄北洋政府大总统徐世昌,国务总理梁士诒,外交部总长颜惠庆,全国水利总裁李国珍、副总裁孟锡钰,江苏省省长王瑚,江苏省财政厅厅长严家炽,江苏省督军齐燮元,江苏省运河会办韩国钧,淮南垦务局总办吕道象,华洋义赈会暨各有关县市地方士绅。计划投资24万元,至12月筹到8万元,即与韩国钧到东台,筹备疏浚王家港。工程分九段,12月16日午后三时在第九工程处行开工礼。在开工大典上,张謇发表了慷慨激昂的即席演说。此后数日阴雨绵绵,寒风呼啸,张謇每天都从小海镇坐牛车到海边视察,到各工段检查工程进度,查询民工安置情况。张謇的身体力行,使他得到了苏北各县人民的拥戴。几天之内,民工由2 000人迅速增到5 000人,70里王家港终于得到了很好的治理。实际投资17万元,有1/4地段未能动工。1921年12月18日到小海访康翁,作百年老人康翁寿联:"九如欲使川方至,百岁还看日正中",旋足成诗。康翁为小海镇百岁老人,家有田产,兼业饼饵,俗所谓茶食店,耳微聋,背微偻,目尚清明,步履亦健。张謇诗作《寿康翁百岁》[3-911~912]:

突兀今年大水凶,咨诹海上得康翁。

九如欲使川方至,百岁还看日正中。

识分有田能自饱,摄生无药可居功。

惟闻晨扫昏犹浴,撘拄聪明一杖红。

12月19日作诗《滩行闻雁》:

下滩看水疾,回岸忽潮生。潦滞牛行蹇,风低雁唳清。

披绵趋海暖,聚市最冬晴。行住吾何倦,犹应愧庶氓。

3. 河南救灾

1921年11月23日,张謇在《重造洛阳天津桥记》中说:"民国九年,陕西、直隶、山东、山西、河南,方数千里皆大旱,十年大水。先以旱尝号呼吁拯于江苏。"张謇等"倡北方工振协会,为灾省择地施治水利道路,用其饿人食而事于工。众诺。于是遴明习工程人四出,赴直隶、山东、河南三省,量灾之原以面势,审会之力以计工"。在"洛阳、宜阳、洛宁、孟津、偃师、巩、新安、渑池、伊阳、嵩、临汝、郑、宝丰诸县渠二十有二,堤四,石楗三,又及于道路,天津桥其一也"。用银元七万有奇。"共成此工赈协会者纱厂联合会、银行公会、钱业公会,主任者章亮元、谈礼成、王子尊,计划桥工而督察者鞠同善,会计简料者胡濂、徐煜、邱葆忠、姜凤翔。其分任各县渠堤工程者刘师向、范钦孟、章一衷、江焕、施溶、谈祐成、王嘉翰、高其玉、赵坚、朱良、胡湛、赵汉文、王元颐、杨元㿸、魏景尧、王兆珍、程廷聘、沈喻琴。"该桥设23孔,全长220.7米,宽6.3米[21-511~513]。

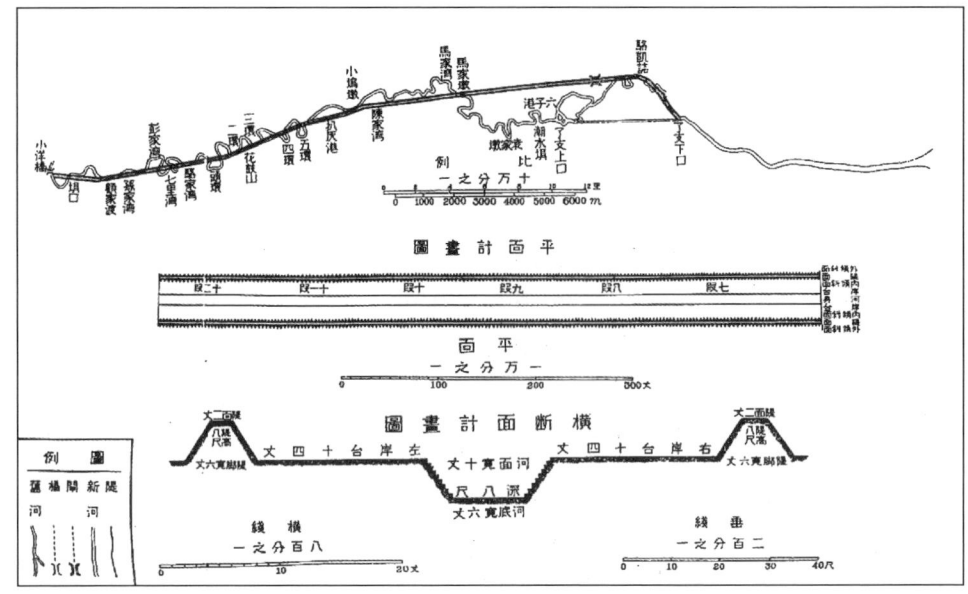

王家港工程计划图

因工程在驻扎洛阳的鲁豫巡阅副使、两湖巡阅使吴佩孚任期内建造,当地老百姓俗称"老吴桥"。1922年6月,因遭暴雨桥被冲毁。次年,吴佩孚又组织重修,后因吴兵败告终。现存断桥数米,桥墩遗址若干[179-A7]。

天津桥(即"老吴桥")残桥及天津桥桥名贴片

二、慈善

1. 南通新育婴堂

通州城内原有育婴堂,1774年改建于州治西北,相沿已久。唯堂舍所在,邻廛栉比,地极低洼,屋小如斗,卫生条件极差,不适于婴儿之成长发育。1904年,张謇、张詧等查看堂舍湫溢庳陋情形,筹议改良。1905年1月4日,张謇撰写《南通新育婴堂发起原案呈》[7-75~76]。1905年,王旭庄、陈南琴、张詧、张謇等发起另建新育婴堂,次年秋在唐闸鱼池巷口(裕稚港西)建成。占地24亩,建筑楼房112间,平房51间,为当时全国规模最大的一所育婴堂。新育婴堂以王鹿鸣为坐办,设有内堂长、内稽查、内庶务、幼稚院长,并配有保姆、乳母、教员、内外科医生等。入堂婴儿有二种:一为弃婴,二为赤贫无力抚养者。开办第一年有婴儿305名,支用6768.55元,平均每婴用费22.191元。至开办第17、18、19、20年,每年婴儿数在1300名左右。年需经费3万元,出自县费、田租、利息以及捐款。其中女婴为多,最幼者约二三个月,长者约十三四岁,习以轻细女工,如打洋袜(海门地区对袜子习称)、织手套之类,由乳母或女教员教之。女婴7岁送入幼稚园,待其长大即送入女工传习所或女子蚕桑讲习所,以求得一职业,亦有少数送入女师附小而毕业于女师者。男孩则送入贫民工场教习一业,以为他日谋生之计。除住在堂内的乳母外,另有堂外乳母将婴儿领回哺养,名曰"外堂"。原育婴堂章程以内堂为主、外堂为辅,后根据办理经验并受房屋所限,乃改为以外堂为主、内堂为辅。1929年秋,呈请内政部备案,更名"南通私立育婴堂"。1938年3月南通沦陷后,堂址全部被日寇所焚,仅剩一片瓦砾之场。张敬礼于1940年将所遗堂婴迁至城南养老院南院继续扶养。1952年9月起,所有经费由南通市人民政府统一收支,大生厂不再拨款[54-318~319]。

2. 南通养老院

1912年,张謇以他在60岁寿辰时所得亲戚朋友的贺礼馈赠,在南通城南白衣庵附近建造了一所养老院,以后称之为"第一养老院",以收容无依无靠的孤寡老人。院址占地17亩半,分设男院、女院两部分,各有寝室、食堂、洗衣室和工场等。至于厨房、病室、储藏室、接待室等,则为男女两院所共用。1920年张詧70岁寿辰时,亦用所得戚友馈送之礼于海门常乐镇建造了一所养老院,称为"第二养老院"。1922年,张謇70岁寿辰时,又在第一养老院对面建造了"第三养老院",建筑费耗资3万余元。

三所养老院每院均额定收容男80名、女40名,分别合计为120名。凡年在60岁以上而确无子孙及甥婿等亲属供养、又无田宅可依的茕独无靠者,凭族

南通新育婴堂

第一养老院

邻及地方法团之证明均可入院。年 50 岁以上而体力健康、性情勤笃者亦可入院,不过须担任相当的职务,作为"额外老人",须至年满 60 以后才可转正为正额。院中聘有热心公益的医生为老人诊治疾病,凡病重者则送医院作进一步治疗。1949 年后,养老院由南通市地方事业委员会管理。所有经费由南通市人民政府统一收支,后改名为南通市社会福利院[54-320~321]。

第二养老院

第三养老院

3. 贫民工场

1912年12月8日,张謇与退翁(张詧)、跃门(宋尤渊,通州师范学校农科主任,通州养老院院长)、支夏(孔杞,通州师范毕业生,建筑工程师)同看紫微院贫民工厂地基,其费以盐政照总督兼盐政应得之公费6.6万余元为之,建扬州(仪征)十二圩、东台、南通贫民工厂凡三所,通、东各2万,仪征2.6万余。[3-746]。1913年3月1日视贫民工厂工程(南通)[8-750]。

张謇在南通县城西门外大码头创办贫民工场,场地1.1万步(每1 000合4亩),场屋六七十间,专门教授无所依靠的贫民子弟各种手工工艺,使其有一技之长,俾能独立谋生,具备收容与教育合一的性质。场内还附设有"恶童感化院"及"游民习艺所"。每年经常费用约在1万元左右,大部分是由盐务局及地方筹划。此外,亦有场内自己产品的收入:工徒所制的各项产品每年可收入1 000元左右;场内还有一段养鱼河,每年养鱼收入亦有数百元;另有园圃百余亩,所种蔬菜除场内食堂自己消耗外,多余的则提供给市场,亦可有一定的收入。

　　工场内的工徒以南通贫民子弟为多,外地的较少。初办时招收40名,三个月后续招30名,半年后又招30名,以后总维持在100人左右。工艺种类分木工、漆工、藤竹工、革工及缝纫工等五种,每种工艺均聘请老师傅传授,察工徒性质所近而专授一种工艺。工徒的衣食由工场供给,生病由工场予以治疗。每日工作时间8至9个小时。放工后,工徒可随意在空地锻炼身体或休息游戏,每逢国庆、端午、中秋等节假日则放假休息,星期日则休息半天。工徒对所学的技术工种,达到能单独操作、制成产品又不需老师傅加以修饰加工的水平,经场长察验核实后,即发给毕业证书。工徒毕业后,得在工场义务工作一年,方可外出就业。

南通贫民工厂

　　1928年8月,"南通张謇公创立慈善事业总管理处"成立,贫民工场亦由该管理处管理。抗日战争爆发后,1938年南通沦陷,贫民工场部全被日寇所毁[54- 322～323]。

　　1914年,张謇在东台南门口(今市燃料公司处)购地30亩,建房80余间,设立了一所专为贫苦百姓学习技艺以求谋生的工厂,初名贫民工场,1927年改称东台县平民工艺厂。该厂先后设立了毛巾、袜子、织布(帐纱)、藤竹、造纸、印刷等学习和生产项目,招收东台城贫苦市民子弟学习生产技术,学期一年半,供给伙食,并在业余时间教授文化。1922年4月,张謇在《复东台贫民工场函》中说:"三场之始,本有开办费,而无经常费。令叔经办东场,补苴支柱,已非易事。贤者接办,更能营业发达。"[56-1041~1042] 1927年军阀溃兵过境,工厂被迫停工一年多。1928年,县政府委派厂长管理该厂,使之恢复了生产,并通过向社会劝募征集资金。1933年起,省每年补助800元,地方政府补助1 900元。1935年起,该厂实行招股制,改名为东台民生工厂。1938年日军入侵东台城,占据该厂作"司令部"。1946年,国民党军队拆除该厂厂房,改建碉堡,工厂遂告倒闭。平民工艺厂对东台早期的工业发展产生过积极影响,为东台培养的一批技术工人,多数被介绍就业,少数自行开业,如织布坊、毛巾坊、藤器店。在引进新工艺上,该厂也进行了有益的尝试。早在民国初年,该厂率先在东台引进缝纫机,传授裁剪术,促进了东台成衣业的发展[142-70]。

1916年,张謇在《致徐静仁函》中说:"运商维持贫民工场事,前李寿翁言,到扬商定确数,作为常川补助,其范围以岁出五千元至七千元为率,意至诚恳可感,不知现商如何。"想向李寿借款抚持贫民工场[8-606]。(1926年张謇逝世后,李寿与江苏省财政厅厅长严家炽及李晋一起撰写挽章并赴通参加张謇的葬礼[150-415]。可见李寿应为一盐商。)

4. 金沙市游民工厂

张謇在1913年创办金沙市游民工厂[46-524]。1915年2月21日张謇撰写的《呈筹备自治基金拟领荒荡地分期缴价缮具单册请批文施行》文中说,金沙市游民工厂概算"计分织科、藤竹科、草科、木科、漆科、缝纫科、印刷科、刊刻科、履科、铜科凡十门,所有经费出入概算如下。一入款经常田租银五百八十九元,临时物品余利银三千元。以上经常临时收入共计银三千五百八十九元。一支出经常职员技师夫役薪工、膳食、衣服、卧具、杂支等银七千七百五十七元。临时预备费七百元。以上经常临时支出共计八千四百五十七元,两抵不敷银四千八百八十八元[8-430~441]。"

5. 南通济良所

民国时期,虽各省皆有济良所,然仅限于省会及商埠,至于各县之有此名目者,盖少闻焉。南通工商业日渐发达,地方之妓女数亦因之而增。1914年,南通警务长杨懋荣商请于张謇等,经过县署的批准,将通州城内南街原有的税务署旧址,加上收购的部分民房,改建为"南通济良所",至1915年5月落成,凡房屋

25间。这是一种为不良妇女和娼妓而设的收容机构。该所除履行一般的收容职责外,还对入所女子施以教育,学习科目不仅有国文、算学等基础知识,并有研究人生行为之价值、指示人类处世之方法的伦理学,以及缝纫、手工、洗濯、烹饪等工艺技术课,学制为6个月,每期可容纳24人。常年经费需1 200余元,除募捐等收入外,张謇、张詧亦有所补助。济良所在改良社会风气、保障妇女身心健康等方面起了积极的作用[54-324]。

6. 南通栖流所

张詧、张謇自在狼山建造残废院、盲哑学校以后,又在南通城西门外将清时的养济院改建成"南通栖流所",收养哀怜无依之乞丐。栖流所占地2亩许,改建工程自1916年5月兴工,将原有房屋屋檐升高以通气透光,辟浴室以改善卫生条件,置工作室使能有习艺的场所。阅5月而落成,用银1 300余元。栖流所内订有较为完善的管理制度,食、息、起、居都有定时,凡被收养者"日作粗工",并"习有小艺",使其能有作工谋生、自食其力的能力,然后分送各处令其作工自立。栖流所常年经费在1 000元左右,除靠募捐所得外,不足之数由张詧、张謇捐助[54-326]。

附录:南通张謇公创立慈善事业总管理处

南通张謇公创立的慈善事业总管理处成立于1928年8月,为张孝若所创办,用以维持并发展张氏私立养老院、育婴堂、残废院、盲哑学校四个单位,负责领导、审核各单位之财产而统筹分拨之,并为代表各单位之对外总机构,地址设在城南第三养老院内。总管理处除管理以上四个单位外,还负责管理西门大码头的贫民工场。总管理处设董事9人组成董事会,首任主席董事为张孝若。1935年张孝若死后,由张敬礼继任主席董事。处内延聘主事1人,办事员5人,办理一切对外事务。1929年2月起,由尤勉斋任主任,所管之四所堂、院各设办事员1人、助理1人,负对内一切事务之责。总管理处及养老院、育婴堂、残废院、盲哑学校原各有基产田亩,田租收入全年约合米1 849.5石。抗日战争爆发后,田租收入大为减少。1946年土改后,不再有田租收入,全恃大生厂每月补助经常费米79.5石,另有房租收入米45.45石以资维持。1952年7月起,由南通市人民政府统一管理。[54-341~342]

7. 南通残废院

1916年2月,张謇在狼山北麓创办残废院,与盲哑学校相毗连,占地六亩许。3月下旬,张謇发表《残废院开幕演说词》[13-339~340],残废者不论年龄大小,不分居住地域,皆可入院。入院后之衣食,全部由院中供给。每年经费约在6 000元左右。狼山各庙内均置有残废院的"募捐箱"进行募捐,以募捐所得维

| 第三章 | 张謇的社会责任与担当

南通济良所

南通栖流所

持日常开支,不足之数则由创办人张謇负担。南通残废院中辟有男女工场作为平日工作之用,残废者尽其所能每日工作四小时,上、下午各二小时,工作种类有加工草鞋、艾条、烛心、火柴箱等,根据各人具体情况分别从事。残废者生病、死亡均由院中负责医治、埋葬。1949年后,残废院由"南通市地方事业委员会"管理,至1952年8月由南通市人民政府组织"社会福利事业管理处"接管,从9月份起,所有经费由南通市人民政府统一支付[54-327]。

8. 义园

1913年,南通已有义茔,但规模不大,"少则数亩,多不过四五十亩",而且管理失序,"茔丛杂无序,男女无别,或障道路,践踏平毁,暴露不收"。1913年,张謇作《南通义园记》,称"义茔,犹公墓也"。[21-382~383]。张謇继室杨氏认为"伤失人道","遂承謇命,捐银六千两,购东门外熟地九十一亩六分九厘,荒地十七亩一分五厘",加以规划整治,任一般贫人使用。未葬的土地,种植作物,"艺麦栽豆棉如故,征其入以给茔所须,余以资养老院。小不足,亦养老院资之"[180-201]。

9. 旅殡所

南通城东义茔有殡室,但是离城较远。张謇认为"客死者不便",于是于

南通残废院

1920年就东寺后殿南西隙地建殡室三处,室七间,并安置殡床等[180-201]。

10. 野犬栏

1920年,南通恶犬妨碍交通,警察建议"如西人之法毙之"。张謇以为"是犹诛不教之民也,不如别牝牡栏之,故减其孳乳",于是在城南郊和西南郊设栏,"遮藩加树,募糠秕碎米,时冬夏日一再饲"[180-201]。

附录:南通教养公积社

1921年5月,张謇在《致卢鸿钧(时任南通县县长)函》中说:"查地方自治,以进增社会之能率弥补人民之缺憾为其职志。而进行之事业,属于积极之充实者,最要为教育;属于消极之救济者,最要为慈善。……所需经费,悉由謇等勉力担任。然为维持久远之计,必谋保管妥善之方……特于本年五月二十二日,即旧历辛酉四月十五日,邀请地方各界人士,组设南通教养公积社,承受謇等历年捐助之财产,保管稽核,以维持及扩充教养之事业之经费。当订该社简章二十条,聘任于君振声(南通养老院董事)为社长,俾便主持全社事宜。除将謇等捐助财产细数分类编号,另行造册具报外,为此缮具社章,先行备函,陈请贵署察核,即祈转呈省部一体备案"[56-883]。

三、公益

1. 南通博物苑

南通博物苑的前身是创办于1904年阴历十二月的公共植物园。1905年,通州师范"校长张謇因授博物课仅恃动植矿之图画,不足以引起兴味;国文、历史课仅恃书籍讲解,不足以征事物;图地方人民知识之增进,亦必先有实观之处所。""乃于通师校河之西,"因公共植物园营博物苑",且购并民房29家,迁移荒塚3 000余座,占地总面积48亩许,所用购地、平地、填土、掩埋之费近4 000元。11月,筑苑垣,建苑表门、苑门房,规划苑内外道路,历四月而竣工。12月,以师范生孙鉞(子铁)为苑主任,任职前后达30年之久。

博物苑最早的建筑物为中馆,于1906年建成。上有一露天的测候台(当时还没有方形的凸顶),故中馆原名"测候所",内中陈列一些动物标本。1915年,改建"测候所"为中馆,上加方形凸出的方拱顶,测气象所用的设备后转移给农校。其次建的是南馆(原名博物馆),清政府在南京开南洋劝业会,张謇任审查长,闭会后出资收买了各种展品,充实了南馆的内容。再次为北馆,楼上陈列书画,楼下陈列鲟鱼骨和化石。

至1912年,全苑布置就绪。此后虽里续有发展,但并没有什么大的建筑。时通州师范改为江苏省立代用师范学校,博物苑和通师分离开来,校属省、苑属张氏所管的事业。1928年,农科大学改组为南通学院(初称南通大学,1930年改称南通学院)后,博物苑为南通学院的附属机构。1936年,南通学院董事会及在上海大生厂方面的有关人士认为,博物苑仍由通师代管为好。博物苑由通师接办加以整顿后,一切都比较正规。抗战前夕,在张謇夫人吴道愔的许可下,由孙鉞、胡履之、葛进天等联合当时通师学校的负责人,从南馆选取物品50余件,从北馆取出书画43轴,辗转至安全地带保存。1938年3月17日,日本帝国主义侵占南通,南通博物苑苑址被日本侵略军占用,遭到严重破坏。

1949年2月2日,南通解放。人民政府鉴于博物苑自抗日战争以后,迭经敌伪和国民党军队的盘踞破坏,原有的亭榭池馆已经残破不堪,原有的历史文物也已大部分散失,花木鱼虫鸟兽几乎荡然无存,当年锦绣之区变成荒芜一片,人民政府乃着手恢复博物苑,于1950年成立"南通博物苑修建委员会"进行整修。将原来的园林部分辟为人民公园。1951年,成立"南通博物苑"。1952年8月,又正式成立"苏北南通博物馆",直属苏北人民行政公署文教处。1953年苏南苏北合并后,改称"江苏省南通博物苑",直属江苏省人民政府文化事业管理局,同年7月省文化事业管理局决定将南通博物馆委托南通市人民政府文教科代管。

1954年4月,江苏省人民政府决定撤销江苏省南通博物苑,馆藏文物大部分移交江苏省博物馆筹备处。

1957年,江苏省文化局决定恢复南通博物馆,于是年8月成立南通博物馆筹备处。1958年10月1日,"南通博物馆"正式恢复。

1984年7月1日,江苏省文化厅决定恢复原来名称"南通博物苑"[54-308～310]。

1999年,人民公园并入博物苑。2005年,博物苑总面积扩展为7万多平方米,在西南部建设了总面积约6 300平方米的现代化新展馆[46-094~095]。

2021年6月,中央宣传部将南通博物苑(张謇纪念馆)命名为"全国爱国主义教育示范基地"。

2. 南通图书馆

南通图书馆为张謇私人于1912年创办。早在1905年,张謇就致书张之洞,认为"夫近今东西各邦,其所以为政治学术参考之大部以补助于学校者,为图书馆,为博物苑"。1908年,张謇又上书清朝学部,请建图书馆。张謇认为"图书馆所宜地必须爽垲",乃选南通城南门外的天齐庙(亦名东岳庙,即今南通卫生学校所在地)为馆址,"因昔江纪时遗墩为之,址高于地六七尺",于1912年"因岳庙为图书馆",占地约七亩,"先后凡用银二万六千二百四十三元,岁用之银千四百元或强,皆謇任之"。

至1924年,图书馆"中藏中国书十五万卷有奇,西文书六百余部,日文书三百余部","书为啬翁(张謇)捐赠者占十之六七,退翁(张詧)者十之一二,现又陆续添购,并得各界人士乐捐者,刻已增至二十三万卷以上"。图书馆内设有阅书室、阅报室和曝书楼各一所,阅书的章程很严,长期阅览者每年缴费2元,短期借阅的每天缴铜圆8枚。学校的在校学生则必须凭学校开具的介绍信方可借阅。图书馆"有五人司其事,阅书时间,每日午前九时起,午后五时止,星期二停阅,寒假停阅十日,三伏日则为晒书时间亦截止"。

1930年,国民党南通地方政府把张謇经营的五个公园收归公有,因而张氏后人将图书馆并入南通学院,成为学校内部的图书馆,不再对外界开放。在敌伪统治时期和抗日战争胜利之后,图书馆一带都驻扎有军队,成为禁区,图书馆工作陷于停顿,只能处于保管状态,亦不对外开放。1949年2月,南通解放后,南通市文物管理委员会接管了原有图书馆遗留下来的古籍近10万册,并进行了整理、修补;于1952年11月决定重建南通图书馆,先后借用了市职工业余教育委员会、文管会、文化馆的房屋。1953年1月,该馆正式定名为"南通市人民图书馆";6月,借用中苏友协的西馆设立了儿童阅览室;7月,省文化局指示改称"江苏省南通图书馆";9月下旬,根据上级要在工厂区建馆的指示,南通图书馆迁往唐闸,由于房屋少,只设外借处和报刊阅览室,工作人员下厂送书,并帮助工厂建立工会图书馆(室)。

1957年8月,为适应为科学研究和为人民大众服务的需要,图书馆迁到人口集中的城区博物馆西侧,更名为"南通市图书馆",1957年10月16日正式对外开放[54-311~312]。2015年迁至崇文路2号,立南通"市图书馆及综合服务中心"。

南通图书馆庭院

3. 南通医学专门学校附属医院

1912年,张謇、张詧创办南通医学专门学校后,为使学生有实习基地,于1913年5月在学校东南购地11.7亩多兴建医院,至1914年6月竣工,初名"南通医院",后改称"附属医院"。医院内陆续设有诊病室、解剖室、消毒室、医化实习室、细菌实习室、组织实习室、手术室等;设有病室四种,即一等病室、二等病室、三等病室及传染病室;设有各科诊察室五种,即内科(附妇科、儿科)、外科(附产科)、皮肤科、眼耳鼻喉科(附齿科)及X光科。1915年2月,设产科传习所,6月收东寺西侧地0.536亩建产科室;1918年9月,设中医诊病处;1919年6月,添购X光机等医疗器械;1920年4月聘请德国医学博士夏德门(Dr. Schlidmanir)为总医长(1924年2月辞职回国);1923年设助产护士讲习所,二年毕业。抗日战争爆发后,南通学院医科随军内迁湖南源陵,并入"国立江苏医学院",南通医学院的开办由此中辍。1946年8月,南通学院农科、纺织科一年级从上海迁返南通上课,同时重建医科,购买了国民党政府所接管的日寇办的"江北病院"为医科附属医院。1950年附属医院设有内科、外科、妇产科、皮肤花柳科、眼科、耳鼻喉科、肺科、牙科、X光科及电疗科等,有了较大的发展。1957年7月,南通医学院迁往苏州,改为"苏州医学院",南通设"苏州医学院南通分部附属医院"。1958年9月1日,"南通分部"重建为"南通医学院",医院定名为"南通医学院附属医院"[54-335~336]。2004年12月22日,医院更名为南通大学附属医院。

4. 狼山盲哑学校

张謇看到社会上有一批残疾人,认为应为他们创造条件接受教育,使其成为自食其力的劳动者。1913年,张謇筹借资金,锐意经营,在狼山北麓的观音岩下购地6亩许,建盲哑学校。为了解决盲哑校的师资问题,张謇准备先办盲哑师范传习所,但因经费、师资等困难未能实现。1915年10月,张謇采取变通办法,借座于南通博物苑内开办了"南通盲哑师范传习所",要求学生除具有普通师范生的同等学历外,还必须具备特种教育的特殊技能,"以手作势,暗示一切,先教字,习发音,次认识,次书写,次讲解",综合运用口语、手语、书面语等各种语言的教学方法。同时,张謇针对教育盲哑学生的特殊要求,对盲哑学校师范科的学生强调培养"慈爱心"与"忍耐心"。张謇认为"盖盲哑学校教师苟无慈爱心与忍耐心者,皆不可任"。通过盲哑师范传习所的开设,狼山盲哑学校的师资队伍基本形成。同时,校舍建设亦已初具规模。1916年11月25日,狼山盲哑学校举行开学典礼,张謇亲任第一任校长,主持了开学仪式,并为学校题写了校牌。狼山盲哑师范传习所虽开设时间不长,但培养了许多优秀的盲哑教育师资。原南通狼山盲哑学校的老校长王秉衡先生就是该师范科的第一期毕业生,并长期服务于母校,兢兢业业工作了半个多世纪,为盲哑教育事业贡献了毕生精力[54-281~282]。该校是中国人独立设置的第一所盲哑学校[46-063~073]。南通盲哑师范传习所是中国第一所特殊教育师范机构[46-239~249]。

5. 南通军山气象台

气象测报与农、林、牧、副、交通运输、工业建设等各方面有着十分密切的关系,而光、热、水等要素又是重要的气候资源,故张謇在兴办实业、盐垦、交通运输等的同时,非常重视气象的测报工作。

1906年,张謇在南通博物苑的中馆建立了测候所,备有日本制的气压表、干湿球计、雨量器、蒸发皿、日照计和百叶箱等,作简单的观测,至1909年试行预报天气。

1913年,私立南通甲种农业学校成立,又在校中建立小型测候台屋,将博物苑之测候仪器移设其中,以备学生实习之用,其记录供农作物试验之参考。

这期间,测候场屋两易其所,所得资料不足以适应农林、水利、航业等部门的需要,张謇于1913年规划在军山顶筑气象台。军山顶高于地面仅104米,气候与平地相差甚少,而对于航海、航空和防汛皆有裨益。1914年,就军山之巅普陀寺后殿之基址筑台,12月开工,1916年10月告竣,并重建上山新路,名为"气象台新路"。建筑期共23个月,筑台费7 600多元,开辟道路费700余元。9月9日始安置仪器,11月25日开幕,张謇在《南通气象台开幕辞》中说建气象台,"内可为农学研究之效,而外可为来游于通之人增一参观之所,或亦自治历史所应有之一端乎"[13-351~352]。定名为"南通军山气象台",刘渭清(叔璜)主持台务,陈澔为助员,并呈报立案。刘渭清后去上海徐家汇气象台跟从马德赉副台长研习气象学;又去卢家湾法国无线电局实习无线电收发报技术;1915年夏又去北京中央观象台及观测总所等处参观。

1917年1月1日,军山气象台正式开测,所有仪器都是请徐家汇气象台代购的英法测视气象的仪器,凡测量温度、湿度、气压、风向、风速、雨量、磁力、地震等仪器无不配备。除自己及时做好各项气候因素的测量记录外,另有无线电收音机一座,及时收听徐家汇气象台发布的气象报告。把两者加以综合研究,作出南通地区的气象报告,登载于当天的南通报纸供各方面参考。遇有台风、大潮或天气急变之日,则终日接听无线电,并接收徐家汇气象台临时气象警告,并接收东南亚区域内各气象台站之气象要素电码,制成天气图,直接得知高低气压、冷暖锋、台风雨及暴风雨之行踪。若台风、大潮、暴雨、干旱、河溢、内涝、寒潮、霜冻等危险天气将至,则临时发布紧急报告,电话通知各有关部门严加防范。凡遇询问有关天气情况的,均能作详细的答复,为各方面提供可靠的资料。

军山气象台除了做好气象报告,为工农业生产及交通运输起到参谋作用外,每天十二点钟还和南通城、唐闸、天生港的钟楼通电话,以校对时刻。军山气象台还将每年的气象资料加以整理,辑编成册,发给各机关以资报告,并刊有气象季报36册,年报9册,年报辑要9册。

1934年,江苏省建设厅省会测候所成立。为整顿和改进江苏气象事业,乃令拨南通县建设经费修理军山气象台屋,添购仪器,并按月拨经费。业务由省测候所领导,记录由军山气象台汇印。整个事业正图发展,1938年日寇犯通,兵燹之后,仪器散失,台屋损毁,残余之仪器由伪县政府接管,历时二十余载的军山气象台从此骤告停顿。今军山上仅存气象台遗址。伪县政府以气象台残存仪器在县政府内作简单观测。日寇投降后,这部分仪器又为国民党县政府接管,1949年后为中华人民共和国人民解放军军管会接管,后由南通市人民政府接管,设立了"南通气象站"[54-332~334]。

1979年,南通地区行政公署拨款对旧址进行了第一次维修。1997年初,国家气象局认定军山气象台为国人自建的第一座气象台,南通市人民政府将气象台旧址列为重点文物保护单位,并于1998年按原状修复,作为文化旅游景点对外开放。2004年,南通市气象局在军山气象台原址上设立了自动气象观测设备,恢复了气象观测[46-109]。

6. 公共体育场

1917年,张謇与张詧捐资在南通城南女子师范学校的右侧,兴建了南通最早的体育场——第一公共体育场,占地约20余亩,建有平房作为乒乓球室和工作人员的宿舍。运动项目分球类和器械游戏两大类。球类有网球、篮球、野球（棒球）、队球（排球）和乒乓球等；器械游戏有秋千、木马、平台、浪桥、浪船、滑台、旋板、高梯等。每年的经常费用除县款提供二分之一外，其余则取自于创办人。公共体育场每天上午9时至下午6时对外开放，任人运动，无贫富老幼男女之分，亦无入场费，每逢星期天和节假休息日，来体育场锻炼的更是络绎不绝，自得其乐。公共体育场的兴建对南通体育运动的普及起了一定的作用。1922年农历五月张謇70岁生日时，为了庆祝他的寿辰，南通县全县中等以上学校教职员每人出其工资的十分之二，学生每人出小洋二角，作为礼赠。张謇用这笔钱又在南通城与狼山之间、离城七八里的地方，建了第二公共体育场。占地约40余亩，范围比第一公共体育场几乎大了一倍，所有运动项目和设施则大体上与第一公共体育场相同。为了纠正学生只顾埋头学习，偏重智育而忽视体育的偏向，全县中等以上学校每隔一年便在公共体育场联合举办一次规模较大的运动会，以促进体育运动的开展，增强人民体质[54-330~331]。

南通体育场

7. 南通五公园

1917年，南通城西南建成了五座公园，统称"五公园"。9月30日为中秋节，公园落成开幕，张謇发表了《南通公园开幕演说词》，讲述了筹办公园之经过，并介绍公园的设备："如北公园之弹子房、响箭场、网球场等，实寓有提倡尚武的意思。东公园专为妇女儿童而设，游戏器现已赴美购置。如卫生环游器、验力器等，实含有算术与审美的意思。南公园之设与众堂，拟将有益于地方者之人名，一一榜之于堂，借以引起游人之观盛。西公园有游泳池，借以养成航海之技能。中公园则为美术的建筑，虽工程远不如英美，然竭力做去，不厌求详。"

"综计用度已达三万余元,将来尚需一万余元方可结束"[13-365～367]。

北公园(1949年后为劳动人民文化宫所在地)原有大弹子房及量力镫等供游人游戏,并有气枪室、万流亭、"苏来"舫等。

北公园

东公园(1949年后为南通市总工会所在地)面积二十余亩,门前有石雕仙女一对,为骑岸乡公民所赠。内有中国影戏制造公司及滑步台、秋千、走梯、球场等,为儿童游玩之处,故亦称儿童公园。

东公园

南公园(1949年后为南公园饭店所在地)四面环水,东有"与众堂",堂后为"钓鱼台",堂之对面为"千龄观"。

南公园

西公园(1949年后为西公园招待所所在地)进门为售票处,右为运动场,还有"自西亭"、竞漕船坞。

西公园

中公园(1949年后为少年之家所在地)进门为假山,山旁建筑物楼下为"且戒堂",内陈各种棋具及乒乓球等,楼上为"奎星楼",中有奎星泥像。左右室内陈列古碑字帖及佛经，另有南楼、水西亭、适然亭等建筑[54-337~338]。

中公园

进入 21 世纪，五公园的建筑物大多已被拆除改建，而西公园变为绿地。

参考文献

[135] 张之洞.《筹设商务局片》,《张文襄公全集》(第 43 卷). 台北：文海出版社,1970 年.

[136] 许述曾.《玻璃工业的首创者——许鼎霖》//政协连云港市委员会文史资料委员会,连云港市工商业联合会.《私企旧事——连云港市文史资料(第十三辑)》.2000 年.

[137] 赣榆县档案馆.《赣丰饼油公司条规章程》. 光绪三十二年(1906)五月.

[138] 孙金科.《我国近代工业发展史上有名的实业家——许鼎霖》//政协连云港市委员会文史资料委员会,连云港市工商业联合会.《私企旧事——连云港市文史资料(第十三辑)》.2000 年.

[139] 周至硕.《张謇与景德镇陶瓷学院》//海门市张謇研究会.《张謇研究》.2014 年第 2 期(总 37 期).

[140] 马俊亚.《大维公司租办武汉布、纱、丝、麻四局考辨》//崔之清,倪友春,张林华：《中国早期现代化的前驱——第三届张謇国际学术研讨会论文集》. 北京：中华工商联合出版社,2001 年.

[141] 谭仁杰.《张謇与马鞍山矿业的开发》//严学熙、倪友春：《论张謇——张謇国际学术研讨会论文集》. 南京：江苏人民出版社,1993 年.

[142] 李华丰.《张謇与东台》. 政协东台县委员会文史资料委员会,第四辑.

[143] 左世元.《张謇与汉冶萍公司——兼论张謇的日本认识》. 中国国家博物馆馆刊,2019 年第 6 期.

[144] 羽离子.《对大生企业早期股份制的审视与析论》. 中国矿业大学学报(社会科学版),

2011年第3期(总13期).

[145] 章开沅.《论张謇》.北京:经济日报出版社,2006年.

[146] 王敦琴.《大生纱厂被债权人接管缘由探析》//第四届张謇国际学术研讨会组委会:《张謇与近代社会——第四届张謇国际学术研讨会论文集》.南京:南京大学出版社,2007年.

[147] 罗萍.《短暂的辉煌与可持续发展的困境——1920年代前后的民族棉纺织工业》.三峡大学学报(人文社会科学版),2011年第1期(总33期).

[148] 许一友,王振华.《民营经济优势何在》.北京:中国对外经济贸易出版社,1999年.

[149] 陈吉余.《中国围海工程》.北京:中国水利水电出版社,2000年.

[150] 季真.《历史印痕》.北京:华夏出版社,2009年.

[151] 南通市档案馆,张謇研究中心.《大生集团档案资料选编——盐垦编(Ⅰ)》.北京:方志出版社,2009年.

[152] 南通市档案馆,张謇研究中心.《大生集团档案资料选编——盐垦编(Ⅳ)》.北京:方志出版社,2015年.

[153] 南通盐业志编纂委员会.《南通盐业志》.南京:凤凰出版社,2012年.

[154] 邹迎曦,马进义.《废灶兴垦与盐垦公司》.东方盐文化,2005年第1期(总11期).

[155] 林小立.《中国航运史上一场残酷的斗争》//海门市张謇研究会.《张謇研究》.2009年第2期(总第19期).

[156] 刘道荣,张贤江.《张謇对公路交通的建设及贡献》//政协海门县委员会文史资料委员会:《张謇——古里征稿专辑》.《海门县文史资料(第八辑)》.1989年.

[157] 张贤江,薛艳秋.《论张謇的交通思想与实践》//严学熙,倪友春,尤世伟.《近代改革家张謇——第二届张謇国际学术研讨会论文集》.南京:江苏古籍出版社,1996年.

[158] 江苏省地方志编纂委员会.《江苏省志·交通志·公路篇》.南京:江苏古籍出版社,2001年.

[159] 费正清.《剑桥中华民国史(上卷)》.杨品泉,等译.北京:中国社会科学出版社,1994年.

[160] 陈永昊,陶水木.《中国近代最大的丝商群体:湖州南浔的"四象八牛"》.杭州:浙江人民出版社,2001年.

[161] 陆茂清.《王清穆与张謇同心协力挽回路权》//崇明县博物馆:《崇明文博——"张謇与王清穆研究"特刊》,2012年第3期,总56期.

[162] 张大强.《沈云霈许鼎霖与连云港近代经济发展》//政协连云港委员会文史资料委员会:《政协连云港近现代人物——连云港文史资料第十七辑》.2004年.

[163] 南通市档案馆,张謇研究中心.《大生集团档案资料选编——纺织编(Ⅲ)》.北京:方志出版社,2004年.

[164] 南通市档案馆,张謇研究中心.《大生集团档案资料选编——纺织编(Ⅱ)》.北京:方志出版社,2003年.

[165] 南京师范大学百年校庆筹备组.《南京师范大学百年历史》.2001年.
[166] 海门市地方志编纂委员会办公室.《海门市志》.北京:方志出版社,2014年.
[167] 吴淞商船专科学校同学会,《吴淞商船专科学校校史稿》编委会.《吴淞商船专科学校校史稿》.1994年.
[168] 江苏省海洋与渔业局.《张謇与渔业》.《江海潮》第4期,2003年.
[169] 周至硕.《张謇对近代上海经济社会发展的贡献》//廖大伟,杨小明,周德江.上海社会与纺织科技》.上海:上海人民出版社,2019年.
[170] 刘重来.《卢作孚与民国乡村建设研究》.北京:人民出版社,2007年.
[171] 王为刚.《马玉仁传略》//政协射阳县文史资料研究委员会编.《射阳县文史(第三辑)》.1989年.
[172] 蒋世俊.《抗日盟友董季祥》//政协射阳县文史资料研究委员会编.《射阳县文史(第三辑)》.1989年.
[173] 费正清,费维恺.《剑桥中华民国史(下卷)》.刘敬坤,等译.北京:中国社会科学出版社,1994年.
[174] 梁漱溟.《梁漱溟全集》(第五卷).济南:山东人民出版社,2005.
[175] 刘重来.《"民国乡建三杰"晏阳初、梁漱溟、卢作孚的不同命运》.《卢作孚研究》,2007年第2期.
[176] 郑肇经.《张謇治水言论与实践》.《江苏水利史志》,1989年第18期.
[177] 黄鹤群.《张謇筹建的洛阳老吴桥》.《南通日报》,2008年5月7日.
[178] 高鹏程,李震.《张謇与清末民初南通的慈善事业》.《张謇研究》,2005年.

后　记

　　2003年6月,海门市张謇研究会成立,黄志良为理事、农水学组组长,尔后在海门市张謇研究会组织下到浙江省湖州市南浔区、上海市、南京市、盐城市、连云港市、连云港赣榆区、射阳县、大丰区、东台市等地寻访张謇业绩,收集有关史料,在《张謇研究》等刊物上发表有关文章。2007年4月,海门市政府决定在海门举办第五届张謇国际学术研讨会,开始筹备工作。2008年3月30日,海门市张謇研究会副会长袁蕴豪和黄志良到上海拜访陈吉余院士(华东师范大学河口海岸研究国家重点实验室名誉所长、著名河口海岸学家,2000年主编《中国围海工程》),汇报"张謇开创中国近代垦牧第一滩"的命题的初步设想,决定联合成立课题组开展论证工作。由黄志良到广东、福建、浙江、上海、南京的有关部门和档案馆、图书馆搜集史料。由陈吉余、程和琴(华师大教授)和黄志良等人多次讨论,撰写了《划时代的实业家——张謇》,作为第五届国际学术研讨会的主旨报告之一;黄志良还撰写《张謇与中国近代最长的海堤工程》、《张謇与中国最早的钢筋混凝土闸》等数篇文章。而后编著了《中国近代垦牧第一滩——张謇的实践研究》一书,施雅风院士作序,全书约210千字,2010年6月由河海大学出版社出版。

　　黄志良热心张謇研究,每年都在有关刊物上发表两三篇论述张謇的文章。河海大学出版社决定出版一本关于张謇的专著后,2021年1月,在南京讨论确定了编著《实业救国的拓荒者——张謇的实践研究》的目的和要求,全书的章、节设置,成立编纂委员会并着手收集相关史料进行梳理。张謇的事业十分庞大,涉及领域广泛。张謇创新精神的核心是"三爱两创——爱国、爱乡、爱民,创新、创业"。张謇研究中心组成"张謇所创中国第一"课题组,确认了23项。参照其论证方法,我们又确认了6项:中国最早的公路团体——中华全国道路建设协会、中国最早设立的警察——南通警察、中国第一所陶瓷专门学校——中国陶业学堂、中国第一艘渔政船——福海轮、中国第一部证券交易法——民国证券交易所法、中国第一部权度法——民国权度法。在本书即将付梓之际,我

后　记

们要特别感谢河海大学校长徐辉教授,在繁忙的工作中为本书作序,以示鼓励。对此我们表示深切的敬意和谢意。

本书在撰写过程中,得到了南通市海门区张謇研究会、张謇研究中心、南通市海门区水利局、南通市水利局等单位的关心与支持。由于收集的有些资料不全,个别提法是否恰当,希望引起专学学者的后续研究和读者诸君的补充修正。